Krystyna Zywulska:
Tanz, Mädchen ...
Vom Warschauer Getto nach Auschwitz
Ein Überlebensbericht

Deutscher
Taschenbuch
Verlag

dtv

Die beiden hier in einem Band zusammengefaßten Bücher erschienen ursprünglich in polnischer Sprache unter den Titeln ›Pusta Woda‹ (Warschau 1963) und ›Przezylam Oswiecim‹ (Warschau 1949). Die deutschen Ausgaben erschienen unter den Titeln ›Leeres Wasser‹ (Darmstädter Blätter, Darmstadt 1980) und ›Wo vorher Birken waren‹ (Kindler Verlag, München 1979; Darmstädter Blätter, Darmstadt 1980).
Das Vorwort von Vercors wurde aus dem Französischen übersetzt von Ferdinand Kolbe.

Von der Autorin überarbeitete Neuausgabe
in einem Band
November 1988
Deutscher Taschenbuch Verlag GmbH & Co. KG,
München

Umschlaggestaltung: Celestino Piatti unter Verwendung
eines Fotos vom Steidl Verlag, Göttingen
Umschlagfoto Rückseite: Lore Bermbach, Düsseldorf
Gesamtherstellung: C. H. Beck'sche Buchdruckerei,
Nördlingen
Printed in Germany · ISBN 3-423-10983-1

Das Buch

»Manche Einzelheiten, manche Begebenheiten scheinen kaum glaublich. Ich denke jedoch, daß man sie glauben muß. Um im Getto zu überleben, um später im Lager zu überleben, dazu brauchte es nicht bloß ein Wunder, sondern die unglaubliche Folge einer Reihe von Wundern.« (Aus dem Vorwort von Vercors.) Krystyna Zywulska hat überlebt, denn sie konnte entkommen – zuerst als polnische Jüdin aus dem Warschauer Getto, dann später aus Auschwitz, wohin sie mit einer anderen Identität als politischer Häftling wegen Widerstandsarbeit im Untergrund deportiert wurde und wo sie gezwungen war, Buch zu führen über den Tod von Abertausenden, die vor ihren Augen in die Gaskammern geführt wurden. Leidenschaftslos und mit oft erschreckender Nüchternheit schildert sie das tägliche Leben im Getto und später im Konzentrationslager, ein Leben, das geprägt ist von Angst und Entbehrung, Erniedrigung und Grausamkeit. Krystyna Zywulska ist ohne Nachsicht, für sich selbst wie für die anderen. »Ich wollte nur die Situationen wiederbeleben ..., in denen wir nicht nur physisch gemartert, sondern auch moralisch in den tiefsten Abgrund getrieben wurden. Ich wollte zeigen, was ein unmenschliches System – jedes totalitäre übrigens und nicht nur im Kriege – in der menschlichen Seele bewirken kann, daß es genauso die edelsten Kräfte anspannen wie das Niederträchtige freisetzen kann. Die Angst – die grenzenlose Angst – führt nämlich in den moralischen Abgrund.« (Aus dem Vorwort)

Die Autorin

Krystyna Zywulska wurde 1918 in Lodz geboren. Von 1939 bis 1942 lebte sie im Warschauer Getto und arbeitete nach ihrer Flucht im Widerstand mit. 1943 wurde sie von der Gestapo verhaftet, dann nach Auschwitz deportiert. Nach dem Krieg war sie in Polen als Schriftstellerin tätig und schrieb vornehmlich Satiren. Seit 1969 lebt sie in der Bundesrepublik. Ihre Bücher über das Warschauer Getto und über Auschwitz sind in zahlreiche Sprachen übersetzt worden. Sie veröffentlichte außerdem: ›Zu Ehren der Familie und andere Satiren‹ (1988).

Inhalt

Dem Andenken meiner Eltern

Zur Taschenbuchausgabe

Die beiden Bücher, die in diesem Band vereinigt sind, haben gemeinsame Elemente wie das Leiden, die Erniedrigung, die Sehnsucht nach Freiheit und den Kampf ums Überleben in einer Zeit der Verachtung.

Ich habe aber die Bücher zu unterschiedlichen Zeiten, in unterschiedlichen Seelenzuständen und aus einer unterschiedlichen Distanz geschrieben. Das Buch über Auschwitz habe ich direkt nach Kriegsende verfaßt, ohne zu ahnen, daß das Schreiben zu meinem Beruf werden würde und ohne mir über die Konzeption des Buches besondere Gedanken zu machen. Ich habe das, was geschehen ist, einfach chronologisch geschildert. Nachdem mir wie durch ein Wunder die Flucht aus dem Evakuierungstransport gelungen war und ich aus dem Heuhaufen, in dem ich mich versteckt hatte, wieder auftauchte, fand ich um mich herum nur Tote. Niemandem außer mir war die Flucht gelungen und ich glaubte, daß niemand den Transport und neue Konzentrationslager überleben würde. Ich war überzeugt, daß ich das einzige Lebewesen war, das berichten konnte, und mein einziger Wunsch war, daß man mir glaubte. Aus diesem Grunde habe ich auch manche Szenen gestrichen, weil ich Angst hatte, daß man sie meiner kranken Phantasie zuschreiben würde. Ich habe mich bemüht, das Wesentliche so wiederzugeben, daß der Leser trotz des schrecklichen Inhalts weiterlesen würde.

Später hoffte ich insgeheim, daß irgendein »echter« Schriftsteller die unwiederholbare Variante des Sterbens im Warschauer Getto schildern würde, dieses von einer Mauer umgebenen Stück Erde, wo die zum Tode verurteilten Juden vor Hunger krepierten, wo man Häuser und Plätze für ein Stück Brot kaufen konnte, wo man Kinder von Greisen nicht unterscheiden konnte, wo im Theater bei fünf Grad Kälte die ›Bajadere‹ von Kálmán gesungen wurde. Niemand hat darüber geschrieben. Also entschloß ich mich 1962, über die Wirklichkeit des Gettos zu schreiben, wieder am Beispiel meines eigenen Schicksals. Damals hatte ich bereits eine Vorstellung, wie ich ein solches Buch dramaturgisch konzipieren wollte. Auf jeden Fall sollte es mehr sein als ein Bericht. Es sollte zum Nachdenken zwingen.

Es sind also zwei Bücher entstanden, die ganz unterschiedlich geschrieben sind. Aber eines möchte ich dem Leser versichern: daß alle Situationen und Ereignisse sowohl des einen als auch des anderen Buches wahr sind.

Vorwort von Vercors

Eines der großen Verhängnisse der menschlichen Art ist ihre ungeheure Fähigkeit zum Vergessen.

Zwar besitzt, wie jedes Verhängnis, auch dieses seine wohltätige Seite. Der Tod ist ein Ereignis, das unser Leben verdüstert, er ist jedoch wohltätig für die lebenden Arten, da sie sich vermehren: Er verhindert die Überfüllung und fördert zugleich die Entwicklung. Das Leiden ist wohltätig, das unseren Organismus schützt, und die ganz wenigen Individuen, die es nicht kennen, überleben nicht lange. Aber der Anblick eines leidenden Kindes ist trotzdem ein empörendes Ärgernis.

Wie Tod und Leiden ist das Vergessen wohltätig, ohne das unser Geist die gehäufte Gegenwart der im Lauf der Zeit erlittenen Prüfungen nicht ertragen könnte. Es ist dennoch ein Verhängnis, das die unaufhörliche Wiederholung dieser Prüfungen möglich macht, weil das Vergessen die Dämme der Erfahrung zerstört hat, das Hindernis, das der Geist im wachen Zustand darstellt. Wenn die Menschen von einem Krieg zum andern nicht die grausamen Übel vergäßen, die sie erlitten haben, fänden die Kriege nicht statt. Aber sie vergessen, und ihre natürliche Aggressivität bringt sie dazu, von neuem zu beginnen. Wenn man die Schrecken der Verfolgung nicht vergäße, würden keine neuen entstehen. Aber die Menschen beeilen sich, Treblinka und Bergen-Belsen zu vergessen, und die Vernichtungslager werden von neuem eingerichtet.

Für einige Jahre nach der Niederlage der Nazis schien es, als könnte der Antisemitismus niemals wiederkehren. Sechs Millionen Juden in den Verbrennungsöfen und unter den Trümmern von Warschau vernichtet – ein so unvorstellbar großes Verbrechen erschien für immer unvergeßlich. Und zweifellos ist es nicht völlig vergessen. Aber die Erinnerung daran verliert mit jedem Tag ihre Kraft, die das Entstehen eines neuen Antisemitismus verhindern sollte, indem sie den unglaublichen Schrecken ins Gedächtnis rief, zu dem zweitausend Jahre der Verfolgung geführt hatten. Und ausgerechnet im Land von Auschwitz wurden die überlebenden Juden verfolgt und vertrieben, und das durch eine sozialistische Regierung!* In Frank-

* In den Jahren 1967–1969 wurden aufgrund der von Regierung und Partei ausgehenden antisemitischen Hetze etwa 25 000 Juden zum Verlassen Polens gezwungen.

reich, wo diese barbarische Gesinnung seit Beginn des Jahrhunderts – seit dem Ende der Dreyfusaffäre – gestorben, oder so gut wie gestorben schien, sehen wir sie schleichend wiederkehren, wenn nicht gar unverhüllt wieder auftreten in Veröffentlichungen, die dem Haß- und Schablonendenken eines Publikums schmeicheln, das weit genug reicht, um ernst genommen zu werden.

Das Vergessen. Das Vergessen. So muß man jedes Werk begrüßen, das nach Kräften gegen dieses Überhandnehmen des Vergessens der Verbrechen angeht. Einem Buch solcher Art wollen diese wenigen Seiten als Vorwort dienen.

Ich kenne die Verfasserin, Frau Krystyna Zywulska, nicht. Ich habe jedoch ihre sehr gute und sehr schreckliche Schilderung des Lagers Birkenau gelesen, die den zweiten Teil dieses Buches ausmacht – die Schilderung dieses Todeslagers für Frauen, aus dem sie durch ein Wunder entkommen ist. Obwohl es mehr ein romanhafter als ein dokumentarischer Bericht ist, kann man an seiner Wahrhaftigkeit nicht zweifeln. Es gibt, wie man sagt, »Dinge, die man nicht erfinden kann«. Und diese Dinge sind ohne Leidenschaft erzählt, ohne Übertreibung im Schrecklichen oder im Abscheu. Ich denke an einen ganz einfachen und um so bewegenderen Satz, gesprochen von einer dieser Frauen, als sie vor den vorrückenden Russen aus dem Lager evakuiert wurden – ohne sicher zu sein, daß sie nicht unterwegs niedergemacht wurden. Sie schleppte sich mit den anderen über das zertretene und schlammige Gelände, die wüste Bahn, die während fünf Jahren von Hunderttausenden Füßen Elender plattgestampft war, und sie sagte: »Eines Tages wird auch hier das Gras wieder sprießen.«

Als ich drei Jahre danach Birkenau besuchte, war das Gras wieder gesprossen. Zwischen den leeren Baracken war es wieder gesprossen und zugleich auch einige Feldblumen. Ich pflückte eine davon, um sie meinem Freund Jules Isaak mitzubringen, dessen Frau und Tochter in dieser Hölle gelebt hatten, ehe sie dort den Gastod starben und in Rauch aufgingen. Das Gras war wieder aufgesprossen, es sprießt überall wieder auf. Aber mit dem Gras auch das Vergessen.

Das Gras wuchs auch entlang dem unheimlichen Weiher, wo einige tausend Leichen sich weiter auflösten, die die Nazis vor der Flucht niedergemacht hatten, weil sie keine Zeit zur Verbrennung mehr hatten, und diese Leichen gärten, und Blasen platzten noch unaufhörlich an der Oberfläche, lautlos und ekelhaft. Es wuchs auf der Erde ringsumher, die von der Asche der Toten bedeckt war, und in der einfallenden Nacht sahen wir unter unseren Füßen weiß und phosphoreszierend eine Art Mosaik auf dem niedrigen Gras leuchten: verstreute winzig kleine Überreste von Totengebein. Ja, wir wandelten über diese Toten hin, ich ging zwischen Éluard und Picasso, und keiner von uns wagte ein Wort zu sprechen, nicht einmal mit leiser Stimme. In dem Rumpelkasten, der zwei Stunden brauchte, um das Dutzend französischer Delegierter nach Krakau zurückzubringen, hätte das gedrückte Schweigen, das den ganzen Weg lang herrschte, glauben machen können, daß man uns selber zur Vernichtung führte.

Einige Tage später, in Warschau, weilte ich auf einer anderen Asche: der des Gettos. Man hatte es noch nicht aufräumen können, und da waren über viele Hektar hin Berge von Schutt, von zerstampften Ziegeln. Die Deutschen hatten sich in ihrer wütenden Rache an diesen Juden, die die Kühnheit besessen hatten, sich zu wehren, nicht damit begnügt, alle ihre Häuser in die Luft zu sprengen, sie hatten sich sogar darauf verbissen, in blindem Zerstörungswahn auch die Ruinen zu zerhämmern und in Schutt zu verwandeln.

Unter diesen Haufen von Asche und Schutt – hier und da ragte noch der Überrest eines Tellers, ein verbogener Löffel, ein Stück Emaillegriff rührend hervor – lagen noch einige tausend Leichen begraben. Diejenige von Krystyna Zywulska wäre dabei gewesen, wenn sie nicht einige Monate vorher aus diesem der Vernichtung geweihten Getto hätte fliehen können. Im ersten Teil dieses Buches erzählt sie uns die Umstände der Flucht. Besonders und zunächst aber ist es die Geschichte ihres Lebens in dem höllischen Stadtviertel, ihres Lebens und des Lebens der anderen; sodann die Geschichte von Warschau im allgemeinen unter dem deutschen Stiefel und von dem dort organisierten Widerstand. Wie ihre Schilderung von Auschwitz-Birkenau ist es mehr ein romanhafter als dokumentarischer Bericht, aber auch dieser ist zusammengesetzt aus solchen »Dingen, die man nicht erfinden kann«. Im übrigen ist Krystyna Zywulska völlig ohne Nachsicht, für sich selbst wie für die anderen. Sie verschleiert weder die Handlungen noch das, was sie verursacht hat, und die Motive sind nicht immer heldenhaft. Wenn es sich um das Überleben handelt, muß das Herz sich panzern können. Eines der größten Verbrechen der Nazis war es, liebende Herzen dazu zu bringen, sich erbarmungslos zu verhärten. Wenn man zum Beispiel fliehen will, dürfen es nicht mehrere sein. Man wird also seinen Vater hinter sich zurücklassen müssen, andere liebe Menschen. Während man sich rettet, weiß man infolgedessen, daß sie bestimmt umkommen werden. Man muß sich hart genug machen, um diese Vorstellung zu ertragen.

Manche Einzelheiten, manche Begebenheiten scheinen kaum glaublich. Ich denke jedoch, daß man sie glauben muß. Um im Getto zu überleben, um später im Lager zu überleben, dazu brauchte es nicht bloß ein Wunder, sondern die unglaubliche Folge einer Reihe von Wundern. Die Geschichte eines Entkommens konnte nur ein Sichüberstürzen von unwahrscheinlichen Zufällen und verblüffenden Zusammentreffen sein. Es konnte nur außerhalb jeder Berechnung liegen. Das zu Berechnende war der Tod.

Das Getto von Warschau, das ist vor allem eine Stadt jenseits unserer Vorstellungen, in der die Kinder nicht begreifen: Warum ist man jüdisch? Ist man es für immer, kann man nicht aufhören, es zu sein? Und was haben wir getan, daß man uns vor Hunger sterben läßt? Weshalb findet man Großmutter tot auf der Straße? Warum verbringt die kleine Schwester ihre Nächte Gott weiß wo, um dort Gott weiß was zu tun, wenn sie bloß ein kleines Brot heimbringt, das man zu acht teilen muß? Und es ist doch nicht wahr, daß es Flüsse gibt, die dahinfließen, und Bäume mit Blättern, da alles, was man auf dieser Welt sehen kann, eine Mauer ist! Jeden Tag schlagen hinter dieser Mauer Razzien aufs Geratewohl zu – und die Bösewichter auf der »anderen Seite« machen sich über die Siebensachen derer her, die man zum Sterben führt. Man hat Nachbarn im Elend, man schließt sich so eng zusammen, wie man kann, und dann, eines Nachts: Lärm, Schüsse – und am Morgen ist niemand mehr da. Man ist mehr und mehr allein, man weiß, daß man morgen oder übermorgen ebenfalls drankommt. Und man sagt sich, daß Sterben gleich Sterben ist, und man ebensogut versuchen kann, sich zu retten. Wenn die Wache schießt, ist wenigstens alles vorbei.

Dann wird man, um die Chancen, die fast gleich Null sind, zu verbessern, einen Tag planmäßigen Gemetzels ausnützen, eine unwahrscheinliche, aber nicht unmögliche Ablenkung. Und diese ergibt sich tatsächlich! Eine Schießerei, der Schrei einer Frau, für einen Augenblick wendet sich die Aufmerksamkeit ab – Wunder, Wunder, und man ist auf der anderen Seite, nachdem man zehnmal tot zu sein geglaubt hat.

Mein Gott, mein Gott, das Leben ist da,
Einfach und ruhig,
diese friedlichen Geräusche da
kommen aus der Stadt,

und auf dieser Seite von Warschau scheint die Straße, in der man sich plötzlich befindet, tatsächlich vergleichsweise unglaublich ruhig und sauber. Keine Schreie, keine Schüsse. Die Leute gehen ohne Hast daher, betteln nicht, ringen nicht verkrampft die Hände, wenden nicht unaufhörlich den Kopf, um zu sehen, woher das Unheil oder der Tod droht. Aus einem offenen Fenster hört man friedlich ein Klavier spielen. Man nimmt eine friedliche Straßenbahn, wie jedermann – wenn auch nicht ohne Angst: Macht man sich da nicht verdächtig, wird man nicht entlarvt? Aber nein: niemand beachtet dich. Jetzt aber: wie stellt man es an, weiterzuleben? Arbeit zu finden ist unmöglich ohne Ausweis. Um jedoch einen Ausweis zu bekommen, muß man eine Arbeit nachweisen. Ein Teufelskreis, eben dazu bestimmt, die Flüchtigen einzuschließen: Entweder man wird gefaßt oder man stirbt vor Hunger. In diesem friedlichen Warschau hier klebt dir der Schrecken des nahen, bis zur Vernichtung in seine Mauern eingeschlossenen Gettos immer noch an der Haut.

Zum Glück zeigen dir andere Flüchtlinge, wie man sich zurechtfindet. Man wird bald hier, bald dort aufgenommen; manchmal übrigens, wenn eine Razzia stattfindet, verbringt man die Nacht zitternd unter einer Treppe. Dann kommt Hilfe – wieder ein Wunder – ausgerechnet von einem Menschen, vor dem man Angst hatte. Er hat Mitleid mit dir, ändert deinen Namen, gibt dir eine Identität, ein neues *Selbstgefühl.* Und zugleich damit gibt er dir den Geschmack am Leben zurück.

Und bald hilft man seinerseits den anderen. Man macht mit in einem Netz. Man stellt falsche Papiere her. Man gibt sie weiter. Man weiß, was man damit riskiert; aber leben, das Glück zu leben, besteht darin: bewußt und beherzt ein Risiko auf sich zu nehmen, anstatt es zu erleiden wie ein scheues, verschrecktes Tier.

Man wird verhaftet – das gehört zum Lauf der Dinge. Man bietet Trotz, man führt seine Quäler hinters Licht, und man rettet zumindest seine Haut. Man geht ins Gefängnis, dann ins Lager, und man kommt wieder heraus – durch ein Wunder. Und inmitten dieser Heimsuchungen, denen man getrotzt, die man überstanden hat, könnte man sogar eine Art düsterer Freude verspüren, wenn man nicht während der ganzen Zeit von einer bedrängenden Vision gequält würde: ein Zug, der in einiger Entfernung von Warschau durch einen Bahnhof fährt, ein langsamer Zug von Viehwagen, vollbesetzt mit menschlichen Gesichtern, die vom Schrecken geprägt sind – zur Schlachtbank geführte Juden –, und unter diesen Gesichtern, flüchtig erblickt, das eines alten Mannes, der dem Vater gleicht, den man, um fliehen zu können, hinter der Gettomauer zurückgelassen hat ...

Dann schreibt man ein Vierteljahrhundert später ein Buch gegen das Vergessen. Gegen das Vergessen der Welt. Und gegen die neuen Schändlichkeiten, zu denen es führt. Denn wenn dieser Vater auch entkommen konnte – durch ein Wunder: ein mißlungener Selbstmord, als dessen Folge eine Ordensschwester ihm zur Flucht verholfen hat – und wenn er zum Unglück zu früh (eines natürlichen Todes) gestorben ist, als daß seine Tochter bei der Rückkehr aus den Lagern die Freude gehabt hätte, ihn lebend wiederzufinden, so kann man doch denken, daß es so besser war. Denn wenn er noch gelebt hätte, dann nur, um neues Unglück, neues Unheil zu erfahren und zu erleiden, diesmal zugefügt von seinem eigenen Vaterland. In der gewollten Nüchternheit kühler, leidenschaftsloser Berichterstattung gehören die letzten Seiten des ersten Buches tatsächlich zu den bestürzendsten. Sie informieren uns in wenigen Worten, was aus den verschiedenen Personen des Dramas geworden ist. Eine einfache Namensnennung, bei der auf die meisten Namen kurz die schaurige Bemerkung folgt: *erstickt und in den Krematoriumsöfen verbrannt.* Wo aber leider auch auf manche Namen von Entkommenen, darunter den der Verfasserin, kommentarlos die kaum weniger abscheuliche Bemerkung folgt: *Die polnische Staatsangehörigkeit verloren.*
Grund: jüdische Abstammung.

Vercors*

* Vercors, eigentlich Jean Bruller, geboren 1902, ist Mitbegründer des Widerstand-Verlags ›Les Editions de Minuit‹. Er wurde bekannt durch seine Erzählung aus der Zeit der deutschen Besatzung ›Le silence de la mer‹, Paris 1942 (deutsch ›Das Schweigen des Meeres‹, Berlin 1948). Er schrieb neben weiteren Novellen und Romanen auch Essays und Dramen.

Erstes Buch
Das Warschauer Getto

Vorwort

Viele Jahre nach dem Krieg war ich auf einer Namenstagsfeier. Obwohl der Anlaß ein heiterer war, glitt das Gespräch sehr schnell in die Zeit der Okkupation, wie das in Polen häufig geschieht. Plötzlich sagte einer von den Gästen – ein sehr vornehm aussehender, grauhaariger Herr: »Im Jahre 1943 ist mir folgende Geschichte passiert: Ich ging über die Poniatowski-Brücke. Es dämmerte. Es war feucht und nebelig. Ich habe mich sehr beeilt, um vor der Polizeistunde nach Hause zu kommen. Da sah ich, wie eine Gestalt über dem Geländer hing. Ich sprang hinzu, packte den sich Wehrenden und zog ihn auf den Boden. Es war ein Junge von etwa acht bis zehn Jahren. Kaum konnte ich ihn ansehen, da stand vor mir wie aus dem Boden gewachsen ein deutscher Gendarm. Blitzartig stellte ich mich so, daß ich den Jungen verdeckte. Leider bemerkte der Gendarm mein Manöver. Brutal zog er den Jungen am Arm. »Jude?« fragte er, obwohl es zugleich schon eine Feststellung war. Die Herkunft dieses zitternden Kindes war eindeutig. Es war wohl aus dem jüdischen Viertel weggelaufen, hatte sich eine Zeitlang versteckt und konnte den Hunger und die Einsamkeit wahrscheinlich nicht mehr aushalten. »Na ja – du wolltest einen Juden retten«, stellte der Gendarm fest. Die Lage war so klar, daß ich schwieg. Dann sagte der Gendarm: »Entweder wirfst du den Jungen in die Weichsel, oder ich erschieße euch beide. Wähle!«

Der graue Herr unterbrach die Erzählung, wandte sich an die Gesellschaft und fragte: »Was hätten Sie an meiner Stelle getan?«

Nach einer kurzen Stille schwirrten die Antworten der schon leicht angetrunkenen Gäste durcheinander. Der Herr beruhigte die Gesellschaft und forderte sie auf, der Reihe nach seine Frage zu beantworten. Mein größter Wunsch war wegzulaufen. Als ich antworten sollte, empfand ich die Blicke der anderen wie einen Schmerz. »Ich weiß nicht, was ich an Ihrer Stelle getan hätte«, sagte ich – und damit enttäuschte ich deutlich die Zuhörer. »Und was haben Sie eigentlich getan?« wandte sich die Gastgeberin an den grauen Herrn. »Er?« prustete einer der Gäste und steckte sich ein Stück Namenstagstorte in den Mund. »Das ist eine dumme Frage, meine Liebe, du siehst doch, er lebt.«

Die Idee zu dem Buch über das Warschauer Getto kam mir nach diesem Abend. Ich wollte mir klarwerden, ob es eine Antwort auf diese Frage gibt, und wenn, dann welche? Für mich habe ich sie so beantwortet: »Man soll alles tun, was in unserer Kraft steht, damit niemand vor eine solche Alternative wie der Herr auf der Brücke gestellt wird.«

Dann fragte ich mich noch: »Was also kannst du dazu tun?« Ich habe mir vorgenommen, an dem Beispiel des Warschauer Gettos darzustellen, wie damals jeder auf Schritt und Tritt mit ähnlichen Situationen wie die des Herrn auf der Brücke konfrontiert wurde.

Zu den Aufgaben eines Schriftstellers gehört es nicht, politische Rezepte zu verschreiben oder moralische Urteile zu fällen. Ich wollte nur die Situationen wiederbeleben, in welche ich persönlich verstrickt gewesen bin. Situationen, in denen wir nicht nur physisch gemartert, sondern auch moralisch in den tiefsten Abgrund getrieben wurden. Ich wollte zeigen, was ein unmenschliches System – jedes totalitäre übrigens und nicht nur im Kriege – in der menschlichen Seele bewirken kann, daß es genauso die edelsten Kräfte anspannen, wie das Niederträchtige freisetzen kann. Die Angst – die grenzenlose Angst – führt nämlich in den moralischen Abgrund.

Die Jugendlichen in Deutschland, die sich über die deutsche Geschichte Gedanken machen, haben mich oft gefragt, was man tun soll, um nicht wieder zum Verbrecher an anderen Menschen zu werden. Falls mein Buch in irgendeiner Weise diese Frage beantworten kann, wäre das für mich eine Genugtuung.

Krystyna Zywulska

Auf dem Kocher steht ein großer Topf. Meine Mutter zündet das Gas an.

Ich liege in einer Ecke des Zimmers auf einem abgenutzten alten Sofa und folge der Mutter mit den Blicken. Sie wischt Staub, fegt. Sie beschäftigt sich. Sie bemüht sich, Dinge zu tun, die ihr seit Jahren zur Gewohnheit geworden sind. Sie ist entschlossen, all das zu übersehen, woran sie sich nicht gewöhnen kann.

Wir haben nichts, kein Gemüse, weder Teigwaren noch Kartoffeln, nicht ein Körnchen Reis. Aber Mutter tut so, als würde sie das Essen vorbereiten.

Es gibt keinen Haushalt mehr – nur die Gesten sind geblieben. Gestern nacht hat Mutter bei einem Nachbarn gewacht, der Flecktyphus hat. Seit drei Tagen liegt er im Sterben. Abends war seine zwölfjährige Tochter zu uns hereingestürzt. Durch die angelehnte Tür hatte ich deutlich ihr Flüstern gehört: »Papa sagt, daß er leichter sterben könnte, wenn Sie bei ihm sitzen würden.« – »Liebes Kind, was könnte ich ihm schon helfen?« sagt Mutter ausweichend. »Das habe ich ihm auch gesagt, aber er will nichts hören, er hört nicht auf, nach Ihnen zu fragen.« – »Gut, ich komme gleich.«

Jetzt sieht Mutter im Zimmer umher. Sie überlegt, welche Arbeit, welche Beschäftigung sie sich noch ausdenken könnte. Sie bemüht sich, mich nicht anzusehen. Ich weiß, warum. Ich bin aufgedunsen vor Hunger. Es ist fast eine Woche her, daß ich mich zum letzten Mal von meinem Platz in der Ecke erhoben habe.

Ich strenge mich an, breche das Schweigen: »Was gibt's denn da oben?« frage ich. »Nichts. Frühmorgens um sechs ist er gestorben.« – »Haben sie dir was gegeben?« – »Nein, sie haben selber nichts. Die Kleine sagte, eine Cousine hat versprochen, Brot zu bringen.« – »Wann?« – »Gegen Mittag. Aber weiß ich, ob man das glauben soll?« – »Hat sie geweint?« – »Nein. Sie hat ihn mit zwei Steppdecken zugedeckt. Damit er es warm hat. Dann hat sie mit der Puppe gespielt. Du kennst ja ihre Puppe, die ohne Kopf.«

In meinem getrübten Bewußtsein formt sich eine Art Ruf zur Ordnung. Ich müßte mich des kleinen Mädchens annehmen, ihr etwas sagen, sie trösten, sie nicht mit der Leiche des Vaters und dieser Puppe ohne Kopf allein lassen. Aber dieser Gedanke, Relikt aus einer vergangenen Zeit, schwindet schnell. Ich werde nirgends hingehen. Ich werde die Kleine nicht holen. Ich kann ihr nichts zu essen geben. Ich habe ihr nichts zu sagen.

Nichts.

Die Mutter löscht die Flamme des Gaskochers wieder aus. Sie seufzt. Ich kenne diese Seufzer, die sich von andern Seufzer unterscheiden. Es ist, als schlösse man einem Toten die Lider.

»Wo ist Vater hingegangen?« fragt sie.

»Zu Weiskorn. Er hat Mehl versprochen.«

»Dummes Gerede. Das hat er schon hundertmal versprochen.«

»Vielleicht stehst du doch auf? Wenn du bei Onkel Alexander vorbeigehen würdest, bekämst du sicher ein paar Kartoffeln. Er hat dir noch nie etwas abgeschlagen.«

»Ich stehe nicht auf, ich gehe nirgends hin.«

Mutter öffnet den Schrank mit den Tellern, und seufzend schließt sie ihn wieder. Sie weiß, der Schrank ist leer. Trotzdem sieht sie mehrmals am Tag hinein.

Ich muß aufstehen. Ich muß etwas unternehmen.

Ich fange an zu überlegen: Welche Möglichkeiten könnte es geben, etwas zu essen aufzutreiben?

Wie jeden Tag grübele ich darüber nach, wo ich schon war, zu wem ich noch gehen könnte, wo ich bestimmt eine Absage bekomme, wo eine Hoffnung bestehen könnte. Ich erinnere mich an das stundenlange Warten in den Vorzimmern und Fluren der »Reichen«, die erniedrigenden Gespräche, die doch regelmäßig mit einer Niederlage enden.

Wie jeden Tag komme ich zum gleichen Schluß: Es hat keinen Zweck, auf die Suche zu gehen. Ich bekomme weder Arbeit noch Brot. Bis zum Abend müssen wir es durchhalten, und abends bringt Bolek Brot.

Bolek ist Rikscha-Fahrer. Leider ist es nicht seine eigene. Wir hatten nie Geld, eine Rikscha zu kaufen. Bolek »vermietet« sich – so nennt er es. Er muß fünfundzwanzig Fahrten täglich machen. Schafft er mehr, so ist der Überschuß sein Verdienst.

Trotz aller Anstrengungen hat keiner seiner Vorgänger die Norm geschafft. Bolek ist durchaus nicht kräftig, aber er hat Ideen.

Der »jüdische Kuli« Bolek hat sich das Erzählen von Witzen ausgedacht. Seine Kundschaft ist zugleich sein Publikum. Er erzählt alte Witze und neue, aufgemöbelte. Im Getto ist er dafür bekannt. Viele »jüdische Kulis« warten auf Kunden, aber bei Bolek steigen sie ein. Sie setzen sich in der Rikscha zurecht und fragen sofort: »Gibt's einen neuen Witz?«

Bolek tritt rasch in die Pedale und sagt: »Bei Rosenzweig klingelt das Telefon. Eine Stimme fragt: ›Ist Herr Rosenzweig da?‹ – ›Er ist da‹, kommt die Antwort aus Rosenzweigs Wohnung, ›aber er ist nur noch bis vier zu Hause. Um vier findet die Leichenüberführung statt ...‹«

Der Passagier lacht herzlich. Er bezahlt die Fahrt und klopft Bolek auf den Rücken: »Immer lustig, Ihre Geschichten, immer lustig.«

Morgens, ehe er zur Arbeit geht, bereitet Bolek eine Reihe von Witzen vor. Er wiederholt sie, verbessert die Pointen, übt. Er hat schon sämtliche Nachbarn und Bekannte angepumpt. Manche kommen ihm zuvor, wenn sie ihn sehen: »Ich kenne keinen neuen Witz!«

Bolek meint, wenn er etwas satter wäre, könnte er sich mühelos selbst jeden Tag einen neuen Witz ausdenken.

»Aus einem leeren Bauch«, sagt er, »kommen sie nicht.«

Bolek bringt abends Brot. Bis dahin hat es keinen Zweck aufzustehen.

»Leg dich auch hin!« sage ich zu Mutter. »Du hast die ganze Nacht überhaupt nicht geschlafen.«

»Ich kann nicht einschlafen, wenn du liegenbleibst. Ich lege mich nur hin, wenn du aufstehst.«

Es ist das erste Mal, daß es Mutter mit Erpressung versucht. »Auf jeden Fall müssen wir Vaters Jacke verkaufen, es wird nicht anders gehen«, sagt sie, um mich anzutreiben.

Mutter spricht immer von dieser Jacke, wenn Vater nicht zu Hause ist. In den letzten Tagen hat sie dreimal davon angefangen. »Und schließlich«, versucht sie sich selbst zu überzeugen, »ist ja auch bald Sommer. Im Sommer braucht er keine Jacke. Und wenn der Sommer vorbei ist, werden wir weitersehen. Wer weiß, was bis dahin passiert.«

Auf das Wort »Sommer« zu reagieren, ist schwierig. Wir haben erst Ende Dezember. Vater besitzt nur einen Anzug, er hat nur diese eine Jacke. Mutter weiß das genauso gut wie ich.

Ich habe mich entschlossen, ich stehe auf. Mutter scheint erleichtert zu sein.

»Es ist komisch«, sagt sie und legt sich an meiner Stelle auf das alte Sofa, »aber heute habe ich überhaupt keinen Hunger.«

Gestern hat sie dasselbe gesagt, vorgestern auch. Sie kann sich nicht vorstellen, daß ihre kleinen Lügen nicht beruhigend wirken. Ich tue so, als glaube ich ihr. Erst nachmittags hört Mutter mit dem Schwindeln auf, nachmittags kann man nicht mehr simulieren.

Zitternd, mit klappernden Zähnen, schleppe ich mich zum Gaskocher. Ich mache die Flamme an, neige mein Gesicht über den dampfenden Topf, schließe die Augen, denke: »Ich muß hinausgehen, muß Arbeit suchen ... ich muß gehen und Arbeit suchen ... keiner tut es für mich ... ich darf nicht nur daliegen, ich kabe kein Recht herumzulungern ... ich muß gehen ... es hilft nichts ... keiner hilft mir ... ich muß auf die Straße hinausgehen ... in die Kälte ... mit der zur Vernichtung verurteilten Welt zusammentreffen ... mich unter die Menge der Elenden mischen ... ich kann nicht auf mein Sofa zurück, dort schläft bereits meine Mutter ... ich muß gehen, muß hinaus, es gibt kein Zurück.«

In der Gaststätte an der Brücke wird eine Kellnerin gesucht. »Wenn du menschlich aussehen würdest, hättest du eine Chance«, sagte Stella.

Seitdem ist eine Woche vergangen, aber da ich nun aufgestanden bin, gehe ich auch hin. Die Antwort kenne ich im voraus: Gerade hätten sie jemand eingestellt ... kommen Sie ein anderes Mal wieder ... vielleicht ... Egal, ich werde hingehen und mir all das anhören, jetzt, wo ich schon mal aufgestanden bin.

Was bedeutet eigentlich »menschlich« aussehen? Ich kann mich nicht darauf besinnen. Stella ist Schauspielerin. Sie hat es sicher nicht vergessen.

Ich weiß, wohin ich gehen muß.

Im Treppenhaus spielt der kleine Simon. Ich habe ihn tagelang nicht gesehen, obwohl wir in einer Wohnung leben. Oft höre ich seine Fragen, die er zufälligen Besuchern oder Hausbewohnern stellt. Diejenigen, die unbeantwortet bleiben, wiederholt er hartnäckig: »War die Mauer immer da? Weshalb sind Juden schlechter als andere? Kann ich auch kein Jude sein, oder muß ich immer Jude sein?«

Annchen, die kleine Tochter der Nachbarin, betrachtet das komplizierte Bauwerk aus Holzklötzchen, das Simon errichtet hat. Plötzlich stößt sie mit dem Fuß die Klötzchen um, macht einen Schritt zurück und sieht Simon erwartungsvoll an. Sie ist dabei schrecklich ernst.

Der kleine Junge sammelt ruhig, beinahe phlegmatisch die

Klötzchen wieder ein. Er fängt wieder an zu bauen. Er sieht das Mädchen nicht an.

»Warum hast du die Klötzchen umgestoßen?« frage ich. Sie antwortet nicht. Ihr Gesicht wird noch ernster.

Simon beginnt langsam und methodisch zu erklären: »Weil ich einen Wald baue; ich sage ihr: ›Das ist ein grüner Baum, der heißt Eiche. Die Eiche ist ein Baum mit Blättern. Und der andere Baum heißt Kiefer, und der hat Nadeln.‹ Da stößt sie meine Klötze um und sagt: ›Es gibt überhaupt keine Bäume.‹ Aber Mammi hat erzählt, daß es sehr viele Bäume gibt. Meine Mammi hat sie selbst gesehen. Und diese Bäume riechen, und wenn ich groß bin, fahren wir zu diesen Bäumen hin.«

»Es gibt überhaupt keine Bäume, du lügst!« sagt Annchen. »Siehst du, sie glaubt mir nicht!« Simon läßt sich von ihrer Widerspenstigkeit nicht beirren: »Sie glaubt mir nie, aber meine Mammi lügt doch nicht. Gestern hat sie mir auch nicht geglaubt, daß es ein Wasser gibt, das Fluß heißt. In dem Fluß fließt Wasser, und alles zusammen heißt Weichsel. Jetzt sag du ihr mal, daß es die Weichsel gibt. Du hast sie doch gesehen! Hast du sie gesehen, oder nicht?«

»Es gibt überhaupt keinen Fluß!« Annchen stampft mit dem Fuß auf und sieht uns schief an: »Es gibt keinen Fluß, Schluß!«

»Da siehst du es. Sie glaubt mir wieder nicht.«

»Laß sie in Ruhe, Simon!« Ich versuche, ihren Streit zu schlichten. »Spielt lieber etwas anderes. Vielleicht möchte Annchen selbst etwas bauen. Laß sie doch mitmachen und streitet euch nicht.«

»Sie will immer nur Mauer und Gendarm spielen. Sie baut nur immer eine Mauer. Dann schreit sie mich an: ›Hör auf zu schmuggeln! Ich bin Gendarm, und jetzt erschieße ich dich!‹ Aber das möchte ich nicht spielen, ich will kein Schmuggler sein.«

»Es gibt keinen Wald, es gibt keinen Fluß, es gibt überhaupt keine grünen Bäume mit Blättern! Schluß!« wiederholt die Kleine.

Es hat keinen Sinn.

Ich laufe die Treppe hinunter.

Es war sinnlos aufzustehen. Kaum habe ich die Tür geöffnet, stehe ich schon vor einem unlösbaren Problem. Es war sinnlos aufzustehen. Aber ich muß weitergehen. Es gibt kein Zurück. Ich gehe aus dem Haus. Annchens trotzige Stimme verfolgt mich, obwohl von der Straße schon das Lärmen und Gejammer der Bettler und das Rufen der Straßenhändler auf mich eindringen.

Das aufdringliche Jammern der Bettler ist überall. Die Straße entlang stehen sie und belästigen die Passanten. Sie rufen aus der Tiefe der Häuser. Mitten auf dem Gehsteig strecken sie ihre knochigen Hände aus. Manche klagen, andere stehen niedergeschlagen und stammeln nur, wieder andere sind stumm, mit leeren Augen bewegen sie sich schwerfällig und schleppen ihre durchsichtigen Körper ziellos dahin.

Ich versuche, so rasch wie möglich durch diese wogende Verzweiflung hindurchzukommen. Ich will die blauen, geschwollenen Lippen, die über gespenstische Gesichter rinnenden Tränen nicht aus der Nähe sehen, das drängende Rufen nicht hören.

Ich eile vorbei, winde mich hindurch. Ich strenge mich an, will mir beweisen, nicht eine von ihnen zu sein.

»Leute, habt Mitleid, gebt ein Stück Brot, ein kleines Stückchen Brot ...«

»Seit einer Woche habe ich nichts gegessen ... verehrte Dame ... ich flehe Sie an ... ein winziges Stückchen Brot ...«

»Gott sei dir gnädig ...«

»Meine Kinder sterben an Typhus ...«

»Ein Stück Brot ... verehrte Dame ... hab Mitleid mit mir ..« Ich laufe schneller, ich fliehe.

Der jammernde, heisere Chor verfolgt mich unaufhörlich.

Ich gehe rasch. Armbinden mit gelbem Stern auf geflickten Ärmeln huschen vorbei, an den Mauern kleben Plakate mit Totenschädeln, Bekanntmachungen mit den Namen von Erschossenen. Ich komme an dem Haus vorbei, in dem Krysia wohnt. Ich erinnere mich, daß meine Schwester sagte: »Weißt du, sie essen immer Kartoffelschalen. Die ganze Familie ißt nur Schalen, außer Sabina. Sabina ist die schönste von Krysias Schwestern. Sie ißt überhaupt nichts, reagiert auf nichts mehr. Das ist so seit der Geburt ihres Kindes. Sie versucht es zu stillen. Ihre Brust ist vollkommen schlaff, sie hat keine Milch ... woher denn auch ... und wie ... Sabina versteht es nicht. Sie hat keinen Kontakt mehr zur Wirklichkeit. In ihrem Wahn versucht sie weiter, ihr Kind zu stillen ...«

Ich werde nicht verrückt. Ich muß kein Kind stillen. Ich müßte glücklich sein. Sabina sitzt regunglos in einem der hohen Zimmer des düsteren Hauses. Ich laufe durch die Straßen. Sabina erwartet nichts mehr. Ich habe noch Hoffnung. Ich kenne einige, die Arbeit bekommen haben. Ich muß nur menschlich aussehen.

Von der Ogrodowastraße muß ich möglichst schnell nach Leszno kommen. Ich nehme die Abkürzung durch einen engen Durchgang, ein Gäßchen ohne Namen, allgemein als Basar bekannt.

Zu beiden Seiten sind auf alten Kisten, zerbrochenen Wagen und knarrenden Fässern die sonderbarsten Waren ausgelegt. Berge von Flaschen mit undefinierbarem Inhalt, lilafarbene Würste, Zwiebelschalen. Manchmal ein Stück Fleisch oder Brot. Die Händler übertönen sich gegenseitig. Vor Kälte klappern sie mit den Zähnen, und um sich zu wärmen, schlagen sie sich zitternd die Arme um den Leib.

Immer wieder gibt es Streit. Immer wieder kommen Hungernde, passen einen günstigen Moment ab, schnappen ein Stück Brot und verschwinden in einem vorbereiteten Versteck. Die Händler fluchen, spucken, stoßen Verwünschungen aus und jagen den Dieben hinterher.

Ich bin fast durch den Basar hindurch. Ich sehe schon das Tor. Dort steht das Wägelchen mit »Männer-, Frauen- und Kinderkleidung«. Der Händler preist marktschreierisch seine Sachen an. Daneben – in der Nische – eine bekannte Gestalt. Das Mädchen tanzt immer hier. Die Stelle ist nicht zufällig gewählt.

Die Menschen verlassen den Basar mit ihren Einkäufen, vielleicht werden sie aufmerksam auf sie, geben etwas.

Am meisten beeindrucken die glühenden Augen in dem kleinen elfenbeinfarbenen Gesicht des Mädchens. Die zerdrückten, verschlissenen Röcke wippen, auch das farblose Haar wippt mit und verdeckt ab und zu das Gesicht. Die schwachen Hände mit den gespreizten Fingern und die Schultern zucken im Takt des spanischen Liedes der Chiquita. Aus dem Mund mit den blutleeren Lippen kommt eine verblüffend tiefe Stimme:

Sechzehn Jahre bin ich alt
und welk wie eine Blume

das ist mein Leben,
meine ganze Welt.

Mein Bruder kam um,
auch Mutter und Schwestern ...

Aie, jai, jai, jai, jai ... so gebt mir doch Brot.
Immer bitt' ich euch, laßt einmal satt mich essen,

bevor aus der Hölle zum Himmel ich aufsteig ...
Aie, jai, jai, jai, jai ... so gebt mir doch Brot.

Ich bleibe nicht stehen. Ich kenne ihr Lied. Mit Mühe dränge ich mich durch die Menge der Gaffer.

Nur fort, möglichst weit fort von dem ekelhaften Geruch des Elends. Möglichst schnell nach Leszno. Die Lesznostraße ist breit. Dort kann man sich unbehindert bewegen. In der Lesznostraße blicke ich instinktiv nach links. Dort ist das Tor zur arischen Seite. Wer einen Passierschein hat, darf hindurchgehen. Hier schlüpfen auch kleine Jungen durch, Ernährer der Familie.

Wer wird heute Wache haben? Wenn es Frankenstein ist, wird niemand versuchen zu schmuggeln.

Niemand weiß, wer ihm diesen Spitznamen gegeben hat. Aber man weiß, daß er auch die Spuren der kleinsten Füße entdeckt. Man weiß, daß er auch die winzigste Lücke in der Mauer findet. Man weiß, daß er auch die kleinste Beute aufspürt, und seien es nur einige Kartoffeln. Man weiß, daß Frankenstein immer trifft, daß er sofort tötet.

Nur einmal hat er nicht getötet. Er erwischte ein kleines Mädchen mit einem Laib Brot. Es wollte gerade über die Mauer. Als er sie packte, umschlang sie seine hohen Soldatenstiefel: »Laß mich leben! Ich werde nie mehr schmuggeln!«

»Gut, du stirbst nicht, und du wirst nie wieder schmuggeln!«

Er stieß sie von sich und schoß ihr durch beide Beine. Sie mußten amputiert werden.

Sie starb nicht, und sie schmuggelte nicht mehr.

Beim Tor ist es leer. Leerer als sonst. Frankenstein muß Wache haben.

Die Lesznostraße ist breit, so breit, daß ich mühelos um die mit Papier bedeckten Leichen herumgehen kann. Sind die unter dem Papier herausragenden Beine geschwollen, so hat der Tote Typhus gehabt. Meist ragt eine verkrampfte Hand hervor.

An der Mauer stehen Kinder. Durch die Lumpen sind die nackten Körper zu sehen, in den kreidebleichen Gesichtern Spalten – anstelle der Augen. Niemand kann ihr Alter oder Geschlecht erkennen.

Stirbt ein Mensch im Getto, bekommt der Begräbnisunternehmer Pinkert die Lebensmittelkarte des Toten. Eine Lebensmittelkarte, das sind dreihundert Kalorien täglich. Und das ist schon seit langem mehr wert als ein menschliches Leben. Pinkert weiß es, und auch die Kinder-Greise wissen es seit langem. Das Lied von den Lebensmittelkarten ist ihr Lied:

Aj, die Karte ... ich geb die Karte nicht her,
denn Pinkert ist ein Biest,
er nimmt die Karten von allen ...
aj, die Karte ...

Ich kann ruhig weitergehen. Es ist alles in Ordnung. Die alltägliche Gettomelodie klingt hinter mir her. Auch die Worte sind ganz alltäglich, denn sie sprechen vom Sterben. Und der Inhalt ist alltäglich, denn von einem, der gestorben ist, sagt man: »Er hat die Karte abgegeben.«

Ich kann ruhig weitergehen. Vor diesem Lied kann niemand davonlaufen. »Aj, die Karte«, pocht der monotone Rhythmus, »aj, die Karte«, bohrt es im Hirn und sticht im Herzen. »Aj, die Karte«, ein heiserer, mit letzter Kraft gesungener Refrain.

Stella trägt ein orangefarbenes Kleid aus glänzendem Stoff. Es hat einen tiefen Ausschnitt. Ihr Körper ist blau angelaufen. Sie zittert vor Kälte. Das Kleid schlottert um den mageren Körper. Sie kommt gerade von der Bühne. Während ich in der Garderobe auf sie wartete, versuchte ich mich zum »hübschen Mädchen« zurechtzumachen.

»Blau und orange ist auch nicht gerade die glücklichste Farbzusammenstellung«, begrüße ich sie. »Schau selbst in den Spiegel, dann kannst du einen Vortrag über Farbzusammenstellungen halten!« gibt Stella zur Antwort.

»Übrigens brachte dieser Trottel Hilary gestern wieder so einen Verehrer an, stolz wie ein Pfau war er, daß er im Getto was Grünes gefunden hatte.«

»Weshalb sagst du ihm nicht, er soll dir lieber Brot bringen statt Blumen? Wenn er nicht selbst darauf kommt, muß man ihn darauf bringen.«

»Man merkt gleich, daß du das Theater nicht kennst. Ein Star hat kein Recht, hungrig zu sein. Das verscheucht die Anbeter. Anbeter sind genauso wichtig wie die Dekoration. Sie sind die Garantie für das Wohlbefinden. Manchmal vertreiben sie auch den Hunger.«

Sie betrachtet sich kritisch im Spiegel, läßt einen Träger hinuntergleiten, streift ihn wieder nach oben, übt Koketterie. Schließlich winkt sie mit der Hand ab: »Bedeutungslos. Bei der Beleuchtung ist sowieso nichts zu sehen. Viel schlimmer, daß es auf der Bühne eiskalt ist.«

In der Garderobe rasselt eine Klingel. »Warte auf mich, ich muß nur sagen, daß die Gräfin eintritt, dann komme ich gleich wieder.«

Ich warte.

In der Theatergarderobe vergesse ich die Wirklichkeit am leichtesten. In den dämmrigen Kulissen kündet jedes leiseste Geräusch eine Überraschung an. Von dort werden Torten aus Papier und Bananen aus Ton herausgetragen. Der Lakai überreicht sie mit diensteifriger Geste der Frau Gräfin ...

Nur hier in diesem Gebäude kann ich an echte Torten glauben. Hier bezweifle ich auch nicht die Echtheit von Bananen.

Es gibt Augenblicke, die wirklich ungewöhnlich sind. Wenn zum Beispiel der Anbeter Stellas Brot mitbringt. Stella teilt den Laib in zwei gleiche Teile, verteilt sie auf Teller, improvisiert Toaste.

Stella gebraucht ihre ganze Schminkkunst, um mich einem schönen Mädchen ähnlich zu machen. Die Stellung im Lokal an der Brücke ist noch frei. Der Chef wünscht sich eine auffallende Kellnerin. Trotz Rouge will die Blässe nicht verschwinden. Sie ist stärker als sämtliche Schminkschichten. Stella kneift meine Wangen, klopft sie und schimpft unaufhörlich: »Du siehst aus wie das Gespenst in der Oper. Je mehr ich dich schminke, desto deutlicher wird, wie miserabel du aussiehst. Und dort an der Brücke machen sie die reinste Schönheitskonkurrenz. Attraktivität entscheidet. Weder Klopfen noch Kneifen hilft. Wir müssen einen Trick finden ...«

Und bald hat sie einen Trick gefunden. Ohne sich um meine Proteste zu kümmern, stülpt sie mir einen riesigen roten Hut auf den Kopf. Er sieht aus wie eine fliegende Untertasse und war Teil eines Theaterkostüms.

»Du gehst mit Hut dorthin, sei nicht blöd, das ist deine einzige Chance. Du mußt mit irgend etwas auffallen. Deine Schönheit kannst du vergessen. So ein Hut ist das Zeichen von Eleganz. Und wenn da sogar tausend Kandidatinnen antreten sollten, du wirst ihm sofort auffallen. Ich gehe auf die Bühne und du gehst in den Zuschauerraum. Dort kannst du dich besser an dein neues Gesicht gewöhnen. Außerdem vermehrst du das Publikum. Der Saal ist fast leer, es ist nur eine Familie dort.«

Mit Entsetzen betrachte ich im Spiegel das fremde Clowns-Gesicht. Die Augen erscheinen rund, die Lippen herzförmig, auf den Wangen liegen rote Flecke. Und dann dieser Hut! Aber vielleicht sollte ich mich daran gewöhnen. Stella ist klug und meint es gut. Sicher weiß sie mehr über die Psyche von Chefs, die ein schönes Mädchen für die Arbeit suchen.

Ich gehe in den Zuschauerraum. Ich versuche, satt auszusehen. Mit einem solchen Hut Hunger zu haben, ist undenkbar. Der Chef im Lokal an der Brücke empfängt nur abends. Ich habe noch eine ganze Stunde vor mir.

Mir fehlt der Mut, mich unters Publikum zu mischen. Ich gehe in die Loge im ersten Rang. Sie ist meist leer und bleibt für nicht näher definierte Obrigkeiten reserviert. Manchmal kommen Schauspieler herein, manchmal der Theaterdirektor persönlich. Er kontrolliert von dort, ob auch alles klappt.

Heute ist die Loge leer. Ich setze mich in den weichen Sessel. Die leichte, honigsüße Musik von Kálmán erklingt. Die Bühne fängt an, sich zu drehen, entfernt sich, wird undeutlich. Ich bin nicht mehr an das Scheinwerferlicht gewöhnt.

Ich sehe deutlich den Kopf des Dirigenten, seine gespreizten Hände. Er agiert, als dirigiere er das Orchester der Metropolitan Opera in einem warmen, dichtbesetzten Saal.

Von der Bühne weht Kälte herüber. Gleich einem Schwan, in einen hellen Streifen durchsichtigen weißen Lichts gehüllt, singt Helena mit hoher Sopranstimme ein Liebeslied. Im Halbdunkel daneben Stella an einem kleinen Tisch im Hintergrund der Bar, in der trägen Pose eines des Wohlstands überdrüssigen Mädchens. Das Tischchen ist mit Südfrüchten überladen. Die Bar ist voller Whisky- und Cognacflaschen. Der Dekorateur hat nicht mit Farbe gespart. Stella gegenüber – Leon im Smoking. Mit einem Strohhalm trinkt er einen Wassercocktail. Er umfängt Stella mit Blicken voller Leidenschaft. Stella verdreht lüstern die Augen. Die beiden flirten. Dabei wirken sie geisterhaft, so als seien nicht nur die Cognacflaschen, sondern auch sie Attrappen aus Papier. Helenas Stimme steigt zu der eisigen Schwärze der Decke auf und verflüchtigt sich dort.

Niedergeschlagenheit befällt mich. Ich bemerkte nicht, wie ein Mann die Loge betrat. Plötzlich vernehme ich ein leichtes Geräusch und Flüstern: »Bist du eine neue Schauspielerin?«

»Nein!« antworte ich mit mich selbst überraschender Schärfe. Ich beobachte ihn unauffällig. In der Dunkelheit begegne ich seinem, wie mir scheint, spöttischen Blick. Natürlich macht er sich über meinen Hut lustig. Soll er ruhig spotten. Er hat sicher seine Arbeit.

»Und was machst du hier?«

Ich schweige. Es geht ihn nichts an. Er muß natürlich gemerkt haben, daß ich mich nicht mit ihm unterhalten will. »O Bajadere ...«, dringt aus der Ferne die klangvolle Stimme Helenas herüber. Mit gespielter Spannung höre ich zu. Er mustert mich aufmerksam.

»Warum trägst du den Hut? Kannst du nicht sprechen?« fragt er etwas lauter.

»Weil mir das so gefällt«, antworte ich.

»Schrei nicht so! Sieh mal einer an, sicher ist sie ohne Eintrittskarte hereingekommen und macht auch noch Spektakel.«

»Idiot!« sage ich in sinnloser Wut.

Er hat die Beleidigung nicht gehört. Er hat die Loge verlassen. Mir ist jetzt furchtbar traurig zumute. Die durchdringende Kälte und das würgende Saugen im Hals empfinde ich nun stärker.

Die leere Loge ist unheimlich. Stella und Leon besingen ihr Glück im Duett:

»Die kleine Bar, dort am Boulevard ...
die Melodie und er und sie ... auch du und ich ...«

Er nimmt sie in die Arme. Sie legt den Kopf an seine Schulter. Über meine Wangen rinnen Tränen und verschmieren die Schminke, die für die Vorstellung im Lokal gedacht war. Das wird aus Stellas Einfällen.

Plötzlich wird mir bewußt, daß der Unbekannte wieder in der Loge ist. Er ist zurückgekommen. Wenn er nur die Tränen nicht bemerkt. Ich stelle mir mein mit Schminke verschmiertes Gesicht vor. Mit Erleichterung denke ich daran, daß es dunkel ist.

»Möchtest du ein Brötchen essen? Ich hab es für mich gekauft, aber vielleicht hast du auch Lust?«

Ohne ihn anzusehen, nehme ich das Brötchen. Ich schlucke es zusammen mit den Tränen hinunter.

»Ich heiße Fredek, hat dir Stella nicht von mir erzählt?«

Ich nicke, obwohl ich nichts über ihn weiß. Ich wundere mich sogar ein wenig. Sicher ist er einer ihrer Anbeter. Er ist hinter die Kulissen gegangen und hat sich dort nach mir erkundigt. Sie haben ihm gesagt, ich sei hungrig. Oder er hat es selbst erraten. Nichts ist einfacher. Ist ja auch egal. Ich sollte freundlicher zu ihm sein.

»Wenn du willst, kann ich den Hut abnehmen«, schlage ich vor. »Nicht nötig. Trag ihn ruhig.« Er lächelt und nimmt meine Hand in die seine.

Ich ziehe meine Hand nicht zurück. Mir ist nicht kalt, nicht mehr. Mit halbgeschlossenen Augen sehe ich Helenas Schärpe im Tanz wehen. Stella und Leon sind noch immer in ihrer Seligkeit versunken ... Ich lasse mich wiegen von diesem falschen Glück ...

Um zu dem Lokal in der Siennastraße zu gelangen, in dem eine Kellnerin gesucht wird, muß man über die Brücke. Diese Brükke hat keine Ähnlichkeit mit irgend einer anderen Brücke der Welt. Sie verbindet nicht zwei Flußufer. Sie verbindet zwei Ufer der Verzweiflung. Sie heißen das »kleine« und das »große« Getto, obwohl Qual und Elend im »kleinen« Getto nicht geringer sind wie im »großen« Getto.

Unter der Brücke fließt kein Fluß. Unter ihren Bögen wimmelt es von einer Art Menschen, die verschieden sind von allen andern. Der Kontrast, der zwischen der Welt besteht, die von der Brücke geteilt wird, und denen, die unter ihr wohnen, ist ebenso schrecklich wie absurd.

Über die auf die Brücke führenden Treppen läuft man nicht, man schreitet, denn mit jeder hinaufführenden Stufe entfernen sich Qual, Elend und Schmerz. Der lästerliche, jammervolle Lärm entfernt sich immer mehr und ist auf der Brücke nur mehr als kaum vernehmbares klägliches Echo zu hören.

Auf der Brücke gehen die gebeugten Menschen wieder aufrecht. Auch ich schreite geraden und aufrechten Schritts dahin. Neben mir Fredek, er hält noch immer meine Hand.

Auf der Brücke sieht das nicht ungewöhnlich aus. Da geht ein junger Mann mit einem jungen Mädchen Hand in Hand. Wahrscheinlich mögen sie sich. Vor kurzem hat er ihr ein Brötchen gekauft. Das war so sein Einfall. Ihm zum Vergnügen hat sie es gegessen. Nun begleitet er sie zu ihrer Arbeitsstelle. Sie ist zwar noch nicht angestellt, aber sie ist voller Zuversicht, daß sie die Stelle bekommen wird.

Und dann werden sie wieder über die Brücke gehen.

Instinktiv will ich diesen Augenblick in die Länge ziehen. Ich bleibe stehen. Wir beugen uns beide über das Geländer, sehen in die Tiefe, als sähen wir dem reinen Wasser eines fließenden Baches nach.

Unten tut sich nichts Besonderes. Und gerade das ist das Besondere. Da sind zwei solide aussehende Herren. Sie erzählen sich etwas. Einer sieht auf die Uhr, sie beschleunigen ihre Schritte. Am Kiosk kaufen sie eine Zeitung. Eine Kirchturmuhr schlägt.

Wir gehen in den immer stärker werdenden Lärm hinunter. Auf jeden Tritt antworten die Holzstufen mit einem dumpfen Knarren.

Und da sind wir auf dem Boden des Gettos. Schon hört man das jammernde Getümmel, das heisere Klagen und Heulen. Schon bricht sich die Melodie der bitteren Hymne an den Mauern:

»Aj, die Karte, ich geb die Karte nicht her ...«

Das gemalte Schild zeigt einen Matrosen in draufgängerischer Haltung. Der Eingangstür direkt gegenüber – der Chef persönlich. Mit Glotzaugen taxiert er mich und meinen Hut, ohne vom Stuhl aufzustehen, erklärt er: »Tut mir sehr leid, aber das Fräuleinchen ist zu spät gekommen ...«

Und als ich hinausgehe, schreit er hinter mir her: »Se kann ja noch mal vorbeikommen und sech erkundjen. Vielleicht is de andre nich gut, dann kann se ja mal probieren.«

Alles spielt sich genauso ab, wie ich es vorausgesehen habe. Etwas Unerwartetes war nur dieses ›Se‹.

Ich erzähle Fredek von diesem Gespräch. Er sieht auf die Uhr. »Mein Gott«, ruft er erschrocken, »noch nie hat meine Frau so lange auf mich warten müssen. Sei nicht böse, aber ich kann dich nicht nach Hause bringen. Meine Frau wird unruhig. Aber du hast doch keine Angst, so allein? Nicht wahr?«

»Nein, ich habe keine Angst. Du kannst gehen.«

Wovor sollte ich auch Angst haben? Vor der Dämmerung, dem dichten, in der Dunkelheit hängenden Nebel, vor den zitternden Wesen, die durch die engen Straßen irren? Ich fürchte mich nicht vor dem Gemurmel dieser Verwilderten, vor den Seufzern der Ratlosen, vor dem lastenden Schweigen der resignierten, kranken Menschen.

Das sind meine Brüder. Auch ich bin, wie sie, von einem Kreis der Hoffnungslosigkeit umschlossen. Mein Weg führt in die gleiche Richtung, entlang an stinkenden Rinnsteinen, an der unerreichbaren Mauer. Auch ich habe keinen anderen Weg, genau wie sie. Ich wische mit dem Ärmel die Tränen von den geschwollenen Lidern. Ich gehe langsam, mit gesenktem Kopf, zitternd und lautlos stammelnd, genau wie sie. Er hat mich nicht eingestellt. Wieder ist ein Tag vorüber. »Se kann ja mal wiederkommen .. vielleicht is de andre nich gut ...«

Die andre ist bestimmt gut. Die andre ist auch hungrig.

Bei mir zu Hause warten sie. Ich habe ein Brötchen gegessen. Mutter hat nichts gegessen. Sie hat wieder Wasser gekocht, nur Wasser ... reines, leeres Wasser. Es gibt überhaupt kein anderes Wasser in der Welt. Die Frau von Fredek wartet auch. »Sie hat noch nie so lange auf mich warten müssen.« In Ordnung. Fredek kann nicht allen Brötchen geben, er gehört zu seiner Frau. Und ich zu Bolek. Weshalb zerknautsche ich den roten Hut in der Hand? Unten, unter der Brücke geht ein Mädchen mit einem Jungen. Er hält sie an der Hand. Weshalb bin ich hungrig? Ich habe doch ein Brötchen gegessen! Ob Bolek für morgen einen neuen Witz vorbereitet hat? Fredek kennt sicher auch Witze ... »Vielleicht möchtest du ein Brötchen essen ...«, ein prächtiger Witz ... »die kleine Bar, dort am Boulevard ...« Vielleicht hat Mama inzwischen Vaters Jacke verkauft. Vater hat bestimmt auch den ganzen Tag über nichts gegessen. »O Bajadere ...!« Die Stimme von Helena klingt wundervoll. Die Straßenbahn auf der anderen Seite bimmelt so herrlich. Er ist um sechs Uhr morgens gestorben. Sie hat ihn mit zwei Steppdecken zugedeckt. Kennst ja die Puppe ohne Kopf. Fredek, bitte geh nicht fort. Ich hab Angst. Ich fürchte mich so sehr allein. Plötzlich steht eine Art Fels vor mir, ich versuche verzweifelt, mich an ihm festzuklammern. Vergeblich! Ich falle mit schwindelerregender Schnelligkeit.

Durchdringende Kälte schüttelt meinen Körper. Ich zittere, doch ich bleibe wie gelähmt. Ich weiß, daß ich etwas tun müßte, doch ich kann mich nicht entsinnen, was es ist. Ich falle zurück, fortgezogen von dem Wirbel inmitten eines schwarzen Schlundes.

Starker Beifall rauscht auf. Stella, im orangefarbenen Kleid, verneigt sich in unerreichbarer Ferne. Das Kreisrund des Scheinwerfers verschwimmt, schwindet, wird zu einem kleinen leuchtenden Pünktchen. Tausende von Lichtpünktchen glühen unter meinen Lidern. Ich kann nicht einschlafen. Das Bett ist schrecklich hart. Mir tun die Knochen weh. Wo bin ich? Ich habe das undeutliche Empfinden, daß unser Haus nicht weit entfernt ist. Ich bleibe noch ein wenig liegen, und dann gehe ich gleich nach Hause. Ich kann nicht aufstehen. Ich habe vergessen, wie man aufsteht. Die Zunge klebt am Gaumen. Ich versuche, die schmerzenden Lider zu öffnen. Woher bin ich gekommen? Was war vorher? Warum ist es so schrecklich dunkel? Vielleicht ist das schon der Tod. Vielleicht ist das mein Grab? Ich liege also im Grab. Wann bin ich eigentlich gestorben? Neben mir ist ein Rauschen. Genau wie ein Wasserfall. Ein Grab ist in der Erde. Erde rauscht nicht. Das ist keine Erde.

Auf einmal weiß ich es. Ich kam vom ›Fröhlichen Matrosen‹, dem Lokal an der Brücke, zurück. Ich bin bis zur Lesznostraße gekommen. Dann wurde ich ohnmächtig.

Heftig fahre ich auf. Etwas liegt auf mir, mit Anstrengung werfe ich dieses Etwas ab. Starr vor Grauen und mit hämmerndem Puls stehe ich in der Lesznostraße, neben mir auf dem Pflaster liegt ein großer Fetzen Papier.

Langsam beginne ich zu begreifen. Jemand hat mich zugedeckt. Wie ich so dalag, hatte man angenommen, ich sei tot. Aber ich bin gar nicht gestorben. Jemand hat sich anführen lassen. Eine hysterische Fröhlichkeit überkommt mich. In der menschenleeren Straße des Gettos breche ich in Lachen aus.

Ohne mich umzusehen, laufe ich nach Hause. Ich nehme mehrere Treppenstufen auf einmal und schieße ins Zimmer.

Mutter, Vater und Bolek sitzen am Tisch. Ich greife nach der für mich zurückgelegten Brotration.

»Hör mal, Bolek«, sage ich aufgeregt, während ich das himmlisch schmeckende Brot esse, »ich habe einen herrlichen Witz für dich. Stell dir vor, sie decken einen zu, weil sie glauben, er sei schon hinüber, aber er lebt noch. Stell dir vor, daß sich solch eine lebendige Leiche nachher erhebt und sagt: ›Daraus wird nichts, ich geb' die Karte nicht her.‹ Gut, was? Deine Kunden werden begeistert sein.«

Bolek reagiert nicht. Die Eltern schweigen ebenfalls. Das Schweigen ist bedrückend.

»Was ist passiert?« frage ich.

»Ich brauche keine Witze mehr«, sagt Bolek, »ab morgen habe ich keine Passagiere mehr. Der Chef hat sich entschlossen, die Rikscha selbst zu ziehen.«

Also, morgen abend bringt Bolek kein Brot und übermorgen auch nicht. Ich werde wohl das kleine Stückchen, das noch da ist, wieder zurücklegen. Nein, das hat keinen Zweck.

Was tun? Gibt es jemanden, der weiß, wie das allerletzte Stück Brot zu essen ist?

»Se kann ja noch mal vorbeikommen und sech erkundjen.«

Der Satz kommt mir wieder in den Sinn.

Nach Stellas Angaben geschminkt, halb erfroren und schrecklich schwach, laufe ich wieder durch die Straßen. Gegen die heftigen Böen des Dezemberwindes ankämpfend, überquere ich die Brücke. Außer Atem und verzweifelt stoße ich wieder die Tür zum ›Fröhlichen Matrosen‹ auf.

Das Glotzauge sieht mich prüfend an. Dann sagt er: »Se kann hierbleiben. Weiß se, was zu tun ist?«

»Ich weiß, natürlich! Servieren, zuvorkommend sein, und abends bekomme ich Brot«, leiere ich in einem Atemzug herunter.

»Augenblick, se braucht es mit dem Brot nicht so eilig zu haben. Weiß se, daß in mein Lokal elegante Gäste kommen?«

»Ich weiß.«

»Sieht se diese Tür?«

Er öffnet die Tür des kleinen Korridors, die von einem Vorhang verdeckt ist. Ich erblicke ein kleines Zimmerchen. Darin ein Tisch mit einem bunten Tischtuch, ein Sofa. Aus einem schäbigen Lampenschirm fällt rosafarbenes Licht.

»Wenn meine Gäste den Wunsch haben, dann muß man mit ihnen hier hineingehen und alles machen, was sie wollen, und sich nicht zieren. Sie haben die Taschen voller Geld. Und wenn se gefällig ist, knausern die nich mit dem Geld.«

»Und könnte ich nicht hierbleiben, ohne da reinzugehen?«

»Nein. Jetzt ist Krieg, da is nichts zu machen, da darf man nich zimperlich sein. Die andre Kellnerin ist fünfzehn Jahr und macht keine Sperenzchen. Meine Gäste müssen sich amüsieren. Und ich habe keine Attraktionen mit großen Revuen à la ›Meeresauge‹ und ›Cancan‹. Was solln sie da suchen? Wegen der Fresserei alleine gehn sie lieber zu ›Adam‹. Se is sowieso zu dürre, aber wenn se will, kann se sich bei den Gästen mit durchfressen.«

»Wissen Sie, wenn mich jemand begleiten würde«, schlage ich vor, »könnte ich auftreten. Ich würde den ganzen Abend servieren und dann singen. Ich kenne viele hübsche Lieder. Wo doch die andre sowieso in das Kabinett geht, da könnte ich doch singen, statt dessen ...«

Er überlegt.

Sein Ausspruch über ›Meeresauge‹ und ›Cancan‹ ließ auf eine unbefriedigte Sehnsucht nach einem erlesenen Lokal mit künstlerischen Darbietungen schließen. Wahrscheinlich hatte mich das begehrliche Aufblitzen seiner Augen, als er von den großen ›Revuen‹ sprach, zu meinem Vorschlag mit dem Singen inspiriert.

»Schließlich könnten wir's doch mal probieren«, versuche ich den Moment seines Schwankens zu nutzen, »und klappt es nicht, dann können wir ja nochmals reden.«

»Meine Frau hat sogar 'ne Harmonika«, fährt er fort, »sie könnte damit die Begleitung spielen.«

Er hat angebissen.

Er ruft seine Frau, eine mollige Blondine mit kurzen, von Ringen bedeckten Fingern. Merklich erfreut holt sie ihre Harmonika.

Von da an singe ich allabendlich mein kümmerliches Repertoire. Es wird sowieso von den knarrenden Tönen der Harmonika, die meine Chefin ihrem Instrument entlockt, überdeckt.

Das geht nun schon zwei Wochen so.

Während dieser zwei Wochen erhalte ich jeden Abend meine Brotration.

Während dieser zwei Wochen warten sie nun jeden Abend auf mich. Ich eile durch die Straßen, presse das verdiente Brot fest an mich.

Ich betrete unser Zimmer, sehe die gebeugten Silhouetten und das Messer auf dem leeren Tisch, daneben eine große, leere Platte, die aus weit entfernten, satten Zeiten überdauert hat. Wenn ich das Brot auf die Platte lege, greift der Vater nach dem Messer. Langsam teilt er das Brot in vier gleiche Teile.

Eine sonderbare Sache! Das sind die einzigen Augenblicke, wo ich keinen Hunger verspüre. Das erwartungsvolle Schweigen, die Feierlichkeit des Teilens, das Bewußtsein der eigenen Nützlichkeit versetzen mich in den Zustand eines freundlichen Rausches.

Der längliche, schlauchartige Raum des ›Fröhlichen Matrosen‹ brodelt von Stimmengewirr. Die Gäste erzählen sich gegenseitig ihre Schmugglererlebnisse. Rühmen sich ihres Mutes, lassen die Gläser klirren, gestikulieren, streiten sich bei den Abrechnungen.

»Frau Se«, die Frau des Chefs, tummelt sich unter den Gästen. Sie erklärt, gibt Anweisungen, schimpft und schlichtet:

»Mineralwasser? Haben wir leider nicht bekommen ... was soll man da machen ... die verehrten Gäste müssen verstehen, daß die Lieferung einiger Produkte erschwert ist.«

Die »verehrten Gäste« bringen nicht immer Verständnis auf. Es ist nicht viel Betrieb. Die Tür öffnet sich nur selten. Die Stammgäste kennen sich gegenseitig; sie erledigen ihre geschäftlichen Angelegenheiten, dann fordern sie Unterhaltung, sie wollen sich amüsieren.

Wie jeden Tag um diese Zeit binde ich die Schürze ab und stelle das Tablett weg. Ich stelle mich in der Ecke unweit der Eingangstür auf. Von hier aus kann ich nahezu alle Tische übersehen.

»Frau Se« setzt sich neben mich auf einen Schemel, zusammen mit ihrer Harmonika. Sie stützt das fette Doppelkinn auf das Instrument. Ihr Gesichtsausdruck ist dabei vollkommen gedankenlos. Unter dem hochgezogenen Rock sieht man die Beine in zu kurzen Strümpfen, die gleich über dem Knie in das Fleisch schneiden. Es sieht aus, als wolle sie im nächsten Augenblick wie eine Kuh muhen. Sie zieht jedoch knirschend ihre Harmonika auseinander. Sie lenkt ihren abgestumpften Blick in meine Richtung, was zu bedeuten hat, daß das Programm beginnt. Und damit erfolgt meine Umwandlung von einer Kellnerin zur Sängerin. Ich singe.

Das Stimmengewirr wird dabei jedoch nicht etwa leiser, sondern schwillt noch an. »Frau Se« will meinen Gesang übertönen, damit ihre wertvolle Begleitung nicht verlorengeht. Die Gäste sprechen lauter, um sich schließlich doch nicht zu verstehen. Im Endergebnis übertönt jeder jeden. Würde ich nur die Lippen bewegen – der Effekt wäre der gleiche. Das tue ich nur des Chefs wegen nicht. Die Ohren schmerzen von dem eigenen jämmerlichen Gekreische.

Heute bin ich so geschwächt, daß ich kaum einen Ton herausbekomme. Der Chef hat mich schon mehrmals mit einem strengen Blick angesehen. Trotzdem singe ich sehr leise:

»... an silberbleichem Morgen
aus blauer Meeresferne
kam ihr Geliebter,
Matrose wilder Meere ...«

Es sind mehr Beefsteaks bestellt worden als an anderen Tagen. Das saftige Fleisch ist von gebräuntem Rührei umgeben, daneben mit brauner Butter übergossene Kartoffeln. Das ganze heißt hier »spanische Karbonade«, und das klingt für mich melodischer als jede Musik.

Beim Servieren der Karbonade habe ich gelernt, den Geruchssinn auszuschalten. Geschickt schlucke ich den Speichel hinunter und halte gleichzeitig auf dem Weg von der Küche bis zum Tisch die Luft an. Bei dieser Tätigkeit habe ich es zu solcher Perfektion gebracht, daß ich die Teller herumtrage, als seien es Postkarten mit gemalter Karbonade.

Heute hat sich die innere Disziplin aus irgendeinem Grund gelockert. Vielleicht verdrehen mir deshalb die himmlischen Düfte den Kopf. Mich beherrscht nur noch ein Wunsch: die Karbonade zu essen.

Da ruft mich einer der alten Stammgäste, einer von denen, die der Chef am meisten umschwänzelt, und bietet mir einen Platz an seinem Tisch an. Der danebenstehende Chef akzeptiert das mit einem Berufslächeln, merklich zufrieden über die Auszeichnung, die mich getroffen hat. Aus seinen Augen verschwinden die bösen Blitze, auf einmal ist er rührend besorgt.

Mir ist nicht ganz klar, wie ich auf den Stuhl neben dem »Gönner« gekommen bin. Er ist ein unordentlicher Typ mit außergewöhnlich dicken Lippen. Es ist wohl der Chef gewesen, der mich dorthin plaziert hat. Er war es auch, der eine Riesenportion Karbonade vor mich hingestellt hat.

Wie hypnotisiert starre ich auf den Teller und weiß überhaupt nicht, ob ich das Recht habe zu essen. Ich bin nicht mehr daran gewöhnt, daß meine Wünsche Wirklichkeit werden, und nun soll plötzlich mein heißester Wunsch in Erfüllung gehen. Zum Überfluß streicht mir der Chef auch noch über die Haare. Ich habe den Verdacht, in eine Falle zu gehen.

Endlich entschließe ich mich. Ich greife zu Messer und Gabel. Ich schneide ein Stück Fleisch ab. Als ich mit der Gabel schon fast am Mund bin, hält jemand, der hinter mir steht, meine Hand fest und drückt sie wieder zum Teller hinunter.

Mir steigt das Blut in den Kopf, ich komme zur Besinnung. Der über mich geneigte Chef lacht zähnefletschend und hält meine Hand weiter fest.

»Ich mach' nur Spaß«, sagt er, »du brauchst nicht nervös zu werden. Die Karbonade gehört dir. Niemand nimmt sie dir weg. Dieser Herr kann dir noch zehn davon kaufen. Aber er möchte mit dir im Nebenzimmer essen. Er haßt den Lärm ...«

Wut steigt in mir hoch. Die Kameraden des Wulstlippigen brechen in Gelächter aus.

»Gut«, sage ich anscheinend ruhig, »ich gehe mit, aber ich fühle mich nicht ganz wohl. Es wird besser sein, wenn ich vorher etwas esse, um dort ... besser bei Kräften zu sein.«

Er lockert den Griff, mit dem er meine Hand umspannt. Aber als ich mich zum Tisch zurückwende, stelle ich fest, daß inzwischen die Karbonade verschwunden ist. Während ich mit dem Chef sprach, hat sie jemand abgeräumt. Mit meinem enttäuschten Blick ernte ich wieherndes Gelächter.

Ich betrachte die Versammelten mit offener Feindseligkeit. Jeden einzelnen, der Reihe nach. Sie werden still.

»Ihr seid nicht besser als die Gestapo. Sagt mir sofort, wo mein Teller geblieben ist!«

Instinktiv blicke ich zur offenstehenden Tür des rosa Kabinetts. Die Karbonade steht auf dem Tisch.

Ich nehme Messer und Gabel in die Hand und gehe dorthin. Ich gehe vorbei an den bewegungslosen Gestalten, betrete das kleine Zimmer und schließe die Tür. Im Saal erhebt sich das Stimmengewirr von neuem.

Bis hierher dringt es jedoch nur gedämpft. Ruhe überkommt mich. Ich setze mich auf den bequemen, weichen Stuhl, lege mir die Serviette um.

Ich esse langsam, verbeiße mich tierisch in das Fleisch und empfinde nur Bedauern darüber, daß die Karbonade abnimmt. Ich lecke den Teller ab, lecke mir die Lippen. Ich verspüre ein wohliges Gefühl. Der rosa Halbdämmer wirkt einschläfernd.

Ich stütze den Kopf auf die Stuhllehne, schließe die Augen. Ich warte und weiß selbst nicht worauf.

Auf einmal wird die Tür heftig aufgerissen. Der Chef schreit direkt über mir: »Raus hier! Scher dich zum Teufel! Verrecken sollst du! Wegen dir habe ich den besten Kunden verloren. Er hat gesagt, daß er nicht mehr in ein Lokal gehen wird, in dem Verrückte angestellt werden. Meschugge ... Gräfin Maritza! Hat nichts zu fressen und beschimpft die Gäste.« Er wendet sich plötzlich an seine Frau. »Du wolltest ja mit dieser beschissenen Harmonika auftreten ...«

»Frau Se«, jämmerlich und lächerlich zugleich, rauft sich die Haare und stammelt: »Welch ein Unglück ... Du lieber Herrgott, haste gesehn, wieviel Geld der hat ... alle Taschen voll ... das überleb' ich nicht ... haltet mich fest, oder ich vergeß mich.«

Sie schlägt mit ihren molligen Fäusten auf mich ein und kreischt dabei Unverständliches.

Ich stehe vom Stuhl auf. Voll Widerwillen stoße ich sie beiseite. Alles, was um mich herum vorgeht, diese ganze lärmende Szene, ist mir gleichgültig, als hätte sie nichts mit meiner Person zu tun.

Ich gehe an dem Spalier der Gäste vorbei, die der Lärm angezogen hat. Sie sehen mich an, als sei ich aussätzig. Mit übertrieben erhobenem Kopf gehe ich zum Ausgang. Ich nehme meinen Mantel aus dem Schrank neben der Garderobe und stoße die Tür zur Straße auf.

Ich bahne mir den Weg durch die Menge. Abgestumpft und wie eine Nachtwandlerin betrete ich die Brücke.

Die Brücke zieht sich endlos hin. Die vorübergehenden Menschen haben zu scharfe Züge, sie sehen aus, als seien sie aus Kohle gehauen. Der niedrig über mir hängende Himmel verbreitet Leere. Das Hirn ist eine formlose, zerflossene Masse. Es ist, als sei ich körperlos. Ich beuge mich über das Geländer. Jemand zieht mich am Mantel.

»Idiotin! Willst du Invalide werden? Wenn es gut geht, brichst du dir höchstens die Beine. Wenn du runterspringen willst, dann geh mehr nach oben.«

Dann geht er. Wovon sprach dieser Mensch? Was sollte ich machen? Plötzlich wird es mir bewußt. Ich weiß nun, woher diese grenzenlose Schwerelosigkeit kommt. Ich kehre ohne Brot nach Hause zurück. Selbst habe ich mich sattgegessen, und für sie habe ich nichts.

Sobald ich das Zimmer betrete, werden sie meine leeren Hände bemerken. Bolek wird als erster ausrufen: »Sie macht Spaß! Bestimmt hat sie es versteckt.«

Er wird in den Flur gehen, um nachzuschauen. Der Vater wird fragen: »Warum hast du die gute Stellung verloren?«

Mutter wird sagen: »Laß sie in Ruhe! Vielleicht ruft mich jemand zur Krankenwache, so viele Menschen haben Typhus.«

Und dann werde ich ihre hungrigen Blicke ertragen müssen.

Auf dem Kocher steht ein großer Topf. Mutter zündet das Gas an. Ich liege in einer Ecke des Zimmers auf einem alten, abgenutzten Sofa und folge der Mutter mit den Blicken. Vor kurzem ist sie von der Nachtwache heimgekehrt. Sabina, die Schwester von Krysia – die das Kind nicht stillen konnte –, ist gestern aus dem vierten Stock auf das Pflaster der Ogrodowastraße gesprungen. Abends kam Krysia. Deutlich hörte ich ihr Flüstern: »Kommen Sie mit mir, ich flehe Sie an.«

»Aber Krysia, meine Liebe, wie kann ich ihr denn helfen?«

»Gar nicht! Ich weiß, daß nichts zu machen ist. Aber wir können das nicht mehr mitansehen. Wenn Sie kommen, dann wird es leichter zu ertragen sein.«

»Gut, ich komme gleich.«

»Was ist mit Sabina?« frage ich.

»Nichts. Sie ist tot.«

In der Stille ist das Brodeln des kochenden Wassers zu hören.

Die Jacke

Heute ist der erste Frühlingstag.

Um diese Zeit sind die Bäume schon grün. Die Menschen lächeln sich zu. Gedichte werden geschrieben.

Auch hier gibt es Dichter. Sie schreiben so:

> Ich hab' ein Fenster, das geht nach drüben raus –
> ein freches, jüdisches Fenster –
> nach dem schönen Krasinski-Park,
> wo Herbstesfeuchte tropfend von den Blättern rinnt.
> Im graublauen Abendlicht nicken grüßend Zweige,
> und in mein jüdisches Fenster schauen arische Bäume
> hinein ...

Mutter will Vaters Jacke verkaufen gehen. Den ganzen Winter über hat sie davon gesprochen. Trotzdem erlebte die Jacke den heutigen Tag.

Wird dieses saugende Gefühl im Magen ewig dauern? Man müßte sicher sein, daß man als Toter satt ist, sonst hat es keinen Sinn zu sterben.

Mama geht noch nicht. Sie sitzt auf dem Stuhl. Sie wendet mir den Rücken zu. Vaters Jacke liegt auf ihren Knien. Worüber mag sie nachgrübeln? Denkt sie an den nächsten Winter? Eigentlich ist es sowieso ein Wunder, daß die Jacke erst jetzt verkauft werden soll. Gäbe es nicht die Ausflüge meiner Schwester Basia ›nach der anderen Seite‹, dann wäre die Jacke längst nicht mehr da. Meine Schwester bringt heimlich Ringe und Armbänder wohlhabender Bekannter von hier hinüber zu deren Freunden auf der ›arischen Seite‹. Sobald diese den Erhalt des Schmucks bestätigt haben, erhält Basia ihren Lohn, der ungefähr einem oder zwei Stück Butter entspricht. Heute ist sie auch weg, und keiner weiß, wann sie wiederkommt, ob es ihr gelingen wird, sich durchzuschleichen.

Als sie beim letztenmal zurück ins Getto wollte, döste der Gendarm. Sie wollte leise an ihm vorbei, aber plötzlich wurde er wach. Reglos preßte sie sich an die Mauer und wagte kaum zu atmen. Der Wächter blickte in die Tiefe der ›jüdischen Dunkelheit‹, gähnte und nickte wieder ein. Basia wartete noch eine Weile, dann lief sie durch die menschenleeren, leichenbesäten Straßen.

Und das tut sie für den Preis eines Stückes Butter.

Mutter sitzt immer noch reglos. Warum ist sie so unentschieden? Schließlich hatte sie genug Zeit, sich an den Gedanken zu gewöhnen, daß sie sich von der Jacke trennen muß.

»Was hast du denn?« frage ich. »Es ist doch nicht das erste Stück, das wir verkaufen. Du hast doch selbst nur noch ein einziges Kleid.«

Sie senkt den Kopf und fängt an zu weinen.

»Ich weiß wirklich nicht, warum es dich gerade bei dieser Jacke so berührt.«

Ich bemühe mich, so nüchtern wie möglich zu klingen. Aber ich bin erschüttert. Mutter weint fast nie. Sie antwortet nicht, schluchzt nur noch lauter, legt den Kopf auf den Tisch. Da sehe ich einen Brief in ihrer Hand. Ich nehme ihr den Brief ab. Ihre Hand sinkt kraftlos herab. Ich werfe einen Blick auf den Brief. Unterschrieben ist er mit »Rosa«, und über der Unterschrift steht: »Dein auf immer!«

Was für ein Unsinn! »Dein auf immer...« Und deshalb weint Mutter? Dabei ist das Ganze so absurd, daß man nur darüber lachen kann.

Jetzt also hat sie es erfahren. Als sie die Taschen der Jacke leerte, fand sie den Brief. Weshalb hat ihn Vater aufgehoben? Hat er ihn einfach vergessen?

Blitzartig erinnere ich mich an die Geschichte von Rosa.

Es war noch vor Ausbruch des Krieges. Ich war damals ungefähr dreizehn. Eines Tages kam Mutter von ihren täglichen Einkäufen zurück, sie brachte ein Mädchen mit, es war auffallend schön.

Mutter sagte nur: »Das ist Rosa, das sind meine beiden Mädchen. Rosa wird uns im Haushalt helfen. Sie ist nicht viel älter als ihr, aber sie hat große Erfahrung, denn sie hat viel durchmachen müssen. Ich möchte, daß ihr tut, was sie euch sagt. Ihr wißt, wie beschäftigt ich bin. Rosa wird mich vertreten. Ich hoffe, wir kommen gut miteinander aus.«

Wir machten unseren artigsten Knicks. Wir waren beide fest entschlossen, auf Rosa zu hören. Ihre Schönheit, ihr überraschendes Auftauchen in unserer Wohnung und vor allem Mutters Ansprache hatten großen Eindruck auf uns gemacht.

Bald hörte man von morgens bis abends nur noch ihren Namen.

»Rosa wünscht das nicht.«

»Bitte Rosa, vielleicht erlaubt sie es.«

»Frag doch Rosa.«

»Du weißt doch, Rosa mag das nicht.«

»Wenn Rosa davon wüßte ...«

Sie wurde zur Hauptperson. Alles begann sich um sie zu drehen.

Plötzlich, von einem Tag zum andern, begann mit dem Auftauchen Rosas die vornehme Erziehung. Wir wurden salonfähig.

»Bitte wartet, bis Mama sich gesetzt hat. Bitte nehmt die Hände vom Tisch. Salz nimmt man nicht mit den Fingern. Bitte Ruhe.«

Rosa machte die Honneurs, servierte Suppe mit einer Silberkelle, die bis dahin nie gebraucht worden war, und sah dabei immer todernst aus. Die Mahlzeiten gerieten zu Festlichkeiten.

Mutter betrachtete dieses Zeremoniell mit Rührung. »Welch ein Glück«, sagte sie bei jeder passenden Gelegenheit, »daß ich dieser Rosa begegnet bin. Hätte ich damals nicht Petersilie kaufen wollen, würden wir Rosa gar nicht kennen. Es ist gerade so, als wäre ich auf die Straße gegangen und hätte einen Schatz gefunden.«

Vater verhielt sich Rosa gegenüber eher reserviert. Mutter machte ihm oft Vorwürfe wegen seiner Kühle. »Denk daran, was das Mädchen durchgemacht hat!«

Wie jedes Jahr, fuhren wir im Juni aufs Land. Wie jedes Jahr brachte uns ein sonderbares Vehikel, halb Karren, halb Rollwagen, zusammen mit einem Teil unseres Hausstandes einige zehn Kilometer aus der Stadt hinaus bis zu einem im Wald stehenden Holzhaus. Für uns war das Häuschen der Inbegriff des Luxus, trotz der Schaben, die in der Dämmerung aus allen Löchern des Fußbodens krochen, trotz der Spalten zwischen den Brettern der Wände, die von Jahr zu Jahr größer wurden.

Wir bezahlten ganz einfach für die frische Luft. Gegen Ende jedes Winters erklärte Mutter stolz: »Gott sei Dank werdet ihr wieder in die Sommerferien fahren können.«

In Wirklichkeit hatten wir das nicht so sehr dem lieben Gott, sondern der schweren Arbeit unserer Mutter zu verdanken. »*Ihr* werdet fahren können« bedeutete, daß wir ohne Mutter mit einem fremden, extra dafür angestellten Menschen dorthin fahren würden. Mama wollte die Stadt nicht verlassen. Das hätte für sie das gleiche bedeutet wie den Kontakt mit der »Gegend« verlieren, das heißt mit den Patientinnen, die ihrer Hilfe bedurften. »Ich muß nur einmal nicht da sein, dann kommt die

Weinberg in die Wehen und ruft jemand anderen. Und was wird dann aus meiner Praxis!«

In diesem Sommer sagte nun Mama: »Zum erstenmal bin ich ganz ruhig. Rosa wird sich um euch kümmern.«

Am Sonntag kam Vater uns besuchen.

Rosa schlief bei uns Mädchen im Zimmer. Diesmal dauerte es endlos lange, sie kam nicht. Ich konnte nicht einschlafen. Ich hatte Angst vor den Schaben.

Ich hatte gerade beschlossen aufzustehn, als ich hinter der Wand ein Geräusch hörte. Ich stand auf und blickte durch eine Ritze zwischen den Brettern. In der Küche brannte eine Petroleumlampe. Ich sah den geblümten Stoff von Rosas Morgenrock. Die Blumen näherten sich für einen Augenblick und verdeckten alles, dann verschwanden sie wieder.

Ich erblickte Vater, er saß auf einem Stuhl. Rosa ging zu ihm hin, ihr Morgenrock stand offen, sie beugte sich zu ihm hinunter und küßte ihn.

Es dauerte lange, bis ich mich von meiner Wut und meiner Verblüffung erholte. Ich konnte die ganze Nacht über kein Auge zutun und schmiedete Rachepläne in den verschiedensten Varianten. Sonderbarerweise hegte ich keinen Groll gegen Vater, vielleicht, weil es in der Szene, die ich beobachtet habe, Rosa war, die die Initiative ergriffen hatte.

Als sie nachts ins Zimmer kam, stellte ich mich schlafend. Ich stellte mich auch schlafend, als sie morgens hinausging, um Vater zum Bahnhof zu begleiten.

Als sie zurückkam, lag ich auf dem Rücken, die Arme hatte ich unter dem Kopf verschränkt.

»Steh bitte sofort auf«, sagte Rosa, »was ist das denn für eine Faulenzerei um diese Zeit?«

Ich rührte mich nicht.

»Was soll denn das heißen? Ich bin nicht gewöhnt, meine Anweisungen zu wiederholen.«

Ich ließ mir Zeit, dann sagte ich langsam und mit Nachdruck: »Ich stehe auf, wenn ich Lust habe, du Nutte!«

»Waas?«

Sie setzte sich meinem Bett gegenüber auf einen Stuhl. Mit Freude sah ich, wie sich auf ihrem Gesicht Schrecken, Wut und Zweifel abwechselten. Schließlich beschloß sie, ihren normalen Ton anzuschlagen.

»Was spinnst du denn da? Was sind das für Straßenausdrükke? Ich habe mich wohl verhört.«

»Das ist möglich, ich wiederhole es gern noch mal: du Nutte.«

»Was ist denn mit dir?« schrie sie los. »Du bist wohl verrückt.«

»Im Gegenteil«, sagte ich ruhig, »bis gestern war ich verrückt, und gerade heute bin ich unheimlich normal.«

»Was hast du plötzlich gegen mich?« Sie wurde immer unsicherer. »Was willst du eigentlich von mir?«

»Ich? Ich will überhaupt nichts von dir. Aber mein Vater, der will wohl was von dir.«

Jetzt hatte sie begriffen. Schlagartig änderte sie ihre Taktik. Sie fiel vor meinem Bett auf die Knie.

»Das ist nicht meine Schuld. Du bist noch zu jung. Wenn du älter bist, verzeihst du mir bestimmt. Dann wirst du alles verstehen.«

»Ich werde dir niemals verzeihen«, sagte ich und blickte gleichgültig zur Decke, »und wenn ich hundert Jahre alt würde. Deine Tränen lassen mich kalt. Ich möchte dich sehr bitten, spiel hier nicht das unschuldige Opfer. Die Leidtragende ist einzig und allein meine Mutter. Stell dir vor, was sie empfinden muß, wenn sie erfährt, wen sie da ins Haus hereingelassen hat.«

Sie sprang vom Boden auf.

»Du wirst es doch der Mutter nicht sagen!«

»Doch, ich sag's ihr!«

»Ich bring' mich um.«

»Bitte sehr, das ist deine Sache.«

»O Gott!« jammerte sie, »ich wußte nicht, daß du so grausam sein kannst.«

»Dann weißt du's jetzt.«

Es machte mir Vergnügen, ihr Angst einzujagen, und mir war dabei jedes Mittel recht. Während der nächsten Tage hielt ich sie in dauernder Spannung. Ich tat es konsequent und erbarmungslos, obwohl sie immer wieder den Versuch machte, mich zu bestechen oder um Verzeihung zu bitten.

Sie lief mir nach, sooft ich das Haus verließ. Absichtlich ging ich in Richtung Bahnhof, und im letzten Moment bog ich wieder ab. Ich legte die Füße auf den Tisch und schlang die von ihr gekochten Mahlzeiten gierig hinunter. Sie biß sich auf die Lippen und schwieg. Am Tag, bevor meine Eltern kamen, erklärte ich ihr mit Entschiedenheit: »Ich werde Mutter nichts sagen, aber nur unter einer Bedingung. Du heiratest den ersten besten Kerl, der dir über den Weg läuft. Dann wirst du unser Haus verlassen. Bis dahin werden wir so tun, als sei nichts geschehen. Natürlich nur vor den anderen. Da kannst du mir ruhig weiter gute Manieren beibringen.«

»Dann gehe ich lieber gleich!«

Erbarmungslos erpreßte ich sie: »Wenn du sofort gehst, dann sage ich Mutter, was du getan hast!«

In den folgenden Wochen spielten wir dauernd Komödie, besonders wenn Mutter dabei war. Rosa gab knapp und energisch Anweisungen, ich befolgte sie mit gut gespielter Unterwürfigkeit.

Mit Vater und Rosa blieb ich selten allein, da jeder von uns diese Situation nach Möglichkeit mied. Ich weiß nicht, ob Rosa ihm etwas erzählt hatte. Wahrscheinlich hatte sie ihm nur gesagt, sie müßten vorsichtiger sein, weil ich etwas vermutete. War ich mit Vater allein, dann schwieg er und seufzte. Er tat mir immer noch leid.

Hinter Rosa war damals ein neunzehnjähriger Junge her, er war bleich und picklig, ein richtiger Schlappschwanz. Rosa erduldete seine Verehrung mit Verachtung. Sie erklärte, er sei ein Idiot und habe feuchte Hände. Er war der einzige Sohn eines reichen Fabrikbesitzers. Solche Väter pflegen normalerweise für ihre Söhne eine gute Partie zu planen, aber dem einzigen Kind, wenn es sich etwas in den Kopf gesetzt hat, etwas abzuschlagen, fällt auch einem reichen Fabrikbesitzer nicht leicht.

Eines Tages fing ich Tolek – so hieß der junge Mann – in der Nähe unseres Hauses ab. Mit verschwörerischen Bewegungen winkte ich ihn heran. »Weißt du, was mir Rosa gesagt hat?«

Er war höchst interessiert.

»Sie hat mir erzählt, daß sie schrecklich verliebt in dich ist.«

»Wirklich?«

»Ja, wirklich. Sie behandelt dich mit Absicht so schlecht. Sie glaubt, daß du sicher Angst hättest, sie zu heiraten. Erst wenn du sie heiratest, würde sie dir zeigen, wie sehr sie dich liebt.«

»Aber das ist unmöglich. Das erlauben meine Eltern nie.«

»Dann mußt du ihnen drohen, daß du dir das Leben nimmst. Rosa wird dich nur nehmen, wenn du dich innerhalb einer Woche entschließt, sonst kannst du hingehen, wo der Pfeffer wächst. Das hat sie mir gestern unter dem Siegel der Verschwiegenheit gesagt. Deshalb habe ich dich angehalten, um es dir zu sagen.«

»Ist das wahr«, wunderte sich Tolek, »und warum sagt sie mir das nicht selbst?«

»Weil sie stolz ist. Sie hat gesagt, wenn du ein richtiger Mann seist, dann wüßtest du, was du zu tun hättest.«

Am gleichen Tag sagte ich ganz beiläufig zu Rosa: »Ich habe Tolek getroffen. Er hat mir erklärt, daß er dich gern heiraten würde. Er will noch heute mit seinen Eltern reden.«

Sie erschrak. »Das war deine Idee. Er selbst ist viel zu feige. Außerdem kann ich ihn nicht ausstehen.«

»Das macht nichts. Du versuchst eben, ihn zu lieben. Aus Erfahrung weiß ich, daß das viel besser geht, wenn man erst einmal zusammen wohnt.«

»Du bist eine gemeine Intrigantin.«

»Gut möglich.«

»Aber ich liebe ihn doch nicht. Ich finde ihn abscheulich.«

»Echte Liebe gibt es nur in Büchern. Im wirklichen Leben sind es nur Schweinereien. Ich rate dir, sei vernünftig und mach keine Geschichten.«

Vier Wochen später heirateten Rosa und Tolek. Sie war offensichtlich zu der Erkenntnis gelangt, daß die Ehe mit Tolek immer noch der beste Ausweg sei.

Vater litt, aber tröstete sich wohl damit, daß Rosas Heirat ja keine Liebesheirat war. Mutter kämpfte lange mit sich, dann kam sie zu dem Schluß, daß sie kein Recht habe, Rosa aus rein egoistischen Gründen zurückzuhalten, wo sich dem armen, unglücklichen Mädchen nun schon einmal die Gelegenheit bot, sein Leben einzurichten.

Toleks Eltern waren anfangs nicht einverstanden.

Zu jener Zeit hat mich die ganze Situation schon eher belustigt. Das Komischste war die Hochzeitszeremonie. Ich allein kannte ja die Wahrheit. Wir alle überbrachten unsere Glückwünsche. Ich kam mit einem Gladiolenstrauß und einem rechtzeitig einstudierten Spruch für Rosa: »Ich wünsche dir viel Glück mit dem geliebten Tolek. Bleib immer treu, dankbar und edel, so, wie du es bisher gewesen bist.« Dann überreichte ich ihr die Blumen, und wir küßten uns.

Die Gäste hatten Tränen der Rührung in den Augen und kommentierten meine Glückwünsche sehr wohlwollend. Nachher trank man Wein, aß Torte und es wurde gesungen. Noch lange erinnerte man sich mit Vergnügen an die gelungene Hochzeitsfeier und das glückliche junge Paar.

Rosa zog mit Tolek in eine Kleinstadt, die einige zehn Kilometer von uns entfernt lag. Dort befand sich die Fabrik ihrer Schwiegereltern.

Am häufigsten erinnerte sich Mama an Rosa. Sooft im Haushalt etwas schiefging, sagte sie: »Das ist nur passiert, weil Rosa nicht mehr da ist.«

Ich hatte den Verdacht, daß Rosa und Vater ihre »Bekanntschaft« fortsetzten. Er machte plötzlich geheimnisvolle Geschäftsreisen, und das machte mich mißtrauisch. Mutter aber war erstaunt darüber, daß ich mich für Rosas Schicksal überhaupt nicht interessierte.

Die Zeit verging.

Schließlich brach der Krieg aus, und man wunderte sich über nichts mehr.

In der Kleinstadt, in der Rosa wohnte, wurden gleich zu Beginn des Krieges alle Juden erschossen. Darunter waren auch Rosa, Tolek, seine reichen Eltern und viele andere Teilnehmer der Hochzeitsfeier. Die Nachricht über diese Hinrichtungen erreichte auch das Warschauer Getto.

Und nun stehe ich hier und halte den in der Jackentasche gefundenen Brief in der Hand.

»Mein Geliebter! Ich sehne mich nach Dir. Niemals werde ich mich mit unserer Trennung abfinden können. Mit allem, was er tut, reizt er mich fürchterlich. Er schenkt mir Schuhe und Mäntel, aber ich kann ihn nicht ausstehen. Das mit dem Hotel war nicht sehr schlau, aber mir wird schon etwas besseres einfallen. Diesem Idioten kann ich ja sonstwas erzählen. Freitag warte ich dort, wo wir uns das letztemal getroffen haben. Bitte komm! Ich küsse Dich. Dein auf immer! Rosa«

Und jetzt werde ich wütend auf Vater. Wie konnte er diesen Unsinn auch noch aufbewahren! Zum Glück ist er gerade nicht da. Ich versuche Mutter zu trösten: »Ist das denn überhaupt noch wichtig?«

»Es ist wichtig! Es ist wichtig zu wissen, mit wem man sein Leben verbringt. Denkst du vielleicht, ich hätte keine Gelegenheit gehabt, fröhlicher zu leben und leichter? Aber das habe ich mir nie erlaubt. Ich habe nie an mich selbst gedacht, immer nur an euch und an ihn, und an Rosa auch. Ich habe für die Wöchnerinnen die Steckbecken geleert und nächtelang bei den Kranken gehockt. Einschlafen durfte ich nicht. Auch im Winter und in der Kälte bin ich immer raus. Und nachts, wenn ich allein durch die leeren Straßen lief, hatte ich nur einen Gedanken: Ich muß das Geld verdienen, damit es uns allen besser geht. Das verzeihe ich ihm nie.«

Sie sinkt wieder auf ihren Stuhl zurück und weint.

Ich schweige.

Da geht die Tür auf. Vater kommt herein. Er sieht Mutter, die Jacke, den Brief, den ich nicht mehr verstecken konnte. Er nimmt den Brief, zerknüllt ihn, preßt ihn mit der Hand zusammen. Er steht am Fenster, kehrt Mutter den Rücken zu.

In der tiefen Stille ist nur ihr leises Schluchzen zu hören.

Vater sagt mit erstickter Stimme: »Diese Geschichte passierte in einer Zeit, die nicht mehr wiederkehrt.«

Mutter schluchzt.

»Ich weiß, daß ich dir unrecht getan habe«, fährt er mit sichtbarer Anstrengung fort. »Es tut mir sehr leid. Wirklich.«

Mutter hat vollkommen weißes Haar. Plötzlich sehe ich es, so als ob ich von einer langen Reise nach Hause zurückkehrte. »Ich hätte fröhlicher leben können, leichter.« Sicher hat sie recht.

Und jetzt, hier an diesem Ort des Leids, fühlt sie sich schrecklich verraten. Und es ist nichts wieder gutzumachen, nichts kann von neuem begonnen werden. Genausowenig hat es Sinn, nach Vergeltung zu suchen.

Mutter sitzt reglos auf ihrem Stuhl, und das Leid scheint neue Linien in ihr Gesicht zu zeichnen.

Ich denke nach über das, was ihr heute widerfahren ist. Vater hat sie um Verzeihung gebeten, hat ihr gesagt, es täte ihm leid. Er hat gelogen. Nicht einmal jetzt bringt er es fertig, den zerknüllten Brief wegzuwerfen. Er hat den Kopf an den Fensterrahmen gelehnt, und seine zitternde Hand preßt die Reste seines unvergeßlichen Erlebnisses zusammen.

Vaters erloschener Blick verrät seine Hilflosigkeit. Verflogen ist seine Fähigkeit, für komplizierte Schachpartien raffinierte Lösungen zu finden. Sein geübter Geist, der ihn befähigte, auch die unerwartetsten Züge des Gegners vorauszusehen, dieser Intellekt scheint in letzter Zeit an Substanz verloren zu haben. Jetzt ist es der Gegner, der die Figuren auf dem riesigen Schachbrett setzt, auf dem sich ein Kampf abspielt, dessen Einsatz das Leben ist.

Es ist lange her, daß Vater zum letztenmal Schach gespielt hat. Es ist lange her, daß er mit jemandem um etwas gekämpft hat. Seine Füße finden nur noch einen einzigen Weg: weg von unseren leeren Töpfen hin zu Weiskorn, der uns Mehl versprochen hat.

»Ich war bei Weiskorn«, sagt er nach längerem Schweigen, »er hat seinen Arbeitsplatz verloren. Er hat selbst schon kein Mehl mehr.«

Mutter hört auf zu weinen. Sie hebt den Kopf von der Tischplatte, richtet sich auf. Aufmerksam hört sie zu, wischt sich die Tränen ab.

Also auch Weiskorn können wir abschreiben. Weiskorn, Vaters Freund und unser einziger »Mehllieferant«. Mehrmals hatte er uns ein halbes Kilo Mehl gegeben, und immer hatte er uns welches versprochen. Ab heute wird er nichts mehr versprechen. Er ist sogar als Hoffnung abgeschrieben. Ab heute wird Vater nicht mehr zu ihm gehen.

Die Eltern versuchen, mit dem neuen Schlag fertig zu werden. Ich gehe zurück zu meinem Sofa, lege mich hin.

Es ist nicht wahr, daß Mutter Vater niemals verzeihen wird. Sie hat ihm schon jetzt vergeben. Ihr Ausbruch von vorhin gehört zu einer vergangenen Existenzform, an die – um ehrlich zu sein – man aufgehört hat zu glauben. Dieser Konflikt ist eine Art Luxus, für den in den Mauern des Gettos kein Platz ist. Er ist genauso abstrakt wie der Frühling, der heute beginnt.

Rosas Körper ist längst zu Staub geworden. Der ungeratene Tolek und seine reichen Eltern existieren schon lange nicht mehr.

Das alles ist bedeutungslos geworden. Es ist gleichgültig, was in der Jacke gefunden wurde.

Wichtig ist nur die Jacke selbst.

Sie läßt sich nämlich eintauschen gegen einige Tage – Leben. Sie haben es schon begriffen. Sie schämen sich sogar ein wenig – meine ausgehungerten Eltern.

Der Nerzmantel

Ich liege in der Ecke des Zimmers auf dem abgenutzten, altmodischen Sofa. Ich bewege mich nicht und starre stundenlang an die Zimmerdecke, immer auf dieselbe Stelle – einen schwarzgrauen Fleck, der je nach Beleuchtung auf sonderbare Weise seine Form verändert. Der abblätternde Putz läßt einen Eindruck von Vielschichtigkeit entstehen. Wenn man der Phantasie freien Lauf läßt, kann man sich die verschiedensten Formen und Gestalten vorstellen. Manchmal sehe ich einen riesigen Hut, ein andermal ein Schiff, das sich durch die schäumenden Wogen des Meeres kämpft, dann wieder ein menschliches Gesicht, das an einen traurigen Pierrot erinnert.

Im Festhalten an dieser erstarrten Position ist es mir gelungen, eine Art von Widerstand gegen den von außen hereindrängenden Tumult der Verwirrung zu entwickeln. Mache ich jedoch auch nur die geringste Bewegung, fallen mich Angst und unbarmherziger Hunger an. Ich werde wild und aggressiv.

Aus dem Flur kommen Geräusche einer chaotischen, beängstigenden Betriebsamkeit. Eilige Schritte, Öffnen und Schließen von Türen, Fragen. Eine Atmosphäre der Panik dringt ins Zimmer. Beinahe jeder Satz enthält das gleiche Wort:

»Hat die Familie Rosen einen Pelz?«

»Wohin müssen die Pelze gebracht werden?«

»Ist die Schlange bei den Pelzen lang?«

Alle Pelze müssen abgeliefert werden. Zuwiderhandlungen werden mit dem Tode bestraft.

Es hat keinen Sinn, solche Anordnungen zu umgehen, das Zeug zu verstecken, zu lügen. Man könnte die Pelze doch nicht tragen, und wenn jemand verraten würde, daß sie versteckt worden sind, wäre Erschießung die unvermeidliche Folge.

Im Flur ist die Stimme der alten Frau Rosenberg zu hören: »Wenn man im Tausch gegen die Pelze etwas zu essen oder wenigstens ein klein bißchen Ruhe bekommen könnte!«

»Wenn es wenigstens bei den Pelzen bliebe!« seufzt ihre Tochter, die Mutter des kleinen Simon.

Für die Pelze kann man weder Nahrungsmittel noch Ruhe kaufen. Das einzige, was man tun kann, ist, sie so schnell wie möglich unter der angegebenen Adresse abzuliefern, das Ganze so schnell wie möglich zu vergessen und zu beten, daß die Pause bis zur nächsten Verordnung so lange wie möglich währen möge.

Wir haben keine Pelze. In unserer Familie, behauptet Mama, hat keiner je einen besessen. »Gut, daß wir wenigstens dort nicht hinmüssen!« tröstet sie sich laut.

Mama steht am Fenster. Ab und zu sagt sie etwas, berichtet knapp:

»Frau Rosen bringt den Pelz weg.«

»Jetzt geht der Großvater von Heniek mit einem Persianer.«

»Sieh mal, das hätte ich nicht gedacht, daß die Mandels sogar zwei Pelze hatten.«

Sie spricht, ohne eine Reaktion von mir zu erwarten. Sie hat sich an mein Schweigen gewöhnt, so wie ich mich an ihre Bemerkungen.

Es klingelt im Flur. Fremde Stimmen überlagern die alltäglichen, mir vertrauten Geräusche. Die Ankömmlinge fragen nach uns. Augenblicke später stehen sie im Zimmer.

Wojtek und sein Mädchen, Gäste von drüben, von der anderen Seite der Mauer. Beide ohne Armbinde.

Ich stehe nicht auf. Schon lange habe ich vergessen, daß es so etwas wie gesellschaftliche Formen gibt. Außerdem bin ich mir nicht sicher, ob dieses sonderbare Paar tatsächlich in der Tür unseres Zimmers steht.

Was machen sie hier? Was suchen sie?

»Wir sind gekommen«, sagt Wojtek, »weil wir von den Pelzen gehört haben. Kasia träumt von einem Pelz, und ich habe keinen Pfennig, woher sollte ich das Geld auch nehmen? Wir dachten uns, daß es schade wäre, die Pelze den Deutschen zu überlassen. Und für uns wären es nur fünf Minuten Angst. Nicht wahr, Kasia?«

Kasia schweigt, sie scheint enttäuscht zu sein. Sie hat wohl etwas mehr Gastfreundschaft erwartet in diesem jüdischen Königreich, dem auch ihr geliebter Wojtek angehört.

Wojtek ist verlegen. Er benimmt sich, als müßte er sie um Verzeihung bitten, für seine Landsleute, daß sie so ungehobelt, unbeholfen und traurig sind, und dafür, daß er die gepflegte und zarte Kasia in die lärmenden, engen Straßen geführt hat, und sei es auch nur, um einen Pelz zu ergattern.

»Wir haben keine Pelze«, sagt Mama nun nüchtern, »du weißt ja, wir gehörten nie zu den Reichen.«

»Ich weiß«, rechtfertigt sich Wojtek, »aber eure Wohnung liegt unserer Seite am nächsten, und sicher habt ihr Bekannte, die Pelze haben, und ...« er zögert einen Augenblick, »ihr habt hier einen Spiegel, einen wunderschönen Spiegel. Nicht wahr, Kasia?«

Er hatte etwas anderes sagen wollen, aber er war unsicher geworden. Das »unsere Seite« hatte ihn durcheinandergebracht. Er muß den anstößigen Mißklang dieses Possessivpronomens empfunden haben.

»Unsere Seite«. Schließlich hatte er sie sich weder ausgedacht, noch hatte er sie gebaut, diese Mauer, die ganze Straßen von anderen Straßen derselben Stadt trennt.

Unter dem Druck tragischer Ereignisse richtet sich das menschliche Denken schließlich bequem auch in Wahnsinnskategorien ein. Man kann nicht genau sagen, wo noch wann man beginnt, monströse Meinungen zu äußern, die nie vorher die eigenen waren. Die Seite, auf der Wojtek lebt, das ist »ihre Seite« und das Getto, das ist die »unsere«. Das ist die Wirklichkeit, und doch hat Wojtek bei dem Wort »unsere« gezögert. Er fühlt sich schuldig, weil Hitler ihm einen Platz auf dieser Seite und nicht auf der anderen zugewiesen hatte.

Mama geht auf den Flur hinaus, fest entschlossen, Pelze zu organisieren. Ich höre, wie der kleine Simon verkündet: »Zu uns sind Arier gekommen!«

Gleich darauf schleppt er zusammen mit Mama eine Ladung Pelze ins Zimmer. Sie legen sie aufs Bett. Kasia macht eine Bewegung, will sich ihrer bemächtigen. Wojtek reicht ihr galant einen dunklen Mantel aus Persianerklauen.

Plötzlich wird mir klar, warum ich die beiden mit solcher Abneigung betrachte.

Sie haben kein Brot mitgebracht.

Dort braucht man nur in den Laden zu gehen.

Sie haben nicht daran gedacht.

Das unversöhnliche Monster, der Hunger, springt mir an die Kehle. Wie ein sich drehender Bohrer durchdringt eine wütende Leere meinen Körper. Ich wende mich ab und schlucke meinen bitteren Speichel.

Nein, ich werde nicht weinen vor diesen aufdringlichen Touristen aus einer Welt, die sich nur einige hundert Meter weiter befindet und doch Tausende von Kilometern entfernt ist. Diejenigen, die nicht wissen, daß das Getto vor Hunger stirbt, werden mein Elend nicht sehen.

Im Spiegel kann ich Kasia sehen. Geringschätzig blickt sie in Richtung Sofa. Mit anmutiger Geste ordnet sie sich das Haar.

Wojtek scheint ihre elegante Silhouette zu bewundern, die vor dem Hintergrund dieses jeglicher Farbe beraubten Raumes einen außergewöhnlichen Glanz annimmt.

Ich erinnere mich an unser letztes Zusammentreffen.

Damals war ich aus Lemberg gekommen.

Nach dem Einmarsch der deutschen Truppen wurden in Lemberg Plakate mit der Bekanntmachung angeklebt, daß sich alle Juden zu melden hätten. Eine bekannte Verordnung, genau die gleiche, die man in Lodz angeklebt hatte, von wo ich nach Lemberg geflüchtet war. Die Wohnungsbesitzer setzten uns sofort vor die Tür, mich und Bolek. Eine Etage höher wohnte der Feldwebel Cebula mit seiner kränklichen Frau und vier Kindern.

Er sagte zu Bolek: »Untersteht euch, rauszugehen. Die Miliz und die SS sind dabei, alle Juden umzubringen. Kommt zu uns rein.«

Bolek blieb auf dem Treppenabsatz stehen. Er konnte nicht in seinem Zimmer bleiben. Er konnte nicht auf die Straße hinaus. Aber er wollte seinen Freund nicht in Gefahr bringen.

Herr Cebula und seine Frau zogen uns ins Innere ihrer Wohnung. Mit mir gab es keine besonderen Schwierigkeiten, da ich »nicht wie eine Jüdin aussah«.

Wir schliefen alle vier in den Ehebetten der Cebulas. Morgens lief ich auf die Straße hinunter, um etwas Eßbares aufzutreiben. Meist brachte ich nur düstere Nachrichten mit zurück. Plakate an den Mauern verbreiteten Entsetzen, machten deutlich, in welcher Gefahr Menschen waren, die Juden Unterschlupf gewährten. Zur gleichen Zeit wurde die Errichtung eines Gettos angekündigt.

Eines Tages zerschlug Frau Cebula mit verbissener Miene einen Stuhl zu Kleinholz. Sie machte damit im Herd Feuer. Dann begann sie Kartoffeln zu reiben. Wir aßen schon seit zwei Wochen nur noch Kartoffelpuffer. Bolek, den seine gute Laune schon seit langem verlassen hatte, erklärte düster: »Wir müssen von hier weg. Ich will nicht mit ansehen müssen, wie sie auch noch den Schrank zu Feuerholz macht. Komm, wir gehen ins Getto.«

Wenige Stunden später tauchte Krysia auf. Sie hatte blonde Haare, zu Zöpfen geflochten und über der Stirn aufgesteckt. Krysia war eine Freundin meiner Schwester, sie hatten sich in Warschau kennengelernt. Ihr Erscheinen war wie eine Erlösung. Geleitet von einem unwahrscheinlichen Instinkt, hatte sie uns ausfindig gemacht. Sie sagte, daß sie Bolek und mich ohne Passierschein auf den Bahnhof bringen würde. Mit uns zusammen bringe sie eine Gruppe von Juden durch, aber gegen Bezahlung. Meiner Schwester zuliebe würde sie es für uns beide umsonst tun.

Am nächsten Abend gelang es Krysia, rund fünfzehn Personen durch die Bahnhofshalle bis zum Zug zu bringen, und zwar offen, trotz verstärkter Kontrollen, an der Wache vorbei. Neben ihr ging ein sechzehnjähriger Junge in Schaftstiefeln. Als sie zur Wache kamen, strafften sich die beiden, machten eine Ehrenbezeigung:

»Bitte um Erlaubnis, eine Gruppe von Arbeitskräften nach Warschau zu begleiten«, sagte Krysia und zeigte dem Gendarm ein Schreiben vor. Der Gendarm prüfte den Passierschein, dann zählte er die Menschen, ohne ihnen ins Gesicht zu sehen.

Wie vorher ausgemacht, suchte sich jeder von uns im Zug einen eigenen Platz, um im Falle einer Panne niemanden von den andern zu gefährden. Ich betrat ein Abteil, in dem Frontsoldaten saßen. Nach einigen Minuten hörte ich, wie geschrien wurde: »Alle Zivilisten raus, der Zug ist für Militärpersonen reserviert.«

Die Soldaten bemerkten mein Entsetzen. Einer von ihnen zeigte auf den Raum unter der Sitzbank, ich kroch hinein, und sie verdeckten mich mit ihren Beinen. Auf diese Weise kam ich bis nach Warschau. Auf dem Bahnhof stiegen nur zwei Zivilisten aus dem Zug: Bolek und ich. Auch er war von Soldaten versteckt worden. Er hatte ihnen gesagt, daß er Jude sei und lieber auf der Stelle sterben wolle, als den Wagen nochmals zu verlassen. »Alle Zivilisten raus!« der Ruf war immer näher gekommen.

Da meinte einer der Soldaten: »Ach Gott, sie werden nicht die Abteile durchsuchen, dazu haben sie gar keine Zeit. Der Zug fährt gleich ab.« Und er bedeutete Bolek, unter die Sitzbank zu kriechen.

Auf dem Warschauer Bahnhof mischten wir uns unter die Menge, noch ganz betäubt von der schier unglaublichen Tatsache, daß ausgerechnet wir beide durchgekommen waren.

Bolek ging sofort ins Getto, während ich zuerst einmal das Terrain sondierte, um zu sehen, ob es mir möglich sein würde, auf der arischen Seite zu bleiben. Meine einzige Hoffnung setzte ich dabei auf Wojtek, und so kam seine Person ins Spiel.

Er lud mich zum Abendessen in ein elegantes Lokal ein. Und dort sah ich Kasia zum ersten Mal. Sie arbeitete als Kellnerin in diesem Restaurant.

»Das ist mein Mädchen.« Mit einem Anflug von Stolz in der Stimme machte er mich auf eine flinke Gestalt im weißen Schürzchen aufmerksam, die mit vollem Tablett zwischen den Tischreihen hin und her lief. »Guck mal, wie sie sich bewegt. – Das dauert jetzt schon volle drei Wochen mit ihr. Das ist eine lange Zeit, wenn man bedenkt, daß sie alle auf mich fliegen.« Er bemerkte meine Bestürzung und erklärte mir: »Sie wissen natürlich alle, wer ich bin, aber sie lieben mich und tun mir nichts zuleide.«

Die Klänge der Musik mischten sich mit dem Lärm, dem Lachen angetrunkener Gäste. Ich war noch beeindruckt von der Opferbereitschaft des Feldwebels Cebula – und nun war ich hier, hineingezwungen in die seichte Atmosphäre dieses Lokals, die so abgrundtief mit der überall außerhalb dieses Lokals herrschenden schleichenden Angst kontrastierte. Doch Wojtek paßte ausgezeichnet hierher. Er lachte mich an, unterhielt sich mit mir und zwinkerte den vorübereilenden Kellnerinnen zu.

Er redete auf mich ein: »Wozu willst du ins Getto gehen? Dort werden sie auch ohne dich fertig. Sieh doch mal, geht's mir hier vielleicht schlecht?« Er aß mit gutem Appetit und trank Wein dazu. Keine Sekunde lang machte er den Eindruck, als würde ihn irgendwas bedrohen.

Das war damals, als wir zum letzten Mal zusammentrafen ...

Und jetzt ist er mit seiner Kasia hier, ist ausnehmend zuvorkommend und höflich. Ich bewundere seine Ungezwungenheit. Damals, in diesem eleganten Lokal, in dem auch Deutsche verkehrten, war er genauso ungezwungen. Damals habe ich ihn genauso bewundert wie heute.

Das Mädchen probiert einen Pelz an. Mit zusammengekniffenen Augen betrachtet sie abschätzend ihre Gestalt im Spiegel. Endlich hat unser Spiegel einen Zweck zu erfüllen. Mit zärtlich vorgeschobenen Lippen geht sie ein Stück zurück, kommt wieder näher, schaut schräg über ihre Schulter zu Wojtek hinüber. Sie blickt ihn kokett fragend an. Sie verständigt sich mit ihm durch liebevolle, intime Blicke.

Diese Anprobe stellt meine Geduld auf eine harte Probe. Was will dieses Flittchen hier? Mit welchem Recht dringt sie in unsere Wohnung ein? Will sie sich vor uns in ihrer satten Frische zur

Schau stellen? Wie kann sie es wagen, demonstrativ ihr schäbiges Glück zu zeigen in einer Umgebung, in der es nichts als Unglück gibt?

Ich werde sie rauswerfen. Ich werde mich von meinem Sofa losreißen, alle meine Kräfte zusammennehmen und sie rausschmeißen. Zuerst auf den Flur und dann die Treppe hinunter. Ich werde mich erst wieder beruhigen, wenn eine Grimasse des Schreckens ihr hübsches Lärvchen verzerrt haben wird, wenn ihr schlanker Körper auf die Erde gestürzt und seine wundervolle Grazie vergangen sein wird.

Mir ist heiß und kalt zugleich. In meinem Kopf ist ein wirrer, anschwellender Lärm. Ich spüre die Hitze meines kochenden Blutes, und gleichzeitig scheint ein Eissturm mich völlig einzuhüllen.

Was ist eigentlich geschehen?

Vor dem Spiegel steht ein nettes Mädchen im Pelzmantel. Sie benimmt sich bescheiden und leise. Sie wird von hier etwas mitnehmen, was sowieso verloren ist. Einen Gegenstand, der seinen Wert eingebüßt hat. Eine unwichtige Sache ... nicht der Rede wert.

Ob Kasia den Pelz bekommt oder jemand anderes, das ändert nichts an meinem Schicksal. Es ist sogar besser, wenn sie ihn bekommt, denn durch Wojtek steht sie uns näher.

Was schert mich eigentlich die ganze Geschichte? Nach einer Weile gehen sie wieder weg, und alles ist beim alten. Wenn ich auf der »arischen Seite« geblieben wäre, würde ich vielleicht jetzt eine ähnliche Expedition unternehmen, um mir einen lange erträumten Pelzmantel zu besorgen.

Weshalb also zittere ich? Weshalb beleidige und beschimpfe ich sie? Bin ich besser als sie? Nein!

Ich bin nur hungrig.

»Und deine Eltern besuchst du nicht?« fragt meine Mutter Wojtek.

»Meine Eltern? Das ist doch schrecklich weit von hier. Sicher, wenn ich allein wäre, würde ich auf einen Sprung hinübergehen. Aber ich möchte Kasia nicht gefährden. Sie hat sich sowieso schon schrecklich aufgeregt. Nicht wahr, Kasia?«

Jetzt hab' ich es. Es ist Wojtek, der mich aus der Fassung bringt. Er ist es, er allein. Kasia kommt mir jetzt fast rührend vor in ihrem etwas zu langen Mantel, der vor kaum einem Augenblick noch der Frau unseres Nachbarn gehörte, des »Doktors von gegenüber«.

»Wenn ich allein wäre, würde ich auf einen Sprung hinübergehen.« Ganz sicher ist er sich natürlich nicht, aber vielleicht würde er sie mit seinem Besuch beehren.

Die Eltern, die von dem Moment an, als Klein-Wojtek auf die Welt kam, zu allen Entsagungen bereit waren. Klein-Wojtek war nämlich ein besonderes Kind. Überall war er wegen seiner überdurchschnittlichen Intelligenz bekannt. Wie viele Ausrufe des Entzückens über Klein-Wojteks ungewöhnliche Vorzüge hatte ich meine ganze Kindheit hindurch mitanhören müssen.

»Das ist ja nicht verwunderlich«, lautete gewöhnlich der Kommentar, »dem Kind fehlt es ja wirklich an nichts. Wer eine so reizende und gute Mutter hat, einen so stattlichen Vater, wer mit soviel Liebe und Aufmerksamkeit erzogen wird ...«

Die Frage meiner Mutter läßt ihn etwas von seiner schönen Selbstsicherheit verlieren. Er ist verlegen, Kasias wegen. Mutter war taktlos gewesen. Vor seiner arischen Liebsten hätte sie ihn nicht an seine Zugehörigkeit zu »unserer Seite« erinnern dürfen. Sie beide sind hierher gekommen als Besucher, und als solche werden sie wieder zurückkehren in eine Welt, die die ihre ist – allerdings um einen Pelzmantel reicher.

»Na, was meinst du, Kasia«, drängt Wojtek zur Eile, »der andere stand dir besser. In diesem ertrinkst du beinahe. Viel zu groß!«

»Ach, das würde nichts ausmachen«, sagt Kasia, »man könnte ihn umarbeiten lassen, wenn er gut erhalten wäre. Aber sieh mal, hier unter den Achseln ist er völlig abgeschabt.«

»Mhm, ja tatsächlich, du hast recht.« Besorgt betrachtet Wojtek den Mantel.

»Das tut mir wirklich leid«, sagt nun Mutter mit einem leichten Anflug von Spott in der Stimme, »und ich frage mich, an wen man sich mit etwaigen Reklamationen wenden könnte. Vielleicht an Herrn Hitler persönlich? Was haltet ihr davon?«

Sie tun so, als hätten sie es nicht gehört. Flüsternd beraten sie. Da geht die Tür auf. Der kleine Simon bringt eine neue Ladung Pelze herein. Er wirft sie auf das Bett, halb boshaft, halb stolz sieht er dabei aus, als hätte er einen Plüschteddy in einen Bärenzwinger gesetzt.

Beim Hinausgehen läßt er die Tür etwas offen. Er blickt durch den Spalt wie durch das Gitter eines Käfigs im Zoo. Er wartet und ist gespannt darauf, was nun kommen wird.

Kasia stößt einen unterdrückten Freudenschrei aus. Und wieder beginnt sie mit dem Anprobieren. Wojtek hilft ihr dabei mit neuer Begeisterung. Seine Verlegenheit ist völlig verschwunden. Wozu sich aufregen über eine Bemerkung, die bissig sein sollte, aber doch nur von einer zum Tod Verurteilten kam. Schnell einen Pelzmantel ausgesucht, und dann fort von hier! Weg von dieser unerträglichen Bitternis, diesen harten Blicken, diesen unausgesprochenen Vorwürfen, diesem muffigen Geruch der Armut.

»Glaub mir, Liebling, in diesem Pelz siehst du aus wie eine Göttin.«

Ich komme fast um vor Durst.

Ich würde gern etwas trinken. Aber ich stehe nicht auf, ich will nicht, daß sie aufmerksam werden. Wenn ich mich bewege, werden sie sich an mich erinnern. Ich bleibe, wo ich bin, wie eingewachsen in mein Sofa, und warte darauf, daß sie gehen. Bis sie alle Pelze anprobiert haben wird, werde ich so tun, als sei ich gar nicht da. Meine Verzweiflung werde ich ihnen nicht zeigen. Sicher denken sie gerade: »Sie liegt da und ruht sich nach dem Essen etwas aus.«

Quatsch! Sie denken überhaupt nichts!

Statt deiner »Göttin« Pelze zu besorgen, solltest du deiner Mutter Brot geben. Hör auf, deinem Weibchen den Hof zu machen, hier auf der Schwelle zum Friedhof. Dort drüben, auf »eurer Seite«, kannst du tun, was dir gefällt. Aber hier ist es verboten, Späße zu machen, zu kichern und sich aufzuspielen. Wer hierherkommt, kann nur mit uns verzweifeln, mit uns hassen. Jedes andere Gefühl ist eine Beleidigung ... Raus mit dir, du ...

Ich merke, daß ich mit mir selbst spreche.

Es würde mir guttun, tief durchzuatmen. Meine Zunge ist völlig steif, klebt am Gaumen, als hätte ich an einem glühenden Eisen geleckt. Meine Schläfen klopfen, mein Herz schlägt wütend, ich beginne wieder zu zittern. Auf meiner Stirn stehen Schweißtropfen. Ich müßte die Hand bewegen, um sie wegzuwischen. Ich tue es nicht, denn sie könnten es bemerken. Wer weiß, ob sie nicht gehört haben, was ich gerade gesagt habe? Und wenn ich geschrien habe? Gerade jetzt sehen sie mich mit erschrecktem Blick an. Am besten wird sein, ich schließe die Augen.

Ich bin wieder ganz ruhig. Das beste wäre, wenn ich zu ihm sagte: »Du kannst die Pelze haben und alles, was du willst, denn für uns haben diese Dinge keinerlei Wert. Als Gegenleistung möchte ich nur eines: bring uns Brot. Bring uns so viel Brot, wie du tragen kannst. Damit wir uns ein einziges Mal sattessen können. Damit wären wir quitt.«

Natürlich stimmt das nicht. Es wäre Betrug: Brot ist viel mehr wert als alle Pelze der Welt zusammen. Er wird überzeugt sein, ein gutes Geschäft zu machen, aber es ist genau umgekehrt. Ich bin bei weitem schlauer als er...

Aber er wird bestimmt nicht gehen. Er wird sich sagen, daß ich verrückt geworden bin. Wenn er mir nicht sogar vorwirft, ich wolle ihn zwingen, gefährliche Risiken einzugehen. Er wird irgendeine Entschuldigung murmeln, wie, daß er an Brot einfach nicht gedacht habe...

Ich würde etwa zu ihm sagen: »Ich gehe und verrate dich den Deutschen. Ich werde ihnen erzählen, daß du dich der Pelze bemächtigt hast, die laut Gesetz ihnen gehören. Dein Platz ist hier, innerhalb der Mauern. Wenn du kein Brot bringst, dann bleibst du hier, bei uns, bei deinesgleichen, bei den Menschen deiner verfluchten Rasse. Wenn du Glück hast und sie dich nicht abknallen wegen des gefälschten Passierscheins, oder weil du die Sieger ihrer Pelze berauben wolltest. Du wirst hierbleiben, und du wirst mit uns zusammen hungern. Und da helfen dir weder deine Stupsnase noch dein pfiffiger Blick, noch deine großartige Selbstsicherheit. Und wenn du noch sosehr aussiehst wie ein Hitlerjunge, bald wirst auch du aufgedunsen sein vor Hunger, so wie wir alle.«

All das werde ich ganz ruhig sagen, aber bestimmt. Er wird Angst kriegen und Brot bringen.

Auch nichts! Es führt zu nichts. Man muß es anders anfangen. Ihm einen Schock versetzen, ihn rühren, es so einfädeln, daß er hinterher stolz auf sich ist. Im Grunde hat er einen guten Charakter. Ein Charakter ändert sich nicht.

Warum noch lange überlegen? Ich muß runter von diesem schrecklichen Sofa. Was sollen Selbstachtung, Stolz, Scham, wenn ich mich vor Hunger krümme?

Also. Ich werde auf die Knie fallen vor ihnen und ich werde zu ihnen sagen: »Seht mich an, mich unglückliche und verfluchte Jüdin. Ich erflehe euer Mitleid. Mein Magen ist verdorrt, mein Gesicht ist geschwollen, meine Augenlider sind fahl. Ich bin vollgesogen mit Leid und angefüllt mit Hoffnungslosigkeit. Seit Monaten schweige ich mit zusammengebissenen Zähnen, meine Stirn glüht, in meinem Kopf ist Leere. Ich weiß nicht mehr, wie ich kämpfen soll, gegen wen und wofür. Ich bin jung wie ihr, und ich will nur eines: essen. Ich wünsche euch nicht, so hungrig sein zu müssen wie ich. Ich möchte nur, daß ihr versteht, wie Hunger wehtun kann. Wie er einen beherrscht, zur Ohnmacht verdammt, wie er Verachtung und Gemeinheit entfesselt.

Ja, Gemeinheit! Aber ihr habt nicht das Recht, gemein zu sein. Dieses Recht habe allein ich. Und darin besteht meine Überlegenheit euch gegenüber. Auch, wenn ihr steht und ich auf Knien liege. Ich allein kann drohen, erschrecken, erpressen, flehen, ich allein kann verfluchen oder vergeben.

Ich kann ein Vogel sein. Kann über die Mauer fliegen und auch noch weiter zu einer unbekannten, fernen Insel. Eine Insel der golddurchfluteten lieblichen Tage, wo die Erde mit Fruchtbarkeit gesegnet ist, wo in schattigen Alleen sorgloses Mädchenlachen erklingt, wo sonnengebräunte Menschen vom Ufer aus stundenlang das leichte Auf und Ab der Meereswellen betrachten ...

Ich habe das Gefühl, ohnmächtig zu werden. Eisige Kälte durchdringt mich. Voller Widerwillen gegen den eigenen klebrigen Körper, gegen das schäbige Sofa, gegen die eigenen ekelhaften Gedanken, diesen Gefühlen schutzlos ausgeliefert, sehe ich trotzdem, wie Wojtek und Kasia dabei sind, wegzugehen.

Sie verabschieden sich von Mama. Sie wünschen ihr alles mögliche Gute. Sie werfen einen ängstlichen Blick zu mir herüber. Kasia zieht den Pelzmantel an, den sie sich ausgesucht hat. Ihre Augen glitzern vor Freude.

»Wie ärgerlich trotz allem«, sagt sie zu Wojtek, »daß kein Nerzmantel dabei war. Ich habe schon immer davon geträumt, einen Nerzmantel zu besitzen ...«

Sie sind gegangen. Im Haus ist es wieder ruhig.

Ich liege reglos auf meinem Sofa, betrachte die Zimmerdecke. Mein Herzschlag beruhigt sich mehr und mehr.

Sie sind gegangen. Ein charmantes Paar. Jung, sympathisch, wie man sie zu Tausenden sieht. Was ich gegen sie hatte? Ich wüßte es nicht zu sagen.

Der Fleck an der Decke hat inzwischen die Form eines riesigen Palastes angenommen. Der Palast ist aus Brotlaiben gebaut. Mama sagt: »Weißt du, im Grunde hat Kasia recht. Nerzmäntel sind geradezu ideal für Blondinen.«

Anna Piotrkowska und ihr Mann gehen auf den Pferdewagen zu. Sie, ehemalige Tänzerin in der Dresdener Schule, er, Doktor der Philosophie, in Heidelberg promoviert. Sie gehen geradezu würdevoll. Sie steigen ein wie in eine Equipage.

Die Aktion dauert an. Seit Stunden wütet sie in unserer Straße, seit einer Viertelstunde in unserem Haus. Aus dem Parterre wird Frau Rosen herausgezerrt.

Sie wird von einem SS-Mann mit Fußtritten traktiert, im Rinnstein sackt sie zusammen.

Ich gehe weg vom Fenster.

Das Getrampel im Treppenhaus wird lauter, kommt näher. Schüsse krachen. In Panik rennen wir in der Wohnung hin und her, ohne Sinn und Ziel. Jemand schreit: »Alle ins Badezimmer!«

Alle, wie wir da sind, stürzen wir hinein. Bleich, aber lächelnd schiebt Bolek den riesigen Kleiderständer beiseite und verstellt damit die Tür.

»Ist nichts zu sehen!« ruft er. »Ihr müßt nur still sein, mäuschenstill.«

Nach einem Augenblick hören wir seine Stimme noch einmal: »Um mich macht euch keine Sorgen, mich bekommen sie nicht ... lebend!«

Eng zusammengepfercht stehen wir in verzweifeltem Schweigen. Wir warten auf ein Wunder.

Es ist Mittag. Mittagszeit im Jahr 1942.

Bald werden wir wissen, ob es uns heute noch einmal gelingt, dem Ort zu entgehen, von dem es keine Wiederkehr gibt. Aber, wenn wir ihnen jetzt entrinnen, werden sie uns bei der nächsten Aktion fassen, vielleicht morgen, vielleicht in einigen Tagen oder Wochen. Sie werden nicht aufhören, bevor sie uns alle ausgerottet haben.

Von oben, von der Luke her, kommt ein wenig Licht durch die Milchglasscheibe. Man kann die dicht beieinander stehenden Gestalten erkennen, erstarrt in steinerner Stille. Von überall her, aus den Schatten kriecht Angst.

Rosenberg, der Großvater des kleinen Simon, betet leise zum allmächtigen, allwissenden Gott. Er fleht ihn an, seine Familie zu erhalten, sein Volk zu erhalten. Sein ganzes Leben hindurch habe er sich bemüht, die Gebote zu befolgen.

Er hat die Hände ineinandergelegt und wiegt sich in monotonem Rhythmus vor und zurück, vor und zurück ... Auf der gekachelten Wand vollführt der vielfach vergrößerte Schatten seines Kopfes die gleichen einförmigen Bewegungen. Seine Lippen bewegen sich schneller und schneller. Vielleicht versteht er selbst nicht mehr die Worte, die er aussprechen will, noch deren Sinn. Er hat es eilig, seinem Gott von der Unendlichkeit seines Schmerzes zu berichten. So, als könne Gott in diesem Augenblick einzig von ihm erfahren, welches Unglück über das arme jüdische Volk hereingebrochen ist. So, als hinge das Urteil des Herrn davon ab, ob es ihm, dem alten Rosenberg, gelänge, die Geschehnisse richtig darzustellen.

Frau Rosenberg, deren Lippen von tödlicher Blässe sind, starrt blicklos an die Decke.

Herr Max ist unser Flurnachbar. Er ist ein sonderbarer alter Junggeselle. Er kommt aus irgendeiner Kleinstadt. Niemand kennt ihn näher. Jetzt steht er da und tut immer wieder dasselbe: Er nimmt seine Brille ab, putzt sie und setzt sie wieder auf, ohne Pause, immer wieder.

Der kleine Simon klammert sich an seine Mutter. Mit brennenden Augen blickt er in ihr Gesicht, das ohne jeden Ausdruck ist. Er strengt sich verzweifelt an, in ihrem Gesicht eine Erklärung für etwas zu lesen, was er nicht versteht, und was ihm auch keiner wird erklären können, weder jetzt noch später. Niemals.

Mein Vater hat den Kopf sinken lassen. Er will nichts sehen, weder die Tränen meiner Mutter, noch die stumme Tragödie des kleinen Simon, auch nicht die Leere in meinen Augen.

Alle andern bleiben im Dunkeln. Ich kann nur ihre versteinerten Silhouetten erkennen. Überkrustet vom Grau des gleichen Schmerzes, eingepreßt in das gleiche Leid. Ich warte ...

»Die Deutschen können so etwas unmöglich tun, das kann ich nicht glauben, ich habe dort studiert«, hat Anni Piotrkowska noch vor wenigen Wochen gesagt.

In diesem Moment kracht auf dem Flur, dicht vor der Tür, ein Schuß. Man hört Getrampel und Flüche: »Verflucht nochmal ... kein Mensch zu Hause ... Raus! Schweine ... Raus!«

Schwacher Lichtschein fällt auf Rosenbergs aschfahles Gesicht. Krampfhaft drücke ich die Hände meiner Mutter. Es vergehen unendlich lange Sekunden.

Jetzt haben sie die leeren Räume gesehen, jetzt müssen sie den Kleiderständer bemerken, der die Tür zum Bad verdeckt. Die Anordnung der Räume ist ja auf allen Stockwerken gleich.

Sie werden die Tür aufreißen, uns herauszerren. Sie werden uns schlagen und treten. Mit vorgehaltenem Gewehr werden sie uns zwingen, zu den Pferdefuhrwerken zu gehen. Gleich wird es soweit sein ... in einer Sekunde ... jetzt.

Da! Geräusche eines Handgemenges. Sie müssen Bolek entdeckt haben. Er gibt keinen Laut von sich. Wir sollen nicht wissen, daß sie ihn lebend erwischt haben. Jetzt schleifen sie ihn mit ... Bloß nicht vor Schmerz schreien.

Wieder ein Schuß. Die Kugel durchschlägt den Kleiderständer und die Badezimmertür. Sie geht über unsere Köpfe hinweg und trifft die Milchglasscheibe. Glas splittert auf uns herunter.

Und dann Stille. Eine Stille, schwer von Leiden.

Sie stehen sicher vor der Tür und horchen. Wir müssen aufhören zu atmen, die Angst hinunterwürgen, durchhalten.

Vielleicht sind sie gegangen. Sie sind in großer Eile. Sie haben nur so geschossen, ohne besonderes Ziel, in die Luft, um sich Mut zu machen.

Niemand wagt, sich zu bewegen. Besser abwarten, bis sie ins nächste Haus gehen.

Dann werden wir langsam die Tür öffnen können und schweigend auseinandergehen. Später wird einer ein Stück Brot auftreiben, ein anderer einen Passierschein. Neue Hoffnung wird uns einige Tage aufrechthalten, bis sie wieder kommen werden, um uns endgültig zu vernichten.

Der junge Rosenberg, ein kräftiger achtzehnjähriger Junge mit hellem Haar, drückt behutsam die Tür auf. Wir hören, wie der Kleiderständer sich bewegt.

Im Flur ist niemand.

Das Treppenhaus ist leer.

Aus der weitoffenen Tür der Nachbarwohnung dringt die Wärme noch nicht erloschenen Lebens. Ich gehe hinein, ich muß mich überzeugen von etwas, was ich schon weiß, aber was weder mein Herz noch mein Verstand als Wahrheit akzeptieren wollen. Die Wohnung ist leer: im Zimmer umhergeworfenes Bettzeug, auf dem Tisch eine angefangene Tasse Kaffee, auf dem Fußboden ein Damenmorgenrock. In der Küche auf einer Leine frischgewaschene Wäsche, sie ist noch feucht, eine blaue Kinderstrampelhose, ein Damenhemd. Aus dem nur flüchtig zugedrehten Wasserhahn fallen Tropfen.

Ich laufe davon.

Ich beuge mich über das Treppengeländer.

»Bolek!« rufe ich in die Leere. Ein Echo, das in meinen Ohren schmerzt, ist die einzige Antwort.

Ich stürze zurück in unsere Wohnung, laufe durch die Zimmer. Herr Max zuckt vor Angst zusammen.

»Bolek ist nicht da«, stottert er, »entweder haben sie ihn mitgenommen oder er ist davongelaufen. Es ist keine Leiche da, ich habe überall gesucht.«

In unserem Zimmer sage ich zu Mutter:

»Um drei Uhr steht ein bestochener Gendarm am Tor. Er läßt uns durch. Ich hab das schon gestern geregelt. Zieh dich an, wir gehen.«

Mama sieht mich an.

»Was soll ich anziehen?«

»Den Mantel. Es ist zwar warm, aber später wirst du ihn brauchen. Nimm deine Armbinde ab. Wir gehen ohne Armbinde durch.«

Mutter nimmt eine Schere. Zitternd durchschneidet sie die Fäden, mit denen die Binde am Ärmel befestigt ist.

Vater sitzt am Tisch. Zum Glück wendet er uns den Rücken zu. Er schweigt.

Vater kann ich nicht mitnehmen. Er hinkt. Er kann nicht schnell genug laufen. Und auch wenn es ihm gelänge, durch das Tor hindurchzukommen, auf der anderen Seite würde er sofort erkannt werden – er ist ein Mann.

»Was soll ich mit ihr machen?« unterbricht Mutter die Stille.

»Womit?«

»Was soll mit der Armbinde geschehen, wenn wir rausgehen?«

»Wirf sie weg! Wir brauchen sie nicht mehr.«

Sie staunt über meine unerwartete Lebhaftigkeit.

»Wirklich? Glaubst du, daß wir sie nicht mehr brauchen?«

»Nein, niemals!«

Ich muß mich autoritär geben, sonst wird es nicht klappen.

»Und Vater?« fragt Mama.

Endlich! Gut, daß sie die Frage gestellt hat. Dann habe ich es hinter mir.

»Er kann nicht mit. Er würde uns schaden und sich selbst auch. Vater wird das verstehen.«

Das Schrecklichste ist ausgesprochen.

Jetzt nur weg von hier, so schnell es irgend geht. Wenn er nur ein einziges Wort sagt oder mich womöglich ansieht, werde ich nicht mehr den Mut haben, es zu tun.

Vater schweigt. Er sitzt ganz starr da. Er dreht sich nicht um. Ich sehe den Umriß seines Kopfes, ungekämmtes Haar, gleich silbernen Fransen.

Mutter ist fertig. Sie hält ein Handtuch in der Hand: »Ich frage mich, ob wir es vielleicht brauchen können.«

Ich müßte noch etwas zu Vater sagen. Denn dies ist doch der letzte ... Abschied.

Nein, besser gar nichts sprechen!

Nüchtern informiere ich Mama: »Wir müssen durch das Tor gehen, solange unser bestochener Gendarm dort steht. Wir haben keine Sekunde zu verlieren.«

Mutter stopft das Handtuch in die Manteltasche.

»Ich komme. Du weißt sicher, was am besten ist.«

In nehme sie am Arm. An der Tür dreht sie sich um, sieht Vater an, wortlos.

Ich verspüre ein Würgen im Hals, bekomme keine Luft mehr. »Auf Wiedersehen, Papa ...«

Habe ich es wirklich gesagt, oder wollte ich es nur sagen? Ich weiß es nicht. Ich lasse Mamas Arm los und stürze zur Tür. Ich warte auf der Treppe auf sie.

Der bestochene Gendarm ist natürlich nichts als eine fromme Lüge.

Solange eine Aktion dauert, würde nie ein Gendarm sein Leben riskieren. Für kein Geld.

Das Getto ist von allen Seiten umstellt. Gold und Edelsteine haben hier nur noch den Wert von Theaterrequisiten, zurückgeblieben von einer Vorstellung, die vor undenklichen Zeiten stattfand.

Und trotz allem, der Schatten einer Hoffnung flimmert immer noch in mir: Wenn ich so sicher gewesen wäre zu sterben, hätte ich doch meinen Papa nicht verlassen. Meine Hoffnung gründet sich auf nichts.

Sie ist da, ganz einfach. Solange das Blut durch meine Adern fließt, solange mein Herz schlägt.

Wir gehen durch die Ogrodowastraße. Sie ist menschenleer.

Hier ist vor kurzem ein Taifun durchgezogen, jetzt wütet er einige hundert Meter weiter.

Hitze.

Auf dem Trottoir verstreut liegen in Panik weggeworfene Kleidungsstücke, Fotografien, zerbrochenes Porzellan, Gebetbücher, auf der Fahrbahn – eine umgestürzte Rikscha.

Überall liegen Sachen umher, deren Eigentümer niemals wiederkommen werden.

Je weiter wir gehen, desto lauter werden die Schreie der Menschen, das Wiehern der Pferde, das Bellen der Hunde. Immer deutlicher können wir die Pferdewagen erkennen, zu denen die Unglücklichen, die aus ihren Häusern geholt wurden, brutal hingetrieben werden.

Wir gehen weiter, weiter in Richtung auf das offene Haifischmaul. Es gibt keinen anderen Weg.

Um zum Tor zu kommen, müssen wir dort vorbei. Es gibt keinen anderen Weg.

Neben uns reißt sich jemand los, bricht unter einem Kolbenhieb zusammen.

Neben uns knallen Peitschen, fallen Flüche, huschen die Totenköpfe auf den SS-Mützen vorbei, glänzen die Augen der Mörder.

Mit jedem Schritt verdichtet sich die grausame Nacht inmitten dieses sonnendurchfluteten Tages. Es ist die erschütternde Dunkelheit des Sterbenmüssens, in der die Menschen wie blind vorwärtsstolpern, gegeneinanderstoßen, sich aneinanderdrängen. Und über diesem Inferno – das unglaubliche Blau des Himmels.

Von uns will niemand etwas. Wir erwecken nicht das geringste Interesse. Denn, obwohl wir uns in ihrem Blickfeld befinden, gehören wir nicht zu dem Revier, in dem sie heute Jagd auf Menschen machen. Sie vergreifen sich nicht an der Beute anderer Jäger. Egal wie, über kurz oder lang landet doch das ganze Wild im selben Kessel.

Wir gehen vorbei wie jemand, den das alles nichts angeht. Da uns der erste SS-Mann durchgelassen hat, ist es wenig wahrscheinlich, daß uns der nächste anhalten wird. Die alte Polizeiroutine spielt da eine Rolle: Wer durch die erste Reihe hindurchgekommen ist, gilt für die nächste als schon kontrolliert.

Wir biegen in die Zelaznastraße ein. Hier findet keine Aktion statt. Die Bewohner halten sich verborgen oder sind davongelaufen. Nein, davonlaufen konnten sie nicht. Der Taifun hat schon gewütet. Und nun ist er weitergezogen in die Lesznostraße.

In der Lesznostraße gibt es mehr Häuser. Das bedeutet: mehr SS-Leute, mehr Hunde, mehr Gewehre.

Das bedeutet: mehr Verbrechen und mehr Qualen.

Hier, in der Zelaznastraße, könnte man einige Stunden oder Tage abwarten. Hierher kommen sie so schnell nicht wieder.

Nein, wir gehen weiter. Ganz gleich, was geschehen wird, es soll schnell geschehen. Ich habe den Höllenkreis nicht durchquert, um jetzt aufzugeben.

Ich nehme Mama beim Arm, wir laufen etwas schneller. Wir nähern uns dem Ende der Lesznostraße. Das Klopfen in meinen Schläfen ist so stark, daß ich den ansteigenden Lärm kaum wahrnehme. Mein wild schlagendes Herz übertönt die Angst vor dem Unabwendbaren. Dünne Schweißrinnsale laufen den Nacken hinab.

An der Einmündung der Lesznostraße in die Zelaznastraße bleibe ich stehen. Ich muß mich blitzschnell entscheiden, wie wir am besten zum Tor gelangen.

Wenn wir ordnungsgemäß auf die andere Straßenseite gehen und wenn es uns gelingt, ohne Aufmerksamkeit zu erregen, nach links abzubiegen, dann sind wir am Tor.

Aber die andere Straßenseite ist wie ausgestorben, sie würden uns bestimmt bemerken.

Instinktiv wähle ich den schrägen Übergang. Das ist gefährlich, aber möglicherweise auch sicherer. »Denn«, könnten die Deutschen denken, »wenn die beiden mit so viel Sicherheit die Straße überqueren, dann haben sie bestimmt nichts zu fürchten.«

Ich sehe Mama an, zum erstenmal, seit wir unser Haus verlassen haben. Sie ist ein Bild der Verzweiflung.

Eine Vorahnung des nahen Endes überkommt mich. Der Tod, der mich immer begleitet, hat mich bisher nur belauert, eingekreist. Jetzt versperrt er mir den Weg.

Das Tor ist deutlich zu sehen. Zu beiden Seiten stehen bewaffnete Gendarme, zwischen ihnen ein Gitter aus Holzlatten. Hinter dem Gitter steht eine Gruppe von SS-Leuten, die offensichtlich nicht zu den Gettobewachern gehören. Mit der Peitsche in der Hand scheinen sie das aufregende Schauspiel zu beobachten, das sich diesseits des Gitters abspielt.

Hunger nach Leben und gewaltige Trauer erfassen mich. Beinahe befehlend sage ich zu meiner Mutter: »Mach ein freundliches Gesicht. Er weiß Bescheid, er wartet auf uns.«

Mama verzieht ihr Gesicht zu einer Grimasse, die ein Lächeln sein soll, aber zusammen mit dem Schrecken, der in ihren Augen steht, grausig wirkt.

Wir gehen mitten über die Straße.

Meine Beine sind wie aus Holz.

Zunge, Hals und Gaumen sind wie ausgedorrt.

Ich habe nur einen Gedanken: Hoffentlich schießen sie auf mich zuerst, damit ich nicht mitansehen muß, wie Mutter zusammensinkt.

Es sind nur noch wenige Meter. Der erste Posten sieht stumpfsinnig und großspurig aus.

Ich gehe auf den nächsten zu. Mit forscher Bewegung ziehe ich aus der Manteltasche die Legitimation, die zur Benutzung der Pferdebahn im Getto berechtigt. Mitten darauf prangt der fünfzackige Judenstern.

»Bitte!« sage ich laut und gebe ihm die aufgeklappte Legitimation.

Er kneift die Augen zusammen, blickt auf das Papier. Langsam hebt er den Kopf. Er sieht mich an, als habe er einen auf den Hintertatzen stehenden Löwen vor sich. Er ist nicht mehr jung. Sein Mund ist halb geöffnet. Fragend sieht er meine Mutter an.

»Ausweis?« murmelt er.

»Zusammen!« sage ich fast herausfordernd.

Sein Erstaunen wächst. Wieder blickt er auf die Legitimation mit dem Stern.

Er hebt den Kopf. Offensichtlich hat er einen Entschluß gefaßt. Er nimmt das Gewehr von der Schulter.

»Los, ab!« sagt er kurz.

Mit dem Gewehr zeigt er die Richtung: zur arischen Seite.

In diesem Augenblick kommt aus dem Getto der gellende Schrei einer Frau. Der Posten dreht sich um. Die Gruppe der SS-Gaffer gerät durcheinander. Sie stellen sich auf die Zehenspitzen, um besser sehen zu können.

Ich ziehe Mutter mit fort. Wir passieren das Tor. Ein Schuß fällt. Ich bleibe stehen, Mama auch. Wir warten.

Der Schuß muß uns verfehlt haben. Nicht möglich! Die Entfernung ist zu kurz! Vielleicht bin ich getroffen und fühle keinen Schmerz.

Wir müssen weitergehen. Sicher hat er das erste Mal nur in die Luft geschossen.

In einer Sekunde wird es ein kurzes, trockenes Knacken geben. Die Kugel wird den Kopf tief im Genick durchbohren. Genau an der Stelle, an der die Angst sitzt.

Soll er doch endlich schießen! Dann hat die brennende Kälte im Hinterkopf ein Ende und auch die eisige Hitze in der Kehle, das unablässige Hämmern des Herzens.

Wir gehen immer noch.

Plötzlich ist mir, als verschleiere sich alles ringsumher. Die Luft flimmert, wie von silbernen Fäden durchzogen. Schwächer wird der Widerhall des Lärms von dort drüben.

Ich gehe langsamer. Ich atme tief durch. Eine sanfte Wärme erfüllt meine Lungen. Ich sehe eine unbekannte Straße, eine unglaublich ruhige und saubere Straße.

Um uns breitet sich die schläfrige Trägheit eines Sonntags im August aus.

An einer Kreuzung bleiben wir stehen. Ich drehe mich langsam um. Niemand ist hinter uns. Ich sehe Mama an. Ihr Kinn zittert. Ihre Augen füllen sich mit Tränen. Ich nehme sie am Arm, wir gehen weiter.

Ich beginne, Passanten zu erkennen. Ich versuche, mich an Menschen zu gewöhnen, die ruhig spazierengehen. Sie pressen nicht krampfhaft die Fäuste zusammen, weder betteln sie, noch fluchen sie. Anfangs erscheint mir ihre Alltäglichkeit fast als Beleidigung. Mädchen mit gebräunten Gesichtern schlüpfen in ihren leichten Sommerkleidern an uns vorbei. Ihr Lachen mutet mich fremd an, monatelang kannte ich nur Wehklagen und zorniges Murren.

Ich möchte mit der Menge verschmelzen, mit ihr eins werden. Das ist viel schwieriger, als man denken sollte.

Niemand dreht sich nach uns um. In feierlicher sonntäglicher Langeweile gehen die Menschen gleichgültig an uns vorbei. Wir gehen langsamer.

»Müssen wir noch lange so laufen?« fragt Mama leise.

»Keine Ahnung. Ich glaube schon. Um möglichst weit von dort wegzukommen.« Ich sehe eine Grünanlage. Wir gehen dorthin, setzen uns auf eine leere Bank.

»Was wird jetzt aus uns?« fragt Mama ängstlich.

Ich weiß darauf keine Antwort. Ich bewundere sie, weil sie diese Frage so einfach formulieren konnte. Im Moment fühle ich mich völlig unfähig, die Verantwortung für dieses »Was wird jetzt aus uns?« zu übernehmen. Bisher gingen auch meine verrücktesten Vorstellungen nicht über das Tor hinaus. Ich will auch nichts wissen, weder wohin wir gehen werden, noch wer uns Unterschlupf bieten wird. Ich fühle mich unfähig, mir auch nur zu vergegenwärtigen, wer wir sind, wie wir heißen, wo wir wohnen. Das »Tor« hat meinen Willen, meine Kräfte bezwungen. Alles, was ich empfinde, ist eine unendliche Müdigkeit.

Wäre nicht meine Mutter, ich würde mich neben die Bank legen, die Augen schließen, kraftlos die Hände ausstrecken.

»Ich habe fünfundsechzig Zloty dabei«, sagt Mama, »dort drüben ist ein Kiosk, da gibt es Mineralwasser.«

Ich raffe mich auf.

»Gib mir fünf Zloty und rühr dich nicht vom Fleck!«

Ich gehe zu dem Kiosk und kaufe zwei Brötchen und eine Orangeade.

Wir essen jeder unser Brötchen, trinken in kleinen Schlucken direkt aus der Flasche.

Allmählich verflüchtigt sich der über allem liegende Schleier, die klare goldene Helligkeit des Nachmittags kommt zum Vorschein. Ich sehe nicht mehr alles wie im Nebel. Ich höre das angenehme Rauschen der Blätter, die ein leichter Wind hin- und herbewegt. Unter meinen Füßen glitzert feiner Kies.

Aus der Tiefe des Bewußtseins taucht langsam die Erinnerung an ein Telefongespräch mit meiner Schwester auf. Ich sprach mit ihr an dem Tag, an dem man zum letzten Mal eine Verbindung von der »arischen« Seite zum Getto bekam. Mal war ihre Stimme sehr nahe, dann wieder kam sie wie aus weiter Ferne, aber ich verstand trotzdem. Sie sprach sehr eindringlich: »Jeden Tag um vier Uhr warte ich auf euch an der Straßenecke. Versucht herauszukommen! Vergiß nicht, Wilsonplatz, Ecke Mickiewiczstraße. Täglich um vier Uhr nachmittags. Ich flehe euch an, versucht herauszukommen.«

Minutenlang wiederholte sie immer das gleiche. Dann verschwamm ihre Stimme. Ich legte den Hörer auf. Als ich ihn wieder aufnahm, merkte ich, daß die Leitung endgültig tot war. Im übrigen hätte ich ja auch nicht gewußt, von woher sie angerufen hatte.

Ich hatte damals nur einen Gedanken: Ich werde die Stimme meiner Schwester nie wieder hören. »Die Telefone hören auf zu funktionieren«, hatte sie begonnen. Für mich war klar: Das ist unser letztes Gespräch. Ich bemühte mich gar nicht, mir einzuprägen, an welcher Ecke, zu welcher Zeit. Ich wollte ihr sagen, es hätte keinen Zweck zu warten. Das Beste sei, sie rechnete überhaupt nicht mehr mit uns.

Jetzt kommen ihre Worte zurück.

»Ich warte jeden Tag auf euch ...«

Was bedeutet »jeden Tag«? Wie lange »jeden Tag«?

Sie hat ja nicht gesagt, ob sie an der Ecke Wilsonplatz/

Mickiewiczstraße eine Woche, einen Monat oder ein Jahr lang warten will. Seit dem Telefongespräch von damals sind mindestens einige Wochen vergangen.

Sie müßte am Treffpunkt sein, solange das Getto noch besteht. Aber kann man überhaupt noch vom Weiterbestehen des Gettos sprechen? Bei all diesen Aktionen. Meine Schwester weiß sicher auch, daß zum gegenwärtigen Zeitpunkt nicht einmal Leute aus dem Getto herauskommen könnten, die in der Lage wären, die gesamte, die Mauer umgebende Polizeikette zu bestechen.

Nein, meine Schwester ist keine Phantastin. Sie kommt bestimmt schon lange nicht mehr zum Treffpunkt.

Und dennoch: auch sie stützte sich auf Illusionen, als sie uns anflehte herauszukommen, denn schon damals gab es dafür keine realistische Chance. Also kommt sie vielleicht trotz allem täglich zum Treffpunkt.

»Weißt du schon, was weiter wird?« fragt Mama.

»Ich überlege gerade«, antworte ich mit erzwungener Ruhe.

Mama weiß nichts von dem Telefongespräch. Es gab bisher keinen Grund, ihr davon zu erzählen. Und jetzt?

Jetzt natürlich auch nicht! Sie würde nur mit ungeheurer Hoffnung auf etwas warten, was dann doch nicht eintritt.

Meine Schwester hatte weder Papiere noch eine Wohnung oder Geld. Wer weiß, ob sie nicht im Gefängnis sitzt. Wer weiß, ob sie überhaupt noch am Leben ist.

»Wir müssen mit der Straßenbahn bis zum Wilsonplatz fahren«, schlage ich vor, als ginge es um etwas ganz Alltägliches. »Dort können wir uns bei Bekannten ausruhen.«

Mit der Straßenbahn fahren, das bedeutet, mit Unbekannten in engeren Kontakt zu kommen. Verdächtigt, von Kopf bis Fuß betrachtet zu werden. Die Komödie perfekt spielen zu müssen. Der kleinste Fehler kann das Leben kosten.

»Du bist krank«, sage ich zu Mutter. »Du hast monatelang im Krankenhaus gelegen. Ich auch. Dort haben wir uns kennengelernt. Wir sind nicht Mutter und Tochter. Verstehst du?«

Sie versteht nicht, aber sie stimmt folgsam zu.

Ein Eisverkäufer geht vorbei. Er pfeift vor sich hin. Das Dach des kleinen Hauses gegenüber glänzt im Widerschein des Sonnenlichtes. Der Balkon im ersten Stock ist von Geranienblüten umrahmt. Durch die geöffneten Fenster hört man jemanden Klavier üben.

Ist es wirklich wahr, daß meine Mutter neben mir sitzt? Ist es wirklich wahr, daß einige hundert Meter weiter Menschen ermordet werden? War ich vor einer Stunde tatsächlich noch dort?

»Warum kennen wir uns aus dem Krankenhaus?« fragt Mutter.

»Weil wir so dünn und bleich sind, daß es auffällt. Wir müssen uns über das Krankenhaus unterhalten.«

»Warum können wir nicht Mutter und Tochter sein?«

»Das ist für den Fall ... wenn einer von uns etwas zustößt ... damit die andere nicht auch ... die Konsequenzen tragen muß.«

»Das verstehe ich nicht. Denkst du, wenn dir etwas passieren würde, daß ich dann nachher noch ...«

»Sicher nicht, ich rede Unsinn. Aber das sind eben die Grundregeln der Konspiration.«

»Ach so.«

Wir fahren mit der Straßenbahn nach dem Zoliborzviertel.

Die Bahn ist ziemlich leer. Uns gegenüber sitzt ein alter Mann, völlig in seine Zeitung vertieft. Etwas weiter weg unterhalten sich zwei Frauen. Die eine hat Ärger. Der Apfelkuchen ist ihr verbrannt, obwohl sie ihn genau nach Vorschrift gebakken hat. Ihre Nachbarin überlegt laut, was der Grund dafür gewesen sein könnte. Wahrscheinlich hat sie die Backform nicht gefettet. »Doch, ich habe sie gefettet«, behauptet die erste mit Bestimmtheit.

Da ertönen hinter uns die Stimmen und das Lachen von Deutschen. Alle sehen sich furchtsam um. Mutter ringt nach Atem. Ihr Gesicht wird aschfahl.

»Sie sind zu früh aus dem Krankenhaus entlassen worden«, sage ich laut.

Mutter sieht mich verblüfft an. Plötzlich erinnert sie sich.

»Ja, und ich fühle mich noch gar nicht wohl«, versichert sie schnell und in fieberhafter Erregung. »Das war eine sehr schlimme Entzündung. Jetzt muß ich mich zu Hause auskurieren.«

Ich bringe kein Wort mehr heraus. Außerdem bemerke ich, wie sinnlos dieser jämmerliche Dialog ist. Kein Mensch hört uns zu. Völlig erschöpft sehe ich nach draußen, lese die Firmenschilder, an denen wir vorbeifahren. Die Deutschen verlassen das Abteil »Nur für Deutsche«. Die Straßenbahn hält mit kreischenden Bremsen. Die Schaffnerin gähnt.

Bald kommt unsere Haltestelle. Um uns einer Art »Arier«-Probe zu unterziehen, frage ich den alten Mann nach der Uhrzeit. Offensichtlich erregen wir keinen Verdacht, denn er gibt höflich zur Antwort: »Zehn nach vier.«

»Wir steigen aus«, sage ich zu Mutter. Sie steht auf. Sie ist immer noch sehr erregt. »Das mit der Entzündung habe ich gut gesagt, nicht? Ist das auch die richtige Haltestelle? Was sind das eigentlich für Bekannte? Du hast mir nie von ihnen erzählt.«

»Das sind Bekannte von Barbara.«

Ich lese das Straßenschild. Mickiewiczstraße. Wir sind da.

Der Ort ist richtig, die Zeit auch.

»Dies ist das Haus«, sage ich gewollt ruhig zu Mutter. »Warte bitte einen Augenblick, ich will nachsehen, ob sie überhaupt in Warschau sind. Das Wetter ist großartig, vielleicht sind sie an einem so schönen Sonntag aufs Land gefahren.«

Ich gehe auf den Hauseingang zu. Plötzlich höre ich auf der Straße einen Schrei: »Mama!«

Ein Mädchen rennt in unsere Richtung. Meine Schwester.

»O Gott«, schluchzt sie und umarmt Mutter. »Schon seit mehreren Tagen bin ich nicht mehr gekommen ... Ich habe nicht mehr daran geglaubt ... Heute hatte ich beschlossen, noch einmal zu kommen ... ein letztes Mal ... ohne jede Hoffnung.«

»Woher wußtest du«, stammelt Mutter, »woher konntest du das wissen?«

Hier herrscht eine dichte Dunkelheit.

Ich kann niemanden und nichts unterscheiden.

Neben mir schlafen Menschen. Diese Menschen haben keine Gesichter. Sie haben den Wunsch, im Verborgenen zu bleiben, genau wie ich.

Ich bin im Dunkeln in den Keller gekommen. Tappend wurde ich eine steile Treppe hinuntergeführt. Tappend hat man mir einen Platz zugewiesen und mir Schweigen geboten. Ich kam an vielen, eng aneinanderstehenden Bettstellen vorbei.

Für heute kann ich hier übernachten. Was morgen wird, weiß ich noch nicht.

Keiner hat etwas gefragt, weder woher ich komme, noch wer ich bin. Und das ist das Wichtigste, für mich wie für die anderen.

Sie werden verfolgt, gehetzt. Weshalb? Barbara hat gesagt, es seien Diebe, sie würden stehlen.

Ich stehle auch. Ich stehle mein Leben, das Leben, auf das ich kein Recht habe, weil ich nicht der arischen Rasse angehöre.

Außer arischem Blut muß man auch noch Papiere haben.

Einen Ausweis besitzen, der von den Besatzungsbehörden ausgestellt wurde.

Um den Ausweis zu bekommen, muß man eine Geburtsurkunde vorlegen.

Um eine Geburtsurkunde zu bekommen, muß man getauft sein. Um einen Ausweis zu bekommen, muß man eine Meldekarte haben.

Um angemeldet zu sein, muß man irgendwo wohnen.

Um irgendwo wohnen zu können, muß man einen Ausweis vorlegen.

Ich könnte mir eine Anmeldung kaufen, aber ich habe kein Geld.

Um Geld zu verdienen, müßte ich arbeiten.

Um Arbeit zu bekommen, müßte ich einen Ausweis haben.

Meine Gedanken irren durch ein hoffnungsloses Labyrinth. Sie kreuzen sich mit den unsichtbaren Gedanken der Nachbarn. In der Dunkelheit ballen sich unlösbare Probleme zusammen.

Neben mir höre ich schweres Atmen.

Der heutige Tag begann für mich in der Dämmerung des Badezimmers in der Ogrodowastraße, und er endet in tiefer Dunkelheit in einem Keller auf der arischen Seite.

»Solange keine Razzia gemacht wird, kannst du einige Tage dort bleiben. Es ist am billigsten so, und keiner stellt Fragen.«

Wenn nun morgen eine Razzia gemacht wird?

Dann verliert die wundersame Rettung ihren Sinn. Sinnlos wäre dann die Überwindung der entsetzlichen Angst gewesen. Umsonst das Zurücklassen des Vaters, der nun allein, mitten in der Nacht, auf den Tod wartet. Gefangen wie ein Tier, von einer Mauer umstellt. Aber Mutter befindet sich außerhalb des Gettos. Ich werde jetzt also nur an Mama denken.

Meine Schwester kennt eine Frau, die in Kürze ein Kind erwartet. Meine Mutter wird bei der Geburt helfen und sich um das Neugeborene kümmern. Sie nimmt dafür kein Geld, aber sie kann dort schlafen und essen. Den Leuten wurde gesagt, daß Mama ihre Papiere verloren hat und daß sie in den nächsten Tagen neue bekommen wird.

Ich würde so gern schlafen. Aber ich habe Angst, daß, sobald ich die Augen schließe, etwas Schreckliches geschehen wird. Ich versuche, die Dunkelheit mit den Augen zu durchdringen, unmöglich. Die Dunkelheit ist vom Atmen Fremder erfüllt. Eng umschließt das durchgeschwitzte Kleid meinen Körper. Die stickige Luft im Raum wirkt bedrückend. Ich müßte grenzenlos glücklich sein. Ich bin aus dem Getto herausgekommen. Warum kann ich nicht einschlafen, wo ich doch weiß, daß ich bestimmt nicht im Getto wiederaufwachen werde?

Wie war das ganze überhaupt möglich?

Der Gendarm rief: »Los, ab!« und hob gleichzeitig das Gewehr. Im selben Augenblick gellte der Schrei einer Frau aus dem Getto. Er war so durchdringend, daß er die Zuschauer hinter dem Tor elektrisierte und auch unsern Gendarm aufmerksam machte. Er drehte sich um und schoß in Richtung Getto. Die Frau wurde offensichtlich getötet durch die Kugel, die für uns bestimmt war.

Bis der Körper weggebracht war, verging einige Zeit. Als der Gendarm sich wieder umdrehte, waren wir schon so weit weg, daß er uns hätte nachlaufen müssen.

Er tat es nicht. Wahrscheinlich hat er gedacht, daß es nicht der Mühe wert sei. Zwei weniger, zwei mehr ...

Vielleicht auch hat er bewußt diesen anderen Tod genutzt, um uns das Leben zu retten, und dabei sein eigenes Leben aufs Spiel gesetzt?

Vielleicht handelte er, ohne zu überlegen, instinktiv. Unter dem Einfluß von Regungen, die ihm genauso rätselhaft erscheinen müssen wie mir.

Vielleicht hatte er noch nie vorher aus so geringer Entfernung jemanden getötet, und er erlitt einen Schock, der ihn für kurze Zeit lähmte. Und nachher fehlte ihm die Energie.

Vielleicht fürchtete er auch, sich vor irgendeiner geheimnisvollen Macht verantworten zu müssen.

Vielleicht hat er ...

Was auch immer es war, er hatte Anteil an unserer Rettung.

Eine Bettstelle knarrt. Jemand stößt unverständliche Laute aus. Die schattenhafte Form eines Menschen wird in der Dunkelheit sichtbar. Er kommt auf mich zu. Es ist ein Mann. Wer ist es? Was will er von mir?

Er muß gesehen haben, wie ich hier hereinkam. Aus Spaß hat er mich durchgelassen, und jetzt kommt er, um mich zu erwürgen. Ich spüre schon, wie sich seine Finger um meinen Hals schließen ... Ja, er ist es, der Gendarm aus dem Getto ...

Schnell verliert sich der Alptraum in der Tiefe der Nacht. Ich bin wieder allein mit meinen Gedanken.

»Solange ringsum Menschen sind ... Du kannst dir nicht vorstellen, wie wundervoll gewöhnliche Menschen sein können ...«

Meine Schwester muß verrückt sein. Neben mir liegt der Abschaum, Prostituierte, Gauner, Gesindel.

Und ich?

Weshalb ließ ich meinen Vater zurück?

Habe ich ihn wirklich nur deshalb nicht mitgenommen, weil er hinkte? Oder habe ich seine Behinderung nur vorgeschoben, um mich vor mir selbst zu rechtfertigen? Besessen von der Gier nach Leben, habe ich meine Mutter nicht um ihrer selbst willen gerettet, sondern um meinetwillen.

Bin ich grausam und mitleidlos? O nein, ich bin immer beides, gut und böse, mutig und feige, großzügig und kleinlich. Vor allem, wenn ich um mein eigenes Überleben kämpfe.

Und dieser Deutsche am Tor? Bestimmt hätte er geschossen, wenn seine Vorgesetzten in der Nähe gewesen wären. Sicher erfüllt er sorgfältig seine Pflicht. Im Krieg und im Frieden. Im Frieden kann er ein Mensch sein. Im Krieg ist er Soldat und steht den Menschen mit seinem Gewehr gegenüber. Der Krieg läßt in ihm die Bestie wachwerden.

Im Spiegel der Erinnerung, getrübt durch die Spannung dieses furchtbaren Tages, taucht das Gesicht von Bolek auf. Er teilte mit uns alles, was er besaß: ungetrübten Frohsinn, Spaß, schwerverdientes Brot. Und als der kritische Moment gekommen war, opferte er sich selbst, der leichtsinnige, ins Leben so sehr verliebte Bolek.

Eine Bettstelle knarrt. Jemand stöhnt im Traum.

Ich lausche nicht mehr. Mich umfängt eine sanfte, behagliche Erschöpfung. Allmählich zerfließen die düsteren Gedanken. Die Dunkelheit löst sich auf, ein neuer Tag wird kommen.

Ich werde in Ruhe schlafen, solange ringsum Menschen sind, gewöhnliche Menschen. Und unter ihnen solche wie Bolek.

»Verzeihung, ich wollte fragen, ob das Paket aus dem Getto angekommen ist.«

»Was für ein Paket?«

»Das aus dem Getto hierher geschickt werden sollte.«

»Und wer hat dich hergeschickt?«

»Frau Morawska aus der ... Chmielnastraße.«

Der junge Mann betrachtet mich skeptisch. Seine Augen sagen: »Lüg nicht, du kommst selbst aus dem Getto, man braucht dich doch nur anzusehen.«

»Es wird sicher noch ankommen. Laß deine Adresse hier, dann sag' ich dir Bescheid.«

»Meine Adresse ...?« wiederhole ich, um Zeit zu gewinnen. Plötzlich ist mir alles gleichgültig. Mir wird übel, die Knie werden mir weich. »Kann ich mich einen Augenblick setzen?« bringe ich mit Mühe heraus. Er kommt zu mir hingelaufen, führt mich in ein kleines Zimmer hinter dem Büro, setzt mich in einen Sessel. Ich fühle mich wie betäubt, verliere aber nicht die Besinnung. Ich merke, daß der Mann hinausgeht, dann zurückkommt mit einem Glas Wasser. Ich versuche, nach dem Glas zu greifen, vergeblich. Ich fühle, wie der Mann meinen Kopf nach hinten beugt und mir das Wasser in den Mund laufen läßt. Er geht wieder hinaus, dreht den Haustürschlüssel herum, kommt zurück.

»Besser?«

Ich nicke mit dem Kopf.

»Das sieht man auch. Jetzt beruhige dich erst mal und dann sag' mir, wer du bist und wer dich wirklich hergeschickt hat. Ich habe den Laden geschlossen. Ich bin nicht mehr im Dienst.«

Weshalb fragt er? Er kommt mir ganz unwirklich vor. Ich kann seine Gesichtszüge nicht entziffern. Er zündet sich eine Pfeife an, langsam, sorgfältig. Er setzt sich mir gegenüber hin und stößt eine Rauchwolke aus. Er blickt aus dem Fenster. Mir gefällt das klare, noble Profil. Er erweckt Vertrauen.

»Ich bin Jüdin«, sage ich. »Jetzt können Sie mit mir machen, was Sie wollen.«

»Ich werde natürlich die Gestapo benachrichtigen. Genau das möchte ich.«

»Mir ist alles egal.«

»Dann geh doch selbst hin. Warum soll ich mich darum kümmern?«

Wir schweigen.

Es ist, als sei die Zeit stehengeblieben. Ich sehe seine Pfeife, die Rauchschwaden, das tanzende Licht hinter dem Fenster. Die weiche Wärme des Sessels umfängt und lähmt mich. Der Gedanke, diesem Mann, der darauf wartet, antworten zu müssen, quält mich. Er hat sicher Mitleid mit mir.

»Bist du von dort weggelaufen?« unterbricht er die Stille.

»Ja.«

»Und was hattest du vor? Zu wem wolltest du gehen?«

»Ich weiß es nicht. Ein Ertrinkender denkt nicht. Er versucht nur, das Ufer zu erreichen.«

»Wer hat dir von mir erzählt?«

»Mein Freund Bolek. Vor langer Zeit. Er sagte, daß er durch einen Freund einen Koffer mit verschiedenen Sachen geschickt hätte, für den Fall, daß sich jemand aus dem Getto retten kann. Er sagte, daß es hier eine Firma gäbe, die alte Sachen ankauft.«

»Wann bist du geflohen?«

»Schon vor einigen Tagen. Doch gestern ist mir der Koffer erst wieder eingefallen und auch der Name der Firma. Aber vielleicht ist es gar nicht hier?«

»Doch, es ist hier. Wie hast du nur bis heute durchgehalten? Bist du allein geflohen? Du brauchst keine Angst zu haben, ich tu dir nichts Böses.«

Ich fange an zu erzählen. Von meiner Mutter, die sie schon zweimal gefragt haben, wann ihre Papiere ankommen, und die die Wohnung der schwangeren Frau verlassen muß, wenn sie sie nicht bald bringt. Von meiner Schwester Basia, die nur für drei Nächte untergekommen ist, weil der Freund ihrer Bekannten zurückkommt. Von der Diebeshöhle in der Hozastraße, wo ich in Kleidern schlafe, mich im Dunkeln hinlege und im Dunkeln aufstehe. Ich erzähle von der Razzia, die diese Nacht gemacht wurde. Man hatte uns rechtzeitig gewarnt. Wir sind auseinandergelaufen – jeder in eine andere Richtung. Ich habe bis zum Morgengrauen im Nebenhaus, im letzten Stockwerk des Treppenhauses gewartet.

»Ist das alles?« fragt er sachlich.

»Das ist alles. Die Frau in der Diebeshöhle hat gesagt, es soll keiner wagen, zurückzukommen.«

Er erhebt sich, geht im Zimmer auf und ab. Ich stecke tief in meinem Sessel, kraftlos und zugleich erleichtert, als hätte ich ihm mit meiner Erzählung die ganze Last der eigenen Existenz aufgebürdet. Ich genieße die träge Ermattung, als läge ich mitten auf dem weiten Meer am Boden eines Bootes, das von einem Schiff in den Hafen geschleppt wird. Er setzt sich neben mich.

»Du gehst jetzt zu deiner Mutter«, sagt er sanft, als spräche er zu einem Kind, »und nimmst sie mit auf den Hauptbahnhof. Ihr nehmt irgendeinen Personenzug und steigt an der fünften Station aus. Dann geht ihr nach links und du suchst dir ein Haus, das abseits steht; am besten eins, das von alleinstehenden älteren Leuten bewohnt wird. Erkundige dich, ob sie für einen Monat ein Zimmer an deine Mutter vermieten, die sich nach einer Krankheit erholen muß. Du sagst, der Arzt hätte ihr frische Luft gerade in dieser Gegend empfohlen. Sprich über den Preis, aber willige nicht leichtsinnig in alles ein, was sie fordern. Tu so, als wenn du es dir überlegst. Dann schaust du zerstreut nach der Uhr und stellst fest, daß es unmöglich ist, noch vor der Polizeistunde nach Warschau zurückzukommen. Sicher bieten sie dir ein Nachtlager an, wenn sie es nicht tun, frage, ob du zusammen mit der Mutter bei ihnen übernachten kannst. Am nächsten Morgen sagst du den Leuten, daß du nach Warschau fährst, um die notwendigsten Sachen zu holen, und daß die Mutter hier bleibt. Das Wichtigste ist, daß du dich vollkommen natürlich gibst. Morgen meldest du dich bei mir, und erzählst, wie alles gelaufen ist. Hast du dir alles gemerkt?«

»Ja, aber ...«

»Hier hast du hundert Zloty. Dafür kaufst du Lebensmittel für die nächsten Tage ein. Sei unbesorgt. Wenn das Paket ankommt, ziehe ich das Geld wieder ab. Ich borge es dir nur.«

Ohne Einwände nehme ich den ganzen Operationsplan an.

Wir steigen an der fünften Station aus, obwohl ich weiß, daß er die Zahl nur aufs Geratewohl gesagt hat. Genausogut hätte er die vierte oder die siebente Station nennen können. Es ist nicht schwer, ein abseits stehendes Haus zu finden, das von einem älteren Ehepaar bewohnt wird. Beide scheinen freundlich und gutmütig. Keine Spur von Beunruhigung. Auch das Gespräch verläuft so, wie vorhergesehen.

»Der Arzt hat Mama frische Luft empfohlen, sie war schwer krank.«

»Wirklich, sie ist sehr blaß, aber bei uns kommt sie bestimmt wieder zu Kräften.«

»Ich bin froh, daß wir so nette Menschen getroffen haben.«

»Ach was, wir wissen doch, was Krankheit heißt. Wie lange bleibt die Mama?«

»Erst mal sehen, wie ihr die Luft bekommt.«

»Und was ist mit ihren Sachen?«

»Die bringe ich morgen.«

Dann werfe ich einen Blick auf die Uhr und rufe erschrocken: »Mein Gott, ist es möglich, daß es schon so spät ist!«

Wie vorhergesehen bieten sie uns beiden an, bei ihnen zu übernachten.

»Es ist nur ganz einfach bei uns. Mein Mann füllt gleich die Strohsäcke, und ich werde die Bettwäsche bereitlegen.«

Am nächsten Morgen gehe ich um sechs Uhr früh in Richtung Bahnhof. In der Nacht hat es geregnet. Die frische Luft wirkt betäubend. Die Dächer glänzen. In einem Garten, hinter einem Lattenzaun, blühen Dahlien. Eine Gänseherde versperrt mir den Weg. Eins der Tiere planscht in der Schmutzpfütze, schlägt dabei überaus komisch mit den Flügeln. Ich komme an einem Brett vorbei, das über ein schmales Rinnsal gelegt ist. Ein kleiner Junge mit einer verwegen auf den Kopf gedrückten Mütze reitet pfeifend auf einem Pferd vorbei. Ich laufe immer schneller, mißtrauisch um mich blickend. Ich habe Angst.

Halb besinnungslos, mit klopfendem Herzen, erreiche ich den Bahnhof. Erst im Zug komme ich zu mir. Ich kann jedoch immer noch nicht begreifen, daß es einen Ort auf der Welt gibt, wo es ständig so ruhig und friedlich ist.

Vor der Tür der geheimnisvollen Firma überkommt mich von neuem Angst. Was geschieht, wenn er nicht da ist? Was soll ich tun, wenn ich einen Fremden antreffe?

Er ist da. Er sitzt am Schreibtisch und schreibt.

»Ist alles gutgegangen?«

»Sehr gut. Alles ist so gelaufen, wie Sie sagten.«

»Wo ist das?«

»Fünfte Station. Das Dorf heißt Zagościniec.«

»Na, siehst du. Es ist immer gut, auf die Erwachsenen zu hören.«

»Jawohl.«

»Du sprichst wie ein Soldat. Was willst du jetzt anfangen?«

»Ich könnte als Dienstmädchen arbeiten. Kochen kann ich eigentlich nicht, aber das lerne ich bald. Oder Fußböden aufwischen, reinemachen.«

»Hm ... Hast du das Abitur?«

»Ja.«

»Hast du studiert?«

»Jura. Der Krieg kam dazwischen.«

»Geh ins Zimmer und setz dich. Ich muß dir Unterricht im vernünftigen Denken erteilen.«

»Ja.«

Ähnlich wie gestern schließt er die Tür der Firma ab.

»Dieses ganze Büro ist nur zum Schein da, meine Liebe, aber das ist eine andere Sache. Wir machen jetzt eine kleine Frühstückspause.«

»Gut.«

»Ich freue mich, daß du so gehorsam bist. Setz dich.«

Ich nehme in meinem Sessel von gestern Platz, wie eine Schülerin in ihrer Schulbank. Er zündet seine Pfeife an und setzt sich mir gegenüber hin. Die Szene ist mit der des vergangenen Tages identisch.

»Also, zunächst einmal: ein Mensch, der den Wunsch hat zu leben, muß vor allem über Selbstsicherheit verfügen. Jeder, der mit seiner Haltung um Verzeihung bittet, daß er existiert, wird leichter niedergetreten. Dieser allgemeine Grundsatz trifft besonders auf Menschen in deiner Situation zu. Mit demütigen Gesten heißt du die Theorie des Okkupanten gut und bestätigst sie. Gleichzeitig setzt du dich in viel größerem Maße der Gefahr aus. Du mußt also das Mittel der Mimikry anwenden, so aussehen wie jede durchschnittliche Warschauerin nach einigen schönen Sommermonaten. Du bist blaß und wirkst verstört und gehetzt. Ich wundere mich, daß du bisher noch nicht aufgefallen bist.«

»Ja.«

»Außerdem mußt du Papiere haben und wissen, wie du heißt. Zuerst aber fährst du für eine Woche in dieses Zagościniec. Dort wirst du in der Sonne liegen und essen. Du wirst die Sicherheit deiner Bewegungen und einen freien Blick wiedergewinnen.«

Ich höre aufmerksam zu. Der Gedanke, eine Woche lang in der Sonne zu liegen, erscheint mir absurd. Das ist eine Situation, die ich mir nicht vorstellen kann.

»Sie haben bestimmt recht«, versuche ich vorsichtig zu erklären, »aber ich halte es einfach nicht aus, in der Sonne liegenzubleiben. Das bringe ich bestimmt nicht fertig.«

»Ach, Unsinn. Ich habe gerade den Koffer erhalten. Der Inhalt ist bereits zum Verkauf angeboten, und vorläufig borge ich dir noch zweihundert Zloty. Du bekommst doch keine Arbeit, solange du so aussiehst. Eine Woche Erholung hast du unbedingt nötig. Der Mutter wird deine Anwesenheit auch wohltun. Nun starr mich nicht so an. Du denkst vielleicht, ich bin ein Engel, der vom Himmel heruntergekommen ist und menschliche Gestalt angenommen hat. Du irrst dich nicht. Ich habe die Flügel nur vorübergehend ins Leihhaus gebracht, für die Dauer des Krieges. Also, um fünf Uhr heute nachmittag bist du am Hauptbahnhof. Du wartest vor dem Eingang. Um meine Funktion als Engel vollends auszufüllen, bringe ich dir die nötigsten Sachen, die du in Zagościniec brauchst. Und sei nicht so feierlich. Dein Engel heißt Franek. Du kannst ihn duzen.«

Fünfzehn Minuten vor fünf stehe ich am Fahrkartenschalter. Es gibt genug Gelegenheit, mich in kühnen Blicken zu üben. Überall wimmelt es von Reisenden, Begleitpersonen und von deutschen Militärs. Ich bemerke, daß die Warschauerinnen deren Gegenwart vollkommen ignorieren. Ich bemühe mich, es ihnen gleichzutun.

Das neue Kleid, notwendiger Bestandteil der »Verwandlung«, hat einen ausgezeichneten Einfluß auf mein Selbstbewußtsein. Ich gehe also immer unbefangener in der Nähe des Haupteingangs auf und ab. Franek erscheint jedoch nicht.

Fünf Uhr ist schon vorüber. Die Unruhe wächst. Ich rede mir ein, daß geduldiges Warten notwendig ist, und denke gleichzeitig daran, daß der Engel Franek mir Geld gegeben, einen Platz auf der Erde zugewiesen hat und selbst fortgeflogen ist, nachdem er vorher seine Flügel vom Leihhaus abgeholt hat. Der Zug fährt gleich ab. Ich darf nicht ohne die versprochenen Sachen aufbrechen.

Als ich beinahe schon die Hoffnung aufgegeben habe, erblikke ich Franek, der mit einem großen Koffer angerannt kommt. Er ergreift mich bei der Hand, und wir stürzen auf den Bahnsteig, wo der Stationsvorsteher gerade das Signal zur Abfahrt des Zuges gibt. In den Wagen hineingezwängt, wende ich mich um, um ihm zu danken. »Der Zug fährt an«, sage ich, »nimm den Fuß vom Trittbrett, Franek.«

»Tatsächlich«, gibt er zur Antwort, »wir fahren pünktlich ab«, und steigt ein.

»Wohin fährst du?« frage ich, überzeugt, daß wir rein zufällig in die gleiche Richtung fahren. »Nach der Station, in deren Nähe das Dorf Zagościniec liegt.«

»Und was willst du da?«

»Zagościniec hat gute Luft, und ich bin Rekonvaleszent.«

Das ist bestimmt eine Falle. Er will unsere Adresse auskundschaften, wo meine Mutter ist, wo meine Schwester hinkommen kann! Warum sollte er mich aber verfolgen?

Seine Güte ist eigentlich am meisten verdächtig. Indem er mich begleitet, bringt er sich selbst in Gefahr. Warum tut er das? Vielleicht gefall' ich ihm? Unsinn! Er kann unter vielen Mädchen die Wahl treffen, die nicht mit dem Schandfleck ihrer Abstammung belastet sind.

»Du kannst ganz ruhig sein«, unterbricht er das Schweigen.

»Ich wollte schon seit langem eine Woche ausspannen, und so habe ich beschlossen, das Angenehme mit dem Nützlichen zu verbinden. Und du kannst einen so hundertprozentigen Blonden wie mich gebrauchen. Am besten, wenn du mich als deinen Verlobten vorstellst. Ein arischer Verlobter wird deine Position außerordentlich festigen.«

Und so trat Franek in unser Leben.

Mit ihm vollzog sich nach eigentümlichen Prinzipien die »Normalisierung« unseres Daseins. Die Wohnung hatte aufgehört, nur ein Versteck zu sein. Franek legitimierte in gewisser Weise Mutters und meine Existenz. Er ging den alltäglichsten Dingen nach, und von Stunde zu Stunde bestätigte er dadurch, daß wir zum gewöhnlichen Dasein gehörten, zu der uns umgebenden Landschaft.

Er holte Wasser aus dem Brunnen, sammelte Holz und machte Feuer, er strich sogar die Wände in der Küche. Ich guckte ihm seine Bewegungen ab und ahmte sie nach, wobei ich mir ständig darüber im klaren war, daß er sich hier wie zu Hause fühlte, wogegen ich vollkommen fremd war.

Für Franek gab es keine komplizierten Probleme. In den Pausen zwischen Holzhacken und Kartoffelschälen »unterrichtete« er mich. Schon am Tage nach der Ankunft begannen wir, meine neue Identität festzulegen. Ich geriet in Panik, als Franek mir einen »vorläufigen« Namen vorschlug.

»Und in einer Woche in Warschau werden wir dann weitersehen.«

»Einen Namen für eine Woche nur? Und was sagen wir später, wenn wir Papiere haben, die auf einen anderen Namen ausgestellt sind?«

»Meine Liebe. Das ist alles nur eine Frage der Perspektive. Die Namen sind Übereinkünfte und das ganze Leben ist ein Provisorium. Es ist unwesentlich, ob du mit einem Namen und einer Adresse durch dieses Leben gehst oder mit vielen verschiedenen, und das besonders in einer Zeit, in der Menschen mit Namen von jahrhundertelanger Tradition wie Fliegen vernichtet werden. Jetzt, während dieser kleinen Zeitspanne, bist du überhaupt namenlos, was unwichtig ist, solange du atmest.«

Die Namensfrage wurde eigentlich von Mutter angeschnitten, die sich noch seltsamer als ich benahm. Die Ankunft von Franek nahm sie ohne Verwunderung zur Kenntnis. Sie fragte weder, wo er herkam noch woher wir das Geld nahmen. Sie deckte den Tisch, fegte aus, schlug Nägel ein. Manchmal fragte sie: »Gibt es morgen auch Mittagessen? Werden wir hier noch ein paar Wochen wohnen bleiben? Bleibt Franek bei uns?«

Einmal sagte sie zu mir: »Ich bitte dich, sag mir, wie ich heiße.« Als sie meine Verwunderung bemerkte, fügte sie hinzu: »Frag Franek. Der wird es wissen.« Und der wußte es. »Ein Name muß einfach sein, populär, und darf keinerlei Aufmerksamkeit erregen. Du heißt Kowalska. Janina Kowalska. Die Mutter kann sich einen beliebigen Vornamen auswählen. Sagen wir mal, Kowalska, Aurelia. Hübsch, nicht wahr?«

Franek hatte eine besondere Gabe, mit Menschen in Kontakt zu kommen. Bereits am ersten Abend entdeckte er zusammen mit dem Hauswirt gemeinsame Bekannte. Mit vor Verwunderung weitgeöffneten Augen beobachtete ich die beiden ungezwungen auf den Zaun gestützten Männer. Sie sahen aus, als wäre ihr Gespräch eine jahrelange Gewohnheit.

Ich hörte Franek sagen: Seit die Mutter meiner Verlobten krank ist, muß ich mich um Janina kümmern ...

Meine Bewunderung für ihn, die ich nicht verberge, läßt Franek nicht gleichgültig. Als ich in dem mitgebrachten Koffer Teller erblicke, Tassen, Gabeln, Handtücher, Seife, Zucker und sogar ein Tischtuch, kann ich einen Freudenschrei nicht unterdrücken. Franek schaut schräg zu mir herüber, während er sich die Hände wäscht. Ich bemerke ein Aufleuchten in seinem Gesicht. Mit einer gewandten Handbewegung zeichnet er die Umrisse von Flügeln um seine Schultern. Ich muß lachen. Die Mutter kann es nicht fassen: »Du lachst?« sagt sie verwundert. »Ach, Mama, ich habe vergessen, dir zu sagen, daß Franek in Wirklichkeit ein Engel ist, der nur vorübergehend zur Erde herunterkam. Er kehrt natürlich in den Himmel zurück.«

»Wann?« fragt die Mutter so ernst, als gäbe es einen genauen Fahrplan.

Ganz unten im Koffer liegt ein Buch. Ich schlage es auf. »Gedichte von Leśmian«, stelle ich erstaunt fest.

»Ja.«

»Was hat das zu bedeuten?«

»Ganz gewöhnlich – Poesie.«

»Liest du sie?«

»Allerdings. Ich habe den kleinen Band mitgebracht, um ihn mit dir zu lesen.«

»Mit mir?«

»Ja. Der Autor hat schließlich für alle Menschen geschrieben. Was ist daran so ungewöhnlich?«

»Ich weiß nicht recht. Vielleicht ist es zu früh, Poesie zu hören, vielleicht auch schon zu spät ...«

Es ist Mittag. Ich liege auf der Wiese. Selig nehme ich die Sonnenflut in mich auf. Das Schimmern der Sonnenstrahlen blendet. Ein unglaubliches Blau dringt durch die Zweige der Akazienbäume. Erstaunt betrachte ich die gleichmäßig geschnittenen Blätter, als erblickte ich sie zum ersten Mal in meinem Leben. Ich höre die Bienen im Klee summen und freue mich an dem hohen Gras am Wiesenrand. Ich sehe zu den abgeernteten Stoppelfeldern hinüber. Ich schließe die Augen, berauscht von der Stille, geblendet vom Glück.

Nur wenige Tage trennen mich von dem düsteren Mauerkäfig, wo kein Vogel singt, keine Blume wächst – wo nur der Tod lauert. Wo mein Vater, über den Tisch gebückt, zurückgeblieben ist, niedergedrückt vom Schmerz.

»Weine nicht«, höre ich plötzlich Franeks leise Stimme. »Hör mal zu:

... War es, oder war es nur Schein? Erzähl' uns, Bruder,
Was in heut'ger Nacht in deiner Hütt' geschah?
Wir einfachen Leut', wir sahen
Des Grüns Unbegreiflichkeit.
Hinter den Fenstern – an Wänden – und an deinem
Gewand.
Wir sprechen singend, denn besser läßt sich beim Singen
Von dem, was gewesen, was niemand noch weiß ...
erzählen.«

Die Sonne hat sich inzwischen nach Westen verschoben. Ich schaue mit weit offenen Augen in die unendliche Höhe. Weiße Schaumwolken ziehen am Himmelsschiff vorüber ...

Ich atme und lausche der Musik des Lebens.

Zum Mittagessen gibt es Kartoffeln und saure Milch und Brot. Kartoffeln und Brot zum Sattessen. Auch süßes Kirschkompott ist da. Man kann aber noch mit Zucker nachsüßen.

»Ja! Soviel du willst«, sagt Franek, der dauernd zu diesem Thema mit Fragen überschüttet wird.

»Und was machen wir, wenn morgen kein Zucker mehr da ist?«

»Es ist welcher da.«

»Er reicht nicht bis Sonnabend.«

»Wir kaufen neuen.«

»Und wenn im Laden keiner da ist?«

»Es ist welcher da.«

»Bist du sicher?«

»Ja.«

»Na, dann nehme ich noch etwas.«

Der Glaube an Franeks Allmacht wächst von Tag zu Tag. Hätte Franek gesagt, daß nicht gegessen werden dürfe, würde Mama keinen Bissen zu sich nehmen.

Eine Woche unseres Aufenthalts in Zagościniec ist herum. Als wir uns zu Tisch setzen, sagt Franek: »Jeder kann essen, soviel er will, saure Milch, Kartoffeln und Brot. Zucker kann nach Belieben genommen werden. Wenn er alle ist, kauf' ich neuen.«

Mama fühlt sich verletzt. »Er macht sich über uns lustig.«

Franek küßt der Mutter die Hand. »Verzeihung, ich habe nur Spaß gemacht. Das war dumm von mir.«

Lange betrachtet die Mutter wie hypnotisiert ihre Hand, dann bricht sie in Tränen aus.

»Was ist geschehen? Habe ich Sie gekränkt?«

»Aber nein. Im Gegenteil! Mama kann noch immer nicht glauben, daß sie ein Mensch ist wie jeder andere.«

In der Dämmerung zünden wir wie jeden Abend die Petroleumlampe an. Danach gehen wir nicht mehr hinaus. Franek weiß, daß ich Angst habe vor der Dunkelheit.

Morgen fahren wir nach Warschau zurück.

»Du bekommst jetzt die echteste Geburtsurkunde, die sich denken läßt, und einen sehr authentischen Lebenslauf von jemandem, der vor Jahren gestorben ist«, erklärt Franek. »Nun wäre es gut, Beziehungen zum Einwohnermeldeamt zu haben, damit jemand die Karteikarte der Verstorbenen gegen deine mit der entsprechenden Adresse austauschen könnte. Wenn du auf diese Weise wieder auferstehen würdest, wärest du in Sicherheit. Das wertvollste Erbe der Verstorbenen ist das reine Blut. Du heißt, sagen wir mal, Janina Kowalska und bist seit vielen Generationen reine Arierin. Und die Besitzerin des Namens und Vornamens wird dir ihren Segen aus dem Jenseits erteilen.«

»Woher weißt du das?«

»Weil ich die Gegend als Engel kenne. Leider kann dir Janina Kowalska nicht auch die Anmeldung verschaffen. Höchstens im Himmel, aber soviel ich weiß, willst du da nicht hin.«

»Ich komme sowieso in die Hölle.«

Ich habe riesiges Lampenfieber vor Warschau und vor »Janina Kowalska«. Ich bin satt und braungebrannt, und müßte größere Selbständigkeit und Betriebsamkeit entwickeln. Am liebsten würde ich etwas unternehmen, was ihn in Staunen versetzt. Gleichzeitig habe ich das Gefühl, daß ich nur in der grünen Stille von Zagościniec stark bin. Beim Kontakt mit Warschau verliere ich bestimmt das Gleichgewicht. Plötzlich kommt mir der Verehrer von Stella in den Sinn, der durch Wohlstand verzärtelte Hilary, der noch nicht einmal den Hunger begriff, als er selbst schon davon betroffen wurde. Sein Reichtum bestand in Häusern, die seinen Eltern gehörten. »Was soll's?« seufzte Hilary, »wo doch alle auf der anderen Seite geblieben sind.«

Die »andere Seite« ist im Augenblick für mich »diese Seite«. Ich weiß nicht, wieviele Häuser Hilarys Eltern besaßen, aber ich kann mich erinnern, daß sich eins in der Jasminstraße befand. Ich rufe mir die Unterhaltung von Stella und Hilary ins Gedächtnis, hinter den Kulissen des Theaters, lange vor der »Aktion«, als es noch möglich war, aus dem Getto herauszugehen. Stella hatte gesagt: »Du solltest dich dort verbergen, Hilary.«

»Du hast recht, aber ich könnte überhaupt nicht auf die Straße gehen.«

»An deiner Stelle wäre ich schon längst hier weggegangen.«

»Aber ich bin ein Mann, das ist gefährlicher.«

»Ich rate dir, Hilary, flieh von hier.«

»Ich werde es mir überlegen. Unsere Hütte in der Jasminstraße wird von einer reizenden Verwalterin betreut. Zu ihr würde ich zunächst gehen.« So hatte er gesagt.

Den Straßennamen hatte ich wahrscheinlich wegen des »duftenden« Klangs behalten. Ich hatte in der Ecke der Garderobe gesessen und Stella im Spiegel beobachtet, wie sie sorgfältig ihr Make-up erneuerte. Hilary sah ich damals zum ersten und letzten Mal. Ich habe nicht ein Wort mit ihm gesprochen. Von ihm blieb nur die Jasminstraße zurück.

In meinem Kopf reift ein Plan heran. Die Jasminstraße ist nicht lang. Ich werde von Haus zu Haus gehen. Ich weiß den Namen der Eltern von Hilary. Ich werde die »reizende Verwalterin« aufsuchen. Es ist anzunehmen, daß ich die einzige Person bin, die ihr Grüße von ihren Brotgebern übermitteln kann. Ich werde sie bitten, die Anmeldung für mich vorzunehmen. Mich überfällt plötzlich ein unglaublicher Optimismus. Von morgen an beginne ich ein neues Leben. Janina Kowalska aus der Jasminstraße. Alle Ängste schwinden.

»Was hältst du davon, wenn wir noch einen letzten Spaziergang auf unserer Wiese machten?«

Franek ist überrascht. »Im Dunkeln? Hast du keine Angst?«

»Nein. Und außerdem hast du vergessen, daß wir verlobt sind. Alle Verlobten gehen im Mondschein spazieren.«

Schweigend gehen wir die bekannten Pfade entlang. Der Duft der auf kleinen Beeten in der Nähe des Hauses wachsenden Levkojen begleitet uns bis an den Rand des Birkenwäldchens. Hier riecht es nach Moos, Farnkraut und Pilzen. Wir lauschen in die Stille, die nur durch das Knacken der trockenen Äste unter unseren Füßen unterbrochen wird. Ich gehe neben Franek. Ich habe das Gefühl, an einer feierlichen Zeremonie teilzunehmen. Der Pfad ist zu Ende. Hinter dem Wäldchen zeichnet sich »unsere« Wiese ab, versunken im grünlichen Halbdämmer. Wir bleiben wie verzaubert stehen.

»Wir hätten die Gedichte von Leśmian mitnehmen können. Es ist so hell, daß du lesen könntest«, sage ich, um das unerträgliche Herzklopfen zu besänftigen.

»Ich brauche nicht zu lesen. Ich kann es auswendig.«

»Was?«

»Das, was ich sagen möchte.«

»Sag.«

»Gut. Aber setz dich hin.«

Ich setze mich in das Moos, Franek steht an einen Baum gelehnt. Er schweigt. An seine Selbstsicherheit gewöhnt, bemerke ich mit Staunen seine große Verlegenheit.

»Kannst du es wirklich auswendig?«

»Was?« – fragt er aus seinen Gedanken aufgerüttelt.

»Die Gedichte.«

»Ja.«

Er schweigt immer noch. Es sieht aus, als stehe er auf einer silbrigen Anhöhe. Für einen Augenblick umfängt mich unaussprechliche Zärtlichkeit.

»Gut«, wirft er endlich hin.

»Von weit her, von weit kommt
der Blüten entsagender Zauber.
Als Kälte, den lauen Duft vertreibend,
über gemähte Wiesen heranwehte,
da wärmtest du an meiner Stirn
deine kalten Hände.
Ohne zärtlich zu sein, darf man
nicht schauen in das Dunkel ringsumher!
Verirrte in der Felder Weiten
verbindet kaum ein gold'ner Traum.
Nicht Angst, nicht Grauen, nicht Schmerz,
Nur – die Zärtlichkeit allein ...«

Die letzte Strophe spricht er beinahe flüsternd. Ich errate die Worte mehr, als ich sie höre.

»Ich kann dich kaum hören.«

»Soll ich lauter sprechen?« fragt er, vor sich hinblickend.

»Nein. Du sollst näherkommen.«

Er tritt heran. Ich erblicke im Glanz seiner Augen ein Stückchen Himmel und ergreife die Flucht ins Vergessen. Gemeinsam mit mir eilt die sternklare, dunkelblaue Nacht.

Am nächsten Morgen gehen wir in aller Frühe zum Bahnhof.

Die Periode der »Mimikry«, wie wir den Aufenthalt in Zagościniec nennen, ist vorüber. Mir ist leicht und froh zumute. Der klare Himmel, die glänzenden Blätter, die wärmende Sonne gehören mir. Ein Huhn führt eine Schar kleiner dauniger Küken aus. Ein Eichhörnchen saust im Baum umher. Die Erde erwacht in der taufrischen Luft.

Ein neuer Tag erwacht. Neben mir geht Franek. Voll Rührung blicke ich nach den kleinen Rauchwölkchen, die aus seiner Pfeife aufsteigen. Er wendet sich mir zu und lächelt zärtlich. Mir kommt zu Bewußtsein, wie wenig ich über ihn weiß. Auf die wenigen, sein Leben betreffenden Fragen gibt er nichtssagende, ausweichende Antworten. Sicher gefällt ihm die Atmosphäre des Geheimnisvollen, aber sollte es nur das sein? Wie alt ist er eigentlich, er könnte genausogut achtzehn wie dreißig Jahre sein. Er gehört zu den Männern, die lange jung bleiben. Vor uns wird bereits der rote Ziegelbau der Bahnstation, mit Gardinen am Fenster des Bahnwärters, sichtbar. »Heute schläfst du im Zimmer meines Kollegen Staszek. Der, der mich in der letzten Woche in der Firma vertreten hat. Wenn es dunkel wird, gehst du dorthin. Den Tag über gehst du in Warschau spazieren. Du hast schließlich ein vollkommen neues Gesicht. Das Wichtigste ist, daß du keine Angst hast. Wir müssen eine kleine Generalprobe machen. Bitte, schau mich mal streng an, so wie jemanden, der sich an dich heranmachen will. Gut. Vielleicht ein wenig zu keck. Darin darf man auch nicht übertreiben. Ein allzu herausfordernder Blick kann manchmal Unannehmlichkeiten nach sich ziehen. Das Wichtigste ist, nicht aufzufallen ...«

»Jetzt fängst du wieder mit dem Unterricht an.«

»Natürlich. Was dachtest du denn? Der Urlaub ist vorbei. Wenn, sagen wir mal, ein Mann in Zivil an dich herantritt und sagt: ›Sie kommen mir irgendwie bekannt vor.‹ Was sagst du dann?«

»Ich kann mich nicht an Sie erinnern. Ich mache keine Straßenbekanntschaften.«

»Na, gut. Und wenn er trotz allem hinter dir herkommt?«

»Lassen Sie mich sofort in Ruhe, oder ich rufe einen Polizisten!«

»Und wenn ein Deutscher in Uniform an dich herantritt und sagt: ›Kommen Sie mit!‹ oder ›Sie sind Jüdin!‹ Was dann?«

»Sind Sie verrückt?«

»Und was weiter?«

»Weiter ... lache ich über seinen tollen Witz.«

»Gut. Nur muß das Lachen natürlich sein. Und wie heißt du?«

»Janina Kowalska.«

Franek überlegt einen Augenblick, ob er keine Fragen vergessen hat.

»Aha. Kannst du das Vaterunser?«

»Also bitte, hör mit dem Unsinn auf. Du denkst, man kann alle gefährlichen Situationen vorhersehen. Bestimmt kannst du die, in der ich mich in Wirklichkeit befinden werde, nicht erraten.«

»Sag schnell ein Vaterunser.«

Ich lege die Hände ineinander und mache eine andachtsvolle Miene. »Vater unser, der du bist im Himmel ...«

»Wunderbar. Du siehst aus wie eine Madonna. Du hast dir eine Belohnung verdient.« Er blickt sich um und bricht vom nächsten Strauch zwei wilde Rosen. »Oh, zum Teufel, sie stechen. Hier. Nimm dich vor den Dornen in acht. Und nun komm.«

Ich laufe neben Franek her, die Blumen in der Hand. Wir kommen am Bahnhof an, als der Zug gerade Einfahrt hat. Vor sich hin pfeifend, kauft Franek die Fahrkarten. Wir beide fahren nach Warschau, wie tausend andere Reisende auch. Plötzlich bleibt Franek stehen.

»Aber dieser Zug kommt doch aus Warschau. Um ein Haar wären wir in die falsche Richtung gefahren. Was für ein Esel ich bin!« Die Situation hat nichts besonders Komisches an sich, trotzdem breche ich in unbekümmertes Lachen aus. Ich habe das Bedürfnis zu demonstrieren, daß ich keine Angst vor der Begegnung mit dem Feind habe. Ich lache wie ein Schulkind über einen gelungenen Streich. Immer noch lachend laufe ich davon, als nähme ich vor der Strafe reißaus.

Franek jagt hinter mir her.

»Halt!« schreit er, »halt, du dumme Janina Kowalska. Ich tu dir nichts.«

Atemlos bleibe ich auf dem Bahnsteig stehen. Ich trete langsam an Franek heran und bemerke, daß er plötzlich ernst geworden ist. Er blickt nach dem Zug, der langsam an uns vorbeifährt.

Dunkle Viehwagen.

Hinter den eisernen Gittern der hochliegenden Fenster sind Gesichter zu sehen. Graue Gesichter, verblichene Blicke. Ich erkenne sie. Juden aus dem Getto.

Sie fahren ihren letzten Weg.

Vielleicht ist der Vater unter ihnen. Er erblickt mich gesund, braungebrannt, unerreichbar. Auf der Seite des Lebens.

Ich denke an Flucht, doch ich stehe wie gelähmt.

Was soll ich tun, wenn ich ihn sehe? Schreien: »Vergib mir, Papa!«

Unsinn! Er hat mir längst vergeben. Nur ich werde es mir niemals verzeihen können.

Die wandernden Särge klappern.

Ein alter Mann umklammert mit seinen Fingern die Eisenstäbe. Er blickt mich an. Vielleicht sehe ich seiner Tochter ähnlich? Ich sehe eine Frau. Ihr leichtgeöffneter Mund richtet eine stumme Frage, man weiß nicht, an wen und wozu.

Ein Mädchen mit einem kleinen, kalkigen Gesicht schaut auf das gleichgültige Blau des Himmels, eine andere nimmt mit dem Blick Abschied von vorübereilenden Bäumen und Dorfgärten.

Voller Qual nehmen sie den Frieden des Sommers in sich auf, des polnischen Sommers ihrer Heimat.

Sie fahren und fahren, lebendig begraben, bleich, abgestumpft, schweigend. Gleich Statuen des unendlichen Leids kommen sie an der nächsten Station auf dem Wege zum Grabe vorüber.

Sie machen ihre letzte Reise, diejenigen aus düsteren Souterrains und die aus eleganten Häusern, aus den engen Gassen von Nalewki und aus dem breiten Leszno.

Der Schmerz, so riesengroß, hat die Herzen nicht zu rühren vermocht. Die innigsten Gebete vermochten den Himmel nicht zu erschüttern, sie gelangten vor keinen Gott.

In Holzkäfigen ziehen Gespenster vorüber. Hier fährt der schrecklichste Zirkus der Welt, die geisterhafteste Schau, ein Grab auf Rädern, kindisch gewordene Alte, siebzigjährige Kinder, lebendige Leichen.

Man sieht noch lange den schwarzen Schatten des Todeszuges, der die Schienen entlangkriecht.

Endlich verschwindet er in der unbekannten Ferne.

Stille. Fassungslose, unendliche Stille.

»Sieh, doch«, kommt Franeks Stimme zu mir herüber, »du hast dir an den Dornen die Finger verletzt.«

Er nimmt mir die Rosen aus den Händen und wirft sie hinter sich.

»Komm. Der Zug ist weg. Bitte, laß uns gehen«, wiederholt er. »Der Zug ist schon weit weg. Hörst du, was ich sage?«

»Ja, ich habe gehört. Der Zug ist schon weit weg. Aber von nun an werde ich ihn stets an mir vorüberfahren sehen. Auch wenn du ihn nicht immer wahrnehmen wirst ...«

Nicht immer ...

»Also, von nun an heißen Sie Schulz, Johann Schulz. Hier sind Ihre Papiere.«

»Johann Schulz. Gut. In Ordnung.«

»Mehr kann ich nicht tun. Sie brauchen nicht nach mir zu suchen, es wäre zwecklos.«

»Wie Sie wünschen. Ich würde Sie aber bitten, mir noch ein Rendezvous zu gewähren.«

»Warum?«

»Ich möchte, daß Sie diese Seiten in Ruhe lesen.«

Er reicht mir eine Rolle Papier herüber und wirft dabei unsichere Blicke nach den benachbarten Tischen.

»Was enthalten diese Papiere?«

»Meinen Lebenslauf. Natürlich ist er nur unvollkommen. Es ist schwer, in meiner Situation zu schreiben.«

Ich stecke das Päckchen in die Tasche. Unauffällig beobachte ich das Café. Obwohl ich inzwischen an riskante Kontakte gewöhnt bin, habe ich vor diesem Zusammentreffen lange gezögert. Ein aus der Gestapo desertierter Deutscher ist weit gefährlicher als ein aus dem Getto geflohener Jude.

Johann Schulz hat nichts Auffallendes an sich. Er ist vollkommen durchschnittlich. Die Gesichtszüge verraten weder Intelligenz noch Dummheit.

»Sind Sie hier bekannt?« frage ich.

»Ja, leider.«

»Werden Sie gesucht?«

»Bestimmt.«

Ich sollte auf der Stelle gehen.

»Das ist kein gewöhnlicher Deserteur«, hatte Herr Miller von ihm gesagt. Herr Miller war Pole deutscher Abstammung und hatte es sich zur Aufgabe gemacht, den Juden zu helfen. »Ich garantiere mit meinem eigenen Kopf für ihn. Ich bitte nur um Papiere, hier sind die notwendigen Photos.« Ich nahm Photos von zwei Frauen und einem Mann entgegen. Ich besorgte die Dokumente. Und dann begann Herr Miller nachdrücklich darauf zu dringen, daß ich die Papiere persönlich übergebe. Er versicherte, daß ich der letzte Mensch sei, den er in Gefahr bringen wolle. Wenn nicht Herr Miller in einer besonders gefährlichen Zeit oft ins Getto gekommen wäre und Freunden bei der Flucht und bei der Unterbringung drüben geholfen hätte, dann hätte ich die Zusammenkunft, die gegen elementare Grundsätze der Konspiration verstieß – auf die man besonders in meiner Situation achten mußte – auf keinen Fall riskiert. Aber so manche Erlebnisse hatten mich in der Überzeugung bestärkt, daß das Glück ungewöhnliche Wege geht. Und da es mir schon so oft gelungen war, aus hoffnungslosen Lagen herauszukommen, hatte ich das Gefühl, als trüge ich auf dem Schlachtfeld ein kugelsicheres Panzerhemd.

An dem Tisch zur Rechten sitzt ein Junge mit einem Mädchen. Sie läßt den Kopf herunterhängen, das lange, helle Haar fällt ihr auf die Wangen. Der Junge streichelt ihre Hand und redet beständig auf sie ein, sie duckt sich auf dem Stuhl zusammen, seine Worte bringen sie aus dem Gleichgewicht. Die beiden sind zweifellos mit sich selbst beschäftigt. Von da kann nichts Beunruhigendes für mich kommen. An dem Tisch links sitzt ein alter Herr allein. Er liest mit großem Interesse Zeitung, unverständliche Kommentare zu dem Gelesenen vor sich hinmurmelnd. Gegenüber – eine ältere Frau mit einem hübschen, gepflegten jungen Mädchen, wahrscheinlich der Tochter. Für eine Sekunde kreuzen sich unsere Blicke. Das Mädchen ist dadurch verwirrt und beginnt, zur Mutter gewendet, etwas zu plappern. Ich beobachte sie noch einen Augenblick und stelle fest, daß sie sich weder für mich noch für Johann Schulz interessieren.

Das Café ist überfüllt. Von allen Seiten dringen gedämpfte Gespräche herüber. Herr Schulz macht den Eindruck eines enttäuschten Vorstadtliebhabers. Wir sehen aus wie ein Pärchen, das sich gerade gestritten hat.

»Weshalb haben Sie das getan?« frage ich. »Ist es, weil Sie meinen, daß die Deutschen den Krieg verlieren?«

»Ich glaube, sie werden siegen. Sie sind sehr stark.«

Ich habe widerstreitende Gefühle. Sein Schicksal gibt mir zu denken, doch die Tat, die er vollbracht hat, scheint mir unvereinbar mit seiner Person zu sein. Wovon ließ er sich leiten? Ich blicke auf meine Uhr. »Für Konversation habe ich wenig Zeit. Wenn Sie in der Lage sind, vollkommen aufrichtig zu sein, dann erzählen Sie von sich. Ich denke nicht, daß wir uns noch einmal sehen werden. Ich würde jedoch gern von Ihnen hören, wie es zu allem kam. Unter der Bedingung, daß Sie mir die Wahrheit sagen.«

»Das ist nicht so einfach«, beginnt er mit Anstrengung, wie jemand, der sehr müde ist. »Aber ich will es versuchen.«

Als Hitler an die Macht gekommen war, fand er in Leuten wie Arthur Lehmann – das war sein richtiger Name – willige Mitarbeiter. Der Nationalsozialismus hatte nur das geordnet und vertieft, was in ihnen bereits latent vorhanden war. Außerdem förderte er die sie fast sprengende Selbstgefälligkeit zu Tage. Er kleidete sie in Uniformen ein. Die verkündeten Losungen paßten ausgezeichnet zu ihrer seit langem ausgeprägten Mentalität. Die Theorien von der Überlegenheit der nordischen Rasse fielen auf fruchtbaren Boden.

»Glauben Sie mir, es genügt, sich nur ein einziges Mal überzeugen zu lassen, daß Untermenschen vernichtet werden müssen, dann hat man später nur noch eine Beziehung zu ihnen wie ein Jäger zum Wild, das er abschießt.«

Er tötete ungefähr dreißig Personen. »Wäre irgendwann – ich kann mich jedoch nicht daran erinnern – bei mir der Gedanke an eine Möglichkeit des Widerstandes aufgetaucht, so hätte ich mich bestimmt im Unterbewußtsein gerechtfertigt: ›Die finden mühelos hundert andere, die bereit sind, jeden Befehl auszuführen.‹«

Das dauerte bis zu »jenem Sonntag«. Er betont diese Worte und wiederholt sie mit einem Ausdruck, als wäre an diesem Tage nicht nur eine Wendung in seinem eigenen Leben eingetreten, sondern im Schicksal der gesamten Menschheit.

Mich überkommt eine große Lust, aus diesem rauchigen kleinen Café zu fliehen. Was gehen mich eigentlich die Erwägungen und Mitteilungen dieses Schurken an und besonders seine Skrupel. Bestimmt will er seine Dienste bei unserer illegalen Armee anbieten. Er versucht, durch meine Vermittlung Kontakt aufzunehmen. Er glaubt, daß er sich auf diese Weise von der Schuld reinwäscht. Er weiß natürlich nicht, was ich wegen solchen wie ihm habe durchmachen müssen. Er ahnt nicht, daß ich innerlich vor Abscheu zittere. Er fühlt nicht die in mir aufgestaute Ladung von Haß.

Ich nehme die Puderdose aus der Handtasche, zünde mir eine Zigarette an.

»Was geschah an jenem Sonntag?«

Er war damals als Funktionär der Abteilung IV oder der Gestapo nach Lublin abkommandiert worden. Er überwachte dort als Spezialist die reibungslose Tätigkeit der Exekutionskommandos und paßte auf, daß sich keiner der nazistischen Gerechtigkeit entzog.

Im Offizierskasino arbeitete eine hübsche Serviererin, eine Polin. Eines Abends saß er zusammen mit seinen Kollegen am Tisch. Sie hatten einigen Alkohol zu sich genommen. Um ihre lustige Laune zu zeigen, forderten sie das Mädchen auf, es solle das Tablett mit den Getränken nicht auf die Handfläche gestützt tragen, sondern auf den Fingerspitzen. Es wäre absurd gewesen, sich dem zu widersetzen. Sie führte den Befehl der angetrunkenen Gäste aus. Biergläser und Flaschen polterten zur Erde. Die Gestapofunktionäre brüllten vor Lachen. Das Mädchen erstarrte. Nach einer Weile bückte es sich, um das zerbrochene Glas aufzuheben. Arthur Lehmann begann ihr dabei zu helfen; er wußte selbst nicht, warum.

Die Kameraden äfften in einem plötzlichen Ausbruch von Fröhlichkeit seine Gesten nach. Er war zunächst etwas verstört. Um den Hänseleien zu entgehen, erklärte er, er habe den Gentleman gespielt, um sie in Stimmung zu halten. Sie glaubten es. Das Mädchen ging ohne ein Wort davon.

Am nächsten Tag erschien er im Kasino früher als gewöhnlich. Als das Mädchen den Kaffee servierte, beobachtete er es aus den Augenwinkeln. Mit Genugtuung bemerkte er, daß sie bewegt war. Einen Moment lang beherrschte ihn ein Gefühl, das er seit Jahren nicht empfunden hatte. Als sie stotternd und errötend sagte: »Danke für gestern«, war er beinahe gerührt.

In den Tagen darauf kam er immer um die gleiche Zeit. Das Mädchen stellte lächelnd ein Glas helles Bier vor ihn hin. Sie benahm sich immer ungezwungener. War er jedoch in Gesellschaft seiner Kameraden, dann schaute sie nicht in seine Richtung.

Voller Verachtung sehe ich Lehmann jetzt direkt ins Gesicht. Ich werde von Visionen ausgemergelter Kinder aus dem Getto verfolgt, von hungrigen Augen, von Todeszuckungen.

Ich schaue auf die Straße hinaus. Das Wetter hat sich geändert. Es ist windig, Ende Oktober.

»Entschuldigen Sie, ich war mit meinen Gedanken abwesend«, sage ich. »Bitte sprechen Sie weiter.«

Eines Abends begleitete er Anna – die Kleine Schwarze, wie die Serviererin im Kasino genannt wurde – nach Hause. Vor dem Tor verabschiedete er sich mit besonderer Höflichkeit und sprach dabei die Hoffnung aus, in nächster Zeit einmal eingeladen zu werden. Er mißbrauchte allerdings seine Stellung nicht, er trieb die Ereignisse nicht voran. Er war sich des Erfolges seiner Ausdauer und Taktik von Anfang an sicher. Oft stellte er sich vor, sie wäre unterwürfig hingebungsvoll. Die Kleine Schwarze wohnte mit der Mutter zusammen, die aus der Wohnung ging, wenn er einen Besuch machte.

Statt der erhofften Begeisterung sah er ihre Niedergeschlagenheit und so etwas wie Ergebung in das Schicksal. Unter diesen Bedingungen wurde das Abenteuer eintönig. Der Bruch wurde unvermeidlich. Bei der letzten Zusammenkunft gab er ihr zu verstehen, daß sie ihn langweile. Seine Kollegen hätten lustigere Flirts. Da gab sie ihm kalt zur Antwort: »Soweit ich mich erinnern kann, habe ich nie versprochen, dich aufzuheitern. Ich habe überhaupt keine Versprechen gegeben. Such dir ein fröhlicheres Mädchen. Das ist für dich und mich besser.« Erleichtert verließ er die Wohnung.

Eine Zeitlang mied er das Kasino. Er wollte ihrem Blick entgehen, gleich, ob er einen Vorwurf ausdrückte oder nur Gleichgültigkeit zeigte. Als er dann glaubte, diese Geschichte hinter sich gebracht zu haben, ging er wieder dort hin. Er setzte sich auf seinen Stammplatz. Er verschanzte sich hinter der Zeitung. Er nahm sich vor, das Mädchen zu überraschen und zu prüfen, welchen Eindruck er auf sie machte. Plötzlich huschte das bekannte Schürzchen vorüber. Er hob die Augen und erblickte eine ehrbare, dicke Frau in der Kleidung einer Kellnerin. Er war furchtbar enttäuscht.

Als die Kollegen kamen, stellte Lehmann wie zufällig die Frage nach der Kleinen Schwarzen. Der besonders großspurige und aus diesem Grunde von Lehmann gehaßte Hans war ganz verwundert. »Davon weißt du nichts? Die Kleine Schwarze hat sich als Jüdin erwiesen. Vor einer Woche wurde sie zusammen mit ihrer Mutter verhaftet. Beide sitzen in der Todeszelle. Am Montag werden sie abgeknallt. Das Ganze haben die Jungs aus meiner Abteilung rausgekriegt. Gute Arbeit, was?«

Er wußte nicht, wie er seine innere Bewegung verbergen sollte. Er goß mehrere Schnäpse hinunter. Er hatte den Eindruck, als betrachte ihn Hans mit Mißtrauen. Daher sagte er: »Das ist ja eine schöne Frechheit, als Jüdin im Gebäude der Gestapo zu arbeiten.«

»Nun, in der Höhle des Löwen ist man am sichersten«, erklärte Hans, den Mund zu einem Lächeln verziehend, wobei seine Goldkronen sichtbar wurden. »Die Kleine Schwarze hat sich dieses Nest gebaut und beschlossen abzuwarten, bis die

Genossen Kommunisten sie befreien. Das hat sie beim Verhör selbst zugegeben. Aber vor mir, mein lieber Arthur, läßt sich nichts verbergen. Nichts.« Jetzt fühlte er deutlich, daß Hans etwas witterte. Doch diese Gefahr war im Augenblick nicht das Wichtigste.

Gleich einem Menschen, der aus tiefem Schlaf gerissen wird, standen ihm plötzlich die wahren Gesichter der Kollegen vor Augen, der Scharfschützen aus der Brigade Dirlewanger. Er erkannte die ekelhafte Fresse von Hans Rolke, der Handel trieb, schob und Menschen ins Jenseits beförderte. Er sah den schlauen Blick von Henri Feiertag, einem Schmuggler, notorischen Säufer und Sexualprotz. Er vernahm das Lachen des einäugigen Walter Kluß, der seinen Mut besonders gegenüber Wehrlosen bewies. Plötzlich fühlte er gegen sie einen unüberwindlichen Ekel. Um seine Gefühle zu verbergen, beschloß er, die Situation bis zum Äußersten zu spannen und diese widerwärtigen Typen mit dreisten Lügen zu provozieren: »Das würd' mir Spaß machen, die Kleine Schwarze wiederzusehen. Ich glaube, sie wird ihre Selbstsicherheit etwas verloren haben.«

Hans nahm den Vorschlag wörtlich. »Nichts ist einfacher«, brüllte er. »Du könntest dich sogar als Pfaffe verkleiden. Du gehst rein und taufst sie mit Schnaps. Du forderst sie auf, vor dem Tode alle ihre Sünden zu beichten. Die Idee halte ich für sensationell! Nur schade, daß diese Juden so verdammt ungläubig sind und du überhaupt nicht zum Pfaffen taugst.«

Die letzte Bemerkung von Hans klang wieder zweideutig. Daher sagte Lehmann mit der natürlichsten Stimme von der Welt: »Weißt du, daß ich die Kleine schon früher in Verdacht hatte? Sie kam mir zu schwarz und dunkelhäutig vor. Die Polinnen haben meist helles Haar. Ich habe sie sogar einige Male nach Hause gebracht. Dann wurde mir das Spiel zu dumm, na, und schließlich wußte ich ja, daß du ihre Abstammung früher oder später sowieso herausbekommen würdest. Auf dich kann man sich verlassen.« Die Worte schmeichelten Hans, das sah man.

Hätte das Mädchen ihr Verhältnis mit Lehmann während der quälenden Verhöre verraten, dann wäre eine derartige Reaktion unmöglich. Über die Gründe, die sie zum Schweigen veranlaßten, wollte er nicht weiter nachdenken. Ihm wurde nur eines klar: Er konnte nicht länger untätig bleiben. Er konnte den Gedanken nicht ertragen, daß die Kleine Schwarze erschossen würde und er sich hier weiter mit seinen Kameraden treffen und über ihre abgeschmackten Witze lachen würde. Daß er morgens das Exekutionskommando überwachen und sich abends mit Schnaps vollaufen lassen würde. Er trank noch ein Glas und sagte: »So ein Abschiedsbesuch im Gefängnis wäre eine prächtige Überraschung für die Kleine Schwarze und für uns gerade die richtige Samstagabendunterhaltung. Was meinst du?«

Hans war begeistert. Er konnte den Spaß gar nicht abwarten und drängte zur Eile. Lehmann wahrte den Anschein der Sorglosigkeit.

Auf dem Weg ins Gefängnis dachte er nicht weiter darüber nach, was er sagen und tun würde. In der Nähe des Gefängnisses überkam ihn der verzweifelte Wunsch, es möge irgend etwas geschehen. Als er mit Hans Rolke durch den langen Korridor ging, konnte er die innere Spannung kaum aushalten.

Vor der Todeszelle salutierte der Posten in Erwartung von Befehlen. Hans blickte durch das Judasguckloch in die Zelle, darauf winkte er Lehmann mit einer beinahe spitzbübischen Bewegung heran.

Das schwache Licht der direkt unter der Decke angebrachten Glühbirne konnte das Halbdunkel nicht durchdringen. Erst nach einem Augenblick tauchten drei menschliche Gestalten aus dem Schatten auf. Er sah das Mädchen. Sie stand mit erhobenem Kopf genau dem Fenster gegenüber. Daneben saß auf dem Fußboden zusammengekauert eine alte Frau. Das mußte ihre Mutter sein. Auf der anderen Seite, in der Ecke, schaute ein unrasierter Mann mit leerem Blick vor sich hin.

In den nackten Wänden, die mit letzten Sätzen der Verurteilten bedeckt waren, herrschte Stille. Hier weinte niemand, keiner jammerte oder fluchte. Das gefangene Leben verharrte bewegungslos, in stummer Starre. Lehmann hatte den Eindruck, die Ewigkeit sei in die Zelle eingedrungen und über allem zusammengeschlagen.

Plötzlich zuckte das Mädchen zusammen. Ihr wuterfüllter Blick fiel auf das Judasguckloch. Auch die Mutter und der Mann hoben den Kopf. Drei Augenpaare richteten sich jetzt auf die kleine Öffnung. Er sprang zurück; in diesem Moment öffnete der Posten auf den Befehl von Hans die Tür.

»Guten Abend«, sagte Rolke. »Wie geht es unserer Kleinen Schwarzen?« Staunend blickte sie Lehmann an.

»Na, wie ist es?« fuhr Hans fort. »Wir sind gekommen, um zu fragen, ob du nicht irgendeine Bitte hast. Offen gesagt war das die Idee meines Freundes, vielleicht weil du ihn immer besonders zuvorkommend bedient hast. Er möchte sich nun revanchieren. Du brauchst dich nicht zu genieren, Kleine, jedem Verurteilten steht das Recht auf einen letzten Wunsch zu.«

Sie antwortete nicht. Wahrscheinlich versuchte sie zu erraten, welche Falle dieser Besuch enthielt.

»Ich weiß, daß du mir nicht vertraust«, sagte Hans herausfordernd, »aber den Unterscharführer Lehmann kennst du doch ausgezeichnet, nicht wahr?«

»Ich verstehe nicht, wovon Sie reden. Ich habe keine Wünsche.« Ihre Stimme klang, als spräche sie seit vielen Jahren zum ersten Mal. Sie hob den Kopf wieder und lehnte ihn an die Wand. Das war wohl der Moment, in dem der Wunsch, von dem Lehmann beherrscht wurde, reale Form annahm und zu konkreten Aktionen trieb. Von diesem Augenblick an hörte er auf, spontan zu reagieren. Er nahm seine Kräfte zusammen und beschloß, rasch fortzugehen und seinen Plan in Ruhe vorzubereiten. Gleichzeitig wurde ihm bewußt, daß er seine Hans gegenüber gezeigte Haltung beibehalten mußte, um keinen Verdacht zu erregen. Zu leicht konnte etwas dazwischenkommen, der Termin der Exekution vorverlegt werden. So sagte er: »Gehen wir! Was willst du deine Zeit mit irgendeinem jüdischen Schwein vergeuden!«

Als sie schon an der Tür waren, schrie das Mädchen: »Halt! Ich habe es mir überlegt. Ich habe eine Bitte! Den letzten Wunsch einer Verurteilten. Ich will, daß mich Unterscharführer Arthur Lehmann persönlich erschießt.« Wie gelähmt blieb er stehen. Als er schon überzeugt war, alles wäre verloren, kam ihm Hans unvermutet zu Hilfe: »Na was, Arthur, das Vergnügen kannst du ihr doch bereiten. Sieh mal einer an, wie sensibel die Kleine Schwarze ist. Sie hat das erste Mal im Leben vernommen, daß Juden Schweine sind.«

Lehmann atmete auf. »Aber klar«, rief er, »du kannst auf mich zählen, Hans, die mache ich persönlich fertig.«

Dann ging er aus der Zelle hinaus. Gleich nach dem Verlassen des Gefängnisgebäudes begann er mit der Ausführung seines Plans. Er machte Hans den Vorschlag, ihn nach Hause zu fahren. Unterwegs verfluchte er die Kleine Schwarze und das gesamte jüdische Volk, das rücksichtslos auszurotten sei. In Hans' Zimmer angekommen, öffnete er eine Wodkaflasche, Hans' Schrank war immer voll mit Alkohol. Es war nicht schwer, ihn zum Trinken zu überreden. Lehmann tat nur so, als ob er mithielte. Er atmete auf, als er wahrnahm, daß der besoffene Rolke die Schuhe auszog und sich kaum auf den Beinen halten konnte. Er brachte den Wagen weg. In der Garage erklärte er, er müsse in der Frühe auf Dienstreise, und der Wagen müsse überprüft werden. Als der Mechaniker unter dem Wagen lag, ging Lehmann in das Lager, entwendete ein Nummernschild und verbarg es. Im nächsten Augenblick vernahm er: »Alles in bester Ordnung. Der Herr Unterscharführer können ruhig fahren.«

Der nächste Schritt war, die neue Wagennummer in den Kraftfahrzeugschein einzutragen. Es mußten nur zwei Ziffern geändert werden, das war eine Kleinigkeit – er besaß seit langem diesbezügliche Fähigkeiten.

Nervosität überkam ihn erst, als die technische Seite des Unternehmens vorbereitet war. Er versuchte zu schlafen. Er wurde jedoch immer noch von Zweifeln gequält. Ob Hans den Betrunkenen nicht nur spielte, ob er sich nicht dümmer stellte, als er in Wirklichkeit war. Er erwog die Möglichkeit, ihn noch in dieser Nacht zu beseitigen. Aber das Fehlen von Rolke hätte Suchaktionen zur Folge gehabt und würde die Ausführung des wichtigsten Teils der Aufgabe zunichte machen. Außerdem wollte er innerhalb weniger Stunden nicht gleich zwei ungewöhnlich schwierige Aktionen unternehmen. Er konzentrierte sich also auf eine. Er prüfte verschiedene Varianten und bemühte sich, mögliche Überraschungen einzuplanen.

Die Nacht zog sich endlos lang hin. Er erhob sich vom Bett. Unzählige Male ging er im Zimmer auf und ab. Bis zum Morgengrauen stellte er Betrachtungen über sein bisheriges Leben an. Was er auch tat, unaufhörlich verfolgte ihn Annas Blick auf das Judasguckloch.

Als der Morgen kam, fühlte er jedoch keine Müdigkeit. Pünktlich um neun Uhr fuhr er beim Gefängnis vor. Die Wache wurde noch von dem gleichen Posten versehen. Er nahm Haltung an, etwas verwundert, daß Lehmann erneut zu der Todeszelle kam. »Aufschließen!« befahl er. Den Schlüssel im Schloß drehend, stotterte der Posten, daß Herr Hauptscharführer Rolke angekündigt habe, daß die Exekution erst morgen stattfände, da die Anzahl der Verurteilten bis auf fünf aufgerundet werden sollte. Lehmann erwiderte: »Herr Hauptscharführer hat zweifellos recht, aber ich muß dieses verfluchte Miststück noch einmal verhören, sie hat den Behörden wichtige Meldungen verheimlicht.« Gleichzeitig mit dem Knarren der sich in den Angeln drehenden schweren Tür begann er zu brüllen: »Los! Weg! Raus! Schweinehunde! Schneller, wie lange soll ich noch warten!«

Die Kleine Schwarze saß mit dem Rücken zu ihm. Als sie das Gebrüll vernahm, zuckte sie zusammen, aber sie wandte sich nicht um. Wahrscheinlich konnte sie nicht die Kraft aufbringen, der Bestie ins Gesicht zu sehen. Ihre Mutter blickte ihn starr vor Staunen an. Nur der Mann erhob sich. Jede Sekunde, um die das Verlassen der Zelle verzögert wurde, drohte zur Katastrophe zu werden. Brutal stieß er Anna vor sich her. Sie schwankte und schleppte sich, die Mutter mitziehend, hinaus. Nun kam der schwierigste Moment. Bei der Planung der Entführung hatte er den Mann nicht mit in Betracht gezogen. Der stand abwartend. Im Korridor ertönten Stimmen, in dem unbestimmten Dunkel dröhnten dumpfe Schritte. Er hatte blitzschnell eine Entscheidung zu treffen. Durch die Mitnahme einer dritten Person vergrößerte er die Gefahr. Der Jude stand unbeweglich da, mit glanzlosen Augen und blutleeren Lippen. Lehmann beschloß, ihn nicht mitzunehmen, und fast gleichzeitig ergriff er ihn jedoch beim Hemdärmel und zog ihn aus der Zelle.

Er führte sie alle zum Ausgang. Er fluchte, stieß sie vor sich her und trieb zur Eile an. Die Zeit war knapp. Mehrere SS-Männer niederen Ranges grüßten ihn. Der Anblick einer derartigen Gruppe war hier nichts Neues. Ungewöhnlich hätte ihnen nur vorkommen können, daß eine solche Aktion am Sonntag stattfand. Die meiste Sorge bereitete ihm die Möglichkeit, er könne mit jemandem von höherem Dienstrang zusammentreffen. Er hatte Glück. Nur die starren Pupillen der Verurteilten waren in den Gucklöchern sichtbar. Es herrschte Totenstille.

Er kam erst wieder zu sich, als er am Steuer seines Wagens saß. Anna und der Mutter wies er den Rücksitz zu. Der Mann saß neben ihm auf dem Beifahrersitz. Er fuhr mit hoher Geschwindigkeit. Bis jetzt war alles glatter vonstatten gegangen, als er erhofft hatte. Niemand sagte etwas. Er warf einen Blick auf den Fremden, der, vom Licht geblendet, die Augen zukniff. Er war gar nicht so alt, wie es Lehmann in der Zelle erschienen war. Der dichte Haarwuchs und die eingefallenen Wangen hatten getäuscht. Der Fremde war bestimmt nicht älter als fünfundvierzig. Der Schweiß lief ihm am Hals hinunter. Das scharfe Licht der Sonnenstrahlen verdeutlichte noch die jämmerliche Silhouette. Das Wetter war an diesem Tag ungewöhnlich schön. Sie näherten sich der Stadtgrenze. Im Rückspiegel konnte er das Gesicht

Annas wahrnehmen. Sie hatte die Lider gesenkt, ihre Lippen waren zusammengepreßt. Sie dachte sicher daran, daß sie bald getötet würde. Mit einem einzigen Satz könnte er sie aus dieser Qual reißen. Er durfte die Wahrheit jedoch nicht zu früh preisgeben, denn er war sich nicht sicher, ob sie im Falle unvorhergesehener Schwierigkeiten richtig reagieren würde.

Die Kontrolle der Dokumente wurde mechanisch und korrekt durchgeführt. Als er anfuhr, bemerkte er im Rückspiegel, daß der Polizist bereits vor dem nächsten Wagen salutierte. Seine Wagennummer war nicht notiert worden. Er fuhr immer schneller. Die Landstraße wurde schmaler und zog sich in die Länge, die Bäume rasten vorüber. In einer scharfen Kurve neigte sich der Fremde für den Bruchteil einer Sekunde zu ihm herüber. Sein Blick, vor kurzem noch verstört, war nun dreist und verschlagen. Lehmann überkam die Sorge, der Gerettete könnte etwas im Schilde führen. Seine Unruhe wuchs, als er bemerkte, wie der Mann versuchte, sich durch Blicke mit Anna zu verständigen. Sie könnten plötzlich über ihn herfallen. Er war allein, machtlos hinter dem Steuerrad.

Sie kamen gerade durch einen Wald. Lehmann bremste scharf und befahl dem Fremden, auszusteigen. Er entsicherte die Pistole. »Wenn du dich von der Stelle rührst«, sagte er zu Anna, »jage ich dir eine Kugel durch den Kopf. Meine Leute sind in der Nähe.«

Der Verurteilte ging mit erhobenen Händen vor ihm her. Der Wald war dicht und still. Es duftete nach wilden Rosen. Sie gerieten immer tiefer, an den Ruten wilder Brombeeren hängenbleibend. Er blickte zurück. Sie waren vollkommen vom Gebüsch verdeckt und von der Straße aus nicht zu sehen. Er blieb stehen. »Dreh dich um und nimm die Armbinde ab.« Der Jude verstand ihn nicht. Er sprach beinahe befehlend weiter: »Verbirg dich hier irgendwo. Und sage später keinem Menschen, wie du dem Tode entronnen bist!«

»Das ist nicht wahr«, stotterte der Mann, »das kann nicht wahr sein. Weshalb solltest du mich retten. Aus welchem Grunde?« Er antwortete nicht.

Einen Augenblick später lief er zum Wagen zurück. Er fand Anna an die Mutter geschmiegt. In Erwartung eines Schusses hielt sie sich die Ohren zu. Hastig setzte er den Wagen wieder in Bewegung. Nach einigen Kilometern bog er in einen Seitenweg ein und brachte den Wagen zum Stehen. Er öffnete die Wagentür. Längere Zeit saß er regungslos. Er mußte die Tränen zurückhalten. Er zündete sich eine Zigarette an. »Du kannst ruhig sein«, sagte er, verwundert über den harten Klang der eigenen Stimme. »Ich tu dir nichts.«

»Sagten Sie etwas?«

»Ich habe gesagt, daß ich dir nichts Böses antue«, wiederholte er.

Sie machte sich aus den Armen der Mutter frei. Sie glaubte es nicht, genauso wie der Fremde stellte sie die Frage: »Aber weshalb? Ich bin doch Jüdin.«

Ungeduldig zuckte er die Schultern. »Das ist bedeutungslos«, murmelte er.

»Sieh mich an«, flüsterte sie. »Ist es wahr? Hast du es getan, um mich zu retten?«

»Nein«, erwiderte er mit erbarmungswürdiger Stimme, »ich wollte mich selbst retten.«

Arthur Lehmann verstummt. Er schaut mich an, als wolle er sich vergewissern, ob ich zugehört habe. Sein Gesicht ist fahl geworden. Ich winke die Kellnerin heran. Ich bestelle Sodawasser. Ich möchte Zeit gewinnen. Er trinkt gierig und blickt um sich. Er wirft einen Blick in Richtung des Tisches, an dem das Mädchen sitzt, das mir vorher aufgefallen ist. Das Mädchen errötet, erhebt sich. Mit ihr zugleich erhebt sich auch die ältere Frau. Sie verlassen das Café. Meine Blicke folgen ihnen. Arthur Lehmann ist verlegen, und ich – bin wütend.

»Ist das diese Anna?« frage ich.

Er schweigt.

»Bitte sagen Sie die Wahrheit.«

Er nickt zustimmend.

»Mit welchem Recht ist sie hierher gekommen, wo Miller doch garantiert hat, Sie würden allein sein. Sie haben mich hintergangen.«

Er antwortet nicht. Ich rufe die Kellnerin. Ich zahle.

»Ich wollte es nicht«, sagt er nun schnell. »Ich hatte es verboten, sie hörte nicht darauf.«

»Dafür gibt es keinerlei Rechtfertigung. Von wem wußte sie, wohin Sie gehen und weshalb?«

»Miller hatte erwähnt, daß die Papiere endlich da seien. Ich habe darauf gedrungen, daß er mir ein Treffen mit Ihnen ermöglicht. Sie ist mitgekommen. Sie hat vor allem Angst. Sie können sich nicht die Lage einer Jüdin vorstellen, die zum Tode verurteilt wurde.«

Ich habe Lust aufzulachen. Das muß man mir sagen!

»Und womit haben Sie begründet, daß Sie die Papiere persönlich entgegennehmen wollten?«

»Ich habe erklärt, daß es mir um zusätzliche Instruktionen geht, die in meiner Lage unerläßlich sind.«

»Sie hätten ihr den tatsächlichen Grund sagen sollen. Sie wußte doch, daß sie einen Lebenslauf geschrieben haben.«

»Das schon. Sie nahm aber an, er sei zur Ausstellung der falschen Papiere nötig.«

»Ja, und wozu ist er wirklich nötig? Welche Bitte haben Sie an mich?«

Er zögert. Nach einer Weile berichtet er dann, daß er noch seine SS-Marke besitzt, die ihm sämtliche Türen öffnet. Er möchte seine Dienste der illegalen Polnischen Armee anbieten. Er kann sehr nützlich sein. Er kennt die allerstrengsten Geheimnisse seiner früheren Vorgesetzten. Er kneift nicht, er führt jeden Befehl aus. Am Leben liegt ihm nichts. Mit diesen Versicherungen und Beteuerungen redet er wie im Fieber auf mich ein, unvorsichtig und zu laut. Von den Nachbartischen fallen Blicke in unsere Richtung. Schnell nehme ich die Haltung einer schmollenden Frau an, die beschlossen hat, dem Manne seine Vergehen zu verzeihen. Ich bestelle einen Mokka. Ich gebe meine Zurückhaltung auf und frage, ihm gerade ins Gesicht sehend: »Ich würde gern noch wissen, ob Sie auch eine andere als die Kleine Schwarze aus der Todeszelle gerettet hätten?«

»Nein. Hätte die Gefahr nicht meine Anna betroffen, würde ich wahrscheinlich heute noch das Exekutionskommando überwachen. Ich habe sie geliebt. Aber das ist nicht das Entscheidende, so glaube ich wenigstens. Ich wollte nicht mehr das Dasein eines Übermenschen führen – ich wollte ganz einfach Mensch sein.«

»Was verstehen Sie darunter?«

»Ich kann das nicht so erklären. Wäre die Entführung, die Flucht und endlich die Rettung dieses Mädchens nichts als eine isolierte gute Tat, dann hätte das alles keinen Sinn. Dann hätte ich weiter ins Kasino Bier trinken gehen können und zusehen, wie Unschuldige erschossen werden.«

»Worauf stützt sich Ihre Überzeugung, daß Ihre Wandlung echt und definitiv ist?«

»Die Entführung Annas ist kein überzeugender Beweis. Das gebe ich zu. Ich hätte sie ja für mich haben wollen können. Aber ich versichere Ihnen: Der Gestapo-Angehörige Arthur

Lehmann, wenn er im Innern so geblieben wäre wie vorher, hätte niemals aus der Todeszelle einen Juden gerettet, der ihm vollkommen fremd und gleichgültig war.«

Hineingezogen in das Schicksalslabyrinth von Arthur Lehmann, habe ich den anderen ganz vergessen. Meine Gedanken kehren zu dem Wald zurück, durch den der fremde Mensch irrt, schutzlos und in zerfetzten Kleidern. Wie ein verfolgtes Tier schlägt er sich durch dichtes Gestrüpp. Die Bäume bieten ihm Schatten, die Sonne schenkt ihm Wärme. Und die Menschen? Haben sie ihn verraten oder gerettet?

»Wann hat sich eigentlich diese ganze Geschichte zugetragen?« frage ich. »An einem Sonntag, sagen Sie. An welchem Sonntag?«

»Es ist fast zwei Monate her. Es war ein wunderschöner Sommertag, der 26. August.«

»Entschuldigen Sie, aber können Sie sich vielleicht ungefähr an die Zeit erinnern, wann Sie diesen Fremden im Wald gelassen haben?«

»Gegen zehn Uhr morgens.«

Es ist schon spät. Das Café wird allmählich leer. Die Rechnung ist beglichen, aber ich bleibe noch auf meinem Platz sitzen. In meinem Kopf geht alles durcheinander. Ich sehe meinen »Schützling« an. Was hat er zu verantworten? Verbrechen, Mord, unzählige Schmerzen und Qualen. Und dennoch: Er war es, der zum Fremden gesagt hat: »Du wirst leben«, während ich am gleichen Tag die Wohnungstür im Getto wie einen Sargdeckel zugeschlagen und meinen Vater zurückgelassen habe.

Vielleicht war aber die Wandlung Arthur Lehmanns nur deshalb notwendig, damit ein in den Tod gehetzter Mensch an den Waldrand treten und in den blauen Himmel schauen konnte?

Ich erhebe mich. Ich reiche ihm zum Abschied die Hand. »Auf Wiedersehen, Herr Schulz. Ich werde Ihren Lebenslauf weiterleiten.«

Er zog einen Kinderschuh aus der Tasche, weiß, zum Schnüren, leicht angeschmutzt. Er stellte ihn auf den Tisch neben die Kaffeetasse. Der kleine Schuh sah erbärmlich aus.

»Das ist alles, was von ihm übrigblieb«, sagte er.

Ich schwieg.

»Aber ich habe noch etwas anderes, zum Ausgleich.«

Er zog Pistolen und Munition hervor, schob die Tasse beiseite und legte alles so zurecht, daß auf dem Tisch eine seltsame Komposition entstand.

»Stilleben«, warf er hin. »Wie lustig es ist, auf einen Pistolenlauf zu sehen, der auf ein so kleines Ding gerichtet ist. Das macht sogar auf dem Tisch Eindruck. Natürlich nur vom Standpunkt der Kunst aus gesehen; du weißt ja, ich bin Künstler.«

Ich schwieg weiter.

»Was starrst du mich so an? Hab' ich mir das vielleicht ausgedacht? Oder ist es dir lieber, ich singe Couplets aus der Bajadere? Wie geht das noch: ›Die kleine Bar dort am Boulevard ...‹ Am besten ist, ich trete im hiesigen Kabarett auf, da kommen auch Deutsche hin. Leute wie ich sind gesucht. Ich könnte ihnen auch das Lied vortragen ›So was Hübsches wie die Ria war noch nie da ...‹. Erinnerst du dich? Weshalb soll ich eigentlich nicht weitersingen – diesmal für die Mörder meines Kindes?«

»Ich erkenne dich nicht wieder.«

»Ich erkenne mich selbst nicht mehr. Na und? Es gab einmal einen Leon Rytowski, einen vielversprechenden Schauspieler. Er konnte den Steptanz so leicht und rhythmisch ausführen, daß die Tanten ganz begeistert waren und die jungen Mädchen sich vor Lachen kugelten. Er konnte sogar Solo singen, und im Duett oder auch mehrstimmig, Saxophon spielen und Banjo – gleichzeitig mit mehreren Tellern jonglieren. Zuerst bewunderte ihn die Familie, dann das Warschauer Publikum, schließlich ›verschönerte er die letzten Augenblicke eines untergehenden Volkes‹. So äußerte sich jemand über mich in einer Rede. Das ist aber unwiederbringlich vorbei: Leon Rytowski, der die Leute begeisterte, amüsierte und zerstreute, existiert nicht mehr. Da wurde hier, im arischen Warschau, ein gewisser Stephan Pawliszak geboren, Mutter Evelina, Vater Emphasius, durch den

Willen des allerheiligsten Himmels und Gottes, der mir persönlich unbekannt ist, sowie durch deine gütige Hilfe, da du mir diese Geburtsurkunde angeboten hast. Bei dieser Gelegenheit erkläre ich kategorisch, daß der dir Gegenübersitzende, alias Stephan Pawliszak, in allernächster Zeit mit dieser Pistole hier – stell dich vor: ›Wacek‹, und mit der anderen – stell dich vor: ›Wicek‹ – genau vierzig Vertreter der reinen germanischen Rasse erschießen wird. Ich nenne die Pistolen beim Namen, denn sie sind meine treuesten Freunde. Mit ihnen spreche ich. Ich trenne mich keinen Augenblick von ihnen.«

Ich schwieg.

»Erst dann, wenn das verflixte germanische Blut durch die Gossen unserer gemarterten polnisch-jüdischen Heimat fließt, wird mein Evchen ruhig im Grabe liegen können, das ich nicht wiederfinde. Leider sind auch die Zeugen ihres Todes in die bessere Welt hinübergezogen.«

Er brach ab, erhob sich brüsk von seinem Stuhl und trat ans Fenster. Von der Straße wehte die feuchte Novemberkälte herauf. Ein eisiger Wind wehte und der Regen trommelte an die Scheiben. »Erinnerst du dich an Eva?« fragte er mit klangloser Stimme.

Ich hatte gerade an sie gedacht.

Sie stand in den Kulissen des Theaters im Stadtviertel Leszno, als ich sie zum ersten Mal sah. Verschüchtert, dünn, mit sehr hellem Haar. Sie sah dem Auftritt von Leon zu. Er klopfte den Rhythmus des Steptanzes. Beifall ertönte. Sich verbeugend verließ er die Bühne. Er ergriff das Mädchen und hob es für einen Augenblick hoch. Als er mich sah, sagte er:

»Das ist Evchen. Meine Frau, meine Tochter, meine Mutter und meine Schwiegermutter.«

Ich war überrascht. Wo hatte eigentlich dieser Leichtfuß ein derart zartes Wesen gefunden? Auf ihrem Gesicht zeigte sich eine gewisse Verlegenheit, als bitte sie um Verzeihung, daß sie trotz Leons ewiger Narrheiten mit ihm überaus glücklich sei.

Ich staunte noch mehr, als sie eines Tages mit dem Kind erschien. Leon hob den Kleinen sofort aus dem Wagen heraus und präsentierte ihn allen Herumstehenden.

»Das ist mein Erstgeborener, Jacek. Das ist mein Nachkomme. Mach Platz, du Dummkopf. Siehst du denn nicht, daß der Vater des schönsten Kindes in Mitteleuropa heranschreitet? Wen seh' ich da? Den Herrn Direktor persönlich. Voilà! Wenn

Sie einverstanden sind, Herr Direktor, sind wir bereit, für ein kleines Stückchen Fleisch vom Roß vor dem versammelten Publikum auf der Bühne aufzutreten. Ich mit dem schönsten Kind Mitteleuropas, oder Vater und Sohn Rytowski. Maestro, please! Zurück, gemeines Volk! Achtung, hopp! Tango ›La Cumparsita‹.«

Kollegen, Garderobiere, Direktor, Inspizient, alle traten beiseite. Im Tangotakt begann Leon den Tanz. Auf dem rechten Arm das Kind – die Linke mit erhobenem Zeigefinger vorgestreckt. Schon nach einigen Sekunden beugte sich der Kleine unerhört ernsthaft vor, ergriff den Finger und umschloß ihn fest mit seinem Fäustchen.

»Pam ... pam ... pam ... pam ...« ahmte Leon das Temperament spanischer Tänzer nach und klopfte den Rhythmus. Bei jeder heftigeren Bewegung wackelte der Pompon auf Jaceks Mützchen.

Auf einmal drehte Leon eine blitzschnelle Pirouette, das Orchester hielt im Spiel inne, und nur ein leiser Trommelwirbel zeigte den Höhepunkt der Nummer an. Nun warf er den kleinen Jungen hoch in die Luft und fing ihn ungewöhnlich gewandt und graziös wieder auf. Darauf machte er eine clowneske Verbeugung. Am sonderbarsten war, daß der Kleine keine Angst zeigte. Im Gegenteil, er strahlte. Nur Eva war dem Weinen nahe. »Ich kann es kaum noch mit ansehen, was er alles mit dem Kind anstellt.«

Dann kam der Tag, an dem Eva nicht zurückkehrte. Anfangs wurde diese Nachricht mit einem Anflug von Zweifel und Hoffnung wiederholt, später nur noch mit Bedauern. Dieses »Sie ist nicht zurückgekommen« wurde zu einer unabwendbaren Tatsache und bedeutete das Ende.

Eva hatte einer Gruppe angehört, die zu Arbeiten außerhalb des Gettos herangezogen wurde und jeden Morgen unter der Aufsicht von SS-Männern in den arischen Teil der Stadt hinausging. Eines Tages war sie nicht schnell genug der Gruppe gefolgt. Der Wächter nötigte sie mit einem Fußtritt. Sie verlor die Beherrschung und vergaß, wer sie war und zu wem sie sprach. »Du Aas!« hatte sie wütend hervorgestoßen. Der SS-Mann schoß. Den Mitgenossen befahl er, die Leiche dort zu verscharren, wo sie gerade arbeiteten.

Als die Nachricht über dieses Ereignis im Theater bekannt wurde, hatte keiner den Mut, Leon zu informieren. Alle gingen eilig nach Hause. Nur die Garderobiere blieb, eine brave, ältere

Frau, die sich um den Kleinen kümmerte. Sie erzählte später: »Der kleine Jacek war das erste Mal unzufrieden und weinte, als ahnte er etwas. Und Herr Leon, der sich vor dem Spiegel abschminkte, tröstete das Kind: ›Warum weinst du Dummchen, Mama kommt gleich wieder und gibt dir was zu essen.‹«

»Ich erinnere mich gut an Eva«, sage ich zu Leon, der unbeweglich am Fenster steht, »aber das, was du vorhast, gibt ihr das Leben nicht zurück.«

»Was?« Er wendet sich heftig um und wirft zornig hin: »Nimmst du wirklich an, daß ich tatenlos dasitzen und auf die Erlösung warten werde? Du kennst mich noch nicht, meine Liebe. Und meinst du, ich hätte die zwei Pistolen Wicek und Wacek vom Nikolaus zu Weihnachten bekommen? Das sind eroberte, zwei Landsern der siegreichen Armee abgenommene Trophäen. Insgesamt habe ich schon sechs fertiggemacht, zur runden Summe fehlen noch vierunddreißig. Wenn du willst, werde ich dir gleich im einzelnen erklären, wie ich die sechs erledigt habe ...«

»Ich will nicht. Ich bin nicht neugierig.«

»Seit wann ist denn das Fräulein so sensibel, wenn man fragen darf?« Er blickte mich verächtlich an. Er raffte die Pistolen zusammen und die Munition, die er in die Tasche schüttete, als wären es Bonbons. Endlich griff er nach dem Schuh des kleinen Jacek.

»Du weißt nicht mal, wie sie ihn mitgenommen haben«, sagte er plötzlich mit kläglicher Stimme.

»Erzähle.«

Er setzte sich und streichelte den Schuh.

»Ich hatte etwas im Theater zu erledigen. Vorstellungen gab es damals natürlich keine. Ich hatte Angst, mit dem Kind auf die Straße hinauszugehen. Es gingen Gerüchte um, daß die Aktion in der Karmelickastraße stattfinden würde. Ich wohnte in der Nowolipkistraße. Ich legte den Kleinen in dem Korb auf dem Hängeboden zurecht, wickelte ihn in Steppdecken und band ihn fest. Dann lief ich ins Theater. Als ich zurückkam, war der kleine Jacek nicht mehr da. Die Aktion war gerade in unserer Straße durchgeführt worden. Der Kleine hat sicher geweint, sonst wäre es ihnen nicht eingefallen, dort zu suchen. Wenn ich ihn mitgenommen hätte, würde er vielleicht noch leben.«

»Schon seit langem ist kein einziges Kind mehr im Getto. Das weißt du ebensogut wie ich. Wenn du damals den Kleinen gerettet hättest, dann wärt ihr später beide umgekommen. Mit dem Kind hättest du die Flucht nicht gewagt, denn sie wäre dir nicht gelungen. Es ist alles nur eine Frage der Zeit. Du solltest wirklich die Wunden nicht aufs neue aufreißen.«

»Du hast recht. Ich rede nur so vor mich hin.«

Er erhob sich vom Stuhl, warf den kleinen Schuh in die Luft, fing ihn auf und steckte ihn in die Tasche. In seinem Gesicht leuchtete Erinnerung auf, er zog »Wicek« und »Wacek« wieder hervor, warf sie hoch, fing sie auf, streckte die Arme mit den Pistolen vor und begann, einen argentinischen Tango zu tanzen: »Pam ... pam ... pam ... der Nächste verreckt ... Pam ... pam ... pam ... und noch einer ... Pam ... pam ... pam ...« – der Gesang klang jetzt wie Schüsse. Plötzlich blieb er direkt vor mir stehen. Er weinte. »Erinnerst du dich noch an ›La Cumparsita‹?« fragte er.

Niemand wußte, woher Fredek einen Passierschein hatte und so in der Zeit der nahezu vollständigen Auflösung des Gettos legal auf die arische Seite hinübergehen konnte. Ich dachte am allerwenigsten darüber nach, denn Fredek besuchte mich nur dann, wenn sich die Möglichkeit bot, jemand von den Freunden zu retten.

Das letzte Mal hatte ich Fredek gesehen, nachdem Stella in einem Sarg durch das Friedhofstor hinausgeschmuggelt worden war. Diese »Nummer« wurde noch mehrmals wiederholt, bis sie jemand verriet.

»Als Ergebnis vieler komplizierter Maßnahmen habe ich dich ausfindig gemacht«, sagte er, als ich ihn zum ersten Mal wiedersah, und das klang so, als hätten wir uns erst vor einer Stunde getrennt. »Stell dir vor, im Getto konnte ein kleines Kind gerettet werden. Ein lebendiges Kind.«

»Und weiter?«

»Keiner kann mit Sicherheit sagen, wem es gehört. Vermutlich ist es allein auf den Umschlagplatz gelangt, ohne Mutter. Die Mutter hätte das Kind dort nie allein stehenlassen, verstehst du?«

»Ich verstehe. Ich begreife nur nicht, weshalb du mir das alles erzählst.«

»Ich muß dir zuerst berichten, wie es gefunden wurde. Als die Waggons, vollbeladen mit den während einer Aktion aufgegriffenen Menschen, abgefahren waren, blieb auf dem verödeten Platz merkwürdigerweise eine alte Frau zurück. Als sich der

Zug entfernt hatte, die Schreie und das Räderrollen verstummt waren, begann sie, in den in der Eile weggeworfenen Paketen und Bündeln zu wühlen. Dabei entdeckte sie das Kind, das mit einer Schnur an einem Kissen festgebunden war. Sie nahm es mit zu sich nach Hause in die Grzybowskastraße.«

»Warst du dort?«

»Ja. Unter einer in den Keller führenden Treppe kriecht man durch eine Spalte zwischen Brettern, die nach Feuchtigkeit und Moder riechen, in ein dunkles, mit Gerümpel vollgestopftes Loch. Sie sagt, daß sie dort sicher ist, weil – ich wiederhole wörtlich – kein anständiger Deutscher in so ein Loch hineinkriechen würde.«

»Hast du das Kind gesehen?«

»Ich weiß nicht, wie es aussieht. Irgendwas wimmerte unter dem Bettzeug. Ich konnte es nicht aushalten und lief davon.«

»Will die Alte das Kind behalten?«

»Sie sagt, daß es ihr Glück bringe. Sie erzählte Einzelheiten über die Aktion in der Grzybowskastraße. Sie selbst hat sich in der Kammer versteckt, das Kind ließ sie in der Toilette. Hinterher hat sie es rausgeholt. Sie behauptet, das Kind würde ihr das Leben retten. Du hast ja keine Ahnung, wie in so einem Loch Wörter wie ›Glück‹ oder ›Rettung‹ klingen. Wenn man dem Gestammel dieser verrückten Alten zuhört, könnte man vor Verzweiflung laut heulen. Sie wiederholt dauernd, daß sie das Kind um nichts in der Welt hergibt.«

»Was weißt du noch über diesen Fall?«

»Es ist ein kleiner Junge. Er hat blaue Augen und ist ungefähr zwei Jahre alt. Das Alter läßt sich ziemlich schwer bestimmen. Er ist nicht beschnitten. Im Getto nannte man immer nur den Vornamen des Vaters, Leon. Deshalb bin ich hingegangen.«

»Das alles ist ziemlich unwahrscheinlich. Vielleicht hast du dir die ganze Geschichte ausgedacht?«

»Warum sollte ich?« Fredek lachte. »Meinst du, ich habe die Absicht, dir ein Kind aufzuschwatzen, um danach um deine Hand zu bitten? Ich versichere dir, daß ich das gewöhnlich in der traditionellen Reihenfolge mache: Ich mache einen Antrag – und erst dann bemühe ich mich um einen Nachkommen.«

»Du bist zu mir gekommen, weil du willst, daß ich den Kleinen heraushole. Willst du das Kind aufziehen?«

Darauf gab er keine Antwort.

Ich war mißtrauisch. Weshalb interessierte sich Fredek so lebhaft für diese Angelegenheit? Ob er nicht vielleicht ganz etwas anderes beabsichtigte, ob er etwas über die Partisanentätigkeit, über Leon herauskriegen wollte? Die unbekannten Auftraggeber von Fredek waren natürlich die gleichen, die ihm den Passierschein verschafft hatten. Nun wurde plötzlich alles klar. Ich mußte ihn auf die Probe stellen.

»Leon ist tot«, sagte ich entschlossen. Um meine Verwirrung zu verbergen, wandte ich mich ab und begann, im Zimmer auf und ab zu gehen. »Wahrscheinlich«, sagte er voll Trauer. »Aber wir waren Freunde. Wir haben ihn zusammen auf der Bühne gesehen, damals, als ich dir das Brötchen mitbrachte und du den Hut trugst, um eine Stellung zu bekommen. Ich sehe, ich habe mich getäuscht. Ich bin an die falsche Adresse geraten.«

»Diese Frau wird ihr ›Glück‹ sowieso nicht hergeben wollen«, erwiderte ich und überhörte absichtlich den letzten Satz. Es gelang mir nicht, mich von den abscheulichen Verdächtigungen, die mich quälten, zu befreien.

»Ein derartiges Unternehmen läßt sich nicht realisieren«, behauptete ich.

Diesen Einwand hatte Fredek offenbar vorausgesehen. Er hatte einen vollkommen durchdachten Plan: »Unser ›Schmuggler‹, also Heniek, wird, sobald es dunkel ist, auf dieser Seite wachen. Auf der anderen Seite werde ich für alles sorgen. Ich habe auch ein Mittel gefunden, wie ich die Alte überzeugen kann. Heniek stellt sich auf ein bestimmtes Signal hin an eine verabredete Stelle, und zu einer genau vorherbestimmten Zeit wird das Kind über die Mauer geworfen. Ganz einfach.«

»Was – ganz einfach?«

»Na, im Sack. Mein Gott, bist du ängstlich geworden!«

»Und dann?«

»Und dann? Das Weitere ist eine Kleinigkeit. Der Junge ist, wie gesagt, nicht beschnitten. Papiere braucht er nicht. Er wird ganz einfach getauft und auf dem Lande untergebracht. Soviel ich weiß, warst du noch nicht Taufpatin, diese Aussicht sollte dir Spaß machen.«

»Die Angelegenheit scheint mir kompliziert zu sein«, erklärte ich, ohne mich in irgendeiner Weise festzulegen. Er sah mich wieder enttäuscht an. Ich beschloß, mich mit Leon in Verbindung zu setzen.

»Ich muß erst mal mit Heniek sprechen. Ich bezweifle, daß er diese Schmuggelei übernimmt. Na, und dann muß auch ein Ort auf dem Lande ausfindig gemacht werden.«

»Gut. Ich sehe schon, die Sache beschäftigt dich. Ich bitte

dich nur, dich zu beeilen. Ich gehe nämlich zum letzten Mal ins Getto. Ich möchte den Kleinen noch retten. Das wird meine letzte Mission sein.«

»Warum zum letzten Mal?«

»Mein allmächtiger Passierschein, der sowieso ein unglaublicher Betrug war, läuft ab. Ich kann es nicht mehr riskieren. Außerdem hört dieser, der Vernichtung preisgegebene Teil der Stadt, so oder so jeden Moment auf zu existieren. Wie lange kann sich dieses seltsame Gebilde noch halten, einige hundert verstörter armer Schlucker, die von einer Mauer umgeben sind?«

Auf der anderen Seite, innerhalb der Mauer, geht ein alter Mann, der ein weißes Tuch mit schwarzen Fransen um die Schultern gehängt hat, auf der Straße hin und her. Alle Augenblicke streckt er die Arme heftig von sich, nimmt sie wieder zurück und heult dabei wie ein verwundetes Tier. Er könnte weitergehen, aber er geht immer nur auf der Stelle, als wollte er beweisen, daß er imstande ist, auf noch kleinerem Raum auszuharren, auf noch beengterem als dem von der Mauer umgebenen. Wenn man ihn doch nur lassen würde, wenn sie ihn doch ließen! Etwas weiter an der Mauer eine gebeugte Frauengestalt. Vielleicht ist es eine alte Frau, der man alle Angehörigen nahm? Vielleicht ein Mädchen, dem die Mutter ermordet wurde. Das Gesicht ist nicht zu sehen. Sie hat ein dunkles Tuch um den Kopf geschlungen. Ihre Schultern zucken, als würde sie von Fieber geschüttelt. Weint sie, lacht sie oder zittert sie vor Kälte? Man weiß nur, daß auch diese zusammengekauerte Gestalt ein Mensch ist.

In der Stille holpern quietschende Räder über das Pflaster. Mitten auf der Straße zieht jemand einen Wagen, bleibt alle paar Schritte stehen, wischt sich mit dem Hemdsärmel über die Stirn, geht weiter. Was transportiert er? Wohin? Warum? Da fällt ein Schuß. Entferntes Pfeifen, ein Schrei – und wieder Stille. Unheilverkündend, tödlich. Was ist geschehen? Die Gestalt an der Mauer zuckt zusammen, die Frau hebt langsam den Kopf. Der Wagen hört auf zu quietschen. Der Mann mit dem weißen Tuch erstarrt mit erhobenen Händen. Wer ist getroffen worden? Die Mutter? Die Frau? Der Bruder?

Und wieder beginnt der Alte hin und her zu gehen und erbärmlich zu stöhnen. Die Frau läßt den Kopf sinken. Quietschend rollt der Wagen weiter die Straße hinunter. Ist etwas Ungewöhnliches geschehen?

Ein Mensch hat einen Menschen getötet, nichts weiter.

Es wird immer dunkler. Ich stehe im Treppenhaus eines Gebäudes diesseits der Mauer auf der Lauer und blicke hinaus. Ich beobachte starr vor Entsetzen die Mauer und die wie in der Luft hängende Laterne, die der Wind leise schaukeln läßt. Ihr flakkerndes Licht fällt auf die von Zeit zu Zeit vorüberhuschenden Silhouetten, deren Schatten, unnatürlich vergrößert, an der Mauer entlanggleiten und verschwinden, als würden sie von einer unsichtbaren Hand fortgewischt. Mir kommt alles unwirklich vor. Der Widerhall eines Schusses, das Quietschen von Rädern, jammerndes Stöhnen hängen wie ein zitterndes Echo in dem Dämmerlicht. Nur das durch die Tür im dritten Stock des Treppenhauses dringende, leise gesummte Wiegenlied scheint Wirklichkeit zu sein. Der verabredete Zeitpunkt ist herangekommen. Ich verdoppele meine Aufmerksamkeit. Dicht neben einer an die Mauer gelehnten Leiter steht Heniek. Ich beobachte ihn angespannt. Ich sehe auf die Uhr. Fredek müßte schon da sein auf der anderen Seite. Wieder überkommen mich Zweifel. Die Angst schnürt mir die Kehle zusammen.

Ein Stockwerk tiefer geht eine Tür auf. Die Stille wird von lauten Stimmen zerrissen. Deutsche! Ich ducke mich instinktiv und trete in die Tiefe des Treppenhauses zurück. Ich zittere. Ich weiß, hier nach oben kommen sie nicht. Aber jeden Augenblick werden sie auf die leere Straße hinaustreten. Bestimmt wird gerade dann das Bündel über die Mauer geworfen. Ich sehe zu Heniek hinüber. Er steht unbeweglich. Vielleicht ist es nicht Heniek, sehe ich vielleicht einen Schatten?

Die Deutschen gehen die Treppe hinunter. Schwere Schritte dröhnen, als sei es ein ganzes Regiment Soldaten. Sie scheinen angetrunken zu sein. Sie verabschieden sich unten im Treppenflur, lachen, scherzen laut. In diesem Augenblick kommt eine große, dunkle Kugel über die Mauer geflogen. Heniek fängt sie auf, schiebt blitzschnell die Leiter zusammen und verschwindet. Die Deutschen sind auf der Straße. Untergehakt und torkelnd gehen sie die Straße hinunter.

Ich warte noch einen Augenblick, dann laufe ich hinunter. Ich schleiche dicht an den Häuserwänden entlang, wo nicht einmal das schwache Licht der Laterne hinfällt. Wie verabredet, biege ich in die erste Querstraße ein. Die Droschke steht am vereinbarten Platz. Ich springe hinein, setze mich neben Heniek, der den Sack auf den Knien hält. Und sofort fahren wir los.

»Bist du wahnsinnig geworden, mich hier so lange warten zu

lassen?« fährt er mich an. »Ich wollte schon ohne dich fahren. Da war doch keine Sterbensseele auf der Straße.«

»Du irrst dich. Da waren Deutsche. Ich sah, wie der Ballen herübergeworfen wurde, konnte aber nicht gleich hinuntergehen.«

»Verflucht, der drüben hat auch auf sich warten lassen! Er gab das Signal, dann schien mir aber, als warte ich eine Ewigkeit. Auf derartige Tollkühnheiten lasse ich mich nicht mehr ein. Damit ist Schluß!«

Wir fahren in der tiefen Dunkelheit dahin. Obwohl es nicht regnet, ist das Wagenverdeck aufgespannt, um uns vor »indiskreten« Blicken zu schützen. Noch fünfzehn Minuten – dann ist Polizeistunde. Heniek beugt sich plötzlich vor. »Zum Teufel, schneller!« Der Droschkenführer dreht sich um. »Kaufen Se sich doch 'ne Limousine, dann sind Se schneller da. Erst hab' ich wer weiß wie lange gestanden, und jetzt ist's eilig. Hüh, Alte!« Nur das gleichmäßige Geklapper der Pferdehufe ist zu hören. Vorsichtig strecke ich die Hand nach dem Sack aus.

»Tut sich dort überhaupt etwas ... drinnen?« frage ich.

»Nichts. Denk lieber gleich darüber nach, wo er begraben werden soll. Diese irren Ideen deiner Freunde ...«

Ich ziehe den Sack etwas zu mir hin. »Sollte man ihn nicht aufbinden, damit etwas Luft hineinkommt?«

»Das habe ich schon gemacht. An meiner Seite hat er Luft. Das hilft genauso viel wie Weihrauch bei einem Toten.«

»Man hört keinen Laut ...«

»Gott sei Dank. Willst du vielleicht, daß er schreit?«

Wir fahren schweigend dahin. Wir sind bald am Ziel. Auf einmal zuckt es leicht in dem Bündel. Ich beuge mich zu Heniek hinüber. Er zittert genauso wie ich. Nach einem Augenblick wiederholt sich die Bewegung. Ich berühre das rauhe Tuch, fühle eine runde Form. Ja, das ist der Kopf des Kindes ...

Wir halten. »Da sind wir!« ruft der Droschkenkutscher. »Ich weiß nicht, wie ich es vor der Polizeistunde nach Hause schaffen soll. Da müssen die verehrten Herrschaften etwas zulegen.«

»Ach was«, knurrt Henieck, indem er, mit dem Sack auf dem Rücken, die Rechnung begleicht, »war alles abgemacht.«

»Man muß auch andere verdienen lassen. Der verehrte Herr hat 'nen gehörigen Schnitt gemacht, sonst hätte er da nicht so lange rumgestanden. Und ich? Jeder muß leben. Stimmt's? Hüh, Alte!«

Der aufgebundene Sack liegt auf dem Ehebett von Heniek und Bronka. Verzweifelt blickt Leon danach, er zögert. Er hat nicht den Mut heranzutreten. Er ist düster, wie erloschen, nichts erinnert mehr an den steppenden Clown oder den gefürchteten Partisanen. »Wicek« und »Wacek« liegen auf dem Nachttisch. Bronka drückt krampfhaft meinen Arm.

»Nein«, flüstert sie, »ich kann es nicht. Ich habe Angst. Besser ist, wenn Heniek hineinsieht.«

Mühsam halte ich mich aufrecht. Die amarantfarbene Bettdecke aus Plüsch flimmert mir vor Augen. Ich muß den Blick vom Bett abwenden, um mich wieder zu fangen.

An der gegenüberliegenden Wand hängt eine Vergrößerung des Hochzeitsbildes im goldenen Rahmen. Bronka im weißen Schleier, in der Hand einen Strauß schneeweißer Dahlien. Der Bräutigam mit glänzenden glatten Haaren. Auf beiden Gesichtern liegt ein zuckersüßes Lächeln.

»Nein«, flüstert Bronka, »am besten, wenn Heniek nachsieht.«

Das Hochzeitsbild verwischt sich, der Brautschleier wird nebelig, verschwommen ... Die amarantfarbene Decke wogt in immer dunkleren Streifen. Unendliche Minuten vergehen ...

Plötzlich höre ich Gepolter. Heniek hat den Stuhl weggeschoben. Er hat gegessen. Während der ganzen Zeit hat er Sauerkraut gegessen. »Ich hatte einen Wolfshunger«, sagt er, sich den Mund mit einer Ecke des Tischtuchs abwischend. »Und jetzt hört auf mit dem Getue.«

Mit einer raschen Bewegung schüttelt er den Sack, als schütte er Abfall aus. Vor uns liegt ein Ding, das am allerwenigsten an ein Kind erinnert. Ein langer, eiförmiger Kopf, kreideweiße, durchsichtige Haut, blaue, tiefe Höhlen statt der Augen, Stockärmchen. Das Alter ist unmöglich zu bestimmen. Es kann drei Monate alt sein oder drei Jahre.

Ich öffne das Fenster ein wenig. Die Augenlider des Kleinen beginnen zu zittern. Aus dem kleinen Brustkörper dringt ein Röcheln.

»Es lebt«, sagt Bronka, »hast du gesehen? Das da ... lebt. Leon, komm doch.«

Leon rafft sich aus seiner Lethargie auf, geht langsam auf das Bett zu. Verstört schaut er auf das Bündel. Dann sieht er uns an. Alles ist wie im Traum. Er läßt sich auf den Boden nieder, nimmt vorsichtig die leblose Hand des Kleinen, legt den Kopf auf die dunkelrote Bettdecke und verharrt unbeweglich.

»Gebt ihm lieber etwas zu trinken«, brummt Heniek. »Muß ich immer an alles denken? Bronka, du solltest dich lieber mit dem Kind beschäftigen, statt zu heulen.« Bronka läuft in die Küche und kommt mit Milch zurück. Sie setzt sich aufs Bett, hebt den Kopf des Kleinen und hält ihm die Tasse an den Mund. Das Kind bewegt kaum merklich die Lippen, aber es trinkt nicht.

»Es kennt keine Milch, du Närrin«, belehrt sie Heniek. »Woher denn auch? Denkst du, sie haben es drüben mit Milch gefüttert?« Leon scheint allmählich zu sich zu kommen. Er springt vom Fußboden auf und holt Wasser. Nun versucht er, dem Kind zu trinken zu geben. »Nicht so!« ruft Heniek ungeduldig. Er gießt Wasser auf ein Löffelchen und schiebt die Lippen des Kleinen auseinander, der die Flüssigkeit hinunterschluckt. Heniek blickt uns geringschätzig an. »Und as sagt ihr dazu? Morgen melde ich mich als Säuglingsschwester. Kinder in die Welt setzen ist nicht schwer, aber sich um sie kümmern!« Niemand hört Heniek zu, alle sehen nur auf den kleinen Jungen, der trinkt. Sein Atem wird regelmäßiger, er bewegt die Augenlider. »Er hat blaue Augen«, sagt Bronka, und leise fährt sie fort: »Die gleichen wie Eva.«

Bronka hat Eva nie gesehen, sie kennt nur ihre Geschichte.

»Pah«, spöttelt Heniek. »Meine sind auch blau. Und was hast du für welche, Bronka? Zeig mal, ich hab's vergessen. Blaue! Tatsächlich!«

»Hör doch auf!«

»Ich kann nämlich solchen Unsinn nicht vertragen. Ihr habt das Kind haben wollen, gut. Ihr habt eine kleine Seele gerettet; der Himmel wird's euch lohnen. Aber ich verstehe nicht, warum ihr unbedingt darauf besteht, daß der Junge Leons Kind ist. Soll denn nur sein Kind das Recht haben zu leben? Die anderen können umkommen, ja?«

»Das Kind von einem Unbekannten hätten wir nicht rausgeholt«, sage ich ohne Überzeugung.

»Warum denn nicht?«

»Ich weiß nicht. Unter den vielen, die dem Tode geweiht sind, haben wir immer die herausgesucht, die uns nahestehen.«

»Diesmal war überhaupt nichts auszusuchen«, fährt mich Heniek unerbittlich an, »das weißt du genau.«

»Trotzdem wäre es mir lieber, wenn es Leons Kind wäre.«

»Ich habe einmal gelesen«, sagt Bronka leise, »daß eine Mutter nach vielen Jahren ihr Kind an einem Leberfleck unter dem

Arm wiedererkannt hat. Kannst du dich nicht besinnen, Leon, ob dein Kind vielleicht ein solches Zeichen besaß?«

»Nein«, sagt Leon, »jedenfalls kann ich mich nicht erinnern.«

»Das ist dein Pech, Bruder«, spöttelt Heniek unbarmherzig. Bronka nimmt den Kleinen hoch. Sein Kopf sinkt kraftlos herab. Uns wird plötzlich die Sinnlosigkeit unseres Geredes bewußt. Das Kind wird wahrscheinlich den nächsten Tag nicht mehr erleben. Ich blicke Leon an. Sein bis dahin unbewegliches Gesicht verändert sich plötzlich, seine Augen leuchten. »Zurück, gemeines Volk«, ruft er mit gepreßter, fremder Stimme. Er nimmt das Kind aus Bronkas Armen. »Achtung! Orchester! Den Tango ›La Cumparsita‹ bitte.«

»Heiliger Vater, er hat den Verstand verloren!« stöhnt Bronka. Leon legt wie unter Hypnose das Fäustchen des Jungen um seinen eigenen Finger.

»Pam ... pam ... pam ... pam ...«, er singt die Melodie des argentinischen Tangos und klopft mit den Füßen den Takt dazu. »Hier kommt das schönste Kind Mitteleuropas. Pam ... pam ... pam ... pam ...«

»Er ist tatsächlich verrückt geworden.« Heniek, der leichenblaß geworden ist, läßt seinen Blick durchs Zimmer schweifen; plötzlich, mit einem raschen Griff, läßt er Leons Pistolen in seiner Tasche verschwinden. Auf einmal hebt der Kleine den Kopf, seine Lippen öffnen sich zu einem kaum wahrnehmbaren Lächeln. Zum ersten Mal zeigen seine Augen einen fast unmerklichen Glanz. Das alles dauert nur Sekunden. Leon steht wie angenagelt. Er drückt den Kleinen an sich.

»Mein Kind! Habt ihr gesehen? Das ist mein Kind. Warum sagt ihr nichts? Ihr habt es doch gesehen. Es hat gelächelt, ganz deutlich. Hat es gelächelt oder nicht? Antwortet doch!«

Heniek und Bronka machen ihm entsetzt Platz.

»Und du?« Er sieht mich beinahe wild an. »Sag, hast du ihn lächeln sehen, oder bin ich wahnsinnig?«

»Ich hab's gesehen. Das ist Jacek.«

»Mein armer Kleiner«, schluchzt Leon auf.

Der Kleine hat wieder den Kopf gehoben. Er blickt Leon jetzt aufmerksam an.

»Er hat den Verstand nicht verloren«, sage ich nun zu den anderen. »Ihr könnt ganz ruhig sein. Sie haben sich nur wiedererkannt. ›La Cumparsita‹, das war das Erkennungszeichen.«

»Jesus Maria«, murmelt Bronka. »Heniek, um Gottes willen, da ist wohl in unserem Haus ein Wunder geschehen ...«

Aus der kalten Dunkelheit kriecht glitschiges Gewürm heran, über die feuchten Wände, über die Metallstäbe, über den Steinfußboden. Ich ziehe die Füße hoch, beiße mir in die Finger, um einen Schrei zu unterdrücken. Die klebrigen Ungeheuer verschwinden für einen Augenblick.

»Er ist in der Straßenbahn in der Szuchaallee gestorben, das Herz hat es nicht ausgehalten«, sagte einmal Staszek. »Wieso nennst du das Gefängnis Straßenbahn?« fragte ich. »Weil es dort wie in der Straßenbahn Stühle gibt, die für ewig am Fußboden befestigt sind.«

»Ewig ist nur deine Dummheit«, hatte ich geneckt. »Die Stühle in der Szuchaallee sind bestimmt vergänglich.«

Und jetzt sitze ich in einer dieser Zellen, jetzt stehen die Stühle hinter mir, einer hinter dem anderen, beängstigend leer, dahinter eine Wand aus Eisenstäben, noch weiter ein dunkler Korridor. Und zu beiden Seiten, in genau solchen Straßenbahnzellen, horchen verängstigte, von Verzweiflung erschöpfte Häftlinge in das dunkle Schweigen der Welt hinaus. Aus der Tiefe des Korridors dringen die Schritte des Gendarmen herüber, das Klirren der an seinem Gürtel hängenden Schlüssel. Manchmal ist ein Stöhnen zu hören; gegenüber, hoch oben in der Mauer, ein kleines vergittertes Fenster, das auf den Hof geht – auf Zehenspitzen stehend kann man die Betonfläche sehen, ein vom leblosen Licht des Mondes erhelltes Stück, von dort ist Türklappen zu vernehmen, Gepolter von Offiziersstiefeln, Gesprächsfetzen. Und unweit die bevölkerte Stadt, der Lazienkipark.

Wir waren im offenen »Steyer« durch die bekannten Straßen der Stadt gerast. Die Sonne flimmerte auf der glänzenden Karosserie, raste mit uns durch die Allee, glänzte noch einmal auf dem frisch gesprengten Asphalt auf und brach jäh ab. Wir bogen in den halbdunklen Hof ein, die Bremsen quietschten. Eine Zeitlang begriff ich nicht, wohin wir aus der großen Helligkeit in die Dunkelheit hinabgestiegen waren, mir kam nicht zu Bewußtsein, daß ich in der Szuchaallee war, in der Straße, die wie die Pest gemieden wurde. Der Mann neben mir hatte ein freundliches Gesicht, trug einen Zivilanzug und sprach ein ausgezeichnetes Polnisch. Er führte mich die Stufen hinab, und ich verstand noch immer nicht, warum ich mit einem braungebrannten Mann in den Keller stieg.

»Verzeihung«, sagte er beinahe liebenswürdig, »ich mußte Sie beim Arm nehmen, da ich nicht sicher war, ob Sie freiwillig mitgehen würden.«

»Wohin führen Sie mich?«

»Ich werde Ihre Neugierde bald befriedigen. Jedenfalls gehen wir nicht in ein Café.«

Heute früh waren Zofia und ich in Zagościniec zum Bahnhof Wolomin gegangen, sie trug ein blaues Kleid mit weißen Punkten. Als wir an einem Kleefeld vorüberkamen, dort, wo der Weg eine Biegung macht, flüsterte sie: »Ich kann nicht klar denken, wenn es ringsumher so duftet.«

»Denken ist sowieso nicht deine Stärke«, scherzte ich. Das Dröhnen des Zuges ertönte nun schon ganz nahe. »Ich habe überhaupt keine Lust, nach Warschau zu fahren«, seufzte sie, während wir zum Bahnsteig hinübergingen; sie riß einen Akazienzweig ab, und rupfte, schon auf dem Trittbrett stehend, die Blättchen ab: »Er liebt mich!«

»Betrug!« rief ich, »du hast zwei Blätter auf einmal abgerissen, ohne zu mogeln wird es nur ›Er liebt mich – ein wenig.‹«

Warum ließ ich mich wehrlos unter die Erde stoßen, es war doch heute, daß ich mit Zofia zum Bahnhof ging, es war sechs Uhr und drei Minuten, um diese Zeit geht der Zug nach Warschau. Viele Stunden sind vergangen, bestimmt ist es schon Mitternacht. Wann hat dieses Sterben begonnen? Vor Sonnenaufgang werden sie wohl keine Erschießungen durchführen, die kommen erst morgens. Mama sollte in drei Tagen nach Warschau kommen, mein Zimmer wird leer sein, sie wird Staszek fragen, er wird es ihr sagen und betrübt hinzufügen, daß ich selbst die Gestapo angerufen hatte. Er warnte mich, ich könne in eine Falle laufen, er bat mich, nicht zu gehen, ich hab' nicht auf ihn gehört. Er stellte sich in die Tür und versperrte mir den Weg, ich stieß ihn beiseite, handelte wie unter einem Zwang.

Aus dem Fenster oben tönen die Klänge der Fünften Sinfonie von Beethoven herüber, jemand hat die Scheibe des Wagenfensters nicht hochgekurbelt, die Musik bricht sich an den Wänden, schwillt zur Stärke eines tosenden Wasserfalls an, sprengt das Gehör. Mich überkommt der Wunsch zu heulen, diesen Lärm zu übertönen. Plötzlich wird es still, man hat das Radio abgeschaltet, die Türen klappen, das Licht der Scheinwerfer dringt in die Zelle, verlöscht, direkt über mir dröhnen eilige

Schritte. Ich kann in der tiefschwarzen Dunkelheit nichts sehen. Wann hat das Sterben begonnen?

Vor einem Monat haben sie bei Zofia eine Haussuchung gemacht, seit diesem Tag hatte ich sie nicht mehr gesehen, erst gestern in Zagościniec. Sie saß an den Stamm eines Baumes gelehnt, das Gesicht erloschen, wie zerstört. Ich wartete geduldig und schweigend. Endlich begann sie mit Anstrengung zu sprechen. Es waren vier Männer gewesen, drei waren mit der Durchsuchung beschäftigt, der vierte beobachtete sie. Sie rückten Möbel beiseite, schlitzten das Bettzeug auf, näherten sich dem Klavier, wo das Heft verborgen war. Hätten sie es gefunden, so wären derjenige, der es verbarg, und diejenigen, die sich verborgen hielten, vernichtet gewesen; in diesem Heft waren alle fiktiv angemeldeten Personen verzeichnet, es gab keine andere Möglichkeit der Erfassung. Doch gerade in diesem Moment gab der »Beobachter« seinen Untergebenen einen Wink, flüsterte ihnen etwas zu, und sie verließen die Wohnung.

In einem bestimmten Augenblick war Zofia zu Bewußtsein gekommen, daß sie ihn längere Zeit wie hypnotisiert betrachtete. Er hatte schräge Augen, über die Wange lief eine Schramme. Sie erstarrte vor Schreck, als er den Abbruch der Haussuchung anordnete. Ihre Verblüffung bemerkend, erklärte er, daß bisher keine Frau auf ihn so großen Eindruck gemacht habe wie sie, daß er kein Interesse daran habe, was in dem Klavier verborgen wäre, und daß er dort nicht nachsehen würde – unter einer Bedingung. Sie hatte sofort das Gefühl, daß diese Bedingung unannehmbar sei und daß sie sie doch nicht zurückweisen könne. Sie sah das Heft mit den Namen vor sich. Als er nachher wegging, nahm sie das Heft heraus und machte sich hastig auf den Weg, um es bei Freunden zu verbergen. Sie war bald wieder zurück; der Hausmeister übergab ihr einen Strauß wunderschöner Nelken.

Dieses Ereignis ließ noch keine eindeutigen Schlüsse zu. Er drängte zu weiteren Treffen; dreimal sahen sie sich, er spielte den wahnsinnig Verliebten. Ob er wirklich nur spielte, weiß kein Mensch. Während des zweiten Zusammentreffens erwähnte er, daß er mich, die Cousine, kennenlernen müßte, da ich wie sie sehr gefährdet sei und er mir helfen wolle.

(»Du wirst überall als meine Cousine vorgestellt werden«, bemerkte Zofia am Anfang unserer Bekanntschaft, »damit niemand auf den Gedanken kommen kann, daß du eine Jüdin bist. Meine Familie – ist übrigens aristokratisch, ab jetzt bist du also eine Adlige.«)

Er möchte mir also helfen, ich sei gefährdet ...

Zofia hatte geschickt ihr Bedauern zum Ausdruck gebracht, sie könne mich leider nicht warnen, denn ich sei plötzlich verreist und hätte keine Adresse angegeben. Er drang nicht weiter in sie, schickte Nelken, war aufs äußerste um sie besorgt. Er sagte, es gäbe Menschen, die auf seine ungewöhnliche Romanze eifersüchtig seien, die von dem Haussuchungsbefehl und dem Abbruch der Durchsuchung wüßten und nur auf einen entsprechenden Moment warteten, um ihm ein Bein zu stellen. Das hatte er während des letzten, dritten Zusammentreffens erklärt. Er müsse für mehrere Tage auf Dienstreise gehen und habe Sorge, daß mißgünstige Kameraden seine Abwesenheit ausnutzen könnten. Sollte jedoch, was Gott verhüten möge, etwas geschehen, so müsse sie nur die Nummer viermal die Drei anrufen und nach Friedrich fragen. Diese Nummer wiederholte er mehrere Male, obwohl sie leicht zu behalten war. Er verabschiedete sich zärtlich und bat um ein viertes Rendezvous. Während dieses vierten Treffens sollte er getötet werden. Das vierte Rendezvous wird nicht stattfinden, er lebt, und sie, Zofia, sitzt im Gefängnis. Und alles ist meine Schuld, denn ich bin es, die Zofia in alles hineingezogen hat, die ihr von Anfang an sagte, was sie zu tun hätte, um den Gehetzten und Verfolgten zu helfen.

Was hilft es, daß in der Nähe die breite, grüne Allee verläuft, wenige hundert Meter weiter die Weichsel fließt, an der die schönste Stadt der Welt liegt, wenn in keiner der Straßen, in keiner der Wohnungen Zofia ist. Was nützt es, daß die kleine Straße, wo das vierte Rendezvous stattfinden sollte, mit Partisanen der Leon-Stephan-Abteilung besetzt wurde. »Ich bin bereit, diese Kleinigkeit für dich zu erledigen«, hatte Leon versichert. »Wer weiß, ob ich von meiner Vierzig-Mann-Liste für Eva dieses Mal nicht zwei Personen abstreichen kann. Das ist ein dicker Fisch bei der Gestapo.«

Leon wird umsonst auf der Lauer liegen, die »Verliebten« haben sich zum vierten Rendezvous nicht gezeigt. Er wird Zofia anrufen, dann mich, keiner meldet sich, er fährt aufs Dorf, von Mutter erfährt er nichts, er sucht Staszek auf, der ruft ihm entgegen: »Sie hat selbst angerufen, ich habe sie angefleht, gewarnt, sie wollte nicht auf mich hören, ich konnte sie doch nicht anbinden.« Leon wird sicher murren: »Du hättest sie mit Gewalt zurückhalten sollen, bis sie wieder zu sich gekommen wäre.«

Das vierte Rendezvous wird nicht stattfinden, uns ist dieser Liebhaber zuvorgekommen, der den Verliebten geschickter gespielt hat als Zofia die Glückliche.

»Ich habe überhaupt keine Lust, nach Warschau zu fahren«, hatte Zofia heute früh noch gesagt und dabei die Akazienblättchen abgerissen, auf dem Bahnhof in Warschau trennten wir uns, um ein Uhr sollte ich mich mit ihr in Verbindung setzen und die Geburtsurkunden abholen und die Fahrkarten nach Krakau für Alfred und Hania. Ich habe um eins angerufen, eine fremde Männerstimme informierte mich, daß Zofia zu Hause sei, sie bäte mich, herzukommen, da sie nicht ans Telefon kommen könne; sie sei beschäftigt. Ich wußte, daß es eine Lüge war. Nach einigen Minuten rief mich Staszek an, er hatte den gleichen Bescheid erhalten, er ging mit dem Arztkoffer dorthin, als müßte er Spritzen machen. Er traf sie auf der Treppe, sie führten Zofia gerade zum Polizeiwagen. Ich rannte in das Café und rief die Zentrale der Gestapo an. »Bitte viermal die Drei«, verlangte ich, »bitte Herrn Friedrich.«

»Der ist verreist, ist etwas passiert? Hier spricht ein Freund.«

»Ja, Frau Czerwińska muß geholfen werden, sie wurde soeben abgeholt.«

»Natürlich, aber dazu muß ich die Umstände kennen. Können wir uns treffen?« Wir verabredeten uns in einer Konditorei.

Ich erhebe mich vom Stuhl aus Stein und durchmesse die Zelle, klammere mich an die Gitterstäbe, schlage mit dem Kopf an das Gitter, ich habe selbst angerufen, ich schreie diesen Satz hinaus, vielleicht ist dann die Wahrheit leichter zu ertragen, die Machtlosigkeit weniger schmerzlich, ich stammle, heule. »Ruhe!« schreit der Gendarm aus der Tiefe des Korridors herüber, mit den Schlüsseln klirrend kommt er in meine Richtung gelaufen.

»Was schreist du, noch haben sie dich nicht einmal mit dem kleinen Finger berührt, du wirst erst in ein paar Tagen singen, blöde Kuh!«

Ich gehe zum Stuhl zurück, ich zittere, ein Wagen fährt in den Hof, noch einer, Türenklappen, der Widerhall von Schritten, Hundegebell, Pfeifen, Schlüssel drehen sich im Schloß, der Lärm schwillt an. Wenn sie in meine Straßenbahn Menschen hineinlassen würden, wenigstens einen einzigen – nichts, Ruhe. »Ich werde in dunkelblauem Rock und roter Bluse sein«, hatte ich mich genau beschrieben, damit er keinen Zweifel hätte. Auf der Schwelle der Konditorei überkam mich plötzlich panische

Angst, ich wollte mich zurückziehen, wieder gehen, aber schon war er bei mir, ein junger Blonder mit sympathischem Gesicht.

»Ich bin mit Ihnen verabredet«, sagte er in reinstem Polnisch.

»Das muß ein Irrtum sein«, entgegnete ich, ich wandte mich zum Ladentisch und bestellte zehn Stück Kuchen.

»Ihre Kennkarte bitte!«

»Mit welchem Recht?« fragte ich, mich dumm stellend, als ich den Kuchen bezahlte.

»Bitte zeigen Sie Ihre Kennkarte.«

Ich lief dem Ausgang zu, er ergriff mich beim Arm, führte mich zu einem offenen »Steyer« – vorher hatte kein Wagen dagestanden, er war wahrscheinlich erst im letzten Moment vorgefahren.

Friedrich hatte eine leicht zu behaltende Nummer angegeben, überzeugt, daß jemand, der Hilfe sucht, sich der vier Dreien bedient. Der Freund war natürlich gestellt, jetzt ist das vollkommen klar; aber weshalb hat er die Haussuchung abgebrochen? Er mußte doch bemerkt haben, welche Angst Zofia hatte, als sie sich dem Klavier näherten. Ahnte er etwas von einem Heft mit Adressen? Wenn ja, warum hat er in dem Moment die Durchsuchung unterbrochen und ist nachher nie auf das Thema zurückgekommen? Keinmal gefragt, was eigentlich im Klavier versteckt war. Was haben die also gesucht??? ...

Zofia, meine gute allerliebste Zofia ... Noch gestern hatte sie, die braunen Augen zukneifend, an den Baumstamm gelehnt, aufgebracht gesagt: »So etwas kann man einmal machen, wiederholen läßt sich das nicht. Mir ist das widerwärtig. Ich sag' es gleich, wenn sie ihn nicht fertigmachen, werde ich mich nicht noch einmal mit ihm treffen, ich werde mich verborgen halten, wie du.«

»Die Aktion ist ausgezeichnet vorbereitet«, versicherte ich. »Leon erledigt das schon fehlerlos und mit ungewöhnlichem Vergnügen.«

Noch gestern, als ich Zofia zuhörte, war ich davon überzeugt, daß dieser Friedrich tatsächlich von ihren Reizen gefesselt war, daß sie ihn während der Hausdurchsuchung bezaubert hat. Sie war doch ungewöhnlich schön. Ich schaute sie immer wieder mit Begeisterung an. In meiner Erinnerung wurde die Geschichte der Kleinen Schwarzen und der Wandlung von Arthur in Johann Schulz lebendig.

Gestern noch erlag ich der Täuschung, heute weiß ich, daß es eine vorbereitete Falle war.

War das Ziel nur gewesen, auch mich in die Hände zu bekommen? Was kann ich ihnen bedeuten? Ein höherer Gestapooffizier wird doch für einen derart armseligen Effekt nicht sein Leben aufs Spiel setzen, dieses ganze Theater mit leidenschaftlichen Blicken, Nelken und Sehnsucht vorzuspielen und dabei sich ernsthaft in Gefahr zu bringen. Falls er uns zum Beispiel wegen Kontakten mit der Untergrundarmee verdächtigt, könnte er voraussehen, daß man ihn bei erster Gelegenheit abknallen würde. Die Falle also, die er für mich vorbereitet hat, wäre letzten Endes für ihn eine Falle gewesen. Nein ... sie wittern etwas Wichtigeres als meine Abstammung ... mehr als irgendwelche falschen Dokumente ... aber was?

Das vierte Rendezvous findet nicht statt, nicht er, sondern ich werde sterben, man hat mir noch kein Todesurteil verlesen, aber ich empfinde es mit jedem Pulsschlag. Vielleicht wissen sie das Allerschlimmste doch nicht, daß ich eine Jüdin bin?

Friedrich hat Zofia nach der Cousine gefragt, sie werden unter den Angehörigen von Zofia keine Juden vermuten. Wenn ich auch nichts verbrochen habe, das Gefährlichste ist, eine Jüdin zu sein. Jüdisches Blut ist das schlimmste Verbrechen, hierbei gibt es keine Ausrede, keine Gnade, keine Hoffnung ... Ich schließe die Augen, reibe die Hände aneinander, bemühe mich, gleichmäßig zu atmen. Nein, diese Aktion wurde nicht so meisterhaft konstruiert, nur um eine einzige Jüdin zu stellen und zu vernichten. Noch ist nicht alles verloren, sicher werden sie mich verhören: Wer ich bin? Habe ich Eltern? Welcher Beschäftigung gehe ich nach? Woher kenne ich Zofia?

Als ich damals meine ersten Schritte auf der arischen Seite von Warschau machte, in der Jasminstraße von Haustür zu Haustür ging, wußte ich tatsächlich nichts von Zofia, als daß sie die »zauberhafte Verwalterin« des Hauses war, das den Eltern von Hilary gehörte, von Hilary, dem Anbeter Stellas aus dem Theater in Leszno. Ich durfte den jüdischen Namen der Hausbesitzer nicht nennen und Zofias Nachnamen kannte ich nicht. Die Jasminstraße ist nicht lang, in der Nummer Sieben verwies mich der Hausmeister an eine Wohnung im zweiten Stock. Sie öffnete die Tür, in den Händen ein Tablett, worauf kleine Teller mit Eis standen. Ich wußte sofort, daß sie es ist, warme Augen, zurückgekämmtes, ungewöhnlich schwarzes Haar, konzentrierter Blick. Zuerst sperrte ich den Mund auf, dann stotterte ich endlich: »Ich komme von Hilary.«

»Leben sie noch?« flüsterte sie.

»Nein, ich glaube nicht, vielleicht tragen Sie lieber erst das Eis hinein, es schmilzt sonst.«

»Was für ein großes Unglück, wenn das Eis schmilzt«, sagte sie mit bitterer Ironie. Ich versteckte mich im Schlafzimmer, solange die Gäste da waren. Dann kam sie zu mir. »Gut, daß du mich gefunden hast, ich möchte sehr gern behilflich sein. Sag, was ich tun soll.«

Ja, es ist wahr, ich habe die Gestapo selbst angerufen. Wenn ich durch ein Wunder plötzlich freikäme, würde ich mich wieder mit dem Teufel persönlich einlassen, um Zofia zu retten. Und was bedeutet es schon, daß wir beide in die Falle geraten sind, wenn Flüchtlinge aus dem Getto, ehemalige Offiziere, Kinder gerettet werden konnten, in Sicherheit sind, den Krieg überstehen, wenn von den vielen, deren Namen in dem Heft stehen, nur wir beide das Leben lassen müssen, wenn es nur wir beide sind ...

Bevor ich sterbe, möchte ich diesem Friedrich ins Gesicht schleudern: »Und doch haben wir dich zum Narren gehalten! Du liquidierst noch zwei Mädchen, aber direkt vor deiner Nase sind dir Tausende von Feinden durch die Lappen gegangen. Wenn du uns auch ermordest, ihr seid es, die von den Müttern, die ihre Kinder beweinen und euch täglich verfluchen, umgeben sind, von den in Gefängnissen und Lagern schmachtenden Häftlingen, ihr seid es, die von allen verflucht werden. Ihr müßt den Haß über euch ergehen lassen, müßt ihn schlucken, bis ihr euch endlich verschluckt und daran erstickt.«

Das werde ich sagen, das wird mir die Kraft für einen ruhigen Abgang verleihen, mehr nicht, nur soviel.

Und wenn sie fragen, wo das Heft mit den Namen ist? Unsinn, sie können mich nicht nach etwas ausfragen, wovon sie nichts wissen. Sie werden Fragen stellen, auf die zusammenhängende, logische Antworten gegeben werden müssen, die einen Lebenslauf darstellen.

Wie ist eigentlich mein Lebenslauf? Wie heiße ich? Ich habe meine Identität mehrmals gewechselt. Als man mich verhaftete, nahm man mir den Ausweis auf den Namen Zofia Wiśniewska ab, auf diesen Namen bin ich angemeldet. Sie gehen also hin, warten in der Wohnung. Dort kann Zenek mit Fotografien von neuen Flüchtlingen hinkommen, oder die Mutter, die Schwester, sie geraten in die Falle.

Der Kampf ist nutzlos, sie haben Zofia in den Händen, sie fragen sie aus, sie antwortet, in der Überzeugung, daß ich mich außer Gefahr befinde. Dementsprechend denkt sie sich eine Version aus, die mit meiner nicht übereinstimmt. Das Gedankenkarussell, das sich in meinem Kopf dreht, wird immer langsamer. Ich bin erschöpft. Nicht verzweifeln, der Krieg geht weiter, der Kampf ist unser täglich Brot. Es ist doch gleich, was ich ihnen sage, es ist doch gleich, wer und wie man mir die Falle gestellt hat: Ich sitze drin. Es ist doch gleich, wie ich heiße, wenn nur mein Name in der Kartei der von der Gestapo Erschossenen stehen wird.

Und Franek? Wo ist er? Als ich damals auf unserer Wiese, wo er das erste Mal die Verse vorgelesen hatte, die Augen wieder öffnete, kreisten über uns die Sterne. Wir kehrten spät nach Hause zurück. Verirrte in der Nacht. Ich blieb unter einem Baum stehen und begann zu rezitieren:

»Nachtvogel, der du die Grenzen des Jenseits überflogen
und die Toten erschauest –
sprich, was tun sie?
Sie liegen.

Sprich du weiter, Franek, sprich du jetzt.«

Er lächelte und fuhr mit der Miene eines Eroberers fort:

»Mädchen, das sich meiner Übermacht widersetzt,
auf der weichen Lagerstatt soll sie fallen diese Nacht!
Schwach, machtlos, willenlos.«

Ich lief zu ihm. »Oh, Franek, du bist wunderbar, nie werde ich mich deiner Übermacht widersetzen.«

Wo ist Franek? Vor einigen Wochen schickte er durch Staszek eine Nachricht: »Das ist Staszek, von dem ich dir erzählte. Du kannst volles Vertrauen zu ihm haben. Ich muß wieder untertauchen. Zu gegebener Zeit werde ich dir alles erzählen.« Wenn Franek die Nachricht erhält, daß ich nicht mehr da bin, fährt er sicher nach Zagościniec. Er wird zu Herrn Szumowski gehen, sie werden am Zaun stehen und von dem bei der Post angestellten Großvater sprechen. Franek wird so nebenbei murmeln: »Ich glaube, sie haben meine Verlobte in der Szuchaallee erschossen.«

Die Gedanken verwirren sich, reißen ab.

Wie verändert sieht unser Zagościniec jetzt aus, wie anders als damals, als ich an der fünften Station ausstieg, nach links ging, ein abseits stehendes Haus und dort ältere, freundliche Leute fand. Meine Mutter ist nun Stanislawa Kozlowska, sie sammelt im Wald Holz, wäscht, hängt die Wäsche auf der Leine auf, gibt den Bauern aus der Umgebung Spritzen, meine Schwester ist Mutters Tochter aus zweiter Ehe, sie erhielt eine Geburtsurkunde auf den Namen Kozlowska und ist darauf mächtig stolz. Sie bewegt sich mit Nonchalance, führt philosophische Gespräche, nichts kann sie verblüffen, nichts kann sie aus der Ruhe bringen. Sie verhält sich eben ziemlich passiv, ich habe die Rolle der Aktiven übernommen. Dennoch ist sie es, die sich die Sache mit Wien ausgedacht hat, die den aus dem Getto Entkommenen die Flucht nach Österreich ermöglichte. Sie war darauf gekommen, als sie das Plakat »Wir fahren freiwillig nach Österreich« gesehen hatte. Den genauen Plan machte sie dann im Liegestuhl, was keinen geringen Anlaß zum Stolz gab. »Was ist das schon, daß du wie irre herumrast, ich rette die Menschen vom Liegestuhl aus, die besten Pläne stammen von mir.« Daraufhin nahm ich dann den Kontakt zu Herrn Witkowski auf, einem Beamten, der die, die sich meldeten, auf die vorgesehenen Arbeitsplätze verteilte. Danach fanden wir einen Arzt, der Gesundheitsbescheinigungen ausstellte. Immer neue Kandidaten meldeten sich, morgen sollten nun Alfred und Hania losfahren, gestern haben sie auf der Straße gewartet, wohl in panischer Furcht umhergeschaut, bald war Polizeistunde. Alfred wird Hania getröstet haben, sie hatten nämlich ihre Wohnung aufgelöst, sie überlegten, wo sie schlafen könnten, wohin sich wenden ...

Mit der ersten Gruppe brach Bolek nach Wien auf. »Ich fahre als Pionier«, erklärte er, »und ich stehe dafür ein, daß mich nach einem Monat kein Österreicher mehr von Graf Bobbi unterscheiden kann.« Es ist kaum zu fassen, Bolek wohnt sorgenlos im Hotel Metropol in der Operngasse und weiß nicht das Geringste; ich kenne seine Adresse aus dem Brief an Zofia, sie hatte ihn mir gestern, an den Baumstamm gelehnt, gezeigt, später hatte sie die Akazienblättchen abgerupft. Zofia sollte nämlich als nächste fahren. In dem Brief drängte er, sie solle nicht mehr länger warten, sondern fahren, er würde sie an jedem Abend um zehn Uhr anrufen, um den Termin ihrer Ankunft in Wien zu verabreden.

Um zehn wird heute niemand den Hörer abnehmen, keiner wird sich melden, Bolek wird sich schon denken, warum. »Zosienka muß gerettet werden.«

Und ich, die so überzeugt war, sie aus der Hölle retten zu können – jetzt sind wir beide in der Hölle, von hier führt kein Weg heraus. Bolek jedoch wohnt unbekümmert im Metropol in der Operngasse, er hatte schon immer ein rasches Reaktionsvermögen. Auch damals, als er mit dem Garderobenständer die Tür des Badezimmers im Getto verstellte und über die Dächer in die Nachbarstraße türmte, später zurückkam, uns nicht vorfand, auf den Friedhof lief, sich in einen Sarg legte und mit den Toten hinausgetragen wurde. Später scherzte er darüber, daß er auf diese Weise den Witz über Rosenzweig Wirklichkeit werden ließ, – »der nur bis vier Uhr zu Hause sein würde, denn danach wäre die Leichenüberführung«.

Eine lange Zeit hielt er sich verborgen. Dann erinnerte er sich an die aus dem Getto abgeschickten Lumpen, ging zur »Firma«, traf Franek nicht an, gab es auf. Nach vielen Wochen ging er noch einmal hin, und eines Morgens kam Franek in Zagościniec an und erklärte der Mutter: »Ich habe ein lebendiges Geschenk mitgebracht, bitte regen Sie sich nicht auf. Sie wissen, wie das in Kriegszeiten ist, manche Menschen feiern Auferstehung.«

Bolek wurde Mutters Neffe und mein Cousin. Um mich zu necken, sagte er dann: »Ich werde meine Papiere so ändern, daß daraus hervorgeht, daß ich dein Vater bin.« Zofia lachte darüber am meisten. »Endlich habe ich jemanden gefunden, dem ich meine ältesten Witze erzählen kann.« Er schaute sie so begeistert an ...

Ich kann das Zittern meines Kopfes nicht unterdrücken, ich habe ein Gefühl, als seien meine Augen aus den Höhlen getreten. Ich möchte schreien: »Zofia, wo bist du?« Ich halte den Atem an, lausche. Jemand röchelt, regelmäßig hallen die Schritte des Gendarmen. Ich halte mir die Ohren zu mit Händen, schwer wie Blei.

»Bitte regen Sie sich nicht auf, zu Kriegszeiten können Menschen Auferstehung feiern.« Einmal rief Basia an: »Hör zu, ich möchte dir etwas sagen, aber denke nicht, ich sei verrückt geworden ... ist zu uns gekommen.« Wer gekommen war, hatte ich nicht verstanden. »Vater ist bei uns auf dem Land.«

»Du hast doch nicht etwa Fieber, Basia?«

»Ich schwöre dir, Vater ist gekommen.«

Dann sah ich ihn. Er war zum Greis geworden. Auf die immer wiederkehrenden Fragen, wo er hergekommen sei, gab er keine Antwort. Er schwieg. Unsere Blicke konnten die seinen nicht treffen, wir befanden uns außerhalb seines Gesichtskreises.

»Welcher Monat ist jetzt wohl?« murmelte er von Zeit zu Zeit. »Weißt du, daß es überhaupt keine Bücher mehr gibt? Sie haben die Bibliotheken verbrannt, die Schriftsteller sind tot, diejenigen, die sie gedruckt haben, ermordet.« Er dachte nicht an Menschen, nur an Bücher.

Der Vater ist jetzt Herr Wiśniewski, Mutters erster Mann, und mein Vater der Vater von Zofia Wiśniewska. Seltsam, mein Vater wurde in seiner neuen Gestalt wieder mein Vater! Er schläft jetzt in einem Holzhaus auf dem Lande, unter dem hohen, sternenübersäten Himmel, und ich fahre dort nie mehr hin, es ist aus.

Allmächtiger Gott, mach, daß ich nicht sterbe! Zu welchem Gott soll ich beten? Mach, daß Mutter durchhält! Gut, daß der kleine Jacek da ist. Mein Vater ist heiterer, wenn der Junge um ihn ist. Als ihn der Kleine das erste Mal umarmte, rührte er sich überhaupt nicht, erst viel später hob er die Arme, um ihn an sich zu drücken.

Als wir am Morgen zum Bahnhof gingen, stand Mutter mit Jacek auf dem Arm am geöffneten Fenster. »Eine Zofia, und noch eine Zofia!« rief er, umarmte Mutters Hals, versteckte sich, wandte sich ab, bemühte sich kokett, uns zurückzuhalten. Wir waren immer aufs neue überrascht von den Veränderungen, die wir bei dem Kleinen beobachten konnten: er wuchs, er bezauberte, er wehrte sich gegen Zärtlichkeiten und Küsse; am liebsten war er in Bewegung, fuhr gern in dem Leiterwagen, der mit einer bunten Matratze ausgelegt war. Wenn er die Hand hob und »Vorwärts, holla!« rief, begannen die Dorfjungen, den Wagen an der Deichsel zu ziehen und wiehernd im Galopp zu laufen. »Zu Kriegszeiten können Menschen auferstehen.« Bolek ist auferstanden, aus einem Sarg, der Vater ist auferstanden, jedoch ist niemand so auferstanden wie Jacek. Wann war das eigentlich? Erst vor zwei Wochen, an einem sonntäglichen Spätnachmittag; Zofia breitete das weiße Tischtuch mit den roten Mohnblüten über den Tisch. Leon hielt Jacek auf den Knien. »Preß ihn nicht so an dich, du erdrückst ja das Kind«, sagte Mutter. Basia hängte die Hängematte zwischen den Bäumen auf, sie hatte sich kaum hineingesetzt, als die Schnur riß, Basia herunterfiel und sich mit der Hand den Hintern rieb. Die ganze Szene wiederholte sich. Leon rief: »Wenn du das dritte Mal runtergefallen bist, mach' ich dir die Hängematte fest!«

Vater spielte mit dem Schuhmacher Walczak, seinem ständigen Partner, Schach; der Tisch stand im Gras, der Vater trug eine Schildmütze, »Matthäusmütze« genannt, und einen langen Schnurrbart. Er sah wie ein verarmter Edelmann aus. »Sie sind dran, Herr Wiśniewski«, drängte der Schuhmacher. Jadzia Walczak legte die Stoffpuppe in Jaceks Wagen, schaukelte ihn, Staszek saß auf der Balustrade der Veranda und spielte auf der Mundharmonika ›Ein Soldat marschiert die Straße entlang‹. Basia fiel wieder aus der Hängematte. »Tolpatsch!« erklärte Jacek, voll Stolz, daß er dieses Wort kannte.

Warum ist es nur so dunkel? Die Füße sind eiskalt, ich ziehe den Rock herunter, bemühe mich, sie zu bedecken. Das Mondlicht ist weitergewandert, die Schritte des Gendarmen sind verstummt, die Zeit ist stehengeblieben. Ich darf nicht so unbeweglich dasitzen; ich stehe vom Stuhl auf, hebe die erstarrten Hände, beuge mich hinunter, berühre die Füße. Bestimmt sind zwei Minuten vergangen. Ich will nicht von der davoneilenden Zeit gemartert werden. »Eins, zwei, drei, vier«, ich kann nicht wie die Soldaten marschieren, ich muß trippeln, kreisen. »Ein Soldat marschiert die Straße entlang« – ich breche ab, Stille; dumpf und unregelmäßig hämmert mein Herz in der Dunkelheit.

Das hohe Gras erglänzt in seinem Grün. Der Zaun wirft einen Schatten auf den Weg. Burek, der Hofhund, kommt aus der Hütte. Zur Begrüßung wedelt er mit dem Schwanz. Frau Szumowska steht über den Brunnen gebeugt und zieht einen gefüllten Eimer herauf. Das verspritzte Wasser flimmert im Sonnenschein. Jacek kommt im hellblauen Schlafanzug aus dem Haus. Er ist noch verschlafen, reibt sich die Augen. Er läuft zu Burek hin und streichelt seinen Kopf. Mutter kommt heraus: »Jacek, bitte zieh dir Schuhe an!« Frau Szumowska setzt den Eimer ab. »Er erkältet sich nicht, eher härtet er sich ab.« Der Kleine verschwindet in der Hundehütte und steckt den Kopf heraus. »Komm schnell her, du Schlingel! Gott, was ich mit dem Kind durchmachen muß!« Einen Augenblick später kommt sie mit einem schwarzen Kätzchen zurück. »Jacek!« ruft sie. »Sieh mal, wie hübsch es ist.«

»Ein Kätzchen!« Der kleine Junge nimmt es vorsichtig auf den Arm und setzt sich auf die Schwelle. Mutter kniet sich nieder und zieht ihm die Schuhe an. Jacek hebt den Kopf, lauscht. »Putt ... putt ... putt ...« Frau Szumowska ruft lockend die Hühner. Der Kleine springt auf und flitzt in die Richtung, aus der der Ruf kommt ...

Die Schwärze des Kellers wird von grauem Nebel erfüllt. Es beginnt zu tagen. Die Kälte durchdringt sämtliche Glieder, das eisige Grau kriecht in die letzten Winkel. Ist der in Jasminblüten gehüllte Juni Wirklichkeit? Gibt es tatsächlich Betten mit weichen Matratzen? Ich versuche, mich auf den Fußboden zwischen die Stühle zu legen, die müden Knochen auszustrecken! Der Steinfußboden ist klebrig, rostfarben, der Steinfußboden ist feucht von Menschenblut; hier ist jemand vor kurzem geschlagen worden, vielleicht in der vergangenen Nacht. Morgen werden sie mich und Zofia foltern. Nach unserem Tod setzt Leon noch ein paar Namen auf seine Vergeltungsliste.

Allmählich weicht die Dunkelheit, die Umrisse der Stühle beginnen sich abzuzeichnen, ich kehre auf meinen Sitz zurück, kauere mich zusammen ...

Wir fuhren mit einem großen Leiterwagen den Feldweg entlang. Zofia, in einem weißen Tuch, das unter dem Kinn gebunden war, hielt Jacek auf dem Schoß. Bolek kutschierte. Er summte vor sich hin, stand vom Sitz auf, schrie ab und zu etwas. Das Blau des Morgenhimmels, die vorüberfliegenden Vögel, das Klappern der Hufe, der tanzende Sonnenschein, Zofias blauschwarzes, unter dem Kopftuch hervorschauendes Haar machte ihn glücklich. Jadzia Walczakówna kicherte, Jacek rief, in die Hände klatschend: »Bravo! Bravo!« Wir sollten mitklatschen. So sah also ein Findelkind vom Umschlagplatz aus, der letzten Haltestelle vor der Gaskammer, das verhungerte, aus der Grube herausgeholte jüdische Kind, das aus dem toten Stadtviertel herausgeschmuggelt wurde. Jetzt fuhr er in einem roten Blüschen spazieren, der Pompon auf dem Mützchen wakkelte lustig. Man mußte vor Vergnügen klatschen!

Auf dem Bock saß Bolek, der Rikschafahrer aus dem Getto, der lustigste der jüdischen Kulis. Er knallte mit der Peitsche, trieb die Gäule an, jagte dem eigenen Schicksal hinterher, dem Kummer zum Trotz. An den Galgen mit dem Krieg! Auch ich fuhr mit, es ist kaum zu fassen. Ich, die geschwollen gewesen war vor Hunger, apathisch, hinter Mauern gefangengehalten, ich fuhr jetzt in die Weite, und die Schönheit des Grüns ringsumher erstickte mich fast. Die Taufpaten von Jacek traten in die Sakristei der Kirche in Kobylka. Bolek neigte sich zu Zofia: »Denk daran, ich wiederhole alles, was du sagst. Ich vertraue dir. Woran du glaubst, worauf du dich verläßt: ich bekenne mich dazu.« Dann nahm er dem Jungen das Mützchen ab; der Kleine erhielt die Vornamen Jacek-Filip. Der Priester sprach lange und im lateinischen Singsang, an den Heiligenbildern steckten weiß-rosa Blüten, rings um den Altar brannten Votivkerzen.

»Wir wollen für Jacek-Filip beten«, flüsterte Jadzia Walczakówna feierlich. Im dämmrigen Winkel unter der Gipsmadonna war ich vor dem Leben niedergekniet.

»Familienname, Name und Vorname?«

»Wiśniewska, Zofia.«

»Geburtsjahr und Geburtsort? Sagen Sie die Wahrheit, bei falscher Aussage droht ...«

»Ich werde die Wahrheit sagen.«

Gehört diese Stimme noch mir? Ein einziges wahres Wort, und ich bin verloren.

Ein großes, helles Zimmer, ein Hitlerbild, zwei Stenotypistinnen mit nichtssagenden Gesichtern, ein Schreibtisch – und dahinter ein dicker Mann in aufgeknöpftem, gelbem Hemd; neben ihm ein mürrischer Beamter und der andere, der mich hierher gebracht hat, diensteifrig in strammer Haltung, in tadelloser Uniform und Totenkopfmütze. Ein heiterer junger Mann, angeblicher Freund der Nummer »viermal die Drei«, der Kollege von Friedrich, gestern noch Zivilperson, heute ein gedrillter Gestapoangehöriger.

»Wohin gehen wir?« fragte ich.

»Ruhe, du polnische Drecksau«, antwortete er, diesmal in reinstem Deutsch.

Während ich die Treppe hinaufstieg, überlegte ich. Oben in dem Gebäude bringen sie wohl keinen um. Zwischen dem zweiten und dritten Stockwerk wurde der Gestapobeamte von einem anderen angesprochen, der fast genauso aussah wie er.

»Wer ist die da?« redete er ihn an.

»Das ist die, die mit Arthur Lehmann zu tun hatte.«

Arthur Lehmann. Ich konnte nicht gleich begreifen, wer hier gemeint war. Johann Schulz hatte ich seit vielen Monaten nicht mehr gesehen, und seinen eigentlichen Namen kannte ich nur aus der Unterschrift des Lebenslaufes. Aufs neue befällt mich Verzweiflung. Ich weiß nicht das Geringste von Lehmann. Was macht er jetzt? Ist er ihr Gesinnungsgenosse, oder ist er ebenfalls verhaftet? Vielleicht war er gemeinsam mit ihnen auf der Suche nach mir?

Düstere, neugierige, ungeduldige Blicke fallen auf mich. Zweifellos wird die Anschuldigung auch Arthur Lehmann betreffen. In diesem Augenblick sehne ich mich nach der Zelle im Keller zurück, wo ich keine Fragen zu beantworten brauchte. Die Tür ist jetzt abgeschlossen. Ich bin von Schergen umgeben.

Es gibt keinen Ausweg. Gleichzeitig taucht aus dem Chaos der Eindrücke ein Gedanke auf: Sie beschuldigen mich eines ernsten Vergehens. Für sie bin ich ein Häftling, der einer Untersuchungsprozedur wert ist. Also wissen sie nicht, daß ich eine Jüdin bin. Infolgedessen ist das Ergebnis des Verhörs ausschlaggebend. Wenn es sich um Lehmanns Fall handelt, gehe ich zunächst einmal davon aus, daß er nur die Gestapo hintergangen hat, nicht mich.

Das innere Beben läßt allmählich nach. Ganz sicher werde ich nicht dem Tode entgehen können, überlege ich beinahe nüchtern, aber ich nehme den Kampf ums Leben wieder auf. Hier kann nur eine schlaue Lüge Rettung bringen.

»Ich werde die Wahrheit sagen«, wiederhole ich nun viel ruhiger, »die volle Wahrheit.«

»Wird ein Dolmetscher gebraucht?« fragt der Dicke.

»Nein«, antworte ich ohne Zögern.

»Also gut.«

Als die Tür hinter dem »Freund« mit der Totenkopfmütze ins Schloß fällt, atme ich auf.

»Ich heiße nicht Zofia Wiśniewska. Mein Ausweis auf diesen Namen ist gefälscht.«

»Was?« Der Dicke springt vom Stuhl auf. »Du hast versprochen, die Wahrheit zu sagen, und schon beim ersten Satz hast du gelogen.«

»Weil ich Angst hatte. Zuerst vor der Strafe für Dokumentfälschung, aber dann ... noch mehr für falsche Aussagen, und deshalb will ich lieber alles gestehen.«

Meine Erklärungen sind ausschweifend, ich stocke, stottere, um Zeit zu gewinnen und mir ein Schema zurechtzulegen: wer bin ich, wenn ich nicht Zofia Wiśniewska bin? Unzählige Namen gehen mir durch den Kopf, die den verschiedensten Menschen gehören. Die Stenotypistinnen haben meine rührende Erklärung runtergeklappert; ihre Blicke hängen gebannt an den Lippen ihres Chefs. Ich überlege immer noch fieberhaft, wer ich sein könnte. Das Telefon klingelt.

»Ja«, wirft der Dicke hin, »jetzt haben wir die Richtige. Ja, sie ist hier. Aber bestimmt, das ist die Blonde Zofia. Bitte. Wenn du willst, kannst du sie dir ansehen.«

Also werde ich bei ihnen unter dem Namen »Blonde Zofia« geführt.

»Weshalb hast du falsche Papiere?« folgt die nächste Frage, »aus welchem Grund?«

»Weil ich in Wirklichkeit aus Lwów hergekommen bin. Als der Krieg mit der Sowjetunion ausbrach, war die Grenze für Zivilpersonen noch geschlossen, aber es ist mir doch gelungen herauszukommen. Eigentlich illegal, und ... und da hatte ich nachher Angst, mich wieder unter meinem richtigen Namen zu melden. Man hätte mich ja fragen können, wieso ich plötzlich nach Warschau gekommen bin, wo es doch verboten war. Na, und eben deshalb ...«

»Was hast du in Lwów gemacht?«

»Ich war bei der Tante zu Besuch, bei der Schwester meines Vaters.«

»Wie heißt sie?«

»Die Tante? Wolyńska. Alexandra Wolyńska.«

Mein guter Bekannter, Alexander Wolyński, hatte tatsächlich eine Tante in Lwów. Daher kam wahrscheinlich die Gedankenverbindung. Von dem Augenblick an, da ich sicher war, daß sie nichts wußten, hatte ich eine bedeutend freiere Haltung angenommen. »Interessant«, wundert sich der Dicke, »und wie fährt man illegal über die Grenze?«

»Zwischen den Beinen der deutschen Soldaten hindurch«, sagte ich bescheiden und leise.

Der Dicke ist belustigt.

»Wie bist du denn ohne Passierschein auf den Bahnhof gekommen?«

»Es kam gerade ein General dort an. Ich habe ihn gefragt, welcher Zug nach Warschau geht, er hat mir sehr höflich geantwortet, daß es der ist, der auf dem Bahnhof eingefahren sei, na, und wir betraten – uns unterhaltend – den Bahnsteig. Die Kontrolleure grüßten nur immerfort, denn sie nahmen sicher an, ich sei seine Tochter.«

»Das hast du ja schlau kombiniert.«

»Ich habe überhaupt nichts kombiniert«, erklärte ich, erschrocken über meine eigene Kühnheit, »aber ich wollte unbedingt fahren. Und dann haben die Soldaten von sich aus vorgeschlagen ...«

» ... wie haben sie dich auf dem Bahnhof in Warschau hinausgelassen?«

»In Warschau, da hab' ich dann diesen General selber gesucht und ihn gefragt, ob er eine angenehme Reise hatte, na, und so haben wir – uns unterhaltend – den Bahnhof verlassen.«

»Zu diesem Thema muß eine Notiz gemacht werden«, wendet sich der Dicke an den Mürrischen.

»Na, und was hast du bei dieser Tante gemacht? Haben dir die Bolschewiken nicht zugesetzt?«

»Natürlich haben sie mir zugesetzt, aber die Tante hat aufgepaßt.« Der unbekümmerte Tonfall wirkt ausgezeichnet auf den, der die Unterhaltung führt. Er kann bestimmt nicht annehmen, daß jemand, der so kindlich reagiert, um das Leben kämpft. Ich beginne, zerstreut im Zimmer umherzublicken. Das Hitlerbild rührt mich beinahe.

»Na, und zu wem wolltest du so eilig in Warschau? Auch zur Tante?«

»Nein. In Warschau zum Verlobten.«

»Wie heißt er?«

»Aber Sie tun ihm doch nichts?«

Ich erwecke den Eindruck, als hätte sein Versprechen für mich ungeheuer große Bedeutung.

»Natürlich nicht.«

»Na, dann sag' ich's. Er heißt Wlodek Pszczólkiewicz.«

»Wie?«

Die desorientierten Stenotypistinnen heben die Köpfe.

»Pszczólkiewicz. P wie Paul, S wie Stefan ...« diktiere ich ernsthaft und beinahe feierlich.

»Genug!« Der Dicke schlägt mit der Faust auf den Schreibtisch. »Genug gespottet. Ich erinnere dich daran, daß du vor der Gestapo stehst. Solltest du das bisher nicht gemerkt haben, so werde ich dir gleich einen fühlbaren Beweis dafür geben. Wo wohnt er?«

»Krakowskie Przedmieście Nummer drei.«

Sie werden das nicht sofort nachprüfen. Beim nächsten Verhör kann ich dann erklären, daß der Verlobte wahrscheinlich gelogen hat, als er mir diese Adresse angab.

»Und wer hat dir die Papiere gefälscht?«

»Ich ... ich sag' es, aber bitte sehr, ihm geschieht doch nichts Böses ...?«

»Ich hab's schon einmal gesagt«, der Dicke wird ungeduldig, »das genügt.«

»Na, eben dieser Pszczólkiewicz, mein Verlobter, weil er solche Angst um mich hatte.«

»Verfluchter polnischer Name! Pschtsch ... szukiewicz ... nicht zu wiederholen ... schreibt einfach Pschtsch.«

Das Klappern der Stenotypistinnen wird unsicher.

»Wie ist dein richtiger Name? Dein Name?« fragt plötzlich der Mürrische und blickt mich durchdringend an.

»Meiner? Sie meinen, wie ich heiße?«

»Ja, du!«

In meinem Kopf ist Leere. Sekunden vergehen. Ich bin nicht in der Lage, etwas aus der Erinnerung herauszuschälen. Plötzlich fliegt die Tür auf. Zwei SS-Männer kommen herein, außer Atem, als seien sie schnell gelaufen. »Na also, das ist diese Blonde Zofia.«

Der Mürrische nimmt Haltung an, die Stenotypistinnen erheben sich. Wahrscheinlich sind es höhere Vorgesetzte. Der Ältere hat ein Kaninchengesicht und der Junge, ein geschniegelter Clown, betrachtet mich wie ein wildes Tier. Indem ich beide unauffällig beobachte, ordne ich mir kokett das Haar und schlage die Beine übereinander. Keiner von ihnen hat schräge Augen und auch keiner eine Schramme. Also ist keiner von beiden Friedrich. Sie werfen sich in die Sessel, die die Stenotypistinnen herangezogen haben.

»Na was, bleiben wir hier einen Moment«, schlägt der Ältere vor. »Obwohl ich im Grunde genommen heute noch nichts gegessen habe.«

»Warum eigentlich nicht?« wundert sich der »Clown«, »hast du etwa keine Lebensmittelkarten erhalten?«

Alle brechen in schallendes Gelächter aus. Sogar die Stenotypistinnen kichern. Der Witz hat Anklang gefunden. Allein die Annahme, daß den Siegern jemand die Nahrung zuteilen könnte, erweckt Heiterkeit. Der Dicke wiehert am lautesten. Plötzlich kommt mir der erleuchtende Gedanke: Zofia hatte bei sich eine nicht existierende Krystyna Zywulska angemeldet, noch bevor wir miteinander bekannt wurden. Es ging ihr um die zusätzlichen Lebensmittelkarten. Sie hatte aus diesem Anlaß einmal damit geprahlt, »wie sie die Nazis anschmiert«. Ich kann mich dieses Namens bedienen. Zofia bringe ich nicht mehr in Gefahr, sie ist bereits in ihren Händen.

»Na, raus mit der Sprache«, drängt der Dicke energisch. »Nur ohne Flunkerei. Sie hat hier anfangs versucht, uns blauen Dunst vorzumachen«, informierte er das »Kaninchen«, »aber das ist ihr nicht gelungen. Wie heißt du?«

»Zywulska, Krystyna.«

»Geburtsort?«

»Lodz«, sage ich nach kaum wahrnehmbarem Zögern. Vielleicht deswegen, weil ich mit meinem echten Namen in Lodz geboren bin. Außerdem ... instinktiv hüte ich mich, einen Ort anzugeben, der zu Kriegszeiten unerreichbar wäre. Die Unmöglichkeit einer Nachprüfung der Geburtsurkunde erregt immer den Verdacht, daß die Verhörte eine Jüdin ist. Indem ich Lodz angebe, versuche ich, das schlimmste Verbrechen – die Abstammung – von vornherein auszuschließen. Weshalb sollten sie etwas überprüfen, was dermaßen leicht festzustellen ist? Vielleicht fordern sie das Dokument überhaupt nicht an...

»Warschauer Adresse. Wo wohnst du jetzt?«

»Jasminstraße. Bei Frau Zofia Czerwińska.«

»Mit dieser anderen, verfluchtes Schwein. Das würde sogar hinkommen.«

Ich lasse mir die Freude nicht anmerken. Ich gähne. Ich habe ins Schwarze getroffen. Wahrscheinlich werden sie die Wohnung, wo ich als Zofia Wiśniewska angemeldet bin, nicht durchsuchen. Die Mutter, die Schwester, Freunde können dort also ruhig aus und ein gehen.

Der Dicke zieht die Schreibtischschublade auf und kippt deren Inhalt auf die Tischplatte. Ich tue so, als betrachte ich eingehend die Zimmerdecke, wobei ich sie unauffällig beobachte. Der Mürrische erteilt wieder einen Ratschlag. Der »Clown« betrachtet verächtlich abschätzend meine Gestalt und flüstert dem »Kaninchen«, der sich eine Zigarette anzündet, etwas zu. Mit Unbehagen blickt er mich durch die nebeligen Rauchkringel an. Die Stenotypistinnen verharren regungslos in Erwartung der Fortsetzung. Auf dem Tisch liegt eine Tasche. Ich hatte sie Zofia zum Namenstag geschenkt. Als Glücksbringer hatte ich ihr eine Fünf-Groschen-Münze hineingelegt. Sie trug sie in einem Säckchen, das jetzt von den wulstigen Fingern des »Dicken« aufgeknotet wird. Scheppernd fällt die Münze heraus. Der Dicke brummt einen Fluch vor sich hin, öffnet die Puderdose, schaut in die Geldbörse, nimmt das Taschentuch heraus und findet schließlich den Brief von Bolek. Es ist der, den ich gestern im Wäldchen von Zagościniec gelesen hatte. Auf der Rückseite steht die Adresse des Hotels. Es ist das Metropol in der Operngasse. Wien gehört ihnen ja auch. Ein Telefonanruf genügt und die dortige Gestapo nimmt Bolek in Haft.

Wieder überkommt mich lähmende Angst. In einer Sekunde fällt die nächste Frage. Gegen meinen Willen fängt es jetzt an, mich zu würgen.

»Na, was, das Klima da unten ist nicht das beste, nicht wahr? Die Ärmste hat sich erkältet.«

»Schon gut«, sage ich.

In schwierigen Augenblicken sollte man die Idee mit der Erkältung in dem feuchten Keller ausnutzen, nehme ich mir vor.

Plötzlich zieht der Dicke eine kleine Photographie aus der Tasche. Er hält sie mir unter die Nase.

»Wer ist das?«

»Das?«

Ich erkenne Arthur Lehmann sofort. Während ich hartnäkkig huste, bemühe ich mich, den Eindruck zu erwecken, daß ich versuche, mich zu erinnern. Ich nehme das Bild in die Hand und betrachte es mit Spannung. Ich rufe mir das Gespräch mit Herrn Miller auf dem Bahnhof ins Gedächtnis, als ich ihn zufällig getroffen hatte. Er hat sich zitternd umgeschaut, teilte mir mit, er würde bespitzelt. In seiner Wohnung in der Wspólnastraße hat eine Hausdurchsuchung stattgefunden, zum Glück war er abwesend, und seitdem versteckt er sich in einem Dorf in der Nähe von Warschau mit seiner jüdischen Frau. Er kommt selten nach Warschau und nie in die Nähe der Wspólnastraße. Seine Wohnung wird er nie mehr betreten ...

Der Dicke starrt mich wißbegierig an, die anderen werden wachsam.

»Das ist doch Herr Schulz!« rufe ich beinahe freudig aus, »das ist bestimmt Herr Schulz. Ich habe ihn nicht sofort erkannt, wegen des Schnurrbarts.«

Der Dicke ist verblüfft.

»Wirklich, ja. Schulz. Aber wie hat er vorher geheißen?«

»Vorher?« frage ich, maßlos erstaunt. »Ich verstehe nicht, wozu sollte er seinen Namen ändern?«

»Spiel hier nicht die Dumme. Hast du noch nie von Leuten mit falschen Papieren gehört? Und wie viele hast du selbst mit deinem Cousinchen, dieser Schwarzen Zofia, fabriziert?«

»Ja, aber Herr Schulz ist doch Deutscher, weshalb sollte er sich da verbergen?«

Der Mürrische stürzt plötzlich mit einem Sprung auf die Wand zu, reißt den Schrank auf. Auf den Borden liegen die merkwürdigsten Werkzeuge.

In der Szuchaallee foltern sie ... das Herz hat nicht durchgehalten ... Ich muß an die Nachrichten denken, die aus den Kellern der Szuchaallee immer wieder durchgedrungen sind ... Im nächsten Augenblick brechen sie meinen Willen, machen sie mich zum Krüppel. Ich muß würgen, huste, verschlucke mich. »Was ist das denn?« frage ich, entschlossen, meine Blödheit bis zum Äußersten zu steigern.

»Davon kannst du dich gleich überzeugen, wenn du weiter lügst, blöde Kuh. Du weißt sehr wohl, wer Johann Schulz ist. Raus mit der Sprache, wo hast du ihn kennengelernt und durch wen? Ich werde dir gleich zeigen, wie man ohne Noten singt!«

»Aber ich sage doch die Wahrheit! Meinen falschen Namen habe ich doch auch zugegeben. Ich weiß doch, daß es unmöglich ist, die Gestapo zu hintergehen. Ich habe ja auch freiwillig gesagt, wer mir die Papiere präpariert hat. Aus welchem Grund sollte ich denn diesen Schulz decken, der mir nahezu unbekannt ist, den ich durch einen Herrn kennengelernt habe, aber ich bitte sehr, daß der nicht hineingezogen wird, denn er ist mein Bekannter, er hat sich bestimmt nichts zuschulden kommen lassen und ...«

»Sprich, zum Teufel! Es wird ihm nichts geschehn, und sollte das doch der Fall sein, dann ist es nicht dein Verdienst, dummes Arschloch.«

»Herrn Schulz habe ich durch Herrn Miller kennengelernt. Durch Jan Miller.«

»Adresse?«

Ich erschaudere demonstrativ, gebe mir den Anschein äußerster Bestürzung, da sie mich zum Verrat an einem unschuldigen Menschen zwingen. Ich blicke angsterfüllt und stottere endlich:

»Miller ... aber er ist doch vollkommen unschuldig ... wohnt in der Wspólnastraße.«

»Nummer?«

»Nummer sechs.«

Befriedigt blickt der Dicke das »Kaninchen« an. Es stimmt. Man braucht nicht einmal Folter und Zwang anzuwenden, sondern nur die Schranktür öffnen, und diese Idiotin verrät aus lauter Angst sofort sich und andere.

»Na gut. Hast du Schulz danach noch gesehen?«

»Ja, das heißt, er hatte den Wunsch, mich nochmal zu treffen.«

»Na, und vielleicht warst du einverstanden, was? Rede!«

»Nein – wir hatten ein Rendezvous in der Konditorei.«

»In welcher?«

»In der Filtrowastraße, bei Fuchs.«

Woher sie auch immer von unserem Kontakt erfahren haben, von diesem kleinen Café, wo ich mich gewöhnlich verabredet hatte, mußten sie jedenfalls etwas gehört haben.* Wenn sie meinen Spuren nachgegangen sind, erhalten sie jetzt einen neuen Beweis dafür, daß ich nicht lüge. Der Dicke blinzelt dem »Kaninchen« verständnisvoll zu.

»Heraus mit der Sprache, warum habt ihr euch getroffen?«

»Ich glaube ... ich denke, daß ich ihm gefallen habe.«

»Na, und was hast du mit ihm gemacht?« fragt der Dicke begierig.

»Nichts. Ich hatte schreckliche Angst vor meinem Verlobten, und Herr Schulz sagte, daß ihm keine entsprechende Wohnung zur Verfügung stehe. Wegen seiner Frau. Ich habe ihm versprochen, daß ich zu ihm komme, sobald er eine Junggesellenwohnung bekommt.«

»Eine Junggesellenwohnung, ha ha ha! Ein ausgezeichneter Witz!«

Ich mime Verwunderung. »Hat Herr Schulz etwas Böses getan?«

Die Gestapobeamten hören ganz plötzlich auf zu lachen. Ihre Gesichter nehmen einen verbissenen Ausdruck an. Die Gefahr wächst. In dem geöffneten Schrank blitzen die Instrumente. Wie lange kann ich noch durchhalten? Vor meinen Augen verschwimmen der gelbe Briefumschlag mit Boleks Adresse, die Tasche zum Namenstag von Zofia, die für Alfred und Hania bestimmten Geburtsurkunden. Ich weiß, daß ich weiterhin erklären, antworten, beweisen und schauspielern muß. Wieder wird mir bewußt, daß alles, was ich tue, sinnlos ist. Ein Telefonanruf nach Wien, und sie nehmen Bolek fest, ein zweiter nach Lodz – und sie stellen fest, daß die Geburtsurkunde der Krystyna Zywulska gar nicht existiert. Jeden Augenblick können sie Zofia vorführen lassen, deren Aussagen mit den meinen nicht identisch sein werden. Die Schauspielerei ekelt mich schon an. Es genügt, aufzustehen, den Metallbriefbeschwerer

* Am 15. Mai 1943 gegen 17 Uhr, am Namenstag von Zofia, wurden im Café in der Filtrowastraße acht Frauen mit dem Vornamen Zofia verhaftet. Zwei von diesen waren mit mir zusammen in der Zelle Nr. 44 des Pawiak-Gefängnisses. Sie hatten natürlich keine Ahnung, warum sie in die Autos geschleppt wurden, die in großer Zahl vor dem Café standen. Sogar nachdem man uns – also die »richtige« Blonde und Schwarze Zofia geschnappt hatte – wurden die anderen nicht herausgelassen. Sie fuhren nach Auschwitz. An demselben 15. Mai hatte ich auch eine Verabredung in diesem Café, nur etwas später. Als ich zur Filtrowastraße kam, sah ich die Gestapowagen und die SS-Männer. Seit diesem Augenblick verschwand ich aus dieser Gegend, obwohl ich damals nicht ahnte, daß diese Razzia etwas mit mir zu tun hatte.

vom Schreibtisch zu ergreifen und ihn dem gemästeten SS-Mann auf den Schädel zu schlagen. In meinen Schläfen hämmert das Blut. Ich erhebe mich, strecke die Hand aus.

»Was willst du?« brummt der Mürrische.

»Taschentuch, bitte.«

Mich nicht aus den Augen lassend, langt er nach dem Taschentuch aus Zofias Tasche. Ich presse es an den Mund, huste.

»Na, und wer ist das?« Der Dicke zeigt mir die Photographie von Bolek.

»Boleslaw Szczepański, aber er ist nicht in Warschau. Ich habe keine Ahnung, wo er ist«, antworte ich und spüre, es klingt überzeugend.

Sie hatten natürlich nicht in Betracht gezogen, daß ich den Brief auf dem Tisch erspähen und seinen Inhalt kennen könnte. Sogar der Mürrische scheint nun weniger mißtrauisch zu sein, da er annimmt, daß mein Widerstand längst gebrochen ist. Der Dicke ist eher enttäuscht wegen der verpaßten Gelegenheit, seine detektivischen Fähigkeiten unter Beweis stellen zu können. Und ich? Ich habe den Briefbeschwerer nicht geworfen ... lebe immer noch, behalte den dümmlichen Gesichtsausdruck noch immer bei. Zofia lebt auch noch. Sie werden sie etwas später quälen. Bolek weiß von nichts.

Langsam gleitet mein Blick in die Runde. Auf dem Schreibtisch Stapel von Papieren, über die sie Aufklärung verlangen. Unter der Geburtsurkunde ist die Ecke einer Fahrkarte sichtbar, sie gehört zu denen, die für Alfred und Hania nach Krakau, der ersten Etappe ihrer Reise nach Wien, vorbereitet waren.

»Und ist dir das bekannt?« Der Dicke zieht den Brief von Bolek aus dem Umschlag. Ich lese. Ich weiß, daß ich seine Handschrift zum letzten Mal sehe. Mich überkommt tiefe Rührung.

»Na, und was schreibt er da?«

»Was?!« schreie ich plötzlich aufgebracht los.

Die Stenotypistinnen heben erstaunt die Augen. Der Dicke steht auf und kommt auf mich zu.

»Er ist gemein, gemein!« schreie ich hysterisch. »Gut, wenn es so ist, dann soll er als Ausgleich für meine Qualen im Gefängnis schmachten. O Gott, o Gott!«

Ich schluchze, zittere, wische mir mit dem Handrücken das Gesicht. Der Dicke reicht mir erneut das Taschentuch.

»Beruhige dich«, sagt er in beinahe väterlichem Ton. »Warum weinst du so? Weshalb ist er gemein?«

»Ich werde es Ihnen sagen«, schluchze ich zitternd, »soll dieser Halunke doch im kalten Loch sitzen. Sehen Sie nur, was hier steht! ›Meine liebe kleine Zofia, ich denke unaufhörlich an dich, kann es gar nicht erwarten ...‹ So ein Lump, und er hat gesagt, daß er nur mich allein liebt. O Gott, o Gott, wie unglücklich bin ich!«

»Na, schon gut«, der Dicke ist vollkommen von der Echtheit meines Liebesschmerzes überzeugt. »Was konnte er gar nicht erwarten? Was wollte er machen?«

»Na, weil wir uns mit ihm in Krakau verabredet haben. Ich wollte da mit Zofia hinfahren, Bolek hat vorher versichert, daß wir beide für immer zusmmenbleiben, und Zofia wollte er nur so mitnehmen, weil sie meine Cousine ist, na, weil wir befreundet sind. Und ich habe ihm geglaubt. Ihr hat er bestimmt die gleichen Versprechungen gemacht, und auf diese Weise haben sie den Verrat geplant. O Gott, was mach' ich jetzt bloß?«

Ich heule immer verzweifelter, ich stoße Verwünschungen gegen Bolek aus.

»Soll der Schuft nur in diesem Krakau die ganze Nacht herumhocken, bis er schwarz wird. Er hat mich betrogen, nun kommt keine von uns beiden.«

Der Mürrische zeigt eine beinahe mitfühlende Miene. Die Stenotypistinnen klappern das ganze dumme Zeug mit. Der Dicke ist ungeduldig.

»Hör endlich auf und sag genau, wo der Treffpunkt ausgemacht war. Um welche Zeit?«

»Um zehn Uhr abends in der Halle des Französischen Hotels. Wir hatten sogar schon die Fahrkarten besorgt«, füge ich nachlässig und wie nebenher hinzu.

Das hat gezogen. Der Dicke wühlt in den Papieren auf dem Tisch und findet beide Fahrkarten. Es stimmt. Wieder stimmt es! Er prüft zum ersten Mal nach, ob die Stenotypistinnen auch die Adresse des Hotels richtig mitgeschrieben haben. Ich kann nur mit Anstrengung ein Lachen unterdrücken. Sie werden das Französische Hotel in Krakau beobachten lassen, Bolek wird in der Zwischenzeit noch einmal anrufen, wird feststellen, daß niemand zu Hause ist und nachdem er sich an den an Zofia abgeschickten Brief erinnert hat – wird er umziehen. Ich kenne doch Bolek. Sofort wird er die Spuren seines Aufenthaltes in Wien verwischen. Aller Wahrscheinlichkeit nach wird er dank dieser Eifersuchtsszene davonkommen, die zwar sehr übertrieben gespielt wurde, jedoch der Mentalität der Abnehmer angepaßt war. Ich empfinde durch diesen schauspielerischen Erfolg beinahe so etwas wie ein Glücksgefühl. Ich habe die Personen mir gegenüber instinktiv richtig eingeschätzt. Ohne die Hilfe eines Regisseurs, ohne Proben und vorherige Beschreibung.

Die Vorstellung dauert an. Wir sind ungefähr beim Ende des zweiten Aktes. Ich höre langsam auf zu schluchzen. Ich schniefe nur mit der Nase. Ich seufze.

»Und für wen sollten die Geburtsurkunden sein?« fragt der Dicke.

»Darum hatte Bolek gebeten, wir sollten für alle Fälle welche mitbringen.«

»Nur so, für alle Fälle?«

»Na, weil wir geplant hatten, weiterzufahren.«

»Wohin?«

»Ins Ausland. Ich glaube, nach Amerika. Die übrigen Papiere hatte er versprochen zu beschaffen, er hat sie sicher bei sich.«

»Ein ganz schönes Früchtchen, dieser Bolek. Ist er Jude?«

»Aber woher denn! Das heißt, ich glaube nicht. Obwohl bei einem solchen Schurken alles möglich ist.«

»Wovon lebte er eigentlich?«

»Was weiß ich. Er schickte mich und Zofia in verschiedene Pfarreien nach Geburtsurkunden. Irgendwas hat er uns immer dafür gegeben. Zofia hat bestimmt mehr gekriegt.«

»Du hast natürlich nicht gewußt, wofür er die Geburtsurkunden braucht. Spielst du wieder die Unschuldige?«

»Ich hab' darüber nicht besonders nachgedacht. Aus Liebe zu einem Mann macht man so manches. Ich hätte noch ganz anderes aufs Spiel gesetzt, wenn er gewollt hätte. Wie sollte ich denn ahnen, daß er mich betrügt? Das er so gemein ist?«

»Tja ... Na, und Zofia? Die Schwarze Zofia wußte auch nicht, wozu er die falschen Geburtsurkunden brauchte?«

»Sicher nicht. Er hatte nicht die Gewohnheit, Erklärungen abzugeben, er befahl nur. Die Frauen sind verrückt nach Bolek, jede würde für ihn durchs Feuer gehen.«

Diese Redewendung »durchs Feuer gehen« muß ich mir merken. Vielleicht kommt mal der Tag, an dem ich Bolek erzählen kann, wie ich ihn als dämonischen Verführer bei der Gestapo geschildert habe.

»Ja. Wir werden den Vogel schon schnappen. Dieses Früchtchen kriegen wir schon zu fassen. Kannte er Schulz?«

»Er kannte ihn.«

»Und hat er ihm falsche Papiere beschafft?«

»Das sagte ich schon. So ein Schurke ist zu allem fähig. Er hat mir nicht erlaubt, mich mit Herrn Schulz zu treffen. Er spielte den Eifersüchtigen. Jetzt weiß ich, daß es nur Schau war.«

»Und was hat dein Verlobter dazu gesagt?«

»Mein Verlobter... Der hatte auch große Angst vor Bolek.«

Mein Gott, wie man aufpassen muß. Pszczólkiewicz hatte ich inzwischen vollkommen vergessen.

»Hat der Verlobte auch für ihn gearbeitet?«

»Ja. Aber woher wissen Sie das?«

»Wir wissen alles. Kannte Zofia den Schulz?«

»Nein.«

»Wen habt ihr mit falschen Papieren angemeldet?«

»Das weiß ich nicht. Bolek hat nicht erlaubt, daß wir uns einmischen.«

»In was?«

»In die Anmeldungen. Er hat so ein Heft geführt, wo er alles eintrug.«

»Wo ist dieses Heft? Wer war da eingetragen? Juden und Kommunisten? Erzähl!«

»Ich habe keine Ahnung. Ich beschäftige mich nicht mit Politik.«

»Und womit beschäftigst du dich?« wirft er hin, indem er in den Papieren von Zofia herumwühlt. »Du betreibst Hurerei mit Juden und Kommunisten, was? Mit anständigen Leuten schläfst du bestimmt nicht!«

Ich höre ihm gefügig zu. Der Mürrische flüstert dem Dicken etwas ins Ohr. Plötzlich springen beide auf mich zu und überschütten mich mit Fragen, wie mit Maschinengewehrfeuer. Ich antworte schnell, fließend, bevor ich einen Satz beenden kann, muß ich schon den nächsten beginnen. Sie schreien dermaßen laut, daß ich meine eigenen Worte nicht verstehen kann. Sie kommen immer näher heran. »Wo bist du geboren ... Wer ist Arthur ... Der Vorname deines Vaters ... Was ist er ... Woran ist er gestorben ... Woher kennst du Zofia ... Wo wohnt dein Verlobter ... Was hast du in Lwów gemacht ... Die Adresse von Miller ... Welche Kommunisten kennst du ... Wo hast du dich mit Bolek verabredet?«

Sie keuchen mir geradezu ins Gesicht. Ich weiche zurück. Meine Hände umklammern die Armlehnen des Stuhls. Nein, das muß ein Ende nehmen. Mühsam halte ich den letzten Rest meiner Willenskraft zusammen. Endlich verstummen sie. Der Dicke tritt zurück und trocknet sich mit dem Taschentuch die

Stirn. Der Mürrische spuckt mir direkt ins Gesicht. Mich überkommt Übelkeit. Noch einen Augenblick, und ich werde mich erbrechen. Mit dem Handrücken wische ich mir die Wangen. Schreibtisch, Schrank, Hitlerbild – alles flimmert in dunkler werdenden Schlangenlinien vor meinen Augen. Der Mürrische greift nach dem Telefonhörer, der Dicke schiebt wütend die aufgetürmten Papiere beiseite, nimmt ein Stück Papier und schreibt etwas drauf. Er schielt in meine Richtung und setzt sich bequem zurecht. In der Tür steht ein Gendarm. Der Dicke gibt ihm das Blatt Papier und wirft ihm einen Blick zu. Die Stenotypistin springt plötzlich vom Stuhl auf und öffnet das Fenster. Der frische Luftzug macht mich ganz benommen.

»Na ja«, sagt der Dicke, »für heute ist Schluß. Du kannst gehen. Aha«, erinnert er sich, »wie ist denn das mit deiner Abstammung, hast du nicht vielleicht doch irgendwelche jüdischen Verwandten? Sag die Wahrheit!«

»Was denn noch?« antworte ich, mich erhebend.

Ich streiche mir den Rock glatt und sehe ihm herausfordernd gerade in die Augen. Daß er auch einen derartigen Verdacht hegen konnte!

»Da, seht mal, wie sie beleidigt ist! Es ist das erste Mal, daß sie gesund reagiert hat. Fräulein Lotte, Sie können noch dazuschreiben: ›Abstammung der Angeklagten in Ordnung‹.«

Der Gendarm stößt mich vor sich her. Ich taumle mit weichen Knien dahin. Die grauen Marmortreppen drehen sich. Ich halte mich am Geländer fest, habe aber trotzdem das Gefühl, daß ich falle. Eifrige Gestapobeamte sausen an mir vorbei, sie nehmen mehrere Stufen auf einmal. Aufseher ziehen Häftlinge mit sich, die wie Wachsfiguren aussehen. Dann ist der Weg durch eine Bahre versperrt. Darauf liegt ein Mann, der nur mit Anstrengung atmet. Von den geschwollenen Lippen sickert Blut. Unbewußt strecke ich meine Hand in seine Richtung aus, der Begleiter versetzt mir einen Stoß. Ich verliere die Besinnung. Ich weiß nicht, wie lange die Dunkelheit andauert. Ich öffne die Augen. Ich liege auf dem Treppenpodest des Zwischenstocks. Der Gendarm steht breitbeinig und übergießt mich mit Wasser aus einem Eimer. »Los, verfluchtes Schwein!« schreit er.

Ich erhebe mich. In meinem Schädel pocht ein scharfer Schmerz. Wir gehen hinunter.

Ein langer Korridor in den Kellern, gegenüber den Straßenbahnzellen. Ich stehe in einer Menschengruppe verschiedenen Geschlechts und Alters. Ich bin todmüde und hungrig. Die nasse Bluse klebt mir am Körper. Worauf warten wir? Hat sich diese idiotische Komödie gelohnt? Wahrscheinlich war mein Schicksal von Anfang an bereits entschieden. Sie haben nur so getan, als ob sie mir glauben, und ich habe mir meinerseits eingebildet, sie irrezuführen. Vielleicht hat Arthur Lehmann mit seiner Totenkopfmütze die ganze Zeit über hinter der Tür gestanden und über meine Naivität gelacht. Die verfügen über unglaubliche Fähigkeiten der Umwandlung, so wie dieser Geck, der mich auf polnisch verhaftet hat und mich auf deutsch ermorden wird ... Bolek hat jedoch die zur Flucht notwendige Zeit gewonnen. Dieses Mal habe ich die Tür zugestellt, die ihn schützt. Bei diesem Gedanken empfinde ich so etwas wie Beruhigung.

Der Begleiter, der Gendarm, ist in der Tiefe des Korridors verschwunden. Keiner weiß, worauf wir warten. Ein neben mir stehender, trauriger, hochaufgeschossener Junge sagt: »Er ist in die Kanzlei gestiefelt, bestimmt bringen sie uns in das Pawiak-Gefängnis.«

Eine ältere Frau mit einem Kopftuch fängt an zu weinen. »Na, was hat denn das für einen Zweck zu heulen«, brummt eine Stimme hinter mir. Ich blicke mich um. Der junge Mann mit dem dunklen Bartwuchs schaut düster drein.

»Sehen Sie, die haben welche vom Pawiak-Gefängnis hergebracht. Bestimmt transportieren sie uns mit dem gleichen Wagen ab, mit dem die anderen gebracht wurden«, sagt der hochaufgeschossene Junge.

In der Tiefe des Korridors werden Schritte hörbar. Eine Gruppe von gut zehn Personen kommt heran. Nach dem Abzählen läßt man sie in die Zellen.

Der Junge hat wohl recht. Wir werden wahrscheinlich ins Pawiak-Gefängnis fahren. Aufs neue werde ich zu nutzlosen Erwägungen verurteilt sein. Ich warte, stumpf vor mich hinblikkend.

Gerade öffnet der Aufseher die letzte Zelle und läßt dort drei Personen ein. Zuerst geht eine Frau hinein, und gleich hinter ihr ein Mädchen in einem dunkelblauen Kleid mit weißen Punkten.

Zofia!

Für die Dauer eines Augenblicks fühle ich mich wie ein Blinder, vor dessen Augen ein heller Lichtstrahl aufblitzt und verlischt. Erfolglos versuche ich, ihn festzuhalten. Ich sehe noch immer nichts. Ich müßte sofort handeln, jedoch versagen mir Verstand und Wille den Dienst.

Endlich fängt das Hirn an zu arbeiten.

Mit dem Blick folge ich dem Gendarm, der, gleich dem anderen, in der Kanzlei verschwindet. Ich verlasse die Gruppe und laufe zu dem Aufseher, der gerade die Zellentür hinter Zofia geschlossen hat. Ich erkenne ihn wieder, es ist der gleiche, der auch in der Nacht Dienst hatte. Er hat jetzt schlaffe Wangen und ein abgespanntes Gesicht. Er wirft mir einen erschreckten Blick zu.

»Was willst du?«

»Wieso?« frage ich mit gespielter Unbefangenheit. »Hier war ich doch während der Nacht und auch morgens noch.«

»Was heißt, du warst? Wie bist du herausgekommen?« wundert er sich nahezu erstarrt.

»Sie haben mich rausgelassen.«

»Ich?« Er versteht überhaupt nichts. Er erfaßt einzig die Tatsache, daß ein Häftling nicht darum bittet, herausgelassen zu werden, sondern eingeschlossen werden möchte. Eine solche Situation stellt für ihn kein Risiko dar. Rasch dreht er den Schlüssel herum und stößt mich fast in die Zelle hinein, um sich der Sorge möglichst schnell zu entledigen.

»Bitte aufstehen!« sage ich in befehlendem Ton zu einem elenden Mädchen mit Kopftuch, das neben Zofia auf dem Straßenbahnstuhl sitzt.

Das Mädchen springt sofort auf. Ich nehme seinen Platz ein. Zofia hebt die Hand und flüstert: »O Gott, du hier!«

»Hör genau zu, stelle keine Fragen, merke dir die Tatsachen, davon hängt unser Leben ab. Deins, meins, Boleks und vieler anderer. Also paß auf. Ich heiße ...«

Sie senkt den Kopf, schließt die Augen, in ihrer angespannten Konzentration beißt sie sich auf die Unterlippe. Im Telegrammstil wiederhole ich die ganze Aussage. Ich spreche wie ein Funker, der unbekannten Empfangsstationen die Nachricht einer Panne übermittelt. »Über Bolek wissen sie nichts ... wir wollten nach Krakau fahren ... die Fahrkarten lagen bereit ... Die, die für Alfred und Hania bestimmt waren ... Ich heiße Krystyna Zywulska ... Die gefälschten Papiere hat mein Verlobter Pszczólkiewicz präpariert ... den hab' ich mir ausgedacht ... Dich hab' ich an der See kennengelernt ... im Jahre 1939 ... Dann war ich bei der Tante in Lwów ... Johann Schulz kennst du überhaupt nicht ...«

»Zofia Wiśniewska!« schreien sie auf dem Korridor. Ich lausche. Ich melde mich nicht. Ich übermittle Zofia die Aussage weiter. »Über Bolek wissen sie nichts ... Johann Schulz hast du nie gesehen ... Von dem, was du sagst, hängt unser Leben ab ...«

»Krystyna Zywulska!« Das wechselnde Rufen klingt lauter, eindringlicher: »Zofia Wiśniewska, Krystyna Zywulska, Zofia Wiśniewska!«

»Merke dir, wir haben uns an der See kennengelernt ... Ich bin eine entfernte Verwandte ... meine Mutter war eine Cousine von deinem Onkel. Bis zum Kriegsausbruch kannten wir uns kaum ... einmal sahen wir uns an der See ... Ich wohne bei dir ... als Krystyna Zywulska bin ich doch bei dir gemeldet ... mein Vater ist tot ... meine Mutter ...«

Schlüsselknirschen direkt in unserer Nähe. Die Eisenstäbe öffnen sich ein wenig. »Zofia Wiśniewska! Was machst du hier?« schreit der Gendarm wutentbrannt.

»Hier war ich am Morgen, ich dachte also, ich müßte wieder hierher zurückkehren.«

»Es hat dir niemand befohlen, dich von der Stelle zu rühren, blöde Kuh!«

»Jawohl!«

»Los!« Er stößt mich auf den Korridor hinaus. Der Aufseher schließt, so schnell er kann, die Zelle ab. Wir gehen. Plötzlich erinnert er sich an etwas. Er zieht das Blatt Papier aus der Tasche, das er von dem Dicken erhalten hat. »Zofia Czerwińska!« ruft er und mißt das Innere der Zelle mit durchdringendem Blick. Zofia erhebt sich. Mit gesenktem Kopf tritt sie an die Eisenstäbe. Der Gendarm versetzt mir einen Faustschlag ins Gesicht. Ich empfinde überhaupt keinen Schmerz, nur den säuerlichen Geschmack des Blutes. Gleichzeitig wird mir klar, daß nichts von dem Ganzen »nach oben« zu dem Dicken gelangt. Der Gendarm wird es aus Angst um die eigene Haut nicht melden.

Seine Pflicht war es, aufzupassen, daß wir beide nicht zusammenkamen ... Das war bestimmt der Inhalt des Blattes ... Und warum heult die dumme Zofia unter derart günstigen Umständen? Ich presse die Hand an den blutenden Mund und zwinkere ihr zu. »Hör mal!« schreie ich, den Kopf zurückwendend, von dem Gendarm am Arm mitgezogen. »Du hast mich natürlich nicht getroffen. Du hast überhaupt keine Ahnung, daß ich auch verhaftet bin. Verstehst Du?« Zofia nickt. Ein Lächeln erhellt ihr bedrücktes, tränennasses Gesicht.

Von dem winzigen, hoch oben in der Zelle des Pawiak-Gefängnisses angebrachten Fensterchen konnte man in der zunehmenden Dämmerung die Konturen der Häuser wahrnehmen, die jetzt nicht mehr stehen. Aus dem Gewirr von Kabeln, aus den Resten ausgebrannter Fundamente, steigen graue Schwaden auf und bilden über den Trümmern einen durchsichtigen Vorhang. Hier und dort spaltet sich der Rauch, irrt träge über die ausgestorbene Stadt oder steigt in die Höhe, um hoch oben, direkt über dem Fenster des Pawiak-Gefängnisses zu verwehen. Auf dem ganzen Gebiet liegt tiefes Schweigen. Totenstille deckt die Reste des jüdischen Wohnviertels zu.

Auch ich befand mich einst dort. Später, nach vielen Monaten, stand ich in der Menge der Gaffer jenseits der Mauer. Wir schauten auf das brennende Getto. Eine Frau bemerkte: »Wer hätte das gedacht. Die Juden kämpfen.« Ich hatte den Eindruck, daß sie mich dabei mißtrauisch betrachtete. Damals hieß ich Zofia Wiśniewska. Aber nicht nur meine Papiere waren falsch. Ich hatte falsche Haare, ein gekünsteltes Lächeln und einen gläsernen Blick. Ich rief mit fremder Stimme: »Oh, Jesses, jetzt ist es schon sechs und ich stehe hier und gaffe, und daheim wartet Besuch.«

Die Flammen verschwanden. Und doch wurden noch viele tausend Menschen ermordet.

Seit heute morgen heiße ich Krystyna Zywulska. Stundenlang blicke ich unbewegt und mit müden Augen über die ausgebrannte Leere.

In der Zelle von der Größe eines nicht großen Zimmers befinden sich etwa vierzig Frauen verschiedenen Alters. Man hat sie aus den Wohnungen geholt, auf der Straße aufgegriffen. Am Ende ihrer Kraft erwartet sie der Tod.

Dichtgedrängt hocken sie auf dem verwanzten Fußboden, seufzen, weinen, pressen die Hände aufs Herz oder verharren in schmerzvollem Schweigen. Sie denken an das schutzlos zurückgelassene Kind, an die Mutter, die erfolglos auf die Rückkehr wartet, an den Mann, der vielleicht in der Nähe gefoltert wird.

Ich kann nicht begreifen, von welcher Seite ich jetzt auf die rauchenden Trümmer des ehemaligen Gettos blicke. Wo verläuft die Mauer jetzt?

Es gibt keine Mauer. Der Himmel wird unerbittlich von Gittern zerteilt. Die Freiheit ist es, die vermauert ist.

»Ist es hier?«

»Ja. Genau an der Stelle, wo der Spazierstock liegt.«

»Hat er die ganze Zeit über dort gelegen?«

»Von Anfang an. Die Kinder rühren ihn nicht an, sie wissen ja, daß er Herrn Wiśniewski gehört hat. Das ganze Dorf kannte ihn doch. Er war ein sehr anständiger Mensch. Als wir ihn begraben hatten, legten wir den Stock auf den Hügel. Herr Wiśniewski ist nie ohne ihn ausgegangen, und da dachten wir, er soll den Stock für immer bei sich haben.«

»Wie ist er gestorben? Bitte, sagen Sie mir alles, ich bin seine Tochter.«

»Jesus Maria, die, die in Auschwitz war!? Ich hab' Sie sogar gleich erkannt, aber ich wollt' es kaum glauben. Herr Wiśniewski sagte immer, das Konzentrationslager kann Fräuleinchen gar nicht lebend durchhalten. Da könn' Sie mal seh'n, wie das Schicksal mit dem Menschenleben spielt. Fräuleinchen kommt aus dieser Hölle zurück, und Herr Wiśniewski war gesund und hatte frische Luft, und da liegt er unter der Erde.«

»Wie kam er ums Leben?«

»Na, wir hatten einen Luftangriff. Er ist in den Keller gegangen, wie alle, zusammen mit der Jadzia von Walczakás. Er mochte Jadzia sehr gern, wo doch die eigenen Töchter nicht da waren. Den kleinen Jacek hat sein Vater zu sich genommen. Herr Wiśniewski konnte sich nicht daran gewöhnen, daß der Kleine nicht mehr bei ihm war. Na, und in den Keller ist ein Bombensplitter reingeflogen und hat ihn getroffen. Jadzia ist nichts passiert, nur, daß sie einen fürchterlichen Schreck gekriegt hat.«

»Ist er gleich tot gewesen?«

»Zwei Tage hat er noch gelebt, der Ärmste.«

»Wer war bei ihm?«

»Na, der Schuster Walczak, mit dem er immer Schach gespielt hat. Die Frau vom Walczak und die Jadzia sind auch bis zum Ende um ihn gewesen.«

»Und Vater?« hört er die Frage seiner Frau – meiner Mutter.

»Er kann nicht mit. Er würde uns schaden und sich selbst auch. Vater wird das verstehen.« Das war meine Stimme.

Die Hauptsache, keine von beiden tut einen Schritt in seine Richtung. Wenn sie ihn nur nicht ansprechen und ihm zum Abschied Mitgefühl zeigen. Hoffentlich geben sie sich gleichgültig – dann hält er durch.

»Wir müssen durch das Tor gehen, solange unser bestochener Gendarm dort steht. Wir haben keine Sekunde zu verlieren.«

»Ich komme«, antwortet die Mutter. Nur noch diesen Augenblick überstehen. Gut wäre es, wenn er sich die Ohren zuhalten könnte für den Fall, daß sie noch etwas zu ihm sagen, aber dazu müßte er die Arme heben. Doch er darf nicht die kleinste Bewegung machen. Endlich entfernen sich ihre Schritte. Er ist allein. Sie gehen wohl nun durch die Ogrodowastraße. Oder man hat sie bereits bemerkt und auf die Fuhrwerke gezogen, oder ...

Als er sich erhebt, ist es schon vollkommen dunkel. Er stolpert über etwas. Ein Schuh der Tochter. Er zündet eine Kerze an. Der gelbe Lichtschein flackert über die Gegenstände. In dem verödeten Zimmer erscheint ihm jede Bewegung nutzlos, jeder Gegenstand ist mit schmerzlicher Erinnerung verbunden. Er denkt zurück an jenen Tag, an dem er, auf der Suche nach einem Bekannten, irrtümlich in ein herrschaftliches Haus trat. Unvermutet entdeckte er damals den Ausblick auf den Garten: wirbelnde Blätter, Baumkronen, Grün. »Es genügt, im Treppenhaus nach oben zu gehen, aus dem Fenster zu blicken, da hat man die Luft umsonst«, ging es ihm durch den Sinn. Er wird dorthin gehen, er wird aus dem Fenster des höchsten Stockwerkes springen.

Schon der Gedanke daran bringt Erleichterung. Es ist ein wunderbarer Gedanke. In welchen Abgrund der Mensch fällt, wenn er vor einem Nichts steht, ist nur scheinbar gleichgültig. Wieviel leichter ist es doch, im Garten zu sterben als auf dem Straßenpflaster des Gettos. Hineingetrieben in das Dunkel, wählt er wenigstens den Tod allein. Er wird nicht in der stinkenden Gosse liegen; sein Tod wird im Grünen sein.

Er muß seine Wachsamkeit verstärken, damit man ihm nicht zuvorkommt und ihn in den Zug auf dem Umschlagplatz verlädt, bevor er sein Vorhaben in die Tat umsetzen kann. Er will aber vorher noch wissen, ob sie durchgekommen sind.

Er fragt die Leute, horcht auf Gespräche, bleibt bei flüsternden, eng zusammengerückten Gruppen stehen, spricht jüdische Polizisten an, hält sich in der Nähe der Wache auf. Er steckt einen Zettel an die Tür, daß er bald zurückkäme. Er wartet. Er reiht sich in die Schlange am Gemeindehaus ein und erobert einen Napf Suppe. Er grüßt Bekannte – es werden immer weniger – tauscht Blicke aus, schleicht an den Mauern entlang, mit dem Stock den Rhythmus seines Leids klopfend. Nachts liegt er schlaflos, wartend, ergeben.

Es ist die Zeit der verstärkten Vernichtung. Für diejenigen, die noch übriggeblieben sind, verringert sich die Aussicht auf Rettung mit jeder Minute.

Er weiß, daß es nun soweit ist. Die Zeit ist reif. Er muß das Zimmer verlassen, wo er viele Monate hindurch versucht hat, die Reste von dem, was schön und gut war, zu erhalten.

Er räumt den Topf weg und stellt den Stuhl beiseite. Er rückt an dem Teller, auf dem er einst Brot geschnitten hat. Er öffnet den Schrank. Er zieht den Mantel an und setzt den Hut auf. Er schaut im Zimmer umher, ob er auch nichts vergessen hat, so, wie es gewöhnlich Leute tun, die eine Reise machen. Er sieht sein Abbild im Spiegel; ein hochgewachsener, elender Mann mit einem Stock, ein Fremder.

Er schließt die Tür hinter sich.

Er findet das Haus mit dem Garten. Er hat lange gebraucht, nun ist er am Ziel. Die in die Höhe führenden Treppen ermüden ihn am meisten.

In der bräunlichen Dämmerung erkennt er den Garten. Noch eine letzte Anstrengung. Er muß auf das Fensterbrett klettern. Und gerade das scheint das Schwerste zu sein.

Das staubbedeckte Fensterbrett scheint unerreichbar. Er greift nach dem Fensterrahmen, stützt sich auf seinen Stock und ist endlich oben. Ihn befällt eine Blutleere, der Blick verschleiert sich. Er verharrt regungslos. Er hat vergessen, weshalb er hier steht. Nur ein leichtes Schwanken und er wird hinunterfallen.

Da kommt ihm zu Bewußtsein, daß er gerade deshalb hergekommen ist. Eben deshalb, um diesen Schritt zu tun.

Jetzt weiß er es wieder. Er reißt die Armbinde herunter und wirft sie fort. Die linke Hand auf den Stock gestützt, nimmt er mit der rechten den Hut ab, als grüße er den Tod.

Er sieht die vorbeiziehende Wolke, er spürt den leichten Lufthauch. Er tritt einen Schritt vor, so, als wolle er über das glatte Parkett des Thronsaales gehen, wo ihn Gott erwartet.

Unerträgliche Schmerzen im Kopf lassen keinen klaren Gedanken zu. Er bewegt die schweren Lider. Es flimmert ihm vor den Augen. Ringsumher ist Ruhe. Direkt über sich erblickt er schaukelnde Zweige. Blätter glänzen vor dem hellen Blau des Himmels.

Mit Mühe hebt er den Kopf, schluckt bitteren Speichel hinunter. Ein Zittern läßt ihn erschauern.

Die Erinnerung an den Augenblick kehrt zurück, als er am Fenster, an der Grenze zweier Welten stand. Wo mag er sich befinden?

Gehört das am Himmel schwankende Grün noch zum Leben? Er benetzt die Lippen. Gierig atmet er und nimmt den Erdgeruch in sich auf.

Gequält vor Angst bemüht er sich, den Verlauf der Geschehnisse zu rekonstruieren. Er schaut zur Seite. Dort erkennt er das Evangelische Hospital der Karmeliterstraße. Er ist auf das schräge Dach eines niedrigen Anbaus gefallen und dann ins Gras hinuntergerollt. Das ist also der Weg, auf dem er am Tod vorbeigekommen ist.

Was tun, um nicht mehr atmen zu müssen?

Ihm geht durch den Sinn, was man sich von dem Hospital, das an das Getto grenzt, erzählte: daß am Eingang des Hospitals genau so eine Wache stünde wie an den Toren des Gettos, damit niemand auf diesem Wege flüchten könnte.

Irgendwo ganz in der Nähe wird also ein Posten stehen.

Ein Stück weiter im Gras bemerkt er seinen Stock. Kriechend erreicht er ihn. Unter großer Anstrengung versucht er sich zu erheben. Er ist zu schwach. Die Beine gehorchen ihm nicht.

Er versucht es erneut. Umsonst.

Da vernimmt er ein Geräusch. Es ist, als hätte jemand hinter dem dicken Stamm der Eiche geseufzt. Es klingt wie das Echo des eigenen Seufzens. Er lauscht eine Weile.

Plötzlich bemerkt er den Alten.

»Na, und was suchst du hier?« klingt die etwas knarrende Stimme herüber. »Sieh mal einer an, er logiert unter freiem Himmel. Solche Vögel kenn' ich, die von außerhalb nach Warschau kommen, und dann tut es ihnen leid, in der Stadt das Geld für ein Nachtlager auszugeben. Mich hat bis jetzt noch keiner reingelegt, mir kann keiner was vormachen. Ich lasse Sie sowieso nicht rein, denn die Besuchszeit beginnt erst am Nachmittag.«

Er versucht sich zu erheben, doch er fällt kraftlos auf den Boden zurück. Er fühlt einen stechenden Schmerz in den Beinen. Er legt den Stock beiseite, birgt sein Gesicht in den Händen. Der Alte beugt sich fürsorglich zu ihm herunter, nimmt ihn bei den Schultern, richtet den kraftlosen Körper auf und lehnt ihn an den Stamm der Eiche.

Erst jetzt fallen ihm die glasigen Augen, die ungewöhnliche Blässe, der zerrissene Mantel auf. Sein Blick wandert an dem kleinen Haus in die Höhe – bis zu dem Fenster der anderen Seite – und kehrt unter den Baum zurück. Er ist bestürzt, verlegen. Seine Gelassenheit ist verschwunden.

»So hoch – und noch am Leben – ist das möglich«, murmelt er. »Na, und was wird nun weiter?«

Er schaut auf die Uhr, steht auf. Er verschwindet hinter dem Baum und kommt mit einer Thermosflasche wieder zum Vorschein. Er gießt Tee in den Becher und reicht diesen, zusammen mit einer großen, mit Butter bestrichenen Stulle herüber. »Bleiben Sie bitte ruhig sitzen, ich geh' wieder in meine Kammer, denn jetzt werden gleich die von der Nachtschicht herauskommen. Aber«, fügt er noch verschwörerisch hinzu, »wenn die Leute rauskommen, brauchen Sie keine Angst zu haben. Die gehen geradewegs den Pfad hinunter bis zum Wachtposten. Die haben es eilig, nach Hause zu kommen, und die Stelle hier ist von dort nicht zu sehen.«

Die letzten Worte des Alten hört er kaum. Er gießt sich Tee ein, starrt ungläubig auf das Brot, bricht ein Stückchen ab und ißt es mit einem unbeschreiblichen Wohlgefühl. Er fühlt keine Angst mehr. »Guten Tag, Herr Matthias«, ertönt ganz in der Nähe eine klangvolle Frauenstimme. »Hier ist mein Ausweis. Ich bin schrecklich müde. Ich geh' endlich schlafen, auf Wiedersehen.«

»Auf Wiedersehen, Fräulein. Oder richtiger, gute Nacht.«.

Die Schritte entfernen sich. Und wieder kommt jemand. Es wiederholt sich beinahe der gleiche Dialog.

Er ißt, ohne achtzugeben auf das, was sich hinter dem dicken Eichenstamm abspielt, so, als gehörte das zu einer anderen Welt. Da hört er einen Satz, der anders klingt als die vorangegangenen.

»Aber da, im Getto, muß die Hölle los gewesen sein. Haben Sie die Schießerei gehört? Bestimmt haben sie jetzt alle umgebracht.« Er hört auf zu essen. Dann sagt die Frau die üblichen Worte: »Auf Wiedersehen, Herr Matthias. Ich bin so todmüde.«

»Auf Wiedersehen, auf Wiedersehen. Na, eigentlich gute Nacht.«

Er kommt zu sich. Die Angst vor dem, was unweigerlich

kommen muß, zerrt an ihm. Ihn überfällt ein Zorn auf das Schicksal, das so grausam mit dem Verurteilten spielt und ihm das Leben für einen so kurzen Augenblick schenkt.

Nein! Schluß jetzt mit den vergeblichen Hoffnungen.

Mit Anstrengung erhebt er sich. Der Zorn setzt in ihm Energie frei. Er steht fest auf den Stock gestützt. Der Posten befindet sich ganz in der Nähe. Er wird dorthin gehen.

»Ich bin Jude«, wird er sagen, »bitte schießen Sie.«

Angespornt von dem Wunsch nach Befreiung macht er sich auf den Weg, Schritt für Schritt, ohne den Schmerz zu empfinden. Er kommt an dem Zimmer vorüber, in dem in Gedanken versunken Herr Matthias sitzt. Er betritt die schattige Pappelallee. Es ist schön hier und ruhig. Gut zehn Meter entfernt steht der Gendarm mit über die Schulter gehängtem Gewehr, regungslos, breitbeinig.

»Wohin?« ruft flüsternd Herr Matthias hinter ihm her. »Halt! Da ist ein Posten ... ein deutscher Posten ... Halt!«

Unbewußt verhält er den Schritt. Aber nur für einen Moment. Von diesem Weg kann ihn jetzt keiner mehr abbringen. Unbeirrt geht er weiter.

Der Posten ändert seine Stellung. Er ist jetzt deutlich zu sehen. Er scheint gelangweilt, verschlafen.

Er geht langsamer, holt mit Mühe Luft. Krampfhaft umschließen seine Finger den Spazierstock. Plötzlich vernimmt er direkt hinter sich Schritte. Aus den Augenwinkeln heraus bemerkt er eine Nonne im schwarzen Ordenskleid. Er bleibt jäh stehen, will sie vorbeigehen lassen. Weshalb soll sie Zeuge sein? Die Schwester bleibt gleichfalls stehen. Er wendet sich ihr zu, sein Wunsch ist, daß sie vorangeht, doch er weiß nicht, wie er es ausdrücken soll. Gequält schaut er in ihr schmales, zartes, von der Schwesternhaube umrahmtes Gesicht. Dieser Augenblick scheint eine Ewigkeit zu dauern. Dann nimmt ihn die Nonne sanft und bestimmt beim Arm.

»Guten Tag«, ruft sie den Posten an. »Ein schöner Tag heute, nicht wahr? Dieser Herr ist in meiner Begleitung. Er war lange krank und ist noch sehr schwach. Auf Wiedersehen!«

»Auf Wiedersehen! Wann nimmst du endlich deinen schwarzen Schleier vom Kopf, man kann dich nicht mal richtig ansehen ...«

Sie gehen durch das Tor. An der nächsten Straßenecke gibt sie seinen Arm frei, macht das Zeichen des Kreuzes, lächelt ihm beruhigend zu und verschwindet in der Tiefe der Straße.

Er bleibt verloren stehen; geschäftige Menschen hasten an ihm vorbei. Wie ein Blinder mit dem Stock klopfend, schleppt er sich weiter. Alle paar Schritte bleibt er stehen. Er sieht zerlumpt und gespenstisch aus. Ziellos bewegt er sich vorwärts. An der Mauer eines Hauses läßt er sich zu Boden gleiten.

Ein Vorübergehender drückt ihm eine Münze in die kraftlose Hand. »Mach dich davon, Alter, fort von hier!« schreit er ihm ins Ohr. »Besser, du bettelst in anderen Straßen. Hier wird dauernd Streife gemacht, denn das Getto ist nicht weit. Hörst du? Das Getto!«

»Und wissen Sie, Fräuleinchen, hier war es den ganzen Krieg über so still, so ruhig, keine Schießerei, nichts. Und nach dem Warschauer Aufstand, und eigentlich war es fast, als wär' der Krieg aus, da ist nur diese einzige Bombe in der ganzen Gegend gefallen ...«

Trinkt Tee

»Mama Klinger«, wie wir sie in unserer Schulzeit zu nennen pflegten, traf ich bereits kurz nach Kriegsende. Fünf ihrer Kinder sind ermordet worden. Von dem sechsten Kind – der Tochter Tanja – fehlt jede Nachricht. Als Mama Klinger mich erblickte, sagte sie zu mir:

»Natürlich erkenn' ich dich. Du warst ja die Freundin von Dorotka ... hattest auch keine Ahnung von Mathematik, und beide habt ihr von Zina abgeschrieben; der besten Schülerin in der Klasse. – Na siehst du, ich kann mich noch an alles erinnern.

Aber dafür war Dorotka in Physik besser. Auf der Elternversammlung sagte Kojrański: ›Ihre Tochter wird sicher mal eine zweite Curie-Sklodowska werden.‹ Oder war es vielleicht Maria, von der er das sagte? Ja ... es war wohl Maria. Dorotka wollte unbedingt Schauspielerin werden. Sie spielte immer Theater, konnte wie auf Bestellung lachen und weinen ... ach, die Kinder, die Kinder ... Weißt du auch, daß ich ihr Bild in einer amerikanischen Illustrierten, ›Life‹, das heißt ›Leben‹, gesehen habe? Wenn du mir nicht glaubst, kann ich dir die Zeitschrift sofort holen und zeigen.

Na, sie muß ja auch nicht gleich zurückkommen, nicht? Es sind doch noch viele im Ausland? Eines schönen Tages kommt sie mit eigenem Wagen, macht halt vor dem Tor, öffnet die Wagentür und sagt: ›Steig ein, Mama, wir machen eine Spazierfahrt nach Bielany, in den Wald.‹ Das hat sie bestimmt vor. Ich kenne sie doch ...

Dorotka hatte immer Glück. Wenn sie ab und zu Lotterie spielte, gewann sie immer. Lucek sagte mal, Dorotka wird zehn Hitler überleben.

Lucek, mein süßes Söhnchen. Er kommt bestimmt jeden Augenblick zurück. Schließlich können ja nicht alle zusammen kommen. Wo soll er denn auch hingehen? Wo hat er es besser als zu Hause? Weißt du, er hing mir immer am Rockzipfel. Bis er zehn Jahre war, lief er stets hinter mir her.

Und dann Ola ... die kleine Ola benahm sich wie ein wilder Junge. Mein Gott, was die alles angestellt hat. Immer schlug sie die Trommel und trommelte und trommelte. Dieser Lärm liegt mir heute noch in den Ohren. Ach, die Kinder, die Kinder, nicht eine Minute Ruhe hat man mit ihnen ...

Maria hat weiche, aus Handtüchern geknotete Puppen gerne. Doch Lucek knotet sie immer auseinander. Er bringt Maria oft aus der Fassung ... manchmal weint sie seinetwegen. Ich habe Adam gebeten, er möge als ältester Bruder mit ihm sprechen. Und Adam sagt zu Lucek: ›Ich befehle dir im Namen der Mitglieder unserer ehrenwerten Familie, mach keine Dummheiten, wenn Mama im Zimmer ist.‹ Hast du so was schon mal gehört?

Sie haben überhaupt keinen Respekt. Ach, die Kinder, die Kinder... Ich sage ihm: ›Adam, Adam, was soll nur aus dir werden?‹ Dorotka macht es genauso wie ich, stemmt auch die Arme in die Hüften und äfft mich nach: ›Ach, Adam, Adam, was soll nur aus dir werden?‹ Und man weiß nicht mal, soll man sie dafür bestrafen? Später sagt sie, daß sie mich nicht nachäfft, sondern die Rolle der strengen Mutter spielt. Sie sollen ruhig Possen reißen, nicht wahr? Wenn sie heranwachsen, dann kommen Pflichten, Sorgen, Studium, dann ist zum Scherzen keine Zeit mehr.

Lucek ist jetzt fünfzehn Jahre alt. Ja, am Sonnabend, am 10. Juli, ist sein Geburtstag. Weißt du was? Du mußt unbedingt kommen. Ich backe einen Honigkuchen, Maria ißt den so gern, mit Marmelade gefüllt ... Das wird ihr guttun. Maria liest immer, ich wußte, daß das nicht gutgehen würde, aber sie hört nicht auf mich, irrt irgendwo über Berge und Meere, denkt nur an weite Reisen. Da siehst du, meine Liebe, wozu Bücher führen können. Adam interessiert sich nur für Sport, er zankt sich dauernd mit Ola rum, ob Hakoach oder Makabi gewinnt, na, und wer hat nun gewonnen? Hitler! ... Das heißt, Hitler hat ja eigentlich verloren, nur ich, ich weiß nicht, wo meine Kinder hingekommen sind ... Moment mal, Tanja ist weggefahren, ja, bestimmt. Wir haben sie ja alle zum Zug gebracht.

Sie schreibt nicht, denn die Post funktioniert wahnsinnig schlecht ... Und schließlich – weiß denn Tanja meine Adresse? Kenne ich sie denn? Keiner kennt seine Adresse, nicht wahr? Häuser sind keine mehr da. Wohnungen gibt es nicht und Schulen auch nicht. Weißt du, ich wollte Lucek für die sechste Klasse anmelden, ich konnte keine Schule finden, ich hab' überall rumgefragt. Mein Gott, wie die Zeit vergeht. Und wie begabt er ist, er und Dorotka unterhalten sich wie zwei Affen, kennen die Sprache nicht und plappern so dahin ... Ach, die Kinder, die Kinder ...

Dorotka nimmt meine Schals und Tücher aus der Truhe, zieht die Tischdecke vom Tisch, wickelt sich hinein und tanzt.

Lucek wiederum hat sich die Topfdeckel aus der Küche geschnappt und scheppert mit ihnen, schlägt sie zusammen, daß es kaum auszuhalten ist, von dem Lärm tut mir heut' noch der Kopf weh, obwohl ich doch schon lange von zu Hause weg bin, sehr lange, Moment mal – wann bin ich denn eigentlich aus dem Haus gegangen?

Dorotka wird mal eine große Schauspielerin. Ich glaube, das hab' ich dir schon erzählt. Auf der Fotografie in der ausländischen Zeitschrift hat sie einen japanischen Kimono an, das Haar hat sie hochgekämmt, hinten mit einem Perlmuttkamm zusammengesteckt. Sonst hat sie sich überhaupt nicht, aber auch kein bißchen, verändert, sieht glänzend aus, erholt, rosig. Wenn sie sie nur nicht behexen, weißt du, so was kommt im Theater vor.

Wo war ich denn, was hab' ich noch eben gesagt ...? Aha, ich bin mal neugierig, ob sie sich in Paris mit Tanja treffen, das wäre lustig. Ach, die Kinder ... die Kinder ... Tanja hat sich immer am meisten um Dorotka gekümmert, hat ihr die Schleifen ins Haar gebunden. Tanja hat Augen, so blau wie Saphire ...

Nur Maria ist kurzsichtig, bestimmt hat sie wieder ihre Brille zerbrochen, oder Lucek hat sie versteckt. Lucek ist unerträglich und hängt mir dauernd am Rockzipfel. Sonderbar, weshalb er jetzt nicht um mich herum ist?

Sie stellen das Grammophon an, du kannst dir vorstellen, was das für ein Lärm ist. Vielleicht backe ich besser einen Apfelkuchen. Jetzt würde Ola gleich sagen: ›Mammilein, Liebes, aber mit viel Äpfeln und wenig Teig.‹ Ich kann mich nicht besinnen, wieviel Zucker man auf ein Kilo Mehl braucht.

Weshalb hab' ich nur solch ein Getöse im Kopf? Dorotka schlägt den Eierschnee so schrecklich lange, damit er ganz fest wird, sie schlägt fortwährend, und schlägt und schlägt ...

Herrgott noch mal, der Adam kommt auch gar nicht, um mich nach Hause zu bringen. ›Wenn Mama bei Glatteis ohne Schutz ausgeht, dann passiert noch mal was.‹ Was soll passieren? Mir haben sie nichts getan.

Auf der Fotografie, wo Dorotka im Kimono auf einem Sofa liegt, steht geschrieben: ›Drink Lipton's tea, trinkt Liptons Tee.‹ Wo war ich denn ... was hab' ich noch eben gesagt? ... Aha. Ich denke, ich werd' einen Honigkuchen backen, denn Honig ist gut fürs Herz. Maria hat ... Sag mir, wie bist du eigentlich mit dem Leben davongekommen?

Manche Mütter haben es gut. Sie sind tot. Und ich, ich muß

fortwährend warten. Warten auf Dorotka, auf Lucek, auf einen Brief von Tanja, weißt du, sie will mich unbedingt nach Paris holen, alle sagen, es sei eine sehr schöne Stadt, und daß ich hinfahren soll. Doch da sind nicht die Gräber meiner Kinder. Ob sie hier sind? Meine Liebe, sind denn überhaupt irgendwelche Gräber verblieben? Gibt es denn Adressen – von den Lebenden oder von den Toten?

Die Adresse des Herrgotts kenne ich auch nicht, sonst würde ich ihm gleich einen Brief schreiben und bei ihm anfragen, was er mit meinen Kindern gemacht hat.

Aber der Herrgott wüßte wieder nicht, wo er die Antwort hinschreiben soll. Das ist komisch, nicht wahr?

Wo war ich denn ... was hab' ich noch eben gesagt ... Aha!

Ich kann das Vaterunser aus dem Gedächtnis hersagen, ich mußte mir das einpauken, für den Fall, daß die Gestapo verlangt hätte, es herunterzubeten. Ich hab' das umsonst gelernt, sie haben mich überhaupt nicht verhört, und von der jüdischen Religion weiß ich gar nichts, denn danach hat die Gestapo nicht gefragt.

Weißt du, ich habe nur eine Bitte an den Herrgott – daß ich wieder schlafen kann. Ich schlaf' überhaupt nicht. Erst geh' ich ins Kinderzimmer, um Olenka und Lucek zuzudecken, sie dekken sich immer auf, die Steppdecken liegen neben den Betten. Wo war ich denn ... Was hab' ich noch eben gesagt? ... Aha! Und stell' dir vor, sie sind nicht da – das Zimmer ist auch weg, ich würde dieses Zimmer sofort erkennen, mit rosa Ölfarbe gestrichene Wände, von einer Bordüre begrenzt, auf dieser Bordüre ein Zirkus, bunte Zirkuswagen, ein dicker Clown und eine Zirkusreiterin. Und das zog sich so ringsherum ...

Dorotka springt sehr oft auf einem Bein, sie ahmt dann diese Kunstreiterin nach. Ich muß gleich gehen. Adam macht seine Prüfung, er lernt immer noch, er wird doch Architekt. ›Mamilein, ich bau' dir eine schöne Villa in einem Garten, dort wirst du in der Sonne liegen und Rumkonfekt essen‹ ... Ach, die Kinder, die Kinder ...

Weißt du was? Für ihn kaufe ich am besten Milch. Wenn er lernt, dann kann er einen ganzen Liter auf einmal trinken. Milch ist sehr gesund, dir rate ich das auch, nur, du brauchst ja keine Milch zu trinken ... Du stehst ja vor mir ... Du lebst ... wart' mal, gleich, ich kann mich nicht entsinnen: War es Adam, der keine Haut auf der Milch mochte, oder Maria? Mein Gott, welchem Kind hab' ich denn immer die Milch durchgeseiht?

Denk' dir, ich habe Marek Weiss getroffen, er hat mir erzählt, daß er meine kleine Ola in der Todeszelle des Gefängnisses gesehen hätte. Warum sollte das Kind, das niemals auch nur einer Fliege etwas zuleide getan hat, zum Tode verurteilt worden sein? Das hat er nur so aus Neid dahergeredet, nicht wahr? Denn weshalb sollte meine kleine Ola dort in der Zelle sein, wo er auf der Straße herumläuft? Wer kann mir das erklären?

Wo war ich denn ... was hab' ich noch eben gesagt? ... Aha! Beinahe hätte ich das vergessen. Du mußt unbedingt zu Luceks Geburtstag kommen. Dorotka kommt bestimmt auch, sie bringt ihm sicher ein Geschenk aus dem Ausland mit, ich bin mal gespannt, was sie kauft, vielleicht diesen Tee. ›Drink Lipton's tea‹. Und daß nur Tanja den Zug nicht verpaßt, denn sie verspätet sich immer. Wegen Maria bin ich unbesorgt, die sitzt zu Hause über dem Buch ›Die Kinder des Kapitäns Grant‹, das hat sie schon fünfmal gelesen. Adam lernt, und Ola, warte mal, wo kann denn Oleńka nur sein? ...

Weißt du, ich werd' ihr sagen, sie soll bunte Papiermützen machen, ich kauf' noch Papierschlangen. Ein Geschenk brauchst du nicht mitzubringen, komm bestimmt, merk dir das Datum – 10. Juli. Du kannst dir nicht vorstellen, wie lustig es ist, wenn die ganze Familie so um den Tisch versammelt ist ...«

Epilog

Dorotka, Maria, Oleńka – die Töchter von Mama Klinger – erstickten in den Gaskammern und wurden in den Krematoriumsöfen verbrannt.

Adam und Lucek – die Söhne von Mama Klinger – erstickten in den Gaskammern und wurden in den Krematoriumsöfen verbrannt.

Mama Klinger wohnte nach dem Krieg in einer weißen Villa in Tel Aviv bei ihrer einzig am Leben gebliebenen Tochter Tanja.

Die Nachbarn – Familie Rosenberg, der sonderbare alte Junggeselle, Herr Max, Anulka Rosen und deren Eltern – erstickten in den Gaskammern und wurden in den Krematoriumsöfen verbrannt.

Mein Onkel Alexander, seine Frau, vor der er Angst hatte, seine angebetete Tochter erstickten in den Gaskammern, ihre Leichen wurden in den Krematoriumsöfen verbrannt.

Hilary, Stellas Verehrer, seine ganze Familie, Weiskorn, der uns Mehl gegeben hatte, erstickten in den Gaskammern, ihre Leichen wurden in den Krematoriumsöfen verbrannt.

Ännchen Piotrkowska, die Tänzerin, die in Dresden studiert hatte, und ihr Mann Jerzy, der an die Überlegenheit der deutschen Kultur glaubte, erstickten in den Gaskammern, ihre Leichen wurden in den Krematoriumsöfen verbrannt.

Sofort nach Einstellung der Kriegshandlungen wühlte Piotrus, der zwölfjährige Sohn von Ännchen und Jerzy, der nach der anderen Seite geschickt worden war, »bis es sich aufklärt«, mit einem Spaten in den Ruinen, dort, wo einst die Ogrodowastraße gewesen war. Piotrus suchte nach der Fotografie seiner Mutter im Kostüm des Balletts ›Schwanensee‹. Er hat sie nicht gefunden.

Die ausgehungerte Chansonnette – ›Sechzehn Jahre bin ich alt und welk wie eine Blume‹ – erstickte in den Gaskammern, ihre Leiche wurde in den Krematoriumsöfen verbrannt.

Das kleine Mädchen ohne Beine, angeschossen, weil es ein Stück Brot geschmuggelt hatte, die Kinder, die das Lied ›Aj, die Karte‹ geknarrt hatten, die Reichen, die Häuser im Getto aufkauften, die Armen, die in den engen Gassen um Mitleid bettelten – sie alle erstickten in den Gaskammern, ihre Leichen wurden in den Krematoriumsöfen verbrannt.

Lolek Fokszański, der Dichter, der über die engen Gettostraßen Poeme schrieb und in einem Gedicht voraussah, daß »im Himmel alle Platz finden«, schluckte Gift, bevor er den Eisenbahnwaggon auf dem Umschlagplatz betrat.

Die exhumierte sterbliche Hülle meines Vaters wurde auf dem Friedhof im Städtchen Kobylka, nicht weit von Zagościniec, beigesetzt. Auf dem Kreuz aus Holz ist der Name Wiśniewski eingeschnitzt. Sein Grab liegt neben dem von Frau Szumowska, die uns nach der Flucht aus dem Getto als erste herzlich begrüßte und bei der wir ein paar Monate wie andere Dorfbewohner leben konnten.

Herr Szumowski arbeitete noch im Jahre 1957 als Postangestellter in Wolomin – auf der fünften Station, wo wir auf Empfehlung von Franek den Zug verlassen hatten. Im Jahre 1965 war er zweiundneunzig Jahre alt.

Der »Verlobte«, Franek, soll nach dem Krieg in England gelebt haben. Ich habe nie mehr von ihm gehört.

An der Stelle des Gartens vor dem Evangelischen Hospital, in den mein Vater gesprungen war, steht heute das Studententheater der Satiriker. Wo sich einst die Kapelle befand, ist heute die Bühne.

Das Schicksal der Nonne, die meinen Vater gestützt und vor das Tor gebracht hat, ist mir nicht bekannt.

Im Frühsommer des Jahres 1943 konnte der Schauspieler aus dem Getto, Leon Rytowski – später Stephan Pawliszak – den Paß eines Staatsangehörigen von Paraguay für sich und seinen

Sohn Jacek (der im Sack über die Gettomauer geworfen worden war) erkämpfen. Mit einer Gruppe ähnlich »Glücklicher« begab er sich nach Südfrankreich. Einige Monate später wurden sämtliche »Paraguayer«, unter ihnen Leon Rytowski und sein Sohn Jacek, nach Auschwitz gebracht. Dort erstickten sie in den Gaskammern, und ihre Leichen wurden in den Krematoriumsöfen von Birkenau verbrannt.

Die Staatsangehörigkeit von Paraguay war eine von der Gestapo gelegte Falle. Es handelte sich darum, die noch am Leben gebliebenen, versteckten Juden zu schnappen.

Mein ältester Sohn heißt Jacek.

Keiner weiß, wo Eva begraben liegt, für deren Tod Leon Rytowski vierzig Deutsche als Vergeltung zum Tode verurteilt hatte.

Keiner weiß, ob er das geschafft hat.

Im Jahre 1950 kam Evas amerikanische Schwester aus New York nach Warschau. Sie fragte mich, ob es wahr sei, daß Eva ein Kind hinterlassen hätte.

Ich bestätigte ihr dies.

Meinem Freund Fredek war es gelungen, zusammen mit seiner als Mann verkleideten Frau aus dem Lager in Trawniki zu entfliehen. Zofia hat die beiden in ihrer Wohnung versteckt, ihnen falsche Papiere besorgt, und als freiwillige Arbeitskräfte sind sie in Wien am Leben geblieben. Nach dem Krieg gingen sie nach Amerika, wo Fredek an Herzversagen starb.

Iwo Wesby, der das Orchester während der Vorstellung der Bajadere geleitet hatte, ist in New York gestorben, an Herzversagen.

Helena – die Bajadere aus dem Theater Femina in der Lesznostraße – wurde als Jüdin auf der arischen Seite erkannt. Man erschoß sie, zusammen mit ihrem Töchterchen Joasia. Joasia war damals fünf Jahre alt.

Stella hatte sich in der gleichen Wohnung wie Helena verborgen gehalten. Als Helena von der Gestapo abgeholt wurde, spielte Stella ungewöhnlich überzeugend die Rolle einer Idiotin. Sie überlebte den Krieg.

Dort, wo das Theater gestanden hatte, wurde im Jahre 1961 das Lichtspielhaus Femina erbaut.

Krysia – die Freundin meiner Schwester, die während des Krieges Menschen schmuggelte – lebt als Journalistin in Warschau. Sie schreibt Reportagen über die Lage der Arbeiterklasse in Polen.

Jurek Blaszkowski, der siebzehnjährige Komplize von Krysia beim Menschenschmuggel, wurde erwischt, als er eine Gruppe Juden in der Kleinstadt Krzemieniec auf den Bahnhof führte. Die Buffetdame hatte sie angezeigt, als sie unter den Vorübergehenden den Kaufmann Behrenstein erkannte. Jurek wurde gemeinsam mit seinen Kunden öffentlich auf dem Marktplatz gehenkt.

Die Eltern und die Familie von Jurek und Krysia erstickten in den Gaskammern, ihre Leichen wurden in den Krematoriumsöfen verbrannt.

Ein Häufchen Asche blieb von der schönsten von Krysias Schwestern, Sabina, die aus dem vierten Stock hinuntergesprungen war.

Sabinas Sohn hat nach dem Krieg an der Technischen Hochschule in Warschau studiert. Im Jahre 1968 ist er nach Schweden ausgewandert. Das Visum wurde für die Emigration nach Israel ausgestellt. Die polnische Staatsangehörigkeit hat er verloren.

Meine Schwester Basia lebt in Schweden. Sie ist im Jahre 1969 wie viele tausend Juden ausgewandert. Das Visum wurde für Israel ausgestellt. Die polnische Staatsangehörigkeit hat sie verloren.

Wojtek lebt in Paris.

Wojteks Eltern erstickten in den Gaskammern, ihre Leichen wurden in den Krematoriumsöfen verbrannt.

Kasia lebt in Warschau. Sie ist immer noch sehr gepflegt und elegant.

Nur ein Häufchen Asche blieb von der schönen Rosa, dem pickligen Tolek, von deren Familien und ihren Hochzeitsgästen.

Es ist nicht bekannt, was aus Anna und ihrer Mutter geworden ist, die von Arthur Lehmann aus dem Gefängnis befreit worden waren.

Herr Miller – der in Wirklichkeit Kölle heißt – war eine Zeitlang Leiter eines Sanatoriums im Tatragebirge. Dann ist er mit seiner jüdischen Frau in die Bundesrepublik ausgewandert und lebt jetzt in Baden-Baden.

Arthur Lehmann alias Johann Schulz wurde Ende des Jahres 1943 auf dem Hof des Gefängnisses Montelupi in Krakau am Galgen gehenkt. Das erzählte mir in Auschwitz meine Freundin Anna Gabel, die mit dem Transport aus Krakau kam.

Arthur Lehmanns richtiger Name war Arthur Heydenreich. Das weiß ich aus seiner Unterschrift auf dem Lebenslauf, den er für die Aufnahme in die Untergrundorganisation geschrieben hat. Er wurde nie aufgenommen, man hatte nicht genügend Vertrauen zu ihm.

Den Lebenslauf von Arthur Heydenreich habe ich meinem damaligen Freund Zenek Kliszko überreicht. Zenek, bei dem alle Verfolgten Obdach und Schutz suchten und fanden, war nach dem Krieg ein hoher politischer Funktionär, bis zum Jahre 1972. Dann mußte er gehen, weil er für die Schießbefehle gegen streikende Arbeiter mitverantwortlich war. Er stammt aus einer Arbeiterfamilie.

Im Winter des Jahres 1944 bemerkte Zofia an ihrem Körper rote Flecken. Wir waren zusammen in Auschwitz. »Und wenn man bedenkt, daß nur eine einzige Laus genügte«, sagte sie beinahe fröhlich zu einer Kameradin. Zehn Tage später starb sie während einer Flecktyphusepidemie.

Bolek starb im Jahre 1960 in Warschau. Die Umstände seines Todes zu schildern, würde ein weiteres Buch erfordern, das leider niemals geschrieben werden wird.

Dort, wo früher in der Szuchaallee Menschen verhört und gefoltert wurden, wo die Gefängniszellen Straßenbahnen hießen, steht heute das Gebäude des Ministeriums für Bildungswesen.

Meine Mutter ist im Jahre 1967 gestorben. Sie ist auf dem katholischen Friedhof in Warschau beigesetzt. Auf dem Grabstein ist ihr letzter falscher Name eingraviert: Stanislawa Kozlowska. Schon lange vor ihrem Tod konnte sie sich nicht mehr besinnen, wie ihre echte Geburtsurkunde lautete.

Ich war in Polen als satirische Schriftstellerin tätig. Im Jahre 1969 habe ich mit meinen beiden Söhnen das Land verlassen. Die polnische Staatsangehörigkeit haben wir verloren.

Zweites Buch
Auschwitz-Birkenau

Stammlager Auschwitz

Der erste Tag

Pawiak-Gefängnis, Zelle 44. Eine Gefängnis-Insassin legt mir die Karten. Darin »steht«: Amtspersonen, Reise, ein Kreuz... Die Frauen in der Zelle starren wie gebannt auf die Kartenlegerin. Schlimmste Vorahnungen hängen in der Luft. Alle Gedanken ballen sich zu ein und demselben Satz zusammen: »Transport nach Auschwitz.«

Einem Menschen, der nie im KZ war, kann diese Angst vor einer Veränderung lächerlich vorkommen. Jeder weiß, daß auch im Pawiak ständig Menschen erschossen und unbarmherzig geschlagen wurden, daß die Wanzen bissen. Trotz alledem hatten wir panische Angst vor dem Transport.

Im Pawiak konnte man einen Kassiber von den Familienangehörigen erhalten. Zwar wurde im Pawiak auch geschlagen, aber man wurde in Warschau geschlagen, und schon allein diese Tatsache machte das Schlagen erträglicher. Und obwohl keiner derjenigen, die von der Gestapo verhaftet worden waren, ernsthaft an eine Freilassung glaubte, wußten wir, daß es von hier aus nur ein einziger Schritt in die Freiheit war. Wenn sie uns jedoch deportierten, dann wäre alles vorbei. Und nun ... nach Auschwitz. Jede von uns stellte sich diesen Ort anders vor, und zwar aufgrund zufällig aufgeschnappter Informationen. Niemand wußte, wie es dort wirklich war, und niemand wollte es wissen. Eines aber wußten wir alle – von dort gab es keine Rückkehr mehr.

Kein Laut unterbrach die Stille in der Zelle. Plötzlich wurde der Schlüssel im Schlüsselloch umgedreht. In der Tür stand ein SS-Mann, genannt Glotzauge, einer der Schrecken des Pawiak. Sein Gesicht glich einem Totenschädel. Unsere Vorahnungen und die Worte der Kartenlegerin hatten sich bereits erfüllt. Er las Namen vor. Ich wurde als dritte aufgerufen. Mechanisch verließ ich die Zelle, begleitet von den Seufzern der Zurückgebliebenen. Neben mir stand Zofia, blaß, mit blau angelaufenen Lippen. Ich versuchte, ein Lächeln hervorzubringen.

»Na und, wir gehen doch nicht in den Tod!«

»Möglich, aber wir werden leiden, und das ist noch viel schlimmer.«

»Hattest du gehofft, daß sie dich freilassen? Auch dort leben schließlich Menschen, übrigens ist es gut, daß wir zusammen fahren. Nimm dich zusammen, die anderen schauen uns zu. Und mach keine traurige Miene. Lächle!«

Und in der Tat, Zofia lächelte. Eben kam Glotzauge vorbei. Er blickte sie so an, als wollte er sie schlagen, aber er schien über ihren heiteren Gesichtsausdruck so überrascht zu sein, daß er die Hand sinken ließ und weiterging.

Wir wurden in die Transportzelle getrieben. Dort befanden sich bereits andere weibliche Häftlinge; Frauen, die schon seit einem Jahr im Pawiak saßen und die gedacht hatten, man hätte sie bereits vergessen, und Frauen, die vor einem Monat hier angekommen waren, denen noch der Geruch der Freiheit anhaftete und an denen noch Spuren der Sonne zu sehen waren, die niemals in die Zellen des Pawiak-Gefängnisses eindrang.

In der Transportzelle beteten einige Frauen inbrünstig, andere versuchten, sich all das, was sie von den Konzentrationslagern wußten, ins Gedächtnis zurückzurufen. Andere wiederum ließen Witze los und legten Galgenhumor an den Tag.

»Dort wirst du eine schöne Frisur haben!« Wir wußten, daß man kahlgeschoren wurde.

»Dort kriegst du eine Nummer, damit du nicht verlorengehst.«

»Dort wirst du wenigstens in Keuschheit leben, denn mit den Männern darf nicht einmal gesprochen werden.«

»Halt die Klappe!« fuhr Stefa sie an. Stefa weinte die ganze Zeit über. Sie hatte zu Hause einen kleinen Sohn zurückgelassen und konnte sich nicht damit abfinden. Sie sagte mir, daß die Augen ihres Kindes sie ständig verfolgten und daß sie sich schuldig fühle, weil sie sich derartig widerstandslos hatte mitnehmen lassen. Sie war dem Wahnsinn nahe. Sie drückte mir die Hand und wiederholte immerfort unter Tränen: »Was macht er jetzt, mein Kleiner? Er wartet auf mich. Mein Gott, wenn meine Familienangehörigen erfahren, daß ich von diesen Unmenschen mitgenommen worden bin ...«

Ich konnte das nicht mitanhören. Mir war die Kehle wie zugeschnürt. »Stefa, weißt du, wir sollten trotzdem nicht weinen, wir sind nicht die ersten ... es ist halt Krieg!« Aber nichts half. Ich blickte mich in der Zelle um. Die lebhaften Gespräche verstummten. Immer mehr Frauen begannen zu weinen. Plötzlich schien es, als würde dieses Schluchzen die Gefängniswände sprengen und uns die Freiheit wiedergeben.

Aber die Wände zerbarsten nicht, und kein Wunder geschah.

»Mädchen, laßt uns beten, und dann versuchen wir, ein wenig Schlaf zu bekommen. Morgen erwartet uns eine lange und unangenehme Reise«, sagte irgend jemand.

Wir knieten nieder. Aus einer Zelle erklang der Chor des Abendgebets. Durch ein kleines vergittertes Fenster drang die schwüle Luft der Augustnacht herein. Irgendwo – nah und dennoch fern von hier – gingen Menschen an der Weichsel spazieren, schlief nun der kleine Sohn Stefas, wachte meine Mutter.

Diese Nacht konnte kaum eine von uns schlafen.

Um sechs Uhr trat Glotzauge ein und befahl uns, sofort hinauszugehen, so wie wir dastanden. Die Namen auf der Transportliste wurden verlesen. Alles stimmte. Wir wurden sogleich hinausgeführt. Die Pawiak-Hunde kläfften wütend. Wir nahmen weder Brot noch Mantel mit. Glotzauge hatte uns gesagt, daß wir wiederkommen würden und daß sie uns nur abzählen wollten. Die mit ungeheurem Aufwand zusammengetragenen Vorräte, die uns die zurückbleibenden Häftlinge geschenkt hatten, blieben in der Transportzelle zurück.

In Todesangst versetzt, unausgeschlafen und erschöpft, betraten wir den Hof des Pawiak-Gefängnisses. Aus den Fenstern schauten blasse Männergesichter; achthundert von ihnen fuhren mit demselben Transport, einem der größten Transporte.

Ein fettleibiger SS-Mann stellte uns in Fünferreihen auf, zählte ab, stieß und schrie. Dann fuhren Lastwagen vor, und wir wurden zum Bahnhof verfrachtet.

Eskortiert von Polizisten mit schußbereiten Waffen fuhren wir durch die Stadt. Die Menschen, die sich auf dem Weg zur Arbeit befanden, warfen entsetzt flüchtige Blicke auf die vollgepferchten Lastwagen und versuchten, Bekannte zu identifizieren. Ich hoffte, irgendeinen Verwandten oder Bekannten vorbeigehen zu sehen, aber ich konnte kein bekanntes Gesicht entdecken. Sie verluden uns in Viehwaggons, schlossen die Türen zu und vernagelten alle Öffnungen.

Jemand jammerte: »Wir sind bei lebendigem Leib begraben!«

Die Waggons wurden auf irgendwelche Nebengleise rangiert, endlich drehten sich die Räder, und der Zug setzte sich in Bewegung. Ich weiß nicht, wie es geschah, aber plötzlich hörte man, ohne daß wir uns irgendwie verständigt hätten, von allen Seiten: »Noch ist Polen nicht verloren, solange wir noch leben ...«

Es war die polnische Nationalhymne, die wir sangen.

Der Zug fuhr immer schneller und übertönte die Melodie und die Worte. Sein Rattern hämmerte uns diese einzige schreckliche Wahrheit ins Bewußtsein, das Endziel unserer Fahrt: »Nach Auschwitz, nach Auschwitz.« Abends um zehn Uhr hielt er auf offener Strecke.

»Aussteigen!« Auch unser Waggon wurde geöffnet. Schon wieder Hunde, kläffende Hunde, die uns anspringen wollten.

Und wieder marschierten wir in Fünferreihen ins Unbekannte, angetrieben von den Schreien der SS-Männer.

Vor uns lag das Lager. Die elektrisch geladenen Drähte und die scheinbar in der Luft schwebenden Schilderhäuschen schimmerten. Wir marschierten im Gleichschritt, und jeder Schritt hallte in unserem Gehirn wider.

»So also sieht das alles aus, so also!« dachte ich, während ich zu Zofia hinüberblickte. Sie hielt den Kopf hoch, ihre Lippen waren zusammengepreßt. Sie wußte, daß ich sie anschaute, und hatte Angst, mich anzublicken. In diesem Moment durchschritten wir das Lagertor. Ich wandte mich um. Plötzlich wurde mir bewußt: Ich befinde mich im Lager. Hier ist Auschwitz – Vernichtungslager – von hier aus gibt es kein Zurück mehr!

»Wir haben die Hölle betreten«, sagte Zofia mit fremder, entrückter Stimme und fügte mit einem Anflug von Spott hinzu: »Werden sie uns hier braten?«

»Ich denke, daß wir irgendwie auf andere Art und Weise umkommen werden, ich weiß nicht wie, ich ziehe es vor, mir nicht den Kopf darüber zu zerbrechen. Schau nicht hoch, schau nicht zu den Drähten hin, hier nebenan befinden sich Baracken, dort schlafen Menschen wie wir, schau mal, wie viele Baracken dastehen. Am Morgen beginnt die Arbeit, die Nacht währt nicht ewig. Vielleicht wird der Krieg ein Ende nehmen ... Wir werden versuchen zu überleben, Zofia. Wir dürfen uns nicht unterkriegen lassen, nichts darf unseren Widerstand brechen.«

Wir wurden in eine Baracke geschoben. Wir legten uns auf den Boden. Ein Gedanke spukte uns allen im Kopf herum und ließ uns nicht einschlafen: »Was wird uns der morgige Tag bringen?«

Die deutsche Frau, die einen schwarzen Winkel* trug, machte auf mich sofort einen sehr unangenehmen Eindruck. In der Baracke, in die wir hineingeführt worden waren, saß sie da, auf einem Hocker, die Beine auseinandergespreizt, mit einem Stock in ihren Händen, fett, feist, fremd. Endlich faßte eine von uns Mut und fragte auf deutsch: »Werden wir etwas zu essen bekommen?« Jede von uns würde in diesem Augenblick dieselbe Frage gestellt haben. Wir hatten fürchterlichen Hunger.

Die Deutsche hatte die Frage entweder nicht gehört oder wollte sie nicht gehört haben. Eine andere Frau wiederholte die Frage laut und deutlich: »Wann werden wir etwas zu essen bekommen?«

Die Hexe kratzte sich mit einer beinahe tierischen Bewegung unter der Achselhöhle, legte den Stock von der einen in die andere Hand (einige Frauen traten vorsichtshalber einige Schritte zurück) und begann plötzlich aufzulachen, eigentlich begann sie mit Männerstimme, einer versoffenen und heiseren Stimme zu kreischen: »Ha, ha! Fressen wollt ihr schon, verfluchte Schweine! Warum habt ihr es so eilig, vielleicht denkt ihr, daß ihr Kakao mit einem Butterbrot bekommt? Ich habe so lange Jahre nicht gegessen, dabei lache ich immer noch.« Und sie kratzte sich unentwegt und fuchtelte mit dem Stock herum. In dem schummrigen Licht eines kleinen Lämpchens bot sie einen unheimlichen Anblick. Sofia zwinkerte derart komisch mit den Augen, daß ich auflachen mußte.

»Zwick mich in den Arm«, sagte sie, »träume ich, oder bin ich wach? Wer ist das? Eine Frau?«

»Scheint wohl zu sein ... Vielleicht ist sie erst hier so verwildert.«

* Winkel waren mit Nummern versehene Dreiecke, an denen Nationalität und Häftlingskategorie zu erkennen waren. Ein roter Winkel beispielsweise kennzeichnete politische Häftlinge. Der Buchstabe P stand für Polen. Es war möglich, daß als politisches Verbrechen bereits Schmuggel und illegaler Grenzübertritt gewertet wurden; im Einzelfall hing das von der örtlichen Gestapostelle ab. Die Jüdinnen trugen einen gelben Stern, die Kriminellen grüne Winkel, die sogenannten »Aso«, das heißt die Asozialen, schwarze Winkel. Unter »Asoziale« wurden auch Prostituierte eingereiht sowie alle diejenigen, die einige Tage lang der Arbeit fernblieben.

Auch ich trug einen roten Winkel, denn ich war als politische Gefangene vom Pawiak nach Auschwitz gekommen. Viel später erfuhr ich, daß sogar ein Todesurteil gegen mich vorlag, das in die Deportation in ein Vernichtungslager umgewandelt wurde. Daß ich Jüdin war, war der Gestapo nicht bekannt – und nur das hätte genügt, um liquidiert zu werden. Den Namen Krystyna Zywulska, den ich mir beim Verhör ausgedacht habe, habe ich bis heute beibehalten.

»Willst du also damit sagen, daß auch wir so werden können?«

»Nein, wir werden niemals in einen solchen Zustand verfallen. Wir werden doch sterben.«

Zofia richtete ungerührt die nächste Frage an die Hexe: »Stirbt man hier sofort?«

»Warum denn, ich sitze schon acht Jahre lang, schon vor dem Krieg habe ich gesessen und bin immer noch am Leben, aber von mehr als achtzig bin ich als einzige übriggeblieben.«

Als sie dies sagte, hatte ihre Stimme geradezu menschlich geklungen. Wir waren zutiefst erschüttert. Jede von uns dachte dasselbe: »Wir sind hundertneunzig, wie viele von uns werden nach ein oder zwei Jahren noch am Leben sein?«

»Und woran sind die anderen gestorben?«

Sie richtete ihren stumpfsinnigen Blick auf die Fragende: »An Katarrh, du dummes Arschloch!« Plötzlich erhob sie sich und begann zu brüllen: »Am Tod! – Im Konzentrationslager stirbt man am Tod, verstehst du ... du verstehst es nicht, aber du wirst es gewiß verstehen, wenn du krepieren wirst.«

Zofia hielt eine Hand vor die Augen; ohne die Sprache zu kennen, hatte sie die Antwort verstanden. Ich zuckte zusammen, als hätte man mich geschlagen. Die Hexe setzte sich und murmelte noch etwas in den Bart. Wir stellten keine Fragen mehr, wir trauten uns nicht.

Bis zum nächsten Morgen ließ sich niemand mehr hören. In der Frühe wurde die Tür zur Baracke geöffnet. Hungrig und müde sahen wir auf. Seltsame, kahlgeschorene Gestalten in gestreiften Häftlingskitteln schauten in unsere Baracke. Gleich danach gingen sie wieder und zogen riesige sogenannte »Holländer-Holzschuhe« hinter sich her. Sie fragten auf polnisch, ob wir aus dem Pawiak seien und ob wir diesen oder jenen Menschen kennen würden. Jemand trat ein und verscheuchte die gestreiften Schatten. So würden wir demnächst aussehen. Das wußten wir, ohne lange darüber zu reden.

»Machst du dir Sorgen?« fragte ich Zofia. »Tut es dir leid, daß man dir die Haare abschneiden wird?«

»Nichts tut mir leid, ich bin hungrig und weiter nichts. Werden sie uns endlich mal was zu essen geben?«

Sie stellten uns in einer Reihe zum Eintätowieren der Nummer auf. Einige wurden bewußtlos, andere wiederum schrien auf. Nun war ich an der Reihe. Ich wußte, daß diese Schmerzen im Verhältnis zu dem, was uns erwartete, nicht erwähnenswert waren.

Ein weiblicher Häftling von der politischen Abteilung mit einer sehr niedrigen Nummer und einem roten Winkel ohne P (Volksdeutsche) ergriff meine Hand und begann die nächste Nummer einzustechen: 55908.

Ich fühlte, daß sie mich eigentlich nicht in den Arm, sondern ins Herz stach. Von diesem Augenblick an hatte ich aufgehört, ein Mensch zu sein. Ich hörte auf zu fühlen, zu denken. Ich besaß keinen Namen, keine Adresse mehr. Ich war Häftling Nr. 55908. Und in demselben Augenblick fiel mit jedem Einstich ein Lebensabschnitt von mir ab.

Die Sauna war ein Gebäude, durch das alle Transporte hindurchmußten, um entlaust zu werden. Die Lagerbehörden gingen davon aus, daß jeder Mensch, der aus einem Gefängnis oder der Freiheit hierherkommt, entlaust werden mußte. Damals waren wir mit der Lagerterminologie noch nicht vertraut. Wir hörten immer wieder das Wort »Sauna«, bis auch wir dorthin geführt wurden. Am Tisch saßen ebenfalls weibliche Häftlinge mit niedrigen Nummern. Diese waren jedoch nicht kahlgeschoren und trugen schwarze Kittel. Sie schrieben uns ein, nahmen unsere Dokumente und unsere Kleidung in Verwahrung. Plötzlich tauchte im Fenster ein kahlgeschorener Kopf auf. Wir erkannten eine Insassin aus dem Pawiak, die mit dem vorangegangenen Transport hierhergekommen war.

»Einen Pullover«, sagte sie leise, aber deutlich.

»Was will sie?« fragte Zofia.

»Sie will einen Pullover haben. Sie werden ihn uns sowieso gleich abnehmen, und sie friert gewiß.«

Zofia zog schnell ihren Pullover aus und reichte ihn ihr durchs Fenster. Im selben Moment erhielt sie eine Ohrfeige. Vor uns stand eine deutsche Aufseherin in SS-Uniform, hielt den Pullover in der Hand, fuchtelte mit ihm nach allen Seiten herum und brüllte: »Und wenn du nach Hause gehst, wirst du Krach schlagen, wo deine Sachen geblieben sind. Du ...« und stieß dabei eine Reihe unverständlicher Flüche aus.

Zofia verstand kein Wort, sie hielt sich die gerötete Wange und warf der Aufseherin finstere, zürnende Blicke zu.

»Zofia, beruhige dich, sie hat gesagt, ›wenn wir nach Hause gehen werden‹ ... das bedeutet also, daß diese Möglichkeit besteht.«

»Hat sie das wirklich gesagt, Krysia*?«

»So, wie ich die Freiheit liebe ...«

Zofia lachte erleichtert auf.

Wir mußten uns ausziehen, jemand stopfte unsere Sachen in Säcke, jemand anders wiederum fragte uns nach unseren Personalien, eine dritte Person schob uns nach vorne. Vor mir saß Zofia, nackt, die Hälfte ihres Kopfes war bereits kahlgeschoren, die andere Hälfte war noch mit Locken bedeckt. Über sie beugte sich ein junges Mädchen mit einem Rasiermesser in der Hand.

»Schau nicht zu«, bat Zofia.

Bald darauf war ich an der Reihe, und auch meine Haare fielen blitzschnell zur Erde nieder.

Zofia stand neben mir und sagte: »Du siehst sogar nicht übel aus, nur deine Nase ist doppelt so lang geworden. Ich fürchte, daß es lange dauern wird, bis jemand beim Anblick deiner goldenen Haare in Träumerei verfällt.«

Wir versuchten zu witzeln, sahen aber wie Vogelscheuchen aus. Und wir sahen alle ähnlich aus. Niemals hätte ich gedacht, daß die Haare so sehr zur Individualität beitragen. Nur mit Mühe konnte ich die anderen bekannten Gesichter wiedererkennen.

Zwei Tage und zwei Nächte lang hatten wir weder etwas zu essen noch etwas zu trinken bekommen – nicht einmal einen Tropfen Wasser.

Nebenan war das Rauschen von Wasser zu hören. Ich sprach einen vorbeigehenden weiblichen Häftling von der Saunabedienung an. »Verzeihung, ist das trinkbares Wasser?«

»Trinkbar schon, aber man kann ›Durchfall‹ davon kriegen.«

»Was soll das heißen?«

»Wenn du alles auf einmal wüßtest, würdest du zu klug sein. Du wirst dich noch selber überzeugen können, du wirst alles der Reihe nach kennenlernen, hab bloß keine Angst.«

Endlich ließen sie uns unters Wasser. Es lief von oben herunter, aus der Dusche. Wir tranken es und wuschen uns, selbstverständlich ohne Seife. Das Bad dauerte drei Minuten, danach wurden wir in den nächsten Saal gejagt. Von einem Handtuch konnte nicht einmal im Traum die Rede sein. Unterwäsche und gestreifte Häftlingskittel wurden verteilt.

* Krysia ist die polnische Kurzform von Krystyna.

Sie warfen uns Holzpantinen hin. Zofia hatte das Witzeln nicht aufgegeben: »Die Füße sehen darin genauso aus wie in den Warschauer Stöckelschuhen. Du wirst schon sehen, wir werden uns daran gewöhnen.«

Wir scharrten mit den Füßen. Alle paar Sekunden blickten wir auf unsere Nummer, unsere Füße und faßten uns an den kahlgeschorenen Kopf.

Nach einigen Stunden des Stehens, Abzählens, Aufstellens in Fünferreihen, Herumgestoßenseins und Schlagens bekamen wir eine Brotration (hundertfünfzig Gramm) und eine eingedickte Steckrübensuppe. Uns wurde erklärt, daß die Suppe unser Mittagessen und das Brot unser Abendessen und Frühstück sei. Die nächste Mahlzeit, das heißt genau dieselbe Suppe, würde uns erst am nächsten Tag verabreicht.

In diesem Augenblick dachte keine von uns daran, was morgen sein würde. Wir verschlangen regelrecht das Brot und die Suppe. Dabei wurde mir bewußt, daß man uns im Verlauf von vierundzwanzig Stunden den Tieren gleichgemacht hatte. Man hätte sich nicht vorstellen können, daß wir einst mit Messer und Gabel bei Tisch gegessen hatten.

Das Quarantänelager

Wir wurden in Fünferreihen in die Baracke geführt, in der wir unter Quarantäne gestellt wurden. Ich schaute mich im Lager um. Gestreifte Häftlingskittel, soweit das Auge reichte, genau dieselben, die wir auch anhatten. Sie trugen zu zweit Tragen mit Ziegelsteinen und schritten langsam voran. Neben ihnen brüllte eine Frau mit einem schwarzen Winkel: »Los weiter, verflucht nochmal!« Andere wiederum schoben in der Mitte der Lagerstraße einen Wagen mit Fäkalien vor sich her. Hinter dem Wagen folgte eine andere Deutsche mit einem schwarzen Winkel. Das war Tante Klara, eine Kapo.* Sie fuchtelte mit dem Stock herum und brüllte mit rauher Stimme: »Komm, komm, du alte Ziege ... Hier ist es noch dreckig, heb den Dreck auf ...« Eine Frau kehrte um und begann etwas aufzuheben. Sie bekam eins mit dem Stock über den Rücken gezogen. Tante Klara schrie

* Kapos waren Häftlinge, Aufsichtspersonen, die den Befehl über Arbeitskommandos hatten und dem SS-Kommandoführer verantwortlich waren, der sie durch den Arbeitsdienstführer einsetzen ließ.

unentwegt hinter dem Wagen einherschreitend: »Die Arbeit bei mir gefällt euch wohl nicht, vielleicht stinkt's euch... gleich werde ich euch Parfüm von Coty besorgen, ihr...«

»Ich würde nicht bei ihr arbeiten wollen«, sagte Zofia.

Wir gingen auf einen Block zu. Man befahl uns stehenzubleiben. Eine Jüdin mit einer roten Armbinde und der Nummer »Bl. 21« näherte sich uns. Die Frau, die uns hierhergebracht hatte, meldete ihr, wie viele wir waren, und entfernte sich dann.

Später erfuhr ich, daß sich die Blockältesten zum größten Teil aus slowakischen Jüdinnen rekrutierten, die auch noch andere Funktionen ausübten. Sie waren mit einem der ersten Transporte gekommen und hatten das Lager mit eigenen Händen dort aufgebaut, wo es vorher nur Gräben, Morast und einige Baracken gab. Sie waren es gewesen, die die Straße angelegt und die Waschräume und Klosetts installiert hatten. Von den fünfzigtausend Häftlingen des damaligen Transports waren nur einige Dutzend übriggeblieben. Und diese hatten dann selbstverständlich verschiedene Posten erhalten. Sie fühlten sich im Lager schon wie zu Hause und schauten geringschätzig auf die Zugänge. Was konnten wir denn von ihrem Leiden wissen? Gewiß nichts – damals noch nicht.

Vor dem Block wurde das Mittagessen ausgegeben. Wir erhielten unsere Ration in der Sauna. Wir standen Schlange vor einem Faß. Die dicke Józka, »die Stubenälteste«, die mehr einem Mastschwein ähnelte als einem Menschen, goß mit einer Kelle jeder Frau Suppe ein.

»Schneller herantreten, ihr Bastarde, schneller! Wie hältst du die Schüssel, du Tölpel? Warum stehst du noch herum, worauf wartest du? Hau ab, denn wenn ich dir eine in die Fresse haue, wird dich dein Freund nicht mehr wiedererkennen.«

Sie war eine Polin mit einem schwarzen Winkel.

»Scheißintelligenz«, brüllte Józka weiter. »›Verzeihung bitte‹«, äffte sie eine von uns nach. »Kannst du nicht wie ein Mensch sprechen, du alte Hure?«

Plötzlich sah ich für den Bruchteil einer Sekunde ein mir bekanntes Gesicht. Ich erkannte die hübsche Hanka aus dem Pawiak, die mit dem vorhergehenden Transport abgefahren war.

»Wie geht's, Hanka, verschling das Essen nicht so gierig, sonst erstickst du noch!«

»Krysia! Zofia!« rief Hanka.

Sie fiel uns um den Hals und begann uns mit Küssen zu überschütten.

»Wer ist noch mit euch da? Sind Stefa und Marysia da?«

»Ja, sie sind da.«

»Das ist ja wunderbar! Je mehr, um so besser. Sehe ich schlecht aus? Schaut mich mal an, ich gehe täglich hinaus zur Feldarbeit, bin gebräunt, ausgezeichnete Nachrichten, der Krieg wird bald schon zu Ende sein ...«

In der Tat, obwohl Hanka nicht mehr ihre herrlichen blonden Haare hatte, war sie wohl die einzige, die mit kahlgeschorenem Kopf annehmbar aussah. Zwei Zentimeter waren ihr übrigens schon nachgewachsen. Sie plapperte unaufhörlich, und ihre Stimme klang dabei angenehm, klar und sorglos. Zofia und ich waren überrascht. Woher nahm sie diese Heiterkeit und diesen verblüffenden Optimismus?

»Paßt auf, die Appelle sind am schlimmsten. Aber wir werden uns zu ›unserer‹ Fünferreihe aufstellen und werden so viel quatschen wie nur möglich. Mit dem Essen sieht es schon schlimmer aus, aber wenn wir arbeiten werden, gibt es dienstags und freitags eine ›Zulage‹ in Form von Brot und Wurst.«

»Wann werden wir nach Hause schreiben können?«

»Sie sagen, in einem Monat, der Teufel weiß es.«

»In einem Monat ... wann also wird das erste Paket eintreffen?«

»Sie werden es sich schon selber denken, und werden ein Paket ohne Brief schicken, ihr werdet ja schon sehen. Man muß nicht die Nummer kennen, es genügt, den Namen und das Lager anzugeben ... Ich bin sicher, daß ich eins bekomme. Wären sie nur so klug und würden Zwiebeln schicken. Weißt du, mit einer Zwiebel kann man die Blockältesten, die Stubenältesten bestechen, und für einen selbst bleiben auch noch Vitamine übrig.«

Nach einer Weile fügte sie hinzu: »Und wie war es dort, im Pawiak – wurden viele erschossen? Wer ist umgekommen?«

»Einige unserer Freundinnen sind erschossen worden. Dort wird doch täglich gemordet, das weißt du ja selber.«

»Ja, ich weiß es. Hier ist es besser als in der Zelle. Es ist nicht so schwül. Ich kann euch nur sagen, draußen auf dem Feld hinter dem Stacheldrahtbereich ist es sehr schön. Wir sammeln Brennnesseln für die Suppe, es brennt, aber man kann sich daran gewöhnen. Hier wird nicht geschossen, schau dich mal um. Aber unsere Leute – die die Arbeitskommandos leiten – schlagen Häftlinge, und das darf man nicht zulassen. Mich hat bisher noch niemand geschlagen. Sie sollen es nur mal versuchen ...«

Zofia hörte all dem aufmerksam zu. Ich sah, wie sie diese »Lagerbelehrung« direkt in sich aufsog.

»Wann lassen sie uns in die Baracke?« fragte ich. »Wann dürfen wir uns hinlegen? Wir sind hundemüde.«

»Damit steht es nicht so gut! Hier ist man den ganzen Tag über auf der Wiese, dort kann man sitzen, wenn es trocken ist. Erst später, nach dem Abendappell lassen sie einen in die Baracke ein. Versucht mal, einen Platz neben unserer Koje zu finden.«

»Was ist denn das?«

»Das ist eine Pritsche, auf der man schläft. Sehr bequem ist es dort nicht gerade. Aber was soll's, die Soldaten schlafen in den Gräben und die Kugeln sausen über sie hinweg. Damit du es ja weißt, es kann immer noch schlimmer werden. Das ist hier der eiserne Grundsatz.«

»Ja, das stimmt. Wieviele Frauen gibt es in einer Baracke?«

»Jetzt sind es mehr als achthundert. Wenn es tausend sein werden, ist die Quarantäne voll. Allwöchentlich verabreichen sie Spritzen gegen Fleckfieber. Außerdem gibt es keine Beschäftigung in der Quarantäne. Nach der Quarantäne kommt man ins Lager B, wo Zwangsarbeit verrichtet werden muß, man marschiert aus dem Stacheldrahtbereich hinaus aufs Feld.«

»Und was macht man auf dem Feld?«

»Man hebt Gräben aus, bearbeitet den Boden, baut Rüben an – alles ringsum gehört zum Lager. Das Lager muß autark sein. Man tut viel sinnloses Zeug hier, um die Menschen zu quälen, aber wir befinden uns im Konzentrationslager, und sie haben uns nicht zu einer Kur hierhergebracht ... Na, bis dann, Mädchen ... bis zum Abendappell.«

Wir wurden hinter die Baracke, auf die Wiese geführt. Weshalb dies als Wiese bezeichnet wurde, war nur schwer zu verstehen. Vielleicht deshalb, weil diese Stelle einst tatsächlich eine Wiese war. Jetzt standen und saßen hier die Häftlinge in Gruppen zusammen – gestreifte Kittel, Zugänge aus der Quarantäne. Zofia und ich streiften auf der Wiese umher. Gesprächsfetzen drangen an unser Ohr – überall dieselben Gespräche.

»Woher stammst du? Wann bist du angekommen? Was

meinst du, wird man hier irgendwie leben können? Wie ist deine Blockälteste? Schlägt sie sehr? Hast du Arbeitsdienst?«

Wir fanden einige unserer Mithäftlinge aus dem Pawiak wieder: Nata, Marysia, Stefa, Janka.

»Komisch«, sagte Janka, »nach der einmonatigen Haft und Absonderung im Pawiak fühle ich mich jetzt wohl. Ich habe jemanden, mit dem ich mich unterhalten kann. Ich fühle mich auch nicht gedemütigt, da wir alle gleich aussehen.«

Nata, ebenfalls eine ehemalige »Isolierte«, bestätigte, daß auch sie sich jetzt wohler fühle. Ich wunderte mich keineswegs. Tag für Tag hatten sie Nata in die Szuchaallee gebracht, sie zusammengeschlagen und bewußtlos zurückgetragen. Jeden Morgen hatte ich mein Ohr ans Guckloch gelegt und gehört, wie sie zum Verhör aufgerufen wurde. In den anderen Zellen wurde ebenfalls gelauscht, und man wußte bereits, daß man Nata erneut mitgenommen hatte. Würde sie wiederkehren und in welchem Zustand? Aber sie kehrte immer wieder irgendwie zurück, und trotz der blauen Flecken und des geschwollenen Gesichts lächelte sie immer und wiederholte in einem fort: »Es ist alles in Ordnung.« Was eigentlich in Ordnung sein sollte, das konnten wir nicht verstehen, aber wir glaubten ihr. Und jetzt sagte sie mit demselben Lächeln: »Es ist alles in Ordnung.«

Janka hatte sich im Pawiak die Pulsadern mit einem Stück Glas aufgeschnitten. Als am nächsten Morgen die Tür der Isolierzelle geöffnet wurde, hatte sie bereits viel Blut verloren. Sie wurde aber im Krankenhaus gerettet und mit dem Transport hierhergebracht. Sie freute sich, daß es keine Verhöre mehr gab, daß man ihren Mann, der sich versteckt hielt, nicht ausfindig gemacht hatte, daß ihr Töchterchen in guten Händen war. »Weißt du, Krysia«, sagte sie, »ich weiß nicht, weshalb ich das damals getan habe. Glaube mir, das muß ein großer Schwächeanfall gewesen sein. Ein zweites Mal würde ich so etwas Dummes nicht mehr tun. Denk nur, ich kann doch noch zu meiner Kleinen, zu meinem Mann zurückkehren ...«

Die Sonne brannte, die grobe Häftlingskleidung reizte die Haut. Wir hatten noch nicht gelernt, auf dem Erdboden zu sitzen, wir rutschten unruhig herum.

Wir schauten uns auf der Wiese um. Man konnte hier alle Sprachen hören: Griechisch, Französisch, Deutsch, Polnisch. Ein junges Mädchen trat zu uns und fragte: »Braucht ihr ein Kopftuch?«

»Was willst du dafür haben?«

»Eine Ration Brot.«

Zofia zeigte sich interessiert: »Kann man es kaufen?«

»Wenn du genug Willenskraft dazu hast, das Abendbrot nicht aufzuessen, oder wenn du ein Päckchen bekommst, wirst du viele Dinge auf der Wiese kaufen können. Wir Jüdinnen erhalten keine Päckchen, es ist verboten und außerdem, von wem sollten wir sie bekommen? Sie haben alle unsere Angehörigen ermordet, vergast. Und dennoch wollen wir leben. Ihr wundert euch, nicht wahr?«

»Nein, wir wundern uns nicht«, versicherten wir ihr und fragten sie: »Wie heißt du?«

»Maryla.«

»Woher stammst du?«

»Aus Bedzin. Ich sehe, daß ihr hier Neuzugänge seid, ihr bekommt noch keine Päckchen. Wenn ihr mehr Brot habt, könnt ihr mich immer auf der Wiese treffen.«

Sie entfernte sich, und ich erinnerte mich an den Grundsatz Hankas: »Denke daran, daß es noch schlimmer werden kann.« In diesem Augenblick hatte ich den Eindruck, zufrieden zu sein.

Ringsherum wurde gehandelt. Brot, Zwiebeln, Knoblauch wurden gegen Flitterkram, Hemden, Unterhosen eingetauscht. Jemand hatte sogar einen Pullover. Es war das teuerste Stück: er kostete zwei Brotrationen.

»Wie lange dürfen wir kein Brot essen, bis wir uns einen Pullover leisten können?« überlegte Zofia.

»Den August und September halten wir es auch ohne Pullover aus, ohne Kopftuch wird es schon schwieriger. Am nötigsten aber wäre ein Handtuch zum Abtrocknen – vorausgesetzt, daß wir uns waschen dürfen.«

Aber Zofia hatte sich schon etwas anderes ausgedacht. Sie rief eine der Feilschenden zu sich: »Hör mal, woher nehmt ihr das Zeug?«

»Das kommt ganz darauf an. Ich habe einen Pullover, weil ich bei der Entlausung arbeite, sie bringen sie dorthin, ich habe ihn geklaut, ohne aufzufallen.«

»Ich werde auch einen klauen«, beschloß Zofia, ohne mit der Wimper zu zucken. »Ich bin überzeugt, daß hier viel davon abhängt, wie geschickt man ist. Höchstens bekomme ich dann wieder eine Ohrfeige. Wir werden versuchen, dort zu arbeiten, wo man etwas stehlen kann.«

Ich schaute Zofia an, eine adrette Warschauerin, die in sogenannten besseren Kreisen verkehrt hatte und die nun hier mit kahlgeschorenem Kopf saß und davon träumte, etwas zu stehlen.

Plötzlich hörten wir einen Pfiff und den Ruf: »Zählappell! Zählappell! Block Nr. 21, aufstellen!«

Wir sprangen auf und liefen vor den Block. Sie begannen uns aufzustellen. Vor Józka hatte ich die meiste Angst. Auch ich hätte zufälligerweise »Verzeihung bitte« sagen können, gleich darauf hätte ich dann bestimmt etwas von »Scheißintelligenz« zu hören bekommen. Ich nahm mir vor, hart zu werden und meine Sprachweise zu ändern.

Der erste Zählappell im Lager war nicht schlimm. Wir standen beisammen: Zofia, Nata, Janka und Stefa. Neben uns waren ebenfalls Pawiak-Häftlinge. Mit Erstaunen bemerkte ich, daß ich mich bereits an den Anblick der gestreiften Häftlingskittel und der kahlgeschorenen Köpfe gewöhnt hatte. Am schwierigsten war es jedoch, in den Pantinen zu laufen. Während des Abendappells wurde Brot verteilt. Wir hatten unsere Ration schon vorher in der Sauna erhalten. Dennoch hofften wir, daß sie es vielleicht vergessen hätten. Aber sie hatten es nicht vergessen. Wir waren schon wieder hungrig, und dabei mußten wir nun bis zum nächsten Nachmittag warten!

Ungefähr eine Stunde standen wir da. Die Blockälteste näherte sich. Ein Häftling hatte einen Topf gestohlen, eine andere ein Stück von der Pritschendecke abgerissen.

»Wenn ich noch einmal irgendeine dabei erwische, werdet ihr alle zwei Stunden lang knien, ihr verfluchten Schweine!«

Sie zählten uns bereits ab. Eine Aufseherin, eine nette, höchstens zwanzig Jahre alte Blondine, schritt langsam die erste Fünferreihe ab. Sie schien uns von all denen, die ein Recht darauf hatten, uns anzuschreien, am sanftesten zu sein.

Unser Block befand sich in der ersten Blockreihe in der Lagerstraße. Nach dem Abzählen aller zugewiesenen Blocks stellten sich die Aufseherinnen an ein Pult – so wie in der Schule. Und erneut hieß es: »Achtung!« Ein SS-Mann kam auf einem Fahrrad auf das Pult zu. Eine von den »Alten« informierte uns: »Taube, der größte Henker im ganzen Lager, er wird jetzt den Appell abhalten.« Diese Nachricht verbreitete sich schnell und verursachte Entsetzen und Verwirrung.

Endlich fuhr er wieder weg. Die Aufseherinnen stiegen auf ihre Räder, der Appell war vorbei. Vermutlich war also alles in Ordnung, niemand war geflohen.

Man begann, uns in die Blocks gehen zu lassen. Wir betraten unseren Block als letzte. Stickige Luft, Krach, Streitereien, Flüche.

»Mein Gott, was ist denn hier los?« Hinter mir stand Janka.

»Kein Wunder, im Block befinden sich mehr als achthundert Personen.«

»Wie werden wir es hier aushalten?« Entsetzt standen wir in der Tür.

Wir wurden nach links gestoßen, und man befahl uns, die untere Pritsche zu belegen. Zofia und ich stürzten uns sofort hinein, und ich kam mir vor, als läge ich in einem Sarg. Den Kopf konnte man nicht heben, und das Atmen fiel auch schwer. Außer uns beiden saßen auf der Pritsche noch sechs weitere Häftlinge in gestreiften Kitteln. Sie alle waren den Eindringlingen feindlich gesinnt.

»Ich bin gespannt, wie viele sie hier noch hineinquetschen, wie Ölsardinen!«

»Aber wir ersticken ja hier«, sagte Zofia entsetzt.

»Ihr werdet nicht ersticken, denkt ja nicht, daß man so einfach stirbt.«

»Woher stammt ihr?« fragte ich höflich meine Nachbarinnen. Eine knurrte zurück: »Aus Sieradz.« Eine andere wiederum antwortete: »Das geht dich einen Dreck an.«

Zofia und ich versuchten, uns auf der Pritsche auszustrecken. Wir schmiegten uns aneinander, um so wenig Platz wie nur möglich einzunehmen. Zofia legte ihren Arm unter meinen Kopf, da sie bemerkte, daß ich nicht wußte, wohin ich ihn legen sollte. Ich hielt mir die Ohren mit beiden Händen zu. Wir sehnten uns nach Ruhe. Wir bemühten uns zu vergessen, daß wir auf Brettern ohne Kissen lagen; plötzlich schüttelte mich eine unserer Pritschenkameradinnen. Ich schnellte hoch: »Was willst du?«

»Nimm die Schuhe in die Koje rein, sonst werden sie dir geklaut.«

»Die ›Holländer-Holzschuhe‹? Aber alle haben doch welche.«

»Nicht alle, mach, was du willst. Es wird aber besser für dich sein, wenn du auf die Erfahreneren hörst.«

Ich kroch aus der Koje. Nur ein Paar Holzschuhe waren noch da. Entweder meine oder die Zofias waren gestohlen worden.

»Siehst du«, sagte die, die mich gewarnt hatte, »sie sind sowieso schon verschwunden. Gut, daß wir nicht viel besitzen, denn hier darf nichts zurückgelassen werden, alles wird gestohlen.«

»Zofia, uns fehlt ein Paar Holzschuhe.«

Zofia richtete sich auf und sagte: »Macht nichts, wozu brauchen wir die Holzschuhe, barfuß ist es bequemer, du wirst dich nicht mehr so abquälen müssen beim Gehen.«

Ich zog trotzdem die Holzschuhe in die Koje herein. In diesem Augenblick kam Józka, die Stubenälteste, vorbei. Sie stemmte ihre Arme in die Hüften und brüllte: »Stell sie hierher, du verflixte... hast du zu Hause deine Schuhe auch mit ins Bett genommen? Seht mal, Erziehung! Vielleicht eine Warschauerin? Ach du...«

Sie spuckte verächtlich auf den Boden.

Einen Holzschuh legte ich mir unter den Kopf, Zofia tat das gleiche mit dem anderen. Erneut hielten wir uns die Ohren zu. Ich bat unsere Kojengenossinnen um ein Stück Decke. Sie gaben uns eine Ecke frei, und ich begann daran zu zerren, vergebens. Alle stritten sich um die Decke.

»Du willst die Decke für dich allein haben, sieh mal einer an, eine Gräfin, gib die Decke her, sonst rufe ich Józka.«

»Ruhe! Ruhe!« baten alle anderen. Es dauerte aber noch lange, bis die Streitereien verstummten. Der erste Tag im Lager war zu Ende gegangen. Schließlich schliefen wir ein.

Die Wiese

»Aufstehen!« Ich sprang erschrocken hoch und stieß mich irgendwo. Jemand neben mir fluchte. Die Zunge klebte am Gaumen, der Kopf dröhnte mir, das Herz hämmerte zum Zerspringen. Ich legte mich wieder hin, um mich zu beruhigen. Ich wußte, daß das Aufwachen das schlimmste sein würde.

»Sie geben uns Kräutertee«, verkündete meine Kojennachbarin. »Und nun raus aus dem Bett, wir müssen die Decke zusammenlegen und den Kräutertee holen, jetzt hat man keine Zeit zum Herumdösen!«

Ich wußte, daß sie mich damit gemeint hatte. Ich konnte mich immer noch nicht zum Aufstehen zwingen. Ich hatte Lust zu heulen und zu schreien. Ich wollte nach Hause, ins Bett, ich wollte schlafen – und ich wollte nicht denken. Aber wozu nützte dies alles? Man durfte sich nicht gehenlassen. Das hatten wir uns doch schon am ersten Tag versprochen. Schließlich stand ich auf.

Wir bekamen Kräutertee. Scheußlich. Wir verzogen das Gesicht. Warum gaben sie uns kein Wasser? Heißes Wasser wäre doch viel besser gewesen.

»Zählappell! Hinaus, ihr verfluchten Hexen! Schnell raus!«

Wir gingen durch den engen Korridor zwischen den Kojen, aus denen die Frauen herauskrochen. In den Händen hielt ich das Holzschuhpaar, das uns übriggeblieben war. Wir gingen vor den Block. Die Nacht war kühl. Wir wußten nicht, wie spät es war. Später sagte man uns, daß man um zwei Uhr geweckt wird. Es war also ungefähr halb drei. Barfuß, ungemütlich, kalt. Zofia faßte mich bei der Hand, damit wir zusammenblieben. Irgendwo im Gedränge hielten wir an und beschlossen, daß jede von uns einen Holzschuh tragen sollte. Wir waren bemüht, uns dicht aneinanderzuschmiegen, um uns gegenseitig zu wärmen. Aber sie jagten uns auseinander und befahlen uns, uns in Fünferreihen aufzustellen. Die Stubenältesten überwachten die Anordnung. Sie bedienten sich alle der gleichen Ausdrucksweise wie Józka. Wir zitterten und klapperten vor Kälte mit den Zähnen. Man konnte sich kaum vorstellen, daß dies erst der zweite Tag und der erste Appell war. In der Dämmerung konnte man nur die Augen erkennen. Weit aufgerissene Augen, in denen sich das Leid und die Angst widerspiegelten.

Dabei war es erst August. Ein prachtvoller Sternenhimmel wölbte sich über uns. Der Morgen dämmerte. Je heller es wurde, desto grauer wurden wir. Am stärksten empfanden wir die Kälte in den Beinen und am Kopf. Immer wieder sagten wir vor uns hin: »Ach, wenn sie uns wenigstens laufen ließen! Hoffentlich lassen sie uns wieder in die Koje zurückgehen!«

In diesem Moment kam uns die Koje als die ideale Ruhestätte vor. In der Koje war es wenigstens warm.

Erst um sechs Uhr war der Appell zu Ende. Aber wir durften nicht in die Blocks zurückkehren. Wir wurden auf die Wiese gejagt. Dort schmiegten wir uns erneut eng aneinander, um uns gegenseitig aufzuwärmen. Jede wollte in der Mitte stehen.

Dann ging die Sonne auf, und es wurde etwas wärmer. Dafür überfiel uns jetzt aber ein Mordshunger. Aber es lagen noch so viele Stunden vor uns bis zur Suppenausgabe! Die Sonne schien immer wärmer, und wir begannen auseinanderzulaufen.

Eine der Baracken auf der Wiese war, wie sich herausstellte, ein Abort. Schon im Pawiak hatten wir uns daran gewöhnt, daß man nichts in Abgeschiedenheit tun durfte.

Der Auschwitzer Abort hatte beiderseits fünfzig Löcher, so

daß jeweils zwei Leute Rücken an Rücken auf dem Klosett saßen. In der Mitte zwischen den Löchern gab es einen Gang. Dort lief die Kapo des Aborts herum und schlug mit einem Stock auf die Köpfe. »Genug, herunter! Dies ist doch kein Ruheplatz und auch kein Café!«

»Nicht einmal einem Hund verbietet man, seine Notdurft zu Ende zu verrichten!« entrüsteten sich alle.

Ungefähr in der Mitte der Abort-Baracke stand ein Ofen, darauf ein Topf mit Suppe. Zwei der Frauen, die dort arbeiteten, aßen die Suppe mit Löffeln direkt aus dem Topf. Sie ließen sich weder durch den Gestank noch durch die Geräusche noch durch den Anblick von vereiterten Hinterteilen stören. Sie aßen mit sichtlichem Appetit. Nirgendwo habe ich die Erniedrigung so stark empfunden wie im Abort. Wir bemühten uns, so schnell wie möglich die Baracke zu verlassen.

Wir gingen zur nächsten Baracke, zum Waschraum, aber es gab keinen Einlaß. Dort standen bereits mehrere Frauen. Einige von ihnen hatten sich Töpfe und Flaschen organisiert. Vor dem Waschraum schlug und brüllte eine Frau mit einem schwarzen Winkel.

»Wozu sind denn die Waschräume da, wenn man sich nicht einmal waschen darf oder trinken kann?« fragte ich einen vorbeigehenden Häftling. »Ich weiß nicht, aber ich glaube, daß sie auf eine internationale Kommission warten. Aus demselben Grund machen sie Tag um Tag die Blocks sauber, und wir dürfen nicht hinein. Von dieser Kommission wird immerfort gesprochen. Die ganze Zeit über sind Gerüchte im Umlauf, zum Beispiel, daß die Lager der Wehrmacht unterstellt werden sollen.«

»Und wann werden wir uns waschen können?«

»Keine Ahnung, vielleicht nehmen sie uns in die Sauna mit, manchmal führt uns die Blockälteste in den Waschraum. Ich habe mich erst nach einem Monat zum erstenmal waschen können.«

»Hör mal, und was macht man, wenn man krank ist?«

»Keine Angst, hier wird man nicht krank. Du kannst beruhigt sein! Unter 39 Grad Fieber wird hier nichts als Krankheit angesehen. Erst dann nehmen sie einen mit ins Revier. Das ist eine Baracke, in der nur Kranke liegen. Und man braucht nicht zum Appell anzutreten.«

»Und die ärztliche Betreuung?«

»Unter den Häftlingen gibt es Ärztinnen. Diese verhalten

sich verschieden, je nachdem, was ihnen ihr Gewissen sagt. Niemand zahlt ihnen etwas oder kontrolliert sie. Aber sie haben beim besten Willen nichts, womit sie die Kranken behandeln können. Denk nicht ans Revier. Dorthin geht man nur im Ernstfall, wenn es nicht mehr geht, und von dort kehrt man nur selten ins Lager zurück. Und außerdem – dort droht beständig eine Selektion.«

»Sogar unter den ›Arierinnen‹?«

»Ja, die Schwerkranken werden genauso ins Krematorium* eingewiesen. Man weiß nie, was denen in den Kopf fährt. Das Revier sollte man meiden.«

Ich erfuhr ungefähr alles Wissenswerte – so kam es mir damals vor. Ich wußte, wie man schlief, wie man aß, wie der Abort aussah, wie die Vorgesetzten waren, wie sie uns behandelten, was man gegen Brot bekommen konnte. Ich wußte, daß man nicht so schnell wieder baden konnte und daß man nicht erkranken durfte. Ich wußte, daß ich immer frieren würde, weil der Winter unmittelbar bevorstand. Ich wußte, daß mein Zuhause, Warschau, sehr weit entfernt lag, beinahe auf einem anderen Planeten. Nur eins wußte ich nicht: Wie sollte ich die nächste Stunde, den nächsten Tag, den nächsten Monat überleben?

Doch Tage und Monate vergingen.

Am schlimmsten war das Aufwachen, der Augenblick, in dem ich mir bewußt wurde, wo ich mich befand. Und dann mußte man den Mut zum Aufstehen haben, um einen neuen Tag zu beginnen, um stundenlang beim Appell und danach auf der Wiese zu frieren, um erneut die ordinärsten Flüche anzuhören, um ständig einen Mordshunger auszuhalten. Unsere Abendration nahmen wir während des Abendappells ein. Keine besaß genügend Willenskraft, um wenigstens ein Stückchen für den nächsten Tag aufzuheben. Um zehn Uhr morgens war der Hunger kaum mehr auszuhalten.

Wir versuchten darüber hinwegzukommen, indem wir auf der Wiese über alle möglichen Themen diskutierten. Wir erzählten, weshalb wir verhaftet worden waren, sprachen von dem Verhör, der »Arbeit« vor der Verhaftung, von der Zweckmäßigkeit dieser Arbeit und von unseren Aussichten. Einige

* Gaskammer und Krematorium waren in *einem* Gebäudekomplex untergebracht. Auf ihrem Weg ins Gas mußten sich die Häftlinge vor dem Krematorium aufstellen. Für die Lagerinsassen selbst bedeutete der Begriff Krematorium lediglich der Ort, wo man den Tod fand, nicht ausschließlich Verbrennungsanlage.

hatten immer die neuesten Nachrichten von irgendwoher. Einer vom Männerlager sollte gesagt haben: »Das Ende des Krieges ist eine Sache von höchstens noch einigen Wochen.«

Eine begrenzte Zahl von Männern kam in Gruppen unter Aufsicht eines Postens ins Frauenlager. Sie arbeiteten als Tischler und Handwerker bei den Baracken. Manchmal tauchte ein Maurer oder ein Schlosser auf. Die attraktivsten Männer arbeiteten im Kommando Latrinenreiniger. Sie kamen mit Müllwagen und wühlten dann stundenlang im Abort herum. Diese Arbeit zog sich endlos lange hin. Alle waren mit dem »Arbeitstempo« einverstanden. Nach der Ausbesserung war der Abort höchstens zwei Tage intakt. Und dann klappte wieder etwas nicht. Und erneut mußten die Männer hergeholt werden. Sie hatten das ausgezeichnet organisiert – die Ausbesserungen und die Schäden. Jeder Mann, der einmal ins Frauenlager gekommen war, verwandte nachher sein ganzes Geschick darauf, um so oft wie nur möglich wiederzukehren. Man konnte immer die Unachtsamkeit des Postens ausnutzen, um sich für eine halbe Stunde mit einer Blockältesten oder ihrer Vertreterin zurückzuziehen. Die Blockältesten besaßen in den Baracken ihr eigenes Zimmerchen. Das waren die einzigen Orte im Lager, die an ein »Zuhause« erinnerten. Die Blockältesten nahmen die tägliche Essensration für den Block entgegen und konnten deshalb mehr Margarine haben als ein gewöhnlicher Häftling. Gegen eine andere Gefälligkeit bekamen sie Zwiebeln und Kartoffeln aus der Lagerküche. In der Regel hatten fast alle wieder lange Haare und Zivilkleider; es waren alte, erfahrene Häftlinge.

Wenn ein Mann ins Zimmerchen der Blockältesten kam, stand jemand Wache vor der Tür, um die Ankunft eines Höhergestellten rechtzeitig zu melden. Der Mann bekam Kartoffelpuffer, schmatzte und sagte: »Der Krieg wird nicht mehr lange dauern, ihr Frauen habt nichts zu befürchten, wenn Gefahr drohen sollte, werden wir dafür sorgen, daß euch kein Haar gekrümmt wird. Wir sind organisiert.« Dabei zwinkerte er vielsagend mit den Augen. Die Blockälteste bemühte sich, attraktiv zu sein – dabei berücksichtigte sie nicht, daß für einen Mann, der bereits einige Jahre im Lager einsaß, jede Frau mit Haaren verführerisch war. Solch einem Mann fiel es also nicht schwer, unter diesen Bedingungen die Blockälteste davon zu überzeugen, daß der Krieg in drei Wochen zu Ende sein würde. Seine Küsse waren für sie wie ein Narkotikum, und daraus schöpfte sie neue Kräfte zum Überleben.

Im Grunde genommen träumte jede von einem solchen Mann, der sie tröstete und ermutigte, indem er ihr mitteilte, daß der Krieg bald beendet sein würde, der sie küßte und ihr zum Abschied Margarine zurückließ. Die Männer, die ins Frauenlager kamen und Kassiber in den Schuhen versteckt oder in den gestreiften Häftlingskitteln eingenäht hatten, liefen Gefahr, am Tor kontrolliert und in den Bunker gesteckt zu werden.

Nach drei Wochen oder einem Monat begann das Lagerleben einen völlig zu verschlingen. Die ganze Aufmerksamkeit, alle Gedanken waren auf die unmittelbaren Probleme gerichtet.

Wie konnte man einen Löffel besorgen (man sagte: organisieren), um nicht abwarten zu müssen, bis eine andere zu Ende gegessen hat? Wie konnte man einen Pullover, wärmere Unterhosen organisieren? Wo konnte man sich vor der Frau mit dem schwarzen Winkel verstecken, vor der Arbeit auf dem Feld oder im Lager? Wie konnte man den Abort betreten, ohne geschlagen zu werden? Was tun, um sich wenigstens ein wenig waschen zu können? Zwei Wochen waren bereits verstrichen, und wir wußten immer noch nicht, wie der Waschraum von innen aussah. Als ich einmal an einem Fenster der Baracke vorbeiging, schaute ich flüchtig auf mein Spiegelbild und erschrak. Auf der Stirn hatte ich dunkle Schmutzflecken, was bei einem kahlgeschorenen Kopf schrecklich aussah.

»Zofia, warum sagst du mir nicht, daß ich so dreckig bin?«

»Und was würdest du tun, wenn ich es dir sagen würde?«

»Laß uns heute einmal nicht den Kräutertee trinken und uns damit die Zähne putzen und das Gesicht abwischen.« Erst jetzt bemerkte ich, daß auch Zofia mit Schmutz bedeckt war.

Als wir zum Morgenappell hinauseilten, bückte sich Zofia und zog unter einer Koje etwas hervor.

»Was hast du da?«

»Holzschuhe, ich will nicht mehr barfuß daherlaufen.«

»Aber Zofia, eine andere wird dann keine haben.«

»Da soll sie sie irgendeiner anderen wegnehmen, mir wurden sie auch geklaut.«

Zofia war so entschlossen, daß es keinen Zweck gehabt hätte, mit ihr zu diskutieren.

Nach dem Appell gingen wir zur Arbeit. Nicht weit von unserem Block war eine Maschine aufgestellt, in der Pullover desinfiziert wurden. Man sagte uns, daß man mit der Ausgabe der Pullover und Strümpfe am 1. November beginnen würde. Ich fragte, woher sie überhaupt diese Pullover hatten. Es stellte sich heraus, daß sie aus jüdischen Transporten stammten.

Während die Sachen entlaust wurden, kauerten wir am Boden vor der Baracke. So wie immer froren wir auch diesmal am meisten an den Beinen. Einige Mädchen weinten vor Kälte. Wir sehnten uns nach Sonne. Die bewölkten Tage waren kaum zu ertragen. Glücklicherweise hatte der August Mitleid mit uns. Er war wunderschön. Wenn die entlausten Decken aus dem Kessel herausgenommen wurden, nahmen wir sie stinkend, heiß, feucht auf die Schultern und brachten sie ins Lager B, in die sogenannte Unterkunft, wo sie – je nach Bedarf – in den einzelnen Baracken ausgeteilt wurden.

Als ich mir einige Decken über die Schultern warf, fühlte ich plötzlich einen mächtigen Schlag. Ich drehte mich um. Vor mir stand eine Deutsche, die Kapo des Kommandos, in dem wir arbeiteten.

»Warum?« fragte ich. Ich richtete mich auf und fragte nochmals: »Warum?« Sie gab mir eine Ohrfeige.

Die Decken fielen mir von den Schultern herunter, ich ballte die Hände zur Faust. Ich bekam zum dritten Mal eine Ohrfeige und die Erklärung zu hören: »Weil du frech bist!«

Zofia stand hinter der Kapo und gab mir Zeichen, darauf nicht zu reagieren. Ich hob die Decken auf und entfernte mich.

Am selben Tag zur Mittagszeit versteckte Zofia einen Pullover unter ihrem Häftlingskittel. Aus der Sauna sprang eine Aufseherin und schlug sie. Es war dieselbe, die Zofia am Tag unserer Ankunft im Lager geschlagen hatte. Sie mußte uns beobachtet haben. Als wir zum Essen gingen, fragte ich Zofia: »Weshalb hast du das getan?«

»Ich kann nicht mit ansehen, wie du frierst.«

»Und du?«

»Mir ist nicht kalt, ich bin abgehärteter als du, morgen werde ich es noch einmal versuchen.«

Zofia erzählte immer mehr Märchen über ihre Widerstandsfähigkeit. »Ich bin nicht hungrig, iß du das. Ich habe keinen Durst.«

»Warum lügst du, ich werde sowieso deine Ration nicht essen und werde auch nicht trinken. Wie kannst du jetzt nicht hungrig sein, wer soll dir das denn glauben?« Sie wandte sich ab und schwieg. Ihre Augen standen voll Tränen.

Einmal gab es einen großen Regenschauer, und man erlaubte

uns, in den Block zu gehen. Durchnäßt und starr vor Kälte traten wir ein und setzten uns auf die Kojen; wir sahen aus wie Hühner auf der Stange. Unsere Freundinnen Hanka, Elsa, Stefa und Marysia besuchten uns in unserer Koje.

»Wozu leben wir eigentlich?« sagte Elsa hoffnungslos.

»Stell keine dummen Fragen, sei zufrieden, daß du noch lebst. Wir sind schon fast einen Monat hier«, antwortete Stefa.

»Ja, das stimmt, aber es wird immer kälter, immer trauriger, immer dreckiger, wir wissen nicht, was sich außerhalb des Drahtverhaus tut. Wenn die Quarantäne zu Ende ist, geht es mit der Arbeit draußen los – Ausheben von Gräben, an solch einem Tag wie dem heutigen zum Beispiel. Womit sollte ich denn zufrieden sein?«

»Beispielsweise damit, daß dies erst der erste Regen ist.«

»Und auch damit, daß keine von uns ins Revier gehen mußte«, fügte ich hinzu.

»Und damit, daß wir noch nicht getrennt worden sind«, warf Marysia ein.

»Ich soll mich also jetzt freuen, da ich weiß, daß es noch schlimmer kommen wird, daß das Wetter schlechter, die Arbeit schwerer sein wird, daß gewiß eine von uns erkranken und man uns trennen wird!«

»Du sollst einigermaßen zufrieden sein, denn derjenigen, die jetzt auf dem Feld arbeitet, und der Jüdin, deren Eltern heute im Krematorium verbrannt wurden, geht es noch viel schlechter als dir. Denk daran, daß wir im KZ sind!«

Aber auch ich war nicht zufrieden. Man hatte uns das Brot, das Zofia und ich aus zwei Zulagen und einer Abendration zurückgelegt hatten, um einen Pullover zu kaufen, aus der Koje gestohlen. Es gibt keinen Verlust in der Freiheit, dem man derart nachtrauern würde.

Plötzlich rief eine Stubenälteste die Nummer und den Namen Hankas aus. Sie lief zur Blockältesten und kehrte dann lächelnd zurück mit einem riesigen Karton in den Händen.

Ein Päckchen von zu Hause! Ein unglaubliches Glück. Also hatte jemand etwas in einem Laden in Warschau eingekauft, hatte es verpackt, auf der Post aufgegeben ... das war unfaßbar!

Hanka kletterte in die Koje und begann zu weinen. Zum erstenmal sah ich sie weinen. Damals wußte ich noch nicht, daß beim ersten Päckchen immer geweint wurde. Stefa weinte jedesmal, wenn sie ein Päckchen erhielt. Feierlich öffneten wir das Paket.

»Zwiebeln!« rief Hanka aus. »Brot! Schmalz!« Schreie des Entzückens. Jede von uns bekam ein Stück Brot aus der »Freiheit« mit zerkleinerten Zwiebeln. Welch eine herrliche Delikatesse das war! Wir aßen schweigend, man durfte dieses Festessen durch kein unnötiges Wort stören. Hanka saß stolz und glücklich auf dem Karton. »Hab' ich es euch nicht gesagt, daß ich ein Päckchen bekommen werde! Meine Mutter hat gewiß den ganzen Pawiak auf den Kopf gestellt, um herauszufinden, wo ich bin. Jetzt werde ich laufend Päckchen erhalten. Gegen das Lagerbrot werde ich eine Unterhose, vielleicht sogar Schuhe erstehen. Die Zwiebeln gebe ich Józka, damit sie mich morgens nicht so zum Appell jagt. Ich danke Gott für das Paket!«

Die Kunde davon verbreitete sich in Windeseile. Ein Päckchen von zu Hause war ein Ereignis von größter Bedeutung. Auch wir schöpften neuen Mut. Vielleicht würden wir auch eins bekommen.

Der Fluß

Am nächsten Tag verkündete die Blockälteste beim Appell: »Diejenigen, die außerhalb des Drahtverhaus zur Arbeit gehen wollen, werden Schuhe bekommen.« Wir begannen uns zu beraten. Schuhe waren wichtig, in den »Holländer-Holzschuhen« konnte man so schlecht laufen. Außerdem, hier konnten sie uns erwischen – Tante Klara oder irgend jemand anders. Und was konnte es denn Schlimmeres geben als das Herumlungern auf der Wiese?

Zofia, ich und noch einige vom Pawiak traten auf die Seite. In unserer Gruppe hatten sich nur zwanzig freiwillig gemeldet. Wir erhielten Schuhe. In anderen Gruppen hatten sich hundert bis zweihundert gemeldet. Unsere Vorarbeiterin schien uns äußerst sympathisch. Es war die erste Frau mit schwarzer Binde mit weißer Aufschrift am linken Arm, die sich menschlich benahm und in einem normalen Ton mit uns umging.

»Wer kann deutsch?«

»Ich«, antwortete ich.

»Gut, du wirst bei mir bleiben und den anderen Häftlingen alles übersetzen. Geht ihr zum erstenmal aufs Feld?«

»Ja, und was werden wir tun?«

»Ach, nichts Schweres, ihr werdet ja schon sehen.« Und seltsamerweise lächelte sie dabei. Selbstverständlich lächelten wir alle zurück.

Wir gingen auf das Tor zu, auf dasselbe, durch das wir zum erstenmal ins Lager gekommen waren.

Ich hätte nie gedacht, daß das Hinaustreten nach »draußen« derart feierlich sein könnte. Wir standen vor dem Tor und warteten, bis sie uns das Zeichen gaben. Gegenüber von unserem Tor war ein weiteres Tor, das ins Lager B führte. Von dorther kamen meist die Außenkommandos zur Arbeit anmarschiert. Jedes Kommando wurde von Vorarbeiterinnen, den sogenannten Zehnerführerinnen, angeführt. Sie hielten Kärtchen mit den Nummern von zehn Mädchen in der Hand, für die sie verantwortlich waren. Verantwortlich für das Ganze waren die Vorarbeiterin und der Posten, der mit einem Hund jedem Kommando folgte.

»Links, links, rechts und links«, dirigierte am Tor die Lagerkapo. Wir schritten durch das Tor.

»Kommando 116 mit zwanzig Häftlingen!« meldete unsere Vorarbeiterin der Rapportschreiberin, die die ausmarschierenden Kommandos notierte.

Wir bogen vorschriftsmäßig nach rechts ab. Alle waren schrecklich nervös. Vor der Blockführerstube standen die Mitglieder der Lagerleitung, Taube, die Oberaufseherin und die Aufseherinnen Hase und Drexler. Scheusale in menschlicher Gestalt. Taube und Hase sahen wie der personifizierte Tod aus – ihnen fehlte wirklich nur eine Sense in der Hand. Die Oberaufseherin, »Oberin« genannt, war eine ungewöhnlich schöne, aber blasse und kühle Frau. Man konnte sie sich kaum lächelnd vorstellen, obwohl man sagte, daß sie reizend lächeln könne.

Direkt neben der Blockführerstube spielte ein aus Häftlingen zusammengesetztes Orchester. Am lautesten war die Pauke zu hören, die den Takt schlug – links, links, links, rechts, links.

Außerhalb des Stacheldrahtbereichs atmete ich tief die Luft ein. Gleich neben uns schritt der Posten, ein junger Schnösel, der völlig harmlos aussah.

»Bist du schon lange hier?« fragte die Vorarbeiterin.

Ich war völlig verblüfft von dieser normalen, »privaten« Frage aus dem Mund einer Frau mit schwarzem Winkel.

»Seit einem Monat«, antwortete ich, »und ich freue mich, daß du wie ein Mensch reden kannst. Ich habe mich noch kein einziges Mal gewaschen«, fügte ich hinzu.

Sie lächelte. »Ich kenne das. Ich weiß, wie die anderen Aufseherinnen und Kapos sind. Hier mögen sie mich. Wie heißt du mit Vornamen?«

»Krysia.«

»Ich heiße Hilde. Du darfst mich ruhig beim Vornamen rufen. Ich bin schon vier Jahre hier.«

»Wofür?«

»Ich bin von meiner Arbeitsstelle weggerannt, ich war in Ravensbrück, dann haben sie mich nach Auschwitz gebracht.«

»Wie es hier duftet!« sagte ich. »Und hier gibt es keinen Drahtverhau, zum erstenmal seit Monaten laufen wir frei herum. Die schönsten Monate des Sommers habe ich im Pawiak zugebracht.«

»Atme ruhig diese Luft ein, solange es möglich ist. Das Wetter ist schön. Und dort, wohin wir gehen, ist es wunderschön.«

Ich drehte mich um, und übersetzte meinen Kameradinnen den Inhalt unseres Gesprächs. Der Tag ließ sich gut an.

»Singen wir?« schlug ich vor. Wir begannen ›Die Trauerweiden rauschen‹ zu singen. Hilde lächelte.

Nach drei Kilometern Marsch bogen wir ab und kamen in ein Dorf. In ein normales Dorf mit Kühen, Hennen und einem Brunnen. Die Menschen liefen davon, als sie uns sahen.

»Wir müssen aber hübsch aussehen!« meinte Hanka im Scherzton.

»Nein«, antwortete Hilde, »die Leute haben Angst, sich mit den Häftlingen in Berührung zu kommen, und deshalb flüchten sie.«

»Wie taktvoll sie ist«, dachte ich mir. Im Grunde genommen war es doch völlig egal, wie wir aussahen.

Die Umgebung wurde zusehends schöner. Hilde klärte uns auf, daß wir an die Sola gingen, um Schilfrohr zur Herstellung von Körben zu schneiden. Die Sonne ging auf. Der Himmel war wolkenlos. Wir fühlten uns wohl.

Wir gingen unter einer Brücke hindurch. Vor uns schlängelte sich die Sola, ein Nebenfluß der Weichsel. Am gegenüberliegenden Ufer waren einige Zivilisten zu sehen; einer von ihnen, der eine Angel in der Hand hielt, winkte uns freundlich zu. Das mußte wohl ein Traum sein. Das Lager war so nahe – und hier fiel es einem sogar schwer zu glauben, daß es Krieg gab. Die Luft war völlig anders. Im Lager hing dauernd der Geruch von Leichen und Latrinen in der Luft. Hier gab es eine echte Wiese und echtes Wasser. Schon lange hatte ich keinen Fluß mehr gesehen.

Hilde teilte Messer aus. »Geht ins Schilfrohr hinein und schneidet es. Das geschnittene Rohr legt ihr dann am Weg nieder, später kommen die Männer und werden es auf einen Wagen verladen. Laßt euch Zeit mit der Arbeit, aber brennt mir ja nicht durch. Denkt daran, daß ich meinen Kopf für euch hinhalten muß. Um eins herum werden sie das Essen bringen.«

Wir verschwanden im Schilf. Es war so dicht, daß wir uns sofort aus den Augen verloren.

»Krysia!« hörte ich nach einer Weile rufen.

»Was ist, Hanka?«

»Wie schön, daß wir uns hierfür gemeldet haben.«

»Sag bloß noch, daß der Krieg zu Ende geht!« rief ich ihr zu.

»Der Krieg wird in zwei Wochen zu Ende sein, und wenn sie uns zu Hause fragen, wie es denn im Lager gewesen sei, werde ich ihnen darauf antworten, daß es wunderbar gewesen sei und daß ich mich an der Sola in der Sonne gebräunt habe.«

»Liegst du etwa in der Sonne?«

»Selbstverständlich, Hilde ist mit dem Posten ins Gebüsch gegangen. Sie ist nicht an unserer Arbeit interessiert. Du hast doch gehört, daß sie ausdrücklich gesagt hat: ›Laßt euch Zeit.‹«

»Du hast recht. Ich werde etwas laufen und mir die Umgebung ansehen.«

Ich lief auf den Fluß zu. Elsa sang im Schilf ein sentimentales Liedchen. Ein einziger Tag dieser Art – und schon kehrte die Lebenslust zurück.

Ich blickte ringsumher. Ein Zivilist am gegenüberliegenden Ufer gab mir irgendwelche Zeichen.

»Von hier aus kann man abhauen«, dachte ich, »es genügt nur, den Fluß zu durchschwimmen. Dann wird mich schon jemand verstecken.« Ich kehrte zu Zofia zurück. Sie hatte selbstverständlich an dasselbe gedacht.

»Na gut«, überlegte ich laut, »und was weiter? Du bist tätowiert, steckst in einem gestreiften Häftlingskittel, bist kahlgeschoren, ohne Papiere, und wenn niemand uns versteckt? Denk daran, daß die Menschen hier in der Nähe des Lagers in panischer Angst leben, wer wollte denn schon etwas riskieren?«

»Vielleicht könnten wir einen Mutigen finden. Hauptsache wäre, unsere Leute in Warschau zu informieren, sie würden schon hierherkommen und bezahlen.«

»Schön, aber wenn wir abhauen, bringen wir die anderen Mädchen in Gefahr und auch Hilde, die nun schon vier Jahre im Lager einsitzt.«

»Was geht mich Hilde an, sie ist eine Deutsche.«

»Eine Deutsche, aber ein Häftling, sie hat furchtbar viel durchgemacht, sie ist genauso ein Feind der Nazis wie wir.«

»Wenn wir solche Dinge berücksichtigen, werden wir umkommen müssen.«

»Würden wir solche Dinge nicht beachten, so wären wir nicht hier gelandet. Sollte es wahr sein, daß wir umkommen müssen, so werden wir umkommen.«

Anstandshalber schnitten wir etwas Schilf. Ich begab mich abermals ans Ufer.

Von der Brücke her bewegte sich etwas in meine Richtung. Eine Barke mit Kohle und Menschen. Im ersten Augenblick wollte ich weglaufen, aber ich beherrschte mich und blieb. Die Barke stoppte ihre Fahrt. Einer der Zivilisten fragte mich: »Polin? Wie lange im Lager?«

»Seit einem Monat. Wer seid ihr?«

»Hab keine Angst, wir sind Freunde. Ist Hilde da?«

»Unsere Vorarbeiterin? Ja, sie ist da.«

»Warte, bring ihr etwas.« Sie entnahmen der Barke zwei Flaschen Wodka, Wurst und Weißbrote.

»Geh, und laß dich nicht von deinen Kameradinnen sehen!«

»Und der Posten?«

»Der Posten kann dich ruhig sehen – komm schnell zurück.«

Ich lief beladen dorthin, wo ich Hilde anzutreffen hoffte, sie hatte sich an die Schulter des Postens gelehnt. Das Gewehr lag daneben am Boden. Sie fuhren hoch. »Hier, Hilde, niemand hat etwas gesehen.« Ich reichte ihr die Nahrungsmittel.

»Oh, schön, sind sie noch immer da?«

»Ja.«

»Ich gehe mit, aber warte, hier, nimm.« Sie brach ein Stück Brot und Wurst ab und reichte es mir, dann faßte sie mich bei der Hand, und wir liefen zurück.

Ich war in ein großes Geheimnis eingeweiht worden, ich hatte Brot und Wurst, und niemand schrie mich an. Und der Posten lächelte. Unglaublich!

Ich kehrte zu Zofia zurück. Sie schaute mich an und rieb sich die Augen. Hätte ich auf dem Kopf gestanden, wäre sie nicht minder überrascht gewesen.

»Woher hast du das?«

»Von einem Freund.«

»Gib her, du hast ja keine Ahnung, wie hungrig ich bin. Mein Gott! Weißbrot und Wurst!«

»Wenigstens einmal gibst du zu, daß du Hunger hast.« Wir aßen das Brot und schrien vor Freude. Plötzlich kam mir eine neue Idee. »Warte hier!« sagte ich und rannte zum Ufer.

Die Barke stand immer noch da. Hilde unterhielt sich mit den Zivilisten.

»Hilde, hör mal« – das Herz schlug mir bis zum Halse – »erlaube mir, sie darum zu bitten, meine Familie zu benachrichtigen, wo ich mich befinde. Ich schreibe einen Zettel.«

Einer der Zivilisten hatte mir bereits ein Notizbuch und einen Bleistift gereicht.

»Schreib schnell.«

»Zofia und ich befinden uns in Auschwitz. Meine Nummer ist 55908, schickt sofort ein Päckchen, den Rest wird euch der Überbringer erzählen.« Die Adresse schrieb ich auf der Rückseite. Hilde hielt Wache.

»Versucht dahinzukommen – nach Warschau. Sagt unseren Angehörigen, daß wir es hier nicht lange aushalten werden, sie sollen Päckchen schicken oder sich mit euch verabreden, ihr könnt uns in dieser Barke nach Krakau bringen.«

»Gut, wir liefern den Brief ab, wir werden darüber reden, gebt die Hoffnung nicht auf!«

Zofia wartete gespannt. Sie hatte mich von weitem beobachtet.

»Zofia, endlich ein Funken Hoffnung. Ich habe nach Hause geschrieben. Wenn die Unsrigen klug sind und wir hier arbeiten werden, können wir in zwei Wochen mit dieser Barke nach Hause fahren.«

»Zu schön, um wahr zu sein.«

»Aber ein Päckchen werden wir ganz gewiß erhalten.«

»Das ist schon möglich.«

Einige Minuten später lag ich im dichten Schilf, überwältigt von all den Eindrücken. Es mußte ungefähr ein Uhr sein. Die Sonne war sehr heiß. Ich schloß die Augen und stellte mir vor, an der See zu sein und anstatt des rauhen, scheußlichen Häftlingskittels einen Badeanzug zu tragen. Ich bildete mir ein, langes, wallendes Haar zu haben. Wie im Traum hörte ich das Rascheln der sich auseinanderbiegenden Sträucher. Ich bewegte mich nicht und öffnete auch nicht die Augen.

»Eine Frau«, sagte eine männliche Stimme auf polnisch.

»Eine ehemalige Frau«, antwortete ich träge.

Jemand, der zwischen den Sträuchern stand, begann laut und herzhaft zu lachen. Ich öffnete ein Auge. Das war sicherlich ein Traum. Alles, was hier vorging, war unwirklich.

»Dich interessiert aber auch gar nicht, wie ich aussehe«, hörte ich die Stimme direkt über meinem Kopf.

»Wenn Sie meine Stimme gehört haben und nachher feststellen werden, wie ich aussehe, werden Sie bitter enttäuscht sein.« Ich sagte dies langsam, wie für mich selber, und ich hielt immer noch die Augen geschlossen.

»Verzeihen Sie, aber gehören Sie zur ›Intelligenz‹? Sie erlauben, daß ich mich vorstelle.«

»Das ist nicht nötig.«

»Ich heiße Andrzej, und Sie?«

»Ist das nicht egal?«

»Binden Sie sich das Tuch um den Kopf«, schlug er vor.

»Ich weiß nicht, wo es ist.«

Er fand das Kopftuch und bedeckte mir damit den Kopf. »Hätte ich doch wenigstens nur einige Haare!« dachte ich traurig vor mich hin. Ich erinnerte mich, daß ich im hellen Licht der Mittagssonne dreckig aussehen mußte. Ich drehte mich herum und verbarg mein Gesicht. Der Fremde drehte mein Gesicht zu sich. Ich wollte die Augen nicht öffnen.

»Bitte berühren Sie mich nicht und gehen Sie bitte. Wissen Sie denn nicht, daß es uns verboten ist, mit Männern zu sprechen?«

Und wieder begann er zu lachen. Plötzlich geschah etwas Sonderbares. Er bückte sich hinunter und küßte mich auf den Mund. Das brachte mich aus der Fassung. Ich sprang auf.

»Sind Sie verrückt geworden, einen Monat habe ich weder mein Gesicht gewaschen noch meine Zähne geputzt. Sind Sie denn blind, wie kann man mich nur küssen. Sie haben wohl keinen blassen Schimmer von gutem Geschmack!«

Er blickte mich sehr ernst und traurig an. Mir war zum Heulen zumute. »Warum sind Sie nur hierhergekommen? Mir war vorhin so wohl zumute, ich hatte bereits vollständig vergessen, daß es anders sein könnte, daß man ...«

»Ich habe es auch schon vergessen«, sagte er zögernd, »seit drei Jahren bin ich heute zum erstenmal einer Frau so nahe. Bitte, verstehen Sie mich.«

Ich blickte ihn an. Seine Stimme zitterte, er hatte Tränen in den Augen.

»Ich bin noch jung, weißt du überhaupt, was es bedeutet, drei Jahre lang im Lager zu sein? Diese verfluchte Ohnmacht! Ich wollte dich doch gar nicht kränken.«

»Ich weiß, bin ja auch gar nicht böse, ich war nur ein wenig erstaunt. Erst einen Monat bin ich hier, aber mir ist, als ob dies bereits eine Ewigkeit sei, als ob es niemals etwas anderes gegeben habe.«

»Mach dir nichts daraus, die Haare werden nachwachsen, du wirst irgendwann wieder ein normales Kleid anziehen, wirst baden und wieder du selber sein. Und dann wirst du mich küssen«, fügte er nach einer Weile hinzu.

»Sicherlich«, sagte ich lächelnd.

»Gib mir die Hand zum Zeichen, daß du mir nicht mehr grollst, du bist nett, obwohl du so dreckig bist.«

Ich reichte ihm mit einiger Besorgnis die Hand, und wieder wollte er mich zu sich hinziehen.

Plötzlich ertönte ein Pfiff und Stimmen wurden laut: »Sie ist geflohen, sie ist geflohen, sucht sie!«

Hanka tauchte auf. Sie warf uns einen erstaunten Blick zu. Andrzej begrüßte sie.

»Wir gehören zum Männerlager und sind Schilf holen gekommen, was ist passiert?«

»Man sagt, daß eine von uns die Flucht ergriffen haben soll.«

»Wer?«

»Eine ältere Frau, ich kann mich nicht an sie erinnern.«

»Sicher schläft sie auf dem Boden zwischen Sträuchern.«

Hanka machte sich auf die Suche.

»Bist du hungrig?« fragte mich Andrzej.

»Nein.«

»Heute habe ich kein Brot, ich hab's nicht gewußt, morgen werde ich dir welches bringen. Ihr werdet wohl wieder hier sein.«

»Ich weiß nicht, denn wir sind heute in Vertretung hier, wir sind der Quarantäne unterworfen. Aber wenn diese Frau tatsächlich geflohen ist, werden wir mit Gewißheit nicht mehr wiederkommen.«

»Versuchen wir doch, sie zu finden.«

Ich suchte im Gebüsch, hinter den Sträuchern, ich rief – vergebens. Ich konnte mich nicht einmal daran erinnern, wie sie aussah.

Andrzej kam erneut auf mich zu. »Du hast mir aber nicht gesagt, wie du mit Vornamen heißt, wie werde ich dich wiederfinden?«

»Krysia.«

»Schön. Morgen komme ich hierher und bringe dir Brot mit. Wenn du im Quarantänelager bist, mußt du doch hungrig sein. Kopf hoch, bis dann, Krysia! Aber komm bestimmt.«

Er drehte sich noch einmal um. Als ob das von mir abhängen würde – er verabredete sich so, als ob wir in Warschau wären. Ein komischer Kauz!

Wenn wir bloß immer in diesem Kommando bleiben und Schilfrohr schneiden könnten! Der Kontakt mit der Barke war doch so wichtig. Ich fühlte, daß wir in einer besonders günstigen Situation waren und über Möglichkeiten verfügten, von denen man im Lager niemals träumen würde. Und nun diese Geschichte mit der Flucht.

Ich fand Hilde wieder, die völlig verzweifelt war. Der Posten sagte mir: »Na, da seht ihr, wie ihr seid, man hat Vertrauen zu euch, und was wird nun? Ich komme in den Bunker oder gleich an die Front. Hilde kommt ins Strafkommando, wenn ihr nicht noch etwas Schlimmeres blüht.«

Ich wußte, daß sie sich schuldig fühlten, weil sie nicht aufgepaßt hatten. Ich war hellwach, wie bei einem Verhör der Gestapo. Mit Sicherheit war die Frau geflohen, aber was konnten wir erfinden, um uns der Verantwortung zu entziehen, um weiterhin hierherkommen zu dürfen?

Die Zeit des Appells nahte heran. Wir hätten längst abmarschieren sollen. Im Lager warteten sie gewiß schon auf uns. Hilde weinte, sie hatte Angst zurückzukehren. Am meisten fürchtete sie die Oberaufseherin. Ich schaute auf den Fluß. Am Morgen hatte Hilde gesagt, daß sie uns erlauben würde, vor der Rückkehr ins Lager zu baden. Was tun? Plötzlich kam mir ein rettender Gedanke: »Hilde, ich habe eine Idee!«

»Was denn?« fragte sie unter Tränen.

»Wir werden sagen, daß sie ertrunken ist.«

»Wie denn das?«

»Wir werden sagen, daß wir um vier gezählt worden sind, und daß alle anwesend waren, und nachher hätte eine Frau gefragt, ob sie vor dem Abmarsch die Füße im Fluß waschen dürfe. Und sie sei unter die Brücke gegangen und ertrunken. Ich werde behaupten, sie habe den ganzen Morgen über von Selbstmord geredet, und daß sie nicht ganz normal gewesen sei.«

Hilde hörte aufmerksam zu. Der Posten nickte zustimmend. »Keine schlechte Idee. Auf jeden Fall ist das besser als unsere Unaufmerksamkeit. Und die anderen, werden die wissen, wie sie sich verhalten sollen?«

»Die werden nur sagen, daß wir um vier gezählt worden sind und daß wir zwanzig waren, mehr wissen sie nicht. Ich werde das erledigen.«

Hilde nickte resigniert, zum Zeichen ihres Einverständnisses. Ich ging zu den anderen.

»Was nun?«

»Wir sind um vier Uhr gezählt worden. Wenn jemand fragt, so waren wir zwanzig. Seid ihr einverstanden?«

»Selbstverständlich.«

»Denkt daran, daß jede von uns in Auschwitz verhört werden kann. Von den Aussagen einer jeden von uns hängt das Schicksal der anderen ab.«

Wir marschierten ab. Es war schon nach der Appellzeit. Hilde faßte mich bei der Hand. Sie ging mit hängendem Kopf, denn sie hatte furchtbare Angst.

Unterwegs stoppte uns ein Motorrad. Die Aufseherin Hase stand vor uns. »Warum so spät? Der Appell ist schon vorüber.«

»Eine fehlt«, meldete Hilde.

»Solch ein kleines Kommando, und eine ist geflüchtet? Ihr paßt aber gut auf!«

»Sie ist nicht geflohen, sie hat Selbstmord begangen.«

»Wie?«

»Sie ist ins Wasser gegangen.«

»Wer hat das gesehen?«

Ich trat hervor: »Ich. Seit heute früh sagte sie, daß sie es nicht mehr aushalte, und daß sie lieber sterben wolle als solche Qualen zu ertragen.«

»Was für Qualen?«

»Ich weiß nicht – das ist alles, was sie gesagt hat.«

»Ins Lager mit euch, wir werden im Fluß suchen.«

Wir marschierten ab. Der Lagerkommandant kam im Auto an. Dasselbe Gespräch. Es war SS-Hauptsturmführer Kramer. Er durchbohrte uns alle mit seinen Schweinsäuglein.

»Was wird passieren, wenn sie die Leiche nicht finden?« sorgte sich Hilde.

»Sie werden nicht suchen.«

»Und was, wenn sie im Lagerbereich gefaßt und zurückgebracht wird?«

»Wir müssen an unser Glück glauben.«

Zum Lagertor kam die dicke Katja hinausgelaufen, die Rapportschreiberin, eine slowakische Jüdin, der Günstling der Aufseherinnen und Oberaufseherinnen. Die Behörden waren bemüht, arische Vorfahren für Katja zu finden, um ihr den Stern gegen den Winkel auszutauschen. Es ging doch nicht an, so offiziell eine Jüdin zu schätzen und gern zu haben! In dieser Angelegenheit war Katja einige Male zur Politischen Abteilung nach Auschwitz-Stadt vorgeladen worden. Wie uns die alten

Häftlinge erzählten, war es ihr Verdienst, daß die Appelle stimmten und kurz dauerten. Früher war man mit der Zählerei nie zu Rande gekommen. Die Häftlinge hatten stundenlang gestanden. Sie selber leitete die Versetzungen von einem Block in den anderen.

»Na, Hilde, was ist?« fragte sie.

Hilde wiederholte unsere märchenhafte Version. Katja lächelte listig. Ich verstand sofort, daß sie uns durchschaut hatte.

»Sehr gut«, sagte sie mehr zu sich selber als zu uns. »Ach, Selbstmord, schade, sie war doch noch so jung.«

Ich verstand damals noch nicht, wieviel Ironie in ihren Worten enthalten war.

»Gib mir die Nummer an.«

Hilde nannte ihr die Nummer und blieb am Tor zurück, um eventuelle weitere Erklärungen abgeben zu können. Sie konnte mir gerade noch zuflüstern: »Danke.«

»Sollte das ein gutes Ende nehmen, so nimm uns morgen wieder mit«, bat ich.

»Ich würde das gerne tun, aber sie werden es gewiß nicht erlauben. Sie werden mir Jüdinnen zuteilen, die Arierinnen fliehen. Vielleicht nach der Quarantäne, wenn ihr ins Lager B kommt. Dann suche mich ...«

Wir begaben uns zur Baracke. Unseretwegen dauerte der Appell noch. Alle fragten uns, wie es sich zugetragen hätte. Allen antworteten wir: »Sie ist ertrunken.« Ich erzählte, wie sie mit den Armen im Wasser herumgefuchtelt habe. Hanka zwinkerte mir zu.

Wie vorauszusehen war, kamen wir nicht mehr an die Sola. Obwohl man Hilde zu glauben schien und sie weiterhin mit demselben Posten poussierte, hatte man ihr ein anderes Kommando zugeteilt.

Wir trauerten um die Barke, Andrzej, das Brot, aber was tun? Kann im KZ überhaupt irgend etwas Angenehmes von langer Dauer sein?

Draußen

Um zehn Uhr ertönte der Pfiff. Die Kapo, eine Polin (eine Hure aus Kielce), pfiff und kreischte mit heiserer Stimme: »Lagersperre, Lagersperre!« Wir wurden in den Block getrieben.

»Was wird passieren?« fragten alle entsetzt. Niemand wußte es.

»Gewiß eine Selektion«, meinte schließlich eine von uns.

»Bei uns?«

»Das weiß man nie.«

»Zählappell, herauskommen«, hörten wir nach einer Weile.

»Um elf Uhr Appell?« Stefa stand kreidebleich neben mir. »Sollen wir auch raus?«

»Sitzenbleiben, ihr verfluchten Weiber, nur die jüdischen Blocks haben Appell. Versucht bloß nicht hinauszugehen! Die Eimer sind im Block, aber scheißen ist verboten, merkt euch das!«

Durch die Scheibe in der Baracke sahen wir, wie die Jüdinnen aus dem Nachbarblock zum Zählappell herauskamen. Sie hatten einen irren Blick und versuchten, sich hinter den anderen zu verstecken. Sie stritten darüber, wer in der ersten Reihe unter den ersten fünf – an der sichtbarsten Stelle – stehen sollte. Sie stießen sich gegenseitig nach vorne, so als ob das helfen könnte. Wenn das Leben auf dem Spiel steht, denkt man nur daran, wie man es retten kann.

Endlich hatten sie sich alle in einer Linie aufgestellt.

Taube, die Lagerkapo und die Aufseherin erschienen.

Taube stand vor der ersten Reihe und zeigte mit dem Stock auf einen Häftling. Die Frau zog sich aus. Dann dirigierte er sie nach rechts. Sie war von mittlerem Körperbau und hatte einige Furunkel. Aber nach einiger Zeit hat jede im Lager Furunkel. Niemand wußte also, ob die rechte Seite Tod oder Leben bedeuten würde. Die nächste zog sich aus – ihr ganzer Körper war mit eitrigen Furunkeln übersät – und ebenfalls zeigte er nach rechts. Er war betrunken, sein Blick war gläsern, er schwankte, aber er paßte auf, ob jede in die gewiesene Richtung ging. Nach rechts gingen etwa fünfzig, nach links nur diejenigen Häftlinge, die die wenigsten Furunkel hatten. Wir hatten verstanden: Die rechte Seite bedeutete Tod. Die dem Tod Geweihten hatten ebenfalls begriffen, sie begannen sich umzusehen, nur halb bewußt, steif vor Entsetzen, wohin man fliehen könnte. Sie waren jedoch von einem Kordon, der aus ihren Kameradinnen bestand, umzingelt. Es bestand also keine Möglichkeit zu entkommen. Wir schauten und trauten unseren eigenen Augen nicht. In der Baracke herrschte vollkommene Stille. Man hätte nicht geglaubt, daß sich dort etwa tausend Menschen befanden! Die Sonne schien auf den Selektionsplatz herunter. Von den vierhundert Frauen aus dieser einen Baracke waren dreihundertzwanzig zur Vernichtung ausgewählt worden. Sie gingen nun an uns vorbei, nackt, zusammengekrümmt, mehr tier- als menschenähnlich, vorangetrieben von der Lagerkapo, einem Häftling wie sie selber. Unter der Sonne gingen sie zum Todesblock. Jede von uns wußte genau, was sie fühlten. Es marschierten Mütter mit Töchtern, Schwestern und Freundinnen der im Lager Zurückgebliebenen. Es war kaum vorstellbar, daß diese Frauen vor noch nicht allzu langer Zeit gesund waren, Seidenkleider trugen, in Saloniki oder in Amsterdam wohnten. Unter ihnen befanden sich Arbeiterinnen, Studentinnen, Ärztinnen und »Damen aus der Gesellschaft«. Diese abscheulichen Kreaturen mit hervortretenden Knochen, Hängebrüsten und Geschwüren sahen nicht mehr wie Menschen aus.

Block 25 war der Todesblock. Dort hinein lud man das menschliche Alteisen, das durch Selektion ausgewählt worden war. Dieser Block hatte keine Lebensmittelrationen mehr. Das war gewissermaßen ein Wartesaal des Krematoriums.

Nach einigen Stunden konnte man im ganzen Lager Jammertöne hören, die aus diesem Block drangen. »Mama, trinken, trinken – gib mir Wasser, ich sterbe!«

Niemand näherte sich dem Todesblock. Niemand brachte Wasser. Wir hatten keins, und wenn man welches hätte auftreiben können, so hätte es niemand einer fremden, griechischen Jüdin gebracht. In einigen Minuten oder höchstens in einer Stunde »wird sie sowieso sterben«. Mit diesem Satz übertönten wir in uns das Gefühl der elementarsten Nächstenpflicht. Aber diese erschütternden Stimmen gaben uns keine Ruhe, sie waren nicht zu überhören, sie bohrten sich durchs Herz, durchs Gehirn.

Nachdem die Lagersperre aufgehoben war, gingen wir hinaus vor den Block. Aus Block 25 streckten die Verurteilten die Hände durch das Gitter. Man konnte sich nirgends vor ihnen verbergen, und man konnte ihre Stimmen nicht überhören: »Wofür? Gott, gib uns zu trinken. Weshalb muß ich sterben?«

Die Dämmerung brach ein, die Drähte leuchteten auf. Wie hypnotisiert schaute ich zum Todesblock hinüber. Ich sah nichts weiter als Hände, die sich in bittender, hilfloser Gebärde bis ins Unendliche streckten. Einen Augenblick schienen sie wie im luftleeren Raum zu schweben, um sich danach zu drohenden, unheilvollen Fäusten zusammenzuballen.

In dieser Nacht war es ungewöhnlich still. Gewiß würden sie

alle aus dem Todesblock ins Krematorium abholen. Wir horchten. Und tatsächlich, nach einer kurzen Weile kamen Lastwagen. Der Schein der Lampen beleuchtete die Baracke. Sie hielten vor Block 25. Mein Herz hämmerte zum Zerspringen. Ich wußte, daß man sie jetzt aufladen würde. Aber nichts war zu hören. Die Laster fuhren wieder an.

Ein unmenschlicher, markerschütternder Schrei durchdrang die Luft. Wir schauten uns entsetzt an.

»Aaaaaaaah«, ertönte es erneut vom zweiten Wagen her. Je näher der Lastwagen kam, um so mehr schwoll der Schrei an und klang dann ab wie eine Alarmsirene, nur einen Widerhall der Qual und des Entsetzens zurücklassend.

Stefa, die mir auf der Pritsche gegenübersaß, schaute mich voller Verzweiflung an. Wir durften nur nicht verrückt werden. Wir mußten alles so nüchtern wie nur möglich zu betrachten versuchen.

Sie töteten ganz einfach die Juden, weil sie sagten, daß die Juden verantwortlich seien für den Krieg. Überall kommen doch Menschen um – versuchte ich mir zu erklären. Aber mein Geist war überhaupt nicht in der Lage, diese furchtbaren Ereignisse zu fassen. Überall sterben Menschen. Gut, aber im Kampf, von einer Kugel, von einer Bombe, einem Geschoß getroffen. Das ist ebenfalls sinnlos, diese Art von Tod ... und hier diese furchtbare, unfaßbare Hilflosigkeit. Was tun, wie sich all dem widersetzen? Heute haben sie die von drüben geholt, morgen können sie ebensogut zu uns kommen, uns auf den Lastwagen schleifen und ...

Aber wir konnten nichts anderes empfinden als grenzenlosen Haß. Und dieser Haß ergoß sich in diesem Augenblick über alle Pritschen, über das ganze Lager.

Die Regenzeit fing an. Bei den Appellen auf der Wiese wurden wir durch und durch naß. Nirgends und niemals konnten wir uns abtrocknen. Sich fortzubewegen war fast eine Unmöglichkeit, die Holzschuhe blieben immer im dicken Schlamm stekken.

Eines Nachts wurde vor dem Appell eine auf der Pritsche dabei ertappt, wie sie in die Schüssel machte, die für die Suppe bestimmt war. Es war eine alte Frau, die bestimmt krank war. Sie wurde von der Pritsche heruntergezerrt, und die Blockführerin schlug sie bis zur Bewußtlosigkeit. Zur Strafe knieten wir fast eine Stunde lang im Morast. Danach tat uns alles weh: die

Beine, der Kopf, das Herz. Abends hatte die Mehrzahl von uns Fieber. Am darauffolgenden Tag gingen viele vom Block ins Revier. Zum erstenmal wünschte auch ich, dorthin zu gehen. Was hatte es für einen Sinn, daß ich fror, hungerte und mir und meinen Kameradinnen einredete, daß ein Wunder geschehen würde. So oder so würde ich sterben müssen. Wozu sich also lange quälen? Im Revier gab es keine Appelle. Ich würde dort liegen, bis ich sterben würde. Ich vertraute mich Zofia an. »Das darfst du nicht, Krysia. Es kann ein Päckchen kommen, es kann eine Veränderung eintreten.«

Ich beschloß, einige Tage abzuwarten. Und das Päckchen traf tatsächlich ein. Ein von Mamas Händen gepacktes Päckchen! Ich konnte es nicht öffnen. Meine Kameradinnen beobachteten mich voller Ungeduld. Und ich mußte heulen, ich konnte die Tränen nicht zurückhalten. Jedes Zeichen aus der Freiheit ließ uns ganz aus dem seelischen Gleichgewicht geraten. Wir stumpften immer mehr ab und bemühten uns, nicht nachzudenken. Das Päckchen riß uns aus diesem apathischen Zustand, zwang zu Erinnerungen, zur Sehnsucht.

In dieser Zeit lernte ich Roma kennen. Sie stammte aus Schlesien und war Lehrerin. Sie saß schon lange im Lager. Das Revier hatte sie nach zahlreichen Krankheiten verlassen. Lang aufgeschossen und gertenschlank, schien sie beinahe durchsichtig zu sein. Nur ihre riesengroßen, blauen, erstaunten Augen verrieten, daß sie schrecklich gelitten hatte und furchtbar gequält worden war. Roma erzählte mir von ihren Verhören in Auschwitz. Obwohl ich einige Monate lang im Pawiak gesessen hatte, konnte ich das nicht mitanhören. Sie sprach von dem Folterreifen, von dem sie immer halb bewußtlos heruntergekommen war, und von all den Krankheiten, die sie durchgestanden hatte.

Ich konnte nicht verstehen, daß sie nach all dem noch am Leben war. Sie war nun schon acht Monate im Lager. Sie erhielt aber eine ganze Anzahl von Päckchen, drei bis vier pro Woche. Und nun wurde sie schnell wieder gesund. Sie bestach die Blockführerin, so daß sie auf der Pritsche sitzen bleiben durfte und nicht so wie wir hin- und hergejagt wurde. Von der Stubenältesten wurde sie regelrecht begünstigt.

Nach einigen Wochen sagte sie mir: »Das Schlimmste habe ich nun hinter mir, jetzt glaube ich daran, daß ich es überstehen werde. Ich habe schon all das durchgemacht, was sie erfunden haben, um einen Menschen fertigzumachen. Nun weiß ich, daß ich leben muß.«

An diesem Tag fuhr während des Abendappells ein schwarzer Gefängniswagen in der Lagerstraße vor. Ein Gestapomann sprang vor unserem Block ab und ging zur Blockführerin. Wir waren starr vor Entsetzen. Nach einer Weile wurde Romas Nummer aufgerufen. Roma trat aus der Appellreihe und ging langsamen Schrittes auf den Wagen zu.

Sie kam nie mehr zurück. Als sie im Revier lag, war eine Untersuchung der von ihr begangenen »Verbrechen« durchgeführt worden. Sie wurde zum Tode verurteilt, weil sie die Kinder Polnisch gelehrt hatte. Nach ihrem Tod kamen weiterhin Päckchen für sie an.

Die Zeit der Quarantäne ging zu Ende. Wir wurden aufgeteilt. Einige meldeten sich freiwillig, um in einem Bordell im Männerlager zu arbeiten – gegen gutes Essen und Zivilkleider sollten sie, so ging das Gerücht, bis zu zwanzig Häftlingen täglich zur Verfügung stehen. Später erfuhren wir, daß sich die Lagerbehörden dies ausgedacht hatten, um die Häftlinge von politischen Diskussionen und Verschwörungen abzulenken. Die Aufseherinnen kamen zu uns und wählten Mädchen für verschiedene Kommandos aus. Zofia und viele andere wurden ausgewählt. Damals wußte ich noch nicht, daß man im Lager um etwas bitten kann. So wurden wir getrennt. Zofia kam zu den »Budy«, das heißt zu einem anderen Lagerabschnitt.

In den »Budy« wurden feststehende Außenkommandos gebildet, die aus dreihundert Frauen bestanden. Die Baracken waren nicht mit Stacheldraht umgeben. Die Häftlinge verrichteten Schwerarbeit auf den Feldern. Außer den »Budy« gab es im Gebiet noch einige weitere Kommandos dieser Art, ihre Namen hatten sie von den Dörfern der Umgebung, zum Beispiel Rajsko, Babice, Harmenza. Was die Bedingungen anbetraf, war Rajsko das beste. Dort wurden Blumen und Gemüse gepflanzt. In dieses Kommando versetzt zu werden, war das höchste Glück im Lager. Ein ebenso idealer Platz zum Überleben war Harmenza, eine Farm, wo sich Hühnerbrutkästen befanden. Von den »Budy« wußten wir am wenigsten. Die Arbeitsbedingungen in diesen Kommandos hingen vor allem von der zugeteilten Aufseherin ab. In all diesen Kommandos arbeitete nur ein kleiner Prozentsatz Auserwählter.

Ich vereinbarte mit Zofia, daß sie erkranken sollte, dann würde man sie ins Revier schicken, denn in den »Budy« gab es kein Revier. So könnten wir später vielleicht wieder zusammensein.

Sie gingen fort: Stefa, Marysia, Hanka – alle ins Lager B. Ich blieb zurück. Es erwies sich, daß dies besser für mich war. Ich stand der Schreibstube zur Verfügung. Wala hatte sich darum gekümmert. Wala war schon zwei Jahre im Lager. Man hatte sie mit einem der ersten polnischen Transporte hierhergebracht. Sie gehörte zu jenen wenigen, die trotz allem noch nicht abgestumpft waren und ihren Charme nicht eingebüßt hatten. Sie arbeitete im Büro, so daß sie Zivilkleidung tragen konnte, die Haare waren ihr nachgewachsen. Ihr hatte ein Gedicht gefallen, das ich während eines Morgenappells in Gedanken verfaßt hatte.

Früher hatte ich nie Gedichte geschrieben. Da ich jedoch die Zählappelle und das hoffungslose Herumstehen auf der Wiese nicht aushalten konnte, begann ich in Gedanken, Verse zu machen. Es gab nichts, womit und worin ich sie hätte aufschreiben können. Die einfachen Worte, die ich vortrug, kamen aus der Tiefe meines Herzens:

Morgenappell*

Die Sonnenstrahlen hoch über Auschwitz
blutrot den Himmel entzünden
wir stehen in Reihen, Alte und Junge,
und schauen, wie Sterne verschwinden.

Wir sind schon hier im Frühappell
im Regen, im Schnee gewesen.
Aus den Gesichtern kann man nur
Schmerz und Verzweiflung lesen.

Ob jetzt vielleicht – es ist noch grau –
jetzt, während wir hier stehen,
auch meine Mutter ist schon wach,
ob wir uns wiedersehen?

Vielleicht mein Liebster an mich denkt,
er ist so schrecklich weit.
Vielleicht, o Gott, holt man ihn ab –
es ist Gestapo-Zeit ...

Hier geht es wie im Film vor sich,
irreal wie in Trance;

* Alle Gedichte sind von mir aus dem Polnischen übertragen worden.

jetzt fährt die Lagerstraße entlang
etwas Altmodisches – eine Diligence ...

Aus den Vehikeln steigen aus
Aufseherinnen in Blau;
wie Nummern schauen sie uns an,
die Zahl muß stimmen! Genau!

Wir sind in Nummern verwandelt,
es ist kaum zu begreifen.
Sie gehen vor uns, graziös, mit Stolz,
und zählen das Vieh in Streifen.

Der Film, der langsam vor sich geht,
wird jetzt interessant.
Die Spannung ist am Höhepunkt
es kommt der Kommandant.

Ist die Welt wirklich so gemein?
Ein Pfiff – und es wird still!
Wir beten. Gott, ist jemand da,
der uns zuhören will?

Die Sonne ist inzwischen höher
durch rosa Himmel gegangen.
O Gott, Gott, laß uns wissen,
wie lang sind wir noch gefangen.

Meine Kameradinnen griffen diese Verse auf. Sie lernten sie auswendig und rezitierten sie mit viel Gefühl auf den Pritschen und in den Aborten. Auf diese Weise kam das Gedicht ›Morgenappell‹ zu Wala. Sie begann sich dafür zu interessieren und fragte nach dem Verfasser. Sie fand mich – einen wehmütigen, kahlen »Muselman«*. Sie beschloß, sich meiner anzunehmen.

Als alter, einflußreicher Häftling erzwang sie bei der Blockführerin, mich noch in der Quarantäne zu halten. Ich wartete also auf eine Arbeitszuteilung. Morgens streunte ich auf der Wiese herum, umsonst Ausschau haltend nach bekannten Gesichtern. Damals gab es nur Tschechinnen, Französinnen und einige ältere Polinnen. Sie saßen in Gruppen herum und gedachten der alten Zeit. Meist sprachen sie von ihren Kindern

* In der Lagersprache wurde der abgehärmteste und dreckigste Häftling »Muselman« genannt. Im Lager machte man sich keine Gedanken über die Herkunft dieses Wortes.

und Ehemännern. Schwach und müde, waren sie sich dessen bewußt, daß sie es nicht mehr lange aushalten würden, aber sie wehrten sich gegen das Revier und standen tapfer die Zählappelle durch.

Ich konnte keinen Platz für mich finden. Es war ungemein schwül. Ich warf einen Blick in die Latrinenbaracke. Ein furchtbares Gedränge herrschte dort. Aber es gab noch einige freie Plätze. Als ich in die Richtung gehen wollte, rief jemand: »Geh nicht rein, paß auf.« Auf den Brettern zwischen den Löchern saß eine Deutsche mit einem schwarzen Winkel, ein ausgesprochen männlicher Typ. Auf ihren Knien saß ein sehr weibliches, langhaariges Mädchen. Ununterbrochen blickte sie ihre Partnerin an, und dann küßte sie diese plötzlich auf den Mund. Dieser Kuß dauerte ewig. Man kann sich kaum etwas Scheußlicheres vorstellen. Diese Art von Liebe in dieser Umgebung! Ich stürzte davon und begann, über die Wiese zu rennen. Weg von hier, nur weg, aber wie, wohin? Ich empfand einen furchtbaren Ekel. Ich selber starrte vor Schmutz. Ringsherum machten die anderen Frauen Jagd auf Läuse. Ich fühlte plötzlich einen Juckreiz, griff unter den Gürtel und fand etwas. Es war meine erste Laus. Ich wußte noch nicht, wie ich sie töten sollte. Bei dem Gedanken, daß dies erst der Anfang sei, wurde mir übel und schwarz vor Augen. Ich knackte die Laus zwischen den Fingernägeln. Ich fing eine zweite, eine dritte. Nach einer halben Stunde waren meine Fingernägel bereits rot. Und da ertönte der Gongschlag zum Mittagessen. Mit denselben Fingern hielt ich den Blechnapf und aß daraus mit Appetit die Kohlrüben.

Am darauffolgenden Tag wurden wir zur Entlausung geführt. Zum erstenmal in die Sauna. »Das bedeutet also, daß wir baden werden«, wiederholten wir in einem fort mit Begeisterung. »Das heißt, daß wir heute sauber sein werden, und daß es nicht mehr jucken wird, denn sie werden unsere Häftlingskleider entlausen.«

Wir marschierten zu je fünft in die Sauna. Und tatsächlich nahmen sie uns die Häftlingskittel weg und ließen uns unter die Duschen. Das Bad dauerte drei Minuten, denn außer uns warteten noch weitere drei Blocks auf die Entlausung. Wir bekamen weder Seife noch Handtücher. Zähneklappernd gingen wir ins Freie. Vor der Baracke stand ein weiblicher Häftling, der in der Sauna arbeitete, und tauchte ein Tuch in einen Kessel mit einer Desinfektionslösung ein. Wir traten in einer Reihe hintereinander an. Jede von uns wurde unter den Achselhöhlen und zwischen den Beinen eingerieben, was bei den in der Nähe versammelten SS-Männern ein wahres Freudengelächter auslöste. Sie standen in Gruppen herum, und man sah, daß sie von unseren ungelenken und beschämten Bewegungen begeistert waren. Wollte eine Frau der Desinfektion entwischen, fingen sie sie ein und zerrten sie unter ordinären Beschimpfungen mit Gewalt dorthin. Die größte Begeisterung lösten bei ihnen die älteren Frauen aus, für die diese Nacktveranstaltung im Freien ein großer Schock war.

Die Häftlingskittel waren von der Entlausung noch nicht zurückgekommen. Zwei Stunden standen wir nackt da. Die Appellzeit nahte, die Aufseherinnen würden bald kommen, um abzuzählen – der Appell war heilig. Wir mußten nackt vor die Baracken treten. Wir waren wie betäubt.

Es stellte sich heraus, daß vor anderen Blocks ebenfalls schon nackte Frauen standen. Vor einer Baracke standen einige Kinder. »Arische« Kinder aus dem Gebiet von Zamość. Sechs- bis siebenjährige Kinder, sie waren 1942 mit ihren Eltern hierhergekommen, die vergast worden waren. Es war noch zur Zeit, als die »Arier« vergast wurden oder eine Phenolinjektion ins Herz verabreicht bekamen. Die Bedingungen hatten sich jedoch zum Besseren gewandelt, wie uns die »Alten« erzählten. 1942 gab es beispielsweise noch Generalappelle, am 31. Januar 1943 hatte der letzte Generalappell stattgefunden, bei dem man vierzehn Stunden lang im Frost dastand. Nach beendigtem Appell mußten alle in Richtung Lager laufen, diejenigen, die etwas langsamer gingen oder stehenblieben, wurden in Block 25 gebracht, den Todesblock. Diejenigen, die diesen Appell überstanden, hatten erfrorene und furchtbar geschwollene Hände und Füße. Die Kinder der Ermordeten standen jetzt ernst, mit verbissenen Gesichtern da. Und ältere Frauen, Mütter erwachsener Söhne. Alle nackt. Unter freiem Himmel. Es war ein schöner Tag, ein Septembertag, aber nach achtzehn Uhr, nach dem Bad, froren wir ohne Kleidung. Endlich kamen die Aufseherinnen und die SS-Männer. Sie lachten über dieses Schauspiel, zählten ab und fuhren davon.

Man schickte die Häftlingskittel aus der Sauna. Sie waren noch naß, weil man sie desinfiziert hatte. Wir streiften sie über. Es war nur noch kälter. Nach einigem Zögern beschloß ich, meinen Kittel wieder auszuziehen. Ich legte mich nackt auf die Pritsche. Ich war dreckiger als vor der Entlausung, und am Morgen krochen wiederum Läuse auf mir. Die Häftlingskleidung war noch nicht getrocknet. Nach dem Morgenappell ging die Hälfte der Frauen ins Revier. »Ich gehe nicht hin«, wiederholte ich hartnäckig, obwohl ich wußte, daß ich Fieber hatte. »Ich gehe nicht hin, bis sie mich hintragen.« Mittags blickte die Sonne durch. Eine der »Alten« unterhielt sich mit mir und gab mir ein Stück Brot. Ich hörte auf zu zittern.

Am nächsten Tag gingen wir aufs Feld. Diesmal befand ich mich in einer Gruppe, die aus hundert Frauen bestand. Wir gingen feierlich zum Tor hinaus. Es war kühl an diesem Tag. Vor und hinter uns zog eine lange Reihe von Menschen in gestreifter Häftlingskleidung dahin, die genauso marschierten wie wir. Hinter jeder Gruppe ging ein Posten mit einem Hund.

Wir marschierten an Wiesen, leerstehenden Bauerngehöften, kahlgeschlagenen Wäldern vorbei. Von Zeit zu Zeit fuhr ein Zivilist auf einem Rad vorüber. Nur wenige waren im Besitz eines Passierscheins zum Lager. Sie durften sich nicht mit den Häftlingen unterhalten. Sie fuhren vorbei, ohne uns anzusehen, um auch nicht den leisesten Verdacht aufkommen zu lassen. Sie fuhren wie Fremde an uns vorbei, wie Menschen aus einer anderen Welt. Neben mir marschierte eine Russin, Schura, eine Studentin aus Kiew. Sie lachte lustig, rümpfte die Nase und äffte unsere Vorarbeiterin nach.

Wir marschierten an ausgestorbenen Dörfern und verrotteten Geleisen vorbei. Vor einem Bahnübergang machten wir halt. Die Schranken waren zu, weil ein Personenzug vorbeifuhr. Verängstigte Reisende lehnten sich aus den Fenstern und zeigten mit dem Finger auf unsere endlose Marschkolonne. Sie winkten uns freundlich mit Taschentüchern zu, bis die Schranken hochgekurbelt wurden. Wir setzten unseren Weg fort. Nach einigen Kilometern wurden wir auf einer markierten Fläche aufgestellt, und man drückte uns Spaten und Schaufeln in die Hand. Durch diesen unerwarteten Marsch waren wir schon furchtbar hungrig und müde geworden, aber der Tag begann erst jetzt. Jede Fünferreihe hatte ein vorgeschriebenes Bodenquadrat zugeteilt bekommen, das bis Mittag umgegraben werden mußte.

Ich stieß meinen Spaten in die harte Erde. Ich schaute auf die anderen Frauen und begann sie nachzuahmen. Ich lernte graben und mit einem Fuß auf dem Spaten ausruhen, wenn die Vorarbeiterin vorbeigegangen war. Am schwierigsten fiel es, die Erde nach hinten zu werfen. Ich hatte nicht die Kraft, den Spaten anzuheben.

Die Vorarbeiterin machte die ganze Zeit die Runde in der Nähe und schaute mit drohenden Blicken diejenigen an, die sich eine Atempause gönnten. Manchmal unterhielt sie sich auch mit dem Posten, lachte ihn herausfordernd an und schrie von Zeit zu Zeit in unsere Richtung: »Arbeiten – Schweine, los... schneller...« Ich hatte keine Kraft mehr. Neben uns brach eine Frau zusammen. Wir richteten sie auf und legten sie auf dem Feld nieder. Sie war ohnmächtig geworden. Ich begann, ihr in die Wangen zu kneifen. Eine andere Art der Rettung gab es nicht. An Wasser war überhaupt nicht zu denken.

»Laß diese alte Ziege! Geh arbeiten! Los!« schrie die Vorarbeiterin über meinem Kopf und warf mit einer Schaufel nach mir. Die Schaufel ritzte mir das Bein auf, Blut quoll hervor. Ich schleppte mich zu dem bereits teilweise ausgehobenen Graben hin.

»Sie ist schwanger«, sagte jemand leise.

»Wer?«

»Die, die ohnmächtig geworden ist. Sie hat mir gesagt, sie sei schwanger.«

Bis zwölf hatten wir bereits einen ziemlich hohen Hügel aufgeschüttet, der Graben wurde immer tiefer. Sie brachten uns das Mittagessen in einem Faß. Eine halbe Stunde stand ich wohl an, um eine Brennesselsuppe zu erhalten. Sie schmeckte vorzüglich, es war nur etwas zuwenig. Ich verschlang sie in einigen Minuten – es war die einzige Atempause, die wir einlegen durften.

Von allen Seiten hörte man Gezänk. Die einzelnen Gruppen wetteiferten miteinander, nicht um ein schnelleres, sondern um ein langsameres Arbeitstempo. Da einige Fünfergruppen bereits ihre Arbeit beendet hatten, wurde ihnen ein weiteres Quadrat zugeteilt. Diejenigen, die in derselben Zeit ihren Abschnitt nicht fertig ausgehoben hatten, wurden angetrieben und oft geschlagen.

»Sei nicht so eifrig«, hörte man von allen Seiten. »Wichtigtuerin ... du kriegst bestimmt einen Orden von denen.«

Um fünf Uhr nachmittags lieferten wir die Schaufeln ab und marschierten zurück ins Lager zum Appell. Der Hunger nagte in den Eingeweiden. Es war eisig kalt. Die Hände, die Füße, alle Knochen taten weh, und man fühlte, wie das Herz schwächer wurde. Ich träumte von einem Augenblick Erholung, dabei stand doch der Appell noch bevor. Von allen Seiten kehrten die Außenkommandos im Marschschritt ins Lager zurück. Hundemüde zogen wir unsere Beine hinter uns her, resigniert, wütend. Nur das während des Appells ausgeteilte Brot konnte für einen Augenblick unsere Lebensgeister wieder wecken. Wir brachen es nervös, hastig und verschlangen es wie wilde Tiere.

Wochenlang ging man so zur Feldarbeit hinaus. Man kehrte im Regen oder Schnee zurück, watete bis über die Knie im Morast, und in der Sonne gaben unsere Kräfte nach. Nirgends konnte man sich verbergen, niemandem konnte man sein Leid klagen. Morgens holten wir unsere Mittagssuppe, nachmittags unsere Brotration. Wir kannten bereits gut den Weg, die Gesichter der Aufseherinnen, der Posten, alle Flüche und Marschmelodien, die vom Orchester gespielt wurden sowie alle Märsche, die von den hungrigen Mädchen gesungen wurden. Bis über die Hüften im Wasser stehend, wendeten wir das Heu um, in schmierigem und feuchtem Lehmboden gruben wir Kartoffeln aus und jäteten das Unkraut.

In der brütenden Hitze banden wir mit ausgetrockneter Kehle und ausgedorrten Lippen das Getreide in Garben und nahmen diese dann unter Staubwirbeln von der Dreschmaschine. Oftmals wurde ohne Mittagspause gearbeitet. In der Hitze säuerte die Suppe. Abends verschlangen wir sie dennoch mit Heißhunger.

Am nächsten Tag machte einem dann der Durchfall zu schaffen. Wollte eine von uns, von Schmerzen gequält, im naheliegenden Graben ihre Notdurft verrichten, ließen die Posten die Hunde von der Leine und hetzten sie auf die erniedrigten, eingeschüchterten Frauen, die nicht zur Seite gingen, sondern im eigenen Kot herumwateten.

Eines Tages gelang es einer Ukrainerin zu fliehen. Im Lager wurde Alarm geschlagen. Man stellte einen Tisch auf. Die Zehnerführerin, die für die Gruppe der Ukrainerin verantwortlich war, wurde an den Tisch gebunden. Ihre Füße wurden unter dem Tisch an Brettern befestigt, die Hände am Tisch festgeschnürt. Ein SS-Mann verpaßte ihr fünfundzwanzig Schläge mit einem dicken Stock. Das Mädchen schrie und heulte vor Schmerzen. Der Lagerführer kam und hielt ihr den Kopf fest. Nach dem dreiundzwanzigsten Schlag wurde sie bewußtlos. Man band sie los, sie war am ganzen Körper geschunden und hatte schwerste Schäden an den Nieren davongetragen. Ihre Kameradinnen trugen sie ins Revier. Nach einigen Tagen starb sie.

Manchmal gelang es uns, einige Kartoffeln unter der Häftlingskleidung zu verbergen und diese trotz strenger Kontrolle ins Lager einzuschmuggeln. Ab und zu erhielten wir für die Feldarbeit eine Zulage: hundertfünfzig Gramm Brot, eine dünne Scheibe Wurst. Unser einziges Gesprächsthema war: »Werden sie uns heute eine Zulage geben oder nicht?«

Oft kehrte man vom Feld zurück mit der Leiche einer Kameradin auf den Armen – und mit dem linken Fuß mußten wir den Musiktakt angeben. Es war unmöglich, eine Sekunde allein zu sein. Ich fühlte, daß ich von Tag zu Tag tierähnlicher wurde, die Menschen immer mehr haßte und daß mich sowohl Gezänk als auch Lachen irritierten. Wir hatten alle einen erloschenen Blick und lernten, schweigend zu hassen.

Arbeit unter Dach

Eines Sonntags gingen wir nicht zur Feldarbeit hinaus; statt dessen befahl man uns, einen Graben für die Kanalisation vor unserem Block auszuheben. An diesem Tag kam Wala zu mir und sagte mir, ich solle sofort in die Sauna gehen. Sie wußte, daß ich es nicht mehr lange aushalten würde. Ich folgte ihr. Es wurde mir bewußt, daß dies ein Wendepunkt in meinem Lagerleben war. Eine Arbeit unter Dach – jede Art von Arbeit unter Dach. Ich wußte, daß ich keinen guten Eindruck machen würde und daß ich nichts zur Verbesserung meines Aussehens beitragen konnte. In der Sauna empfing mich Magda, eine slowakische Jüdin. Ich konnte mich genau an sie erinnern. Sie war diejenige, die Zofia und mich so furchtbar geschlagen hatte. Der Schreck ließ mein Blut in den Adern stocken.

»Die von ›vorne‹ haben mich hierher zur Arbeit geschickt«, sagte ich, so wie mir Wala eingetrichtert hatte.

»Ich kann mir vorstellen, wie du arbeitest; du sollst Gedichte schreiben. Du bist, wie gesagt wird, eine ›Intellektuelle‹. Na, dann nimm einen Lappen und putz die Scheiben, aber auf Hochglanz. Wir werden schon sehen, wozu du taugst.«

»Und wo sind die Lappen?«

»Soll ich sie dir vielleicht in die Hand drücken? Sieh mal einer an, organisiere sie dir selber.«

Auf dem Boden lagen einige Lumpen herum. Ich nahm ein Stück von einer zerrissenen Bluse. Magda schlug mir auf die Hände.

»Das ist verlaust. Rühr das nicht an, Idiotin. Man sieht ja auf den ersten Blick, daß du Gedichte schreibst!«

Ich machte mich auf die Suche nach einem sauberen Lappen. Die Häftlinge eines Blocks standen gerade unter den Duschen. Geruch von Menschenschweiß, Schreie, das Antreiben von Magda und anderen. Ich hatte schrecklichen Hunger. Plötzlich begann sich alles um mich herum zu drehen, und ich fühlte einen ungewöhnlichen Druck in der Herzgegend. Ich strauchelte, fiel zu Boden und wurde bewußtlos.

Als ich die Augen öffnete, stand Wala mit Baldriantropfen in der Hand vor mir. Ich weiß nicht, wer sie herbeigerufen hatte.

»Mach dir nichts daraus«, beruhigte sie mich, »du wirst dich daran gewöhnen, denk nur, daß du jetzt im Außenkommando sein könntest. Ein halbes Jahr lang habe ich riesige Kessel in die Küche geschleppt, jeden Tag habe ich geweint, weil ich glaubte, ich würde es nicht schaffen – und jetzt schau mal, wie ich aussehe.«

»Ich muß einen sauberen Lappen für die Fensterscheiben haben. Magda ... Ich weiß nicht, wo ich einen finden kann ...« stammelte ich.

Jemand reichte mir einen Lappen. Ich ging in die Saunahalle zurück. Nach dem Bad kamen dort alle zusammen. Ich begann mit dem Fensterputzen. Magda stand nicht weit weg von mir und lachte. Ich blickte mich um und verstand, daß sie sich über mich lustig machte. Ich mußte wohl komisch aussehen, denn ich hatte überhaupt keine Kraft und hielt mich beim Scheibenwischen am Fenster fest, um nicht erneut hinzufallen. Das belustigte sie offensichtlich. Die Scheiben waren sauber, aber immerfort beschlugen sie von innen mit Dunst. Magda begann zu schreien: »Das soll sauber sein? Bleib daran, bis sie blank wie ein Spiegel sind.«

»Aber Magda, die Scheiben ...«

Ich konnte den Satz nicht zu Ende führen, sie schlug mich.

»Gleich werde ich der Aufseherin sagen, daß du zu keiner Arbeit taugst, du wirst dann wieder zurück aufs Feld gehen und einige Tage später mitsamt deinen Gedichten zugrunde gehen.«

»Sag das nicht, Magda! Ich werde mir Mühe geben, sie sauber zu bekommen.«

»Ich bin mal gespannt, wieviele Stunden das dauern wird.«

Sie ging fort, und ich hauchte auf die Scheiben, wischte sie – aber nichts half. Ich wußte nicht, was ich tun sollte. Ich ließ das Fenster Fenster sein. »Sie wird mich höchstens umbringen«, beruhigte ich mich. Aber sie schrie schon jemanden anderen an. Ich hatte Glück. Neuzugänge trafen ein. Sie hatte nun andere Opfer und interessierte sich nicht mehr für mich.

Es handelte sich um einen Transport aus Holland. Darunter befanden sich ungefähr tausend Frauen. Man sagte, daß die nächsten Transporte unterwegs seien. Ich mußte mich beeilen, es sah nach Nachtarbeit aus.

Es begann wie gewöhnlich. Die Frauen entkleideten sich, wurden kahlgeschoren, gebadet, und dann betraten sie gruppenweise den Saal, wo ich »amtierte«. Magda hatte mich hierhinplaziert, damit ich Ordnung hielt. Jeder Frau, die aus dem Bad kam, sollte ich zeigen, wohin sie zu gehen habe – wegen der Kleidung, der Holzschuhe, des »Streifens« (ein rotes Kreuz, das mit einem Pinsel auf den Rücken gemalt wurde). Alle waren völlig verwirrt. In Holland hatte man noch nichts davon gehört. Sie fühlten sich unschuldig und begriffen nichts von all dem, was sich rundherum abspielte. Sie stellten Fragen über Fragen, aber ich verstand sie nicht. Ich bat also nur mit entsprechenden Gesten darum, sie möchten in die von mir gezeigte Richtung gehen. Sie hörten jedoch überhaupt nicht auf mich. Ich wußte mir keinen Rat, ich bat, schrie, drohte, aber sie zerstreuten sich in alle Richtungen und antworteten mir in ihrer kehligen, rauhen Sprache. Magda tauchte auf, als gerade das größte Durcheinander herrschte. Es war schon spätabends. Die fünfzehnte Gruppe betrat gerade den Saal. Ich stand ratlos da, inmitten dieser Menschenmasse.

»Krysia!« hörte ich Magdas Stimme. »Was geht hier vor sich, weshalb stehen sie nicht in Fünferreihen?«

»Sie wollen nicht, ich kann mich nicht mit ihnen verständigen.«

»Schlag zu!«

»Was?«

»Schlag sie, hörst du? Wenn nicht, so fliegst du morgen hier raus. Du bist dazu da, um zu helfen, und nicht, um herumzutrödeln.«

»Magda ... versteh doch ... ich will sie nicht schlagen.«

Sie trat näher heran und reichte mir den Stock. »Du wirst ... hörst du? Du wirst schlagen! Wir haben noch die ganze Nacht vor uns. Wenn du nicht zuschlägst, wirst du sie nie aufstellen können. Sei nicht so empfindlich, du willst Auschwitz überleben, und dabei hast du Angst zuzuschlagen.«

Ich hob den Stock und schrie: »In Fünferreihen aufstellen, los!« Dies half. Ich fragte, ob jemand Deutsch könne. Eine Frau meldete sich. Und erneut hob ich den Stock und schrie: »Ruhe!« Ich bat die Dolmetscherin, den Häftlingen zu sagen, daß mir befohlen wurde zu schlagen, daß ich es aber nicht tun wolle und darum bitten würde, sie möchten sich in Fünferreihen aufstellen. Der Stock brannte in meiner Hand wie Feuer. Ich warf ihn in die Ecke und begann zu weinen. Eine Holländerin kam auf mich zu, reichte mir die Hand und versicherte mir irgend etwas. Dann begannen wir gemeinsam mit der Dolmetscherin, die Frauen aufzustellen. Es ging viel besser als vorher. Die ganze Nacht hindurch konnte ich mich nicht einmal für einen Augenblick hinsetzen. Ständig kamen neue Häftlinge an. Und immer dasselbe. Derselbe irre Blick, dasselbe Gestammel, nach dem Kahlscheren glich eine der anderen, müde, erschöpft. Und dann das ewige Fragen: »Wo befinden wir uns? Wo ist meine Mutter? Sie haben sie aus dem Auto geholt. Was werden wir hier tun? Wann bekommen wir etwas zu essen? Wann wird man sich hinlegen dürfen?«

Ich selber brach vor Erschöpfung fast zusammen. Ich antwortete mit immer schwächerer und immer heiserer Stimme: »Wir befinden uns in einem Konzentrationslager. Wohin die Autos gefahren sind, weiß ich nicht. Ihr werdet arbeiten, habt keine Angst ...«

Am Morgen kam ein neuer Transport an. Nochmal tausend Frauen, ebenfalls aus Holland. Ich weiß nicht, woher ich meine Kraft nahm. So stand ich noch einen ganzen Tag und eine ganze Nacht. Aber immer wieder sagte ich in Gedanken zu mir selbst: »Du mußt glücklich sein, du hast eine Arbeit unter Dach.«

Nach den Holländerinnen kamen evakuierte russische Frauen mit Kindern an. Sie brachten Bündel mit, in denen sich ihre ganze Habe befand. Nach der Ankunft wurden die Kinder den Müttern entrissen und in andere Lager gebracht, um im Nazigeist erzogen zu werden. Die Mütter weinten, drohten und rauften sich vor Verzweiflung die Haare.

Am besten kannten wir alle den kleinen, drolligen Wolodia. Der Kleine war im Oktober 1943 mit einem Transport aus Witebsk angekommen. Er war fünf Jahre alt und sehr ulkig. Er schnitt Grimassen, ahmte die Erwachsenen nach, schmiegte sich an und war immer zu Streichen aufgelegt. Als Lagerkommandant Höß den Transport empfing und die anderen Kinder sich krampfhaft an den Röcken der Mütter festhielten und vor Kälte und Übermüdung weinten, lief der kleine Wolodia zu Höß hin, lächelte spitzbübisch, salutierte und rief: »Wie geht's, Onkel?«

Höß war verblüfft. Wolodia gelang es, ihm ein Lächeln abzugewinnen. Später kam Höß oft in den russischen Block und fragte von der Schwelle aus: »Wo ist der kleine Wolodia?«

Alle im Lager waren überrascht: Sollte es denn einen Funken von Menschlichkeit in diesem Ungeheuer geben, das kaltblütig so viele Kinder »ins Gas« geschickt hatte? Einige Male brachte Höß Kramer in den russischen Block mit. Und Wolodia, ungeachtet der Verzweiflung seiner Mutter und der haßerfüllten Blicke der übrigen Frauen, amüsierte die SS-Männer, so gut er konnte. Er sang ihnen seine schönen Lieder vor und sang sogar mit verhohlener Genugtuung und einem scheinbar unschuldigen Lächeln: »Wenn morgen der Krieg zu Ende geht ...« O ja, Wolodia war ein kluges Kind!

Aber der Umstand, daß er die Lagerleitung unterhielt, hatte keinerlei Einfluß auf eine Verbesserung seiner Lebensbedingungen. Er bekam dieselbe Brotration wie die anderen – wie die Erwachsenen und die Kinder. Und deshalb erkrankte er. Wolodias Mutter bat darum, sie nicht vom Kind zu trennen, damit es nicht ins Revier geschickt würde. Die SS-Männer aber kamen nicht mehr. Sie holten Wolodia ab, und der Kleine starb. An diesem Tag kam Höß zur Baracke der Russinnen und fragte: »Wo ist der kleine Wolodia?«

Niemand antwortete ihm. Er wiederholte erneut seine Frage – lauter und ungeduldiger angesichts dieses feindseligen Schweigens. Die verängstigte Blockälteste lief zu ihm hin und meldete ihm den Tod Wolodias, und zwar mit solch einem Ton, als ob sie ihn um Verzeihung bäte, daß er ihn heute leider nicht amüsieren könne.

»Gestorben ... hm ... schnell ...«, kommentierte er trocken. »Gibt es andere nette Kinder?«

Auf Aufforderung der Blockältesten begannen ausgehungerte, kranke Kinder von den Pritschen herabzusteigen ... zum Schönheits- und Charme-Wettbewerb. Höß beobachtete sie aufmerksam, konnte aber niemanden finden, der ihm paßte. »Da ist nichts dran.« Er spuckte aus und verließ den Block.

Am darauffolgenden Tag kam ein Befehl aus Berlin, die Kinder den Müttern abzunehmen und sie in die Poznaner Gegend zu schicken, um sie zu denationalisieren. Die Kinder waren noch klein, man konnte sie also zu guten Faschisten erziehen.

Beim Morgenappell standen sie ein letztes Mal zusammen mit den Müttern. Der zweijährige Pietia war launisch, heulte und lief zwischen den Fünferreihen herum. Ein SS-Mann, der den

Appell entgegennahm, rief »Achtung!« und das Kind – ein zweijähriges Kind! – richtete sich sofort auf und nahm soldatische Habachtstellung ein.

Im Revier

In dieser Nacht träumte ich, daß Katja, Stenia und die Oberaufseherin Spalier standen, durch das ich hindurchgehen mußte. Am Ende des Spaliers befand sich die blasse Zofia und streckte mir die Hände entgegen. Ich konnte aber nicht zu ihr hin. In Schweiß gebadet wachte ich auf. Wir mußten zum Morgenappell antreten. Ich saß auf dem Bett, hatte Schüttelfrost und konnte nicht aufstehen. War das Fleckfieber? Mühselig erhob ich mich und ging vor die Baracke. Der Schüttelfrost nahm immer mehr zu. Es war mir nunmehr klar, daß ich bereits erkrankt war.

Da ich gehört hatte, daß man gegen Fleckfieber am besten ankämpft, wenn man herumläuft, nahm ich mir vor, es zu versuchen. Anfangs sagte ich niemandem ein Wort. Beim Appell stand ich wie alle anderen auch. Ich fühlte aber, daß das Fieber stieg. Ich wurde ohnmächtig.

»Aber du hast doch Fleckfieber!« stellte Wala fest, nachdem sie mich genauer angesehen hatte.

»Wala, bitte, unternimm irgend etwas, damit ich nicht ins Revier muß.«

Der Blockältesten gab ich einige Zwiebeln, und sie warf mich nicht aus dem Block hinaus. Ich hatte nur furchtbare Angst vor dem Revier. Hier schaute wenigstens von Zeit zu Zeit jemand nach mir, im Revier dagegen verfaulte man einsam vor sich hin.

Den ganzen Tag über war ich bewußtlos und phantasierte im Fieberwahn. Dann fiel ich in eine Art Halbschlaf, und dieser Zustand war sehr angenehm. Ich träumte, durch die belebten Straßen von Warschau zu irren. In der Hand hatte ich eine große Anzahl von Päckchen, ich lief von Laden zu Laden und lächelte die Leute an. Ich hatte einen gleichmäßigen, leichten Schritt und war gesund. Als ich aufwachte, lag ich schweißgebadet auf dem Strohsack, die Läuse krochen über meinen ganzen Körper. Ich hatte brennenden Durst, biß mir auf die Lippen, hielt die Augen geschlossen und versuchte, mich erneut in den angenehmen Traumzustand hineinzuversetzen. Und es gelang mir in der Tat. Ich sah mich auf der Terrasse eines großen

Hauses an der See sitzen. Es war Sonnenuntergang, das Meer schimmerte in vielerlei Farben. In der Hand hielt ich einen Kamm, und ich kämmte mein langes Haar. Plötzlich wachte ich auf, griff an meinen Kopf ... nichts war da. Ich öffnete die Augen. Zwei Stubenälteste stritten sich in der Nähe und rissen sich gegenseitig das Brot aus den Händen. »Wasser, bitte!« sagte ich einmal, zweimal, niemand hörte mich. Und ich schlief erneut ein. Diesmal träumte ich, inmitten einer riesigen Menschenmenge zu schreiten und eine Fahne zu tragen. Jemand rief: »Der Krieg ist aus, es lebe die Freiheit!« Wir marschierten zur Tribüne, auf der Taube mit einer Sense stand. Ich lief nach vorne, wollte ihn schlagen – wachte aber schreiend auf.

»Was ist denn, Krysia?«

»Nichts, ich habe Durst ... und ich will essen.«

Ich versuchte aufzustehen. Es gelang mir, aber meine Füße knickten um, meine Knie waren wie Gummi, ich fiel über einen Eimer.

»Was ist passiert?« hörte ich aus den Betten.

»Nichts.«

Ich sprach so leise, daß mich niemand hören konnte. Mir fehlte die Kraft, lauter zu reden. So lag ich bis zum Morgen auf dem Fußboden und hatte wilde Träume.

Mittags um zwölf holten mich zwei Häftlinge aus dem Revier auf einer Tragbahre ab. Auf Anweisung Walas.

Es war ein frostiger Tag. Die Sonne stand hoch am Himmel. Sie trugen mich in eine Decke gehüllt durch das Lager. Ich hatte das Gefühl, zum Himmel hinaufzufliegen. »Wie gut, daß ich jetzt sterbe«, dachte ich mir, »was für ein schöner Tod! Hoffentlich dauert das so lange wie möglich.«

Plötzlich wurde es dunkel, ich bekam einen Erstickungsanfall. Sie legten mich auf dem Boden ab. Jemand stöhnte. Jemand sagte ganz deutlich: »Sieh, sie haben Krysia gebracht. Schau sie mal an!« Eine andere Stimme sagte: »Sie wird nicht mehr lange durchhalten, sie hat die letzten Tage phantasiert. Ihr Herz ist schwach.«

Sie legten mich auf einen Strohsack. Da lag bereits jemand drauf. Mit größter Mühe streckte ich die Beine aus. Die Füße der anderen berührten mein Gesicht. So lag ich einige Tage lang bewußtlos. Ich hatte furchtbare Kopfschmerzen. Ich hatte immer nur eines im Sinn – ich wartete auf Wala, die mir abends heißes Wasser brachte. Ich erhielt Päckchen, aber ich hatte nicht die Kraft, sie zu öffnen, um nachzusehen, was darin war. Ich aß nichts. Im Bett nebenan lagen hungrige Ukrainerinnen. In der Nacht sah ich, wie sie meinem Päckchen verschiedene Dinge entnahmen. Ich reagierte nicht. Die, mit der ich die Pritsche teilte, war auch sehr krank, sie trat mich mit den Füßen und wälzte sich andauernd hin und her. Ich bat sie inständig, sich zu beruhigen, aber sie antwortete nicht. Eines Abends hörte ich, wie Wala sagte: »Morgen wird die Krise eintreten; wenn sie sie überwindet, wird sie leben, aber ich glaube kaum, sie hat ein schwaches Herz.«

Nach dieser Nacht wachte ich dermaßen geschwächt auf, daß ich weder eine Hand heben noch mich bewegen konnte. Auch sprechen konnte ich nicht. Leider aber war ich bei vollem Bewußtsein. Von allen Seiten her schrien die Frauen um den Nachttopf. Die Luft war vom Gestank des Durchfalls durchtränkt. Alle Knochen taten mir weh. Von den Kojen nebenan stiegen nackte Kranke, deren Körper mit furchtbaren Eiterbeulen übersät war, herab. Ich betastete meinen Kopf. Die Haare, die mir bereits nachgewachsen waren, waren verklebt. Mich juckte es immer mehr. Ich hatte die Krätze. Alle hatten die Krätze – außerdem Eiterbeulen und Blasen, die am meisten zwischen den Fingern schmerzten, so, als ob jemand mit dem Messer hineinschneiden würde. Über diesen schmerzenden und juckenden Körper krochen Läuse und Flöhe. Es war unmöglich zu schlafen. Eines Nachts richtete ich mich im Bett auf und begann, mich zu kratzen. Ich war fast dem Wahnsinn nahe und konnte mich nicht mehr zusammenreißen. Blut spritzte, der Eiter floß aus. »Gut«, dachte ich, »jetzt kommt eine echte Vergiftung und ich sterbe.« Aber eine der gesunden Kameradinnen tauchte auf und verband mir die Wunden mit Papier. Ich war wieder einmal nicht gestorben.

Die anderen Kranken wurden zum Ofen gezerrt, der sich inmitten der Baracke befand, sie wurden dort hingelegt und die Ärztinnen – Häftlinge – drückten ihnen riesige Furunkel aus. Diese Prozedur verursachte ihnen unheimliche Schmerzen. In der Baracke waren von morgens bis abends die Schreie der »Behandelten« zu hören.

Nach der Krise kam ich gar nicht zum Schlafen. Die Nächte waren unheimlich. Zeitweilig schien es mir, daß alles nur ein Alptraum gewesen sei.

In den Revierbaracken lagen im Durchschnitt dreihundert Menschen, während der Epidemie waren es neunhundert. Im Dezember und Januar 1943 gab es Tage, an denen allein zirka vierhundert Polinnen starben. Nachdem der Tod von den Ärztinnen-Häftlingen oder den Krankenschwestern festgestellt worden war, wurden die Leichen vor die Baracke getragen. Wenn sich eine größere Anzahl angesammelt hatte, kam das sogenannte Leichenkommando, das die Leichen auf ein Lastauto warf, welches sie zum Krematorium beförderte.

Wenn sich die Kranken ein wenig besser fühlten, stiegen sie von ihren Pritschen herunter, hielten sich daran fest und gingen in der Baracke im Kreis herum. So bemerkte ich Nata, als sie an meiner Pritsche vorbeiging. Ich hielt sie an, sie erkannte mich kaum wieder.

»Hast du ein Lebenszeichen von zu Hause?« fragte sie.

»Ja.«

»Päckchen?«

»Ja, aber sieh nur, was für eine Krätze und was für Geschwüre ich habe.«

»Ich habe sie auch ... alle haben sie. Auch Janka ist hier, bei ihr steht die Krise noch bevor. Sie hat erfahren, daß auch ihr Mann hier ist ... dabei hatte sie sich so gefreut, daß es ihr gelungen ist, ihn zu decken. Wiesia ist gestern gestorben, erinnerst du dich an sie?«

»Ja, das war die, die ein Töchterchen in Warschau hatte. Im Pawiak hat sie mir einmal ein Foto gezeigt.«

»Ja, das ist sie, sie hat zwei Jahre im Pawiak gesessen. Heute ist ihre Freundin gestorben, Basia, sie war zwanzig. Aber alles wird noch gut werden.«

»Du hast dich gar nicht verändert, Nata. Was heißt das: ›Es wird gut werden‹? Werden sie von den Toten auferstehen? Und wir, werden wir überleben? Es gibt keine Arzneimittel gegen die Epidemie, und die Krätze, und der Durchfall ... wie geht es dir?«

»Ich habe das Fleckfieber schon hinter mir, heute bin ich das dritte Mal aus dem Bett gestiegen. Ich fühle mich ungemein schwach, aber ich möchte so gerne überleben! Denk nur, wenn es uns gelingen sollte, wie interessant das Leben nach dem Krieg wird. Ich weiß zwar, daß das Lager Spuren hinterläßt, aber trotzdem werden wir glücklich sein. Wir werden uns über die kleinen Dinge freuen, die wir früher nicht beachtet haben und die man als vollkommen selbstverständlich angesehen hat. Du wirst glücklich darüber sein, daß du sauber bist, dich sattessen kannst! Der Wald, die Straßenbahnen, ein Spaziergang werden Glück für dich bedeuten.«

»Hör auf, Nata, das wird niemals eintreffen. Ich weiß nicht einmal, ob es jemals so gewesen ist. Ich will mir viel lieber einreden, daß ich in einer Baracke zur Welt gekommen bin, daß ich schon immer Läuse hatte, daß ich schon immer eine Nummer gewesen bin. So ist es erträglicher, aber eigentlich habe ich schon verlernt zu denken, ich träume nur davon, irgendein Medikament gegen die Krätze zu bekommen.«

Nata ging langsam auf ihr Bett zu. Zum erstenmal nach der Krise hatte ich so viel gesprochen. Ich war so schwach, daß ich nicht einmal die Hand bewegen konnte, ich hatte Ohrensausen, und alle Stimmen klangen wie aus weiter Ferne, auch wenn jemand unmittelbar neben mir stand. Mein Name wurde aufgerufen. Ich hatte nicht die Kraft zu antworten. Zu guter Letzt fand man mich. Ein Brief war angekommen. Die anderen Frauen halfen mir, mich auf meiner Pritsche aufzurichten. In dem trüben Licht erkannte ich die Handschrift meiner Mutter:

»Mein liebstes Kind, du bist meine einzige Sorge, mein einziger Gedanke. Bist du gesund? Denke daran, daß du überleben mußt!«

Meine Hände zitterten. Ich mußte mich wieder hinlegen.

»Weine nicht, Krysia, vielleicht wirst du deine Mutter wiedersehen«, flüsterte mir die Frau zu, die mit mir das Bett teilte.

Keinen Augenblick glaubte ich daran. Deshalb weinte ich. Jedesmal, wenn ich auf den Brief schaute, liefen mir die Tränen. »Alle deine Anstrengungen, Mama, sind umsonst«, dachte ich. »Ich werde hier so wie Wiesia, wie die anderen, zu einer gewissen Stunde verfaulen, und wer weiß, wann du davon erfährst«, dachte ich.

Als ich wieder in der Lage war, meine Gedanken etwas zu sammeln, dachte ich mir einen Antwortbrief an meine Mutter aus – einen Brief, der nie abgeschickt wurde.

Der nie abgeschickte Brief

Ich schreibe an Dich, meine Mama,
jeden Monat einmal.
Der Inhalt immer derselbe,
offiziell und banal.

Ich danke für die Pakete.
Ich lebe und bin gesund,
es geht mir ausgezeichnet,
zum Klagen gibt es keinen Grund ...

Was denkst Du über die Worte,
falls Dich die Lüge erreicht.
Wie hier die Wahrheit aussieht,
erzähl' ich Dir einmal ... vielleicht.

Weißt Du, wovon ich träume
auf diesem nackten Brett?
Nur noch von sauberer Wäsche,
nur noch von einem Bett ...

Längst ist vorbei und verschwunden
romantische Träumerei
von stillen Wegen im Garten,
blühenden Blumen im Mai ...

Meistens mit heißem Wasser
sind meine Träume verbunden.
Weißt Du, mein ganzer Körper
ist nur noch eine Wunde ...

Ich drehe mich wie im Alptraum
ich suche Ruhe ... vergebens.
Ich strecke aus meine Arme
nach Dir ... ach, nach dem Leben!

Der Körper, die Augen, die Nase –
alles bedeckt mit Eiter.
Mama, ich ekle mich schrecklich,
wie soll ich's ertragen weiter?

Bei einer düsteren Lampe
träume ich immer wieder,
ich bin ein Kind, und Du, Mama,
Du singst mir Wiegenlieder.

Das Bild möcht' ich behalten
von Mama, die singt ... die lacht ...
doch hinter mir bleibt zurück
noch eine schlaflose Nacht ...

»Bist du Krysia, Häftling Nr. 55908?« fragte jemand an meinem Bett.

»Ja, ich bin's.«

»Hier nimm, das haben sie dir aus dem Männerlager geschickt.«

Sie reichte mir eine kleine Flasche.

»Was ist das?«

»Mitigal.«

»Wer hat das geschickt? Ich verstehe nicht, ich kenne niemanden im Männerlager.«

»Es soll ein Andrzej sein, er hat dich lange gesucht. Es ist sehr schwer gewesen, den Kontakt herzustellen.«

»Aber woher wußte er, daß gerade das lebenswichtig ist?«

»Das ist kein großes Kunststück, bei den Männern wütet die Krätze genauso. Auch wenn er diese Flüssigkeit aufs Geratewohl geschickt hätte, wäre es nicht fehl am Platz gewesen. Wer von uns braucht das nicht? Übrigens, er fragte nach dir. Sie sagten ihm, du seist im Revier.«

Ich hielt das wunderbare Fläschchen, das vom Himmel gefallen zu sein schien, fest in meinen Händen. Andrzej, Andrzej – der Bekannte aus dem Schilf an der Sola. Er hatte die Nummer und meinen Namen behalten. Ich war tief gerührt. Ich rieb mich von oben bis unten ein und konnte zum erstenmal seit vielen Nächten wieder einige Stunden schlafen.

Elżunia unterbrach den Vortrag eines Kindergedichtes. Sie schaute die Kranke an. Die Kranke – Frau Dr. Maria – erhob ihren Kopf und bat: »Sprich weiter, Elżunia, das ist so schön ...«

Elżunia, unsere netteste Krankenschwester, war bemüht, allen Bitten der Kranken gerecht zu werden. Frau Dr. Maria hatte die Krise bereits überwunden, das Fieber war gesunken. Sie, die sonst ernst und verschlossen war, benahm sich nun wie ein kleines Kind. Elżunia und Frau Dr. Nula beobachteten voller Unruhe die Veränderungen, die bei der Kranken vorgingen. Elżunia deklamierte weiterhin mit ihrer warmen, tönenden Stimme:

> Warum ist sie gar nicht schön?
> Warum gibt's schönere Puppen?
> Warum lebt sie so ganz anders?
> Warum findet keiner sie nett?

Die Kranke begann zu schluchzen. Sie war nicht imstande, das Märchen über die Stoffpuppe ruhig anzuhören. Plötzlich erhob sie sich und versuchte, das Bett zu verlassen. Sie war vollkommen nackt. Frau Dr. Nula wunderte sich über diesen plötzlichen Verlust an Schamhaftigkeit. Die Kranke begann dann unvermittelt zu sprechen: »Elżunia, wirf die Zigaretten in den Korb. Bring alles in Ordnung, denn es wird eine Inspektion stattfinden.«

Elżunia verstand nicht, worum es ging. Unter größten Schwierigkeiten führten sie die Kranke an die frische Luft. Kaum stand die Tür offen, riß sie sich los und kehrte zurück.

»Ich weiß, ihr habt mich hinausgeführt, um mich auf die Drähte zu werfen!«

Frau Dr. Nula und Elżunia schauten sich entsetzt an. Frau Dr. Maria geriet in einen apathischen Zustand. Sie bat nicht mehr um Gedichte, interessierte sich für gar nichts mehr. Eines Tages stand sie auf und fragte mich ruhig: »Haben Sie etwas Seltsames bei mir bemerkt?«

»Ich? Nichts, überhaupt nichts.«

»Das ist gut so. Ich danke Ihnen. Einige wollen, daß ich in die Drähte laufe, aber ich werde das niemals tun. Wozu auch? Ich bin doch schon gesund, nicht wahr? Bald kommen wir frei.«

Vor dem Appell bat sie Frau Dr. Nula, sie spazierenzuführen. Vor der Baracke begann Frau Dr. Maria auf die Drähte zuzulaufen und sprang über einen Graben. Der Posten legte sein Gewehr an. Frau Dr. Nula rief voller Entsetzen: »Nicht schießen! Sie ist verrückt!«

Der Posten schoß zweimal. Er mußte schießen, denn wenn die kranke Frau die Drähte berührt hätte, hätte es einen Kurzschluß gegeben.

Wala teilte mir mit, daß Zofia krank sei – Fleckfieber. Ich wußte, daß niemand verschont blieb, aber ich gab mich immerfort der Täuschung hin, daß Zofia es vielleicht schaffen würde. Dann fügte Wala hinzu: »Schwerer Zustand.«

An diesem Abend versuchte ich aufzustehen. Ich wollte zu Zofia gehen. Zwei Kameradinnen stützten mich, aber ich konnte nicht aufrecht gehen. Ich lag in ihren Armen wie eine Drahtpuppe. Ich hatte kein Gefühl in den Beinen.

»Daraus wird nichts«, sagten sie und legten mich hin. Schlaffheit der Glieder, Ohrensausen, ein lähmendes Gefühl. Ich war vollkommen benommen. Zeitweise dachte ich, nicht völlig normal zu sein. Dann begann ich etwas zu sagen und beobachtete die Reaktionen der anderen.

Wala brachte mir regelmäßig Tee. Ich wußte, daß nur dies mich am Leben erhielt. Ringsherum schauten alle neidisch zu, wie ich trank, so, als ob sie mich gemeinsam mit dieser Flüssigkeit verschlingen wollten. Wala hatte immer einige nette Worte parat. Meistens erzählte sie, daß eine Kameradin sich schon besser fühle oder daß die Offensive diesmal mit Sicherheit begonnen habe. Die »Jungs« hätten gesagt, es sei im Radio durchgegeben worden.

»Krysia, halte noch zwei Wochen durch.«

»Woher willst du wissen, daß es zwei Wochen sein sollen?«

»Alle behaupten dasselbe. Glaubst du mir nicht?« fügte sie fast schon empört hinzu.

Ich wußte, daß sie sich das ausgedacht hatte, aber ich glaubte ihr, ich wollte ihr glauben.

»Und was ist mit Zofia?« fragte ich besorgt.

»Zofia geht es viel besser, sie läßt dir Grüße ausrichten.«

»Weshalb schaust du dabei weg, Wala, wenn es ihr besser geht? Sie soll etwas schreiben, wenigstens ein Wörtchen.«

»Gut, morgen.«

»Und was gibt's noch, Wala?«

»Nichts Neues. Alma Rose ist gestorben.«

»An Fleckfieber?«

»Nein, sie hat sich vergiftet, sie hat das Gift von irgendwoher bekommen. Die Drexler hat sie ins Krematorium begleitet.«

Dann fügte sie hinzu: »Schade, das war ein wertvoller Mensch!«

Weihnachten stand vor der Tür – der einzige lichte Augenblick im Revier. Wir erhielten zahlreiche Päckchen von Freunden und Bekannten. Jeder wollte ein Lebenszeichen von sich geben und zeigen, daß er an diesem Tag in Gedanken bei uns war. Ich erhielt meine Weihnachtspäckchen: Kuchen, Oblaten, einen Tannenzweig.

Meine Bettgenossin hatte starken Durchfall bekommen. Man konnte mit dem Nachttopf nicht schnell genug nachkommen, sie machte ins Bett. Es war unmöglich, sich überhaupt zu bewegen. Einige Kameradinnen halfen solchen Kranken unter großer Aufopferung, sie wischten sie ab, organisierten von irgendwoher Wasser und wuschen sie. Das war ihre Arbeit im Revier. Sie arbeiteten, ohne eine Pause einzulegen, nur vom Bedürfnis geleitet, Hilfe zu leisten. Andere wiederum taten nur etwas für die Kranken, wenn sie ein Stück Kuchen, einen Krapfen, einen Apfel aus den Päckchen bekamen. Wer keine Päckchen erhielt, konnte vor die Hunde gehen. Das einzige vorhandene Universalheilmittel war ein weißer Brei, der wie

Pulverkreide aussah und auch danach schmeckte. Damit wurden die Bettrahmen im Revier gestrichen. Er wurde aber auch auf Wunden und Entzündungen aufgelegt sowie gegen Durchfall eingenommen, was auch oftmals half. Ich gewöhnte mich an den Anblick von faulenden Päckchen inmitten von Hunderten Hungriger, an den Gestank des Durchfalls, an die Kahlgeschorenen, an die Krätze. Ich gewöhnte mich sogar an die Ratten, die sich in der Baracke heimisch fühlten, bis zum dritten Stock der Pritschen sich vorwagten und den Leichen Stükke vom Leibe rissen. Manchmal lief es einem eisig über den Rücken beim Anblick einer Ratte, die sich heranpirschte und ein Opfer suchte.

Ich bemühte mich, nicht an Weihnachten und an die Welt da draußen zu denken. Aber es gelang mir nicht. Alle nahmen ihre Weihnachtszweige aus den Päckchen und hängten sie ans Bett. Die Pflegerinnen, die Nachtwachen, die Torwachen und einige Gesunde deckten einen Weihnachtstisch. Sie zogen sich irgendwie anders an, puderten sich, liefen aufgeregt hin und her und schienen das Stöhnen der Kranken nicht zu hören. Ich überlegte mir, woher sie die Kleider genommen hatten. Sie waren sehr aufgekratzt und wollten an diesem Abend unbedingt vergessen, wo sie sich befanden.

»Sieh, ein Weihnachtsbaum!« flüsterte mir jemand von der Seite zu. Und tatsächlich, ein Weihnachtsbaum wurde in die Baracke getragen. Alle Kranken erhoben sich in ihren Betten. Es war ein kleiner echter Tannenbaum aus dem Wald. Jemand hatte ihn per Post erhalten. Andere hatten Kerzen in ihren Päckchen gehabt, die sie nun zum Schmücken des Weihnachtsbaums hergaben.

Auf dem Bett nebenan saßen drei nackte, hungrige Mädchen. Sie hatten keine Päckchen – weder Weihnachtspäckchen noch irgendwelche anderen Päckchen erhalten. Zwei von ihnen fingen Läuse. Eine tauchte ihre Hand in den Nachttopf und rieb sich den Körper mit Urin ein. Urin war das einzige Mittel gegen die Krätze und jegliche andere Eiterbeulen – ein Mittel, das mit Erfolg von der Mehrzahl angewandt wurde. Das war etwas, was alle haben konnten, ungeachtet der im Lager herrschenden Verhältnisse und der von außen eintreffenden Päckchen. Das vierte Mädchen lag im Sterben. Es war noch sehr jung.

»Jadźka, steh auf, heute ist Heiligabend«, sagte die, die sich mit Urin einrieb.

»Erlaub ihr zu sterben. Warum quälst du sie?«

»Jadźka, warte bis morgen, es geht nicht an, am Heiligen Abend zu sterben.«

»Laß sie in Ruhe, stell besser den Nachttopf weg, du übergießt sie ja, ich werde mit ihr reden.«

»Jadźka, hörst du, sie singen Weihnachtslieder.« Und tatsächlich, in der Baracke hörte man leise summen: »Stille Nacht ...« Das Mädchen öffnete die Augen und fragte: »Wo bin ich?«

»Im Himmel«, antwortete mit einem Seufzer diejenige, die Läuse fing.

Jadźka begann sanft zu lächeln, als die zweite Antwort erfolgte: »In der Hölle.«

»Stör nicht, sie singen«, brummte eine andere.

»Eilet nach Bethlehem.«

Jadźka schaute noch einmal auf, diesmal bei vollem Bewußtsein und schluchzte auf: »Die Oblate.«

Ich brach ein Stück der Oblate ab und schob es ihr in den Mund.

»Ich wünsche dir Freiheit«, sagte sie deutlich, und ihre Augen füllten sich mit Tränen.

»Ich wünsche dir Ruhe ... Stille.« Sie schloß die Augen. Von überallher war nun zu hören: »Schlaf, Jesulein, schlaf.«

»Den Nachttopf, Nachtwache, schnell!« schrie jemand vom Nachbarbett her.

Neben mir lag eine ältere Dame aus Lodz, die fürchterlich weinte.

»Beruhigen Sie sich!« bat ich.

»Einen Augenblick noch, mein Kind, ich schäme mich, aber meine Tochter ist jetzt allein, ohne mich, und ich werde hier sowieso nur noch einige Tage durchhalten ...«

»Auch meine Mutter ist jetzt allein, und sie weiß zum Glück auch nicht, was mit mir los ist. Freuen Sie sich doch, daß Ihre Tochter frei ist, sie lebt!«

»Du hast recht, mein Kind, ich danke dir. Hauptsache ist, daß sie nicht hier ist, rück näher zu mir heran.«

Ich rückte näher.

»Ich wünsche dir, daß du deine Mutter noch zu sehen bekommst ... dort ...«

Das Licht ging aus, und die Kerzen des Weihnachtsbaumes wurden angezündet. Die Blockälteste kam und wünschte uns Freiheit. Alle versammelten sich feierlich um den Weihnachtsbaum.

Ich blickte zu Jadźka hinüber. Sie lebte nicht mehr.

Zwei Gestalten näherten sich meinem Bett. Es waren Stefa und Marysia, die ich vom Pawiak her kannte.

»Seid ihr auch hier?«

»Ja, wir sind hier nebenan, wir haben das Fleckfieber schon hinter uns. Krysia, wir sind heute zum erstenmal aus dem Bett gestiegen. Man hatte uns gesagt, daß du hier seist, wir wollten dir unsere besten Wünsche überbringen.«

»Weißt du, daß wir heute gekochte Kartoffeln bekommen? Schade, daß du noch nicht gehen kannst, sonst könntest du zu uns hinaufkriechen, wir sind nämlich im ›dritten Stock‹.«

»Woher habt ihr die Kartoffeln?«

»Wir haben den Speck aus dem Päckchen umgetauscht, und eine Pflegerin wird sie uns für ein Stück Speck kochen.«

»Krysia!«

»Was ist, Stefa?«

»Mein Sohn«, schluchzte sie, »mein Kleiner ... Krysia, wenn er mich hier so sehen würde ...«

»Sie soll sich heute ruhig ausheulen«, meinte Marysia. Stefa stützte ihren Kopf auf mein Bett und schluchzte weiter.

»Laß uns jetzt gehen«, sagte Marysia. »Es ist schon zu lang, für den ersten Besuch.«

Ich wartete auf Wala und ein Lebenszeichen von Zofia. Ich hatte das Gefühl, es sei sehr schlecht um sie bestellt, aber ich bemühte mich, nicht daran zu denken. Gerade sagte jemand ein Gedicht am Weihnachtsbaum auf, ein Gedicht über den Krieg und den Frieden.

Wala betrat den Block. Das Herz klopfte mir bis zum Hals. »Wala, ich wünschte mir, daß du von hier herauskämst. Du hast so sehr die Freiheit verdient ... und ich bitte dich, sag mir heute die Wahrheit über Zofia, ich bitte dich ...«

»Zofia liegt bewußtlos, deshalb hat sie nicht geschrieben ... Sie weiß nicht, wo sie sich befindet ...«

»Wala, ich danke dir ... du bist ein sehr guter Mensch.«

Und sie eilte davon. Könnte man nur wenigstens für einen Augenblick das Bewußtsein verlieren, um einzuschlafen! Aber es war so schwer!

Jadźka wurde weggetragen. Im ersten Augenblick wollte ich es nicht zulassen, ich wollte, daß man sie zumindest heute in Ruhe läßt.

Die Weihnachtslieder klangen bereits wieder ab. Die Tür knarrte. Ein Zug eiskalter Luft drang für einen Augenblick in die Baracke. Jadźka wurde auf den Schnee gelegt. Der Heilige Abend war vorbei.

Einige Tage vergingen. Ich hatte gelernt, im Bett aufrecht zu sitzen, hatte zwar immer noch Ohrensausen, aber ich war bei vollem Bewußtsein. Die Nachrichten über Zofia wurden immer verworrener, und ich fürchtete mich vor der Wahrheit. Eines Abends, als ich mich schon besser fühlte, sagte ich zu Wala: »Wala, ich weiß, daß Zofia nicht mehr lebt«, und versuchte ruhig zu bleiben. Ich wollte die volle Wahrheit erfahren, und es war mir gelungen, Wala zu täuschen.

»Woher weißt du das?« fragte sie entsetzt.

»Also ist es wahr. Erzähl, wie sie gestorben ist.«

»Sie hatte das Bewußtsein verloren ... sie litt überhaupt nicht, sprach von dir, daß du zurückkehren mußt. Ihr Herz machte nicht mehr mit. Und dann habe ich ein Laken organisiert. Sie ist nicht so hinausgetragen worden, Krysia. Die ganze Nacht hindurch hat sie auf dem Ofen gelegen. Die Kerzen haben gebrannt. Wir standen lange bei ihr ... lange.«

So hatte es sich also zugetragen, und damit mußte ich fertigwerden. Zofia weilte nicht mehr unter uns, und es gab auch keine Spur mehr von ihr. Sie lag stundenlang vor der Baracke. Sie traten auf ihr herum, warfen sie dann auf den Wagen und verbrannten ihre Leiche. Und ich war nicht einmal an ihrer Seite gewesen – sie hatte bestimmt Durst gehabt, und niemand war da, der ihr hätte Wasser reichen können. Bestimmt hatte sie die Krätze gehabt ...

Immerfort wiederholte ich das in Gedanken. Ich verhielt mich wie gewöhnlich, beantwortete Fragen, aß – es gab nur einen Augenblick, wo ich dachte, daß mir das Herz zerspringen würde und ich nicht mehr atmen könne. Auch das ging vorbei. Dann hatte ich wieder das Gefühl, daß man mir das Herz herausgenommen und an seiner Stelle einen Stein hineingesetzt hätte. Jemand sagte: »Es wäre gut, wenn du weinen würdest, so geht es nicht.« Aber ich konnte nicht weinen.

Und wieder verstrichen die langen Tage, die kein Ende nehmen wollten, und darauf folgten die schlaflosen Nächte. Am Silvesterabend brachten sie Janka in unsere Baracke. Sie hatte sich vom Fleckfieber und Durchfall bereits erholt. Nun hatte sie die Wundrose bekommen und war bei vollem Bewußtsein. Es gelang mir, mich ihr zu nähern.

»Janka!«

Sie blickte mich an. Ihr Gesicht war verändert, müde und vom Leiden gezeichnet.

»Janka, ich bin's, Krysia!«

»Ich erkenne dich, Krysia, ich sehe dich, hab keine Angst, ich kehr zu meinem Kind zurück. Ich muß. Sie werden mich nicht unterkriegen. Bekäme ich nur ein Päckchen! Ich weiß nicht, weshalb ich keins bekomme. Bisher habe ich noch kein einziges erhalten.«

»Du kehrst zurück, gewiß ...«

Ich fühlte, daß sie nicht zurückkehren und dies unser letztes Gespräch sein würde. Die Pflegerinnen feierten Silvester. Sie lachten und sangen. Plötzlich schwiegen sie; jemand bat um Ruhe. Marysia trug ein Gedicht von Slonimski und danach ein Lagergedicht vor. Dann rief jemand: »Einen guten Rutsch ins neue Jahr! Möge das neue Jahr uns die Freiheit und ihnen den Tod bringen.«

Am Neujahrstag bekamen wir statt Steckrüben Kartoffeln und Kohl. Ich verschlang dieses fürstliche Mahl mit großem Appetit. Plötzlich hörte ich, wie jemand sagte: »Schon wieder tragen sie jemanden hinaus.«

Ich blickte hinüber auf die andere Seite, dorthin, wo Janka lag. Ich hatte das Gefühl, daß sie es war, die hinausgetragen wurde. Sie war in der Silvesternacht gestorben.

Einige Minuten später rief die Schreiberin ihren Namen auf. Jemand antwortete: »Sie lebt nicht mehr. Sie ist letzte Nacht gestorben.«

Es hatte sich herausgestellt, daß sie ein Päckchen erhalten hatte. Ihr erstes Päckchen, ein Neujahrspäckchen. Von ihrem Töchterchen.

Die Blockälteste im Revier erklärte, daß eine Entlausung stattfinden würde. Eine neue Gefahr drohte uns. Entlausung bedeutete, daß man uns unsere Decken wegnahm, daß es kalt sein würde, wer weiß wie lange. Das bedeutete, daß die Entlausung nur ein Vorwand war. Es war klar, daß die Epidemie zu wenig Opfer hinweggerafft hatte. Die Arierinnen wurden nicht mehr vergast. Es mußte also etwas ersonnen werden, damit der Tod eine noch größere Ernte halten könnte – etwas, das als menschenfreundlich bezeichnet werden könnte. Nach der Entlausung gab es doch immer noch mehr Läuse.

In die Sauna trieben sie uns diesmal nicht. Sie nahmen uns die

Decken weg und öffneten die Türen der Baracken sperrangelweit. Die Mehrzahl derer, denen es gelungen war, das Fleckfieber zu überstehen, starben an Lungenentzündung.

Die Frauen starben wie die Fliegen. Nata starb. Sie hatte alles ertragen: die Schläge, die Appelle, den Hunger, das Fleckfieber. Sie starb an Durchfall. Sie hatte Wasser getrunken. Vergeblich hatte sie die Nachtwache gerufen, die nicht gekommen war. Entweder hörte diese nicht oder sie wollte sie nicht hören. Ich ging zu Nata und fragte: »Wie fühlst du dich?«

»Alles wird gut ausgehen ... ich bin mir dessen sicher«, antwortete sie.

»Nata, du darfst nicht, du mußt ... du wirst gesund werden«, rief ich. »Trinke aber bloß kein Wasser.«

Ich wußte selber nicht, was ich sagte. Jedoch konnte ich dem Tod nicht Einhalt gebieten. Nata siechte elend dahin. Aber ich mußte mit ihr sprechen, solange sie noch bei vollem Bewußtsein war ... solange sie mich noch hören konnte. Ich sagte ihr komische, unnötige Dinge, daß sie mich nicht allein lassen durfte. Ich fühlte in meinem Herzen eine Art Groll darüber aufsteigen, daß ich nicht an ihrer Stelle gestorben war, daß ich auch noch ihren Tod überleben mußte und, wer weiß, den Tod wie vieler anderer noch. Sie verstand mich immer weniger, flüsterte noch etwas sehr leise: »Also, ich werde da so einfach verfaulen, also darum ...«

Weiter verstand ich nichts mehr. Sie hatte den Satz nicht zu Ende gesprochen. Sie war gestorben.

Später haben wir uns oft an Nata zurückerinnert. Wir sprachen davon, wie sie geschlagen und gequält worden war und dennoch nichts gesagt hatte. Und davon, daß sie meistens gut aufgelegt war und immer ein Lächeln parat hatte. Wenn sie schon sterben mußte, warum war sie dann nicht sofort gestorben, damals, im Pawiak, sondern erst nach so vielem Leid. Man sprach von ihr im Flüsterton, so wie man von einer Heiligen oder einer Heldin spricht.

Babys wurden in unseren Block eingeliefert. Ihre Mütter arbeiteten bereits. Darunter war eins, das von einer griechischen Jüdin irgendwo hinter einer Baracke geboren worden war. Das jüdische Kind wurde von niemandem gefüttert. Die Mütter hatten keine Nahrung für das Baby. Und wozu hätte man es füttern sollen? Es war nirgends eingetragen, und seine Anmeldung konnte höchstens zur Folge haben, daß seine Mutter mit dem Tod bestraft würde. Niemand nahm sich also des Kleinen an. Es weinte, schluchzte, wurde immer schwächer, schwoll an und starb schließlich. Alle atmeten erleichtert auf.

Eines Tages aber gebar erneut eine Jüdin auf dem Ofen vor den Augen Hunderter ein Kind. Im Revier, wo ständig jemand starb, war plötzlich das Weinen eines Neugeborenen zu hören. Es kam außergewöhnlich gesund und schön zur Welt.

»Ich lasse es nicht sterben, ich werde es nicht erwürgen«, entschied die Mutter. »Das ist mein erstes Kind, es muß mir Glück bringen. Helft mir. Bestimmt wird ein Wunder geschehen, und es wird überleben.«

Sie sagte das so überzeugt, bat so eindringlich, daß beschlossen wurde, ihr zu helfen. Das Seltsamste war, daß die Mutter trotz allem in der Lage war, das Kind zu stillen. Schwester Elżunia beschloß, das Kind so lange versteckt zu halten wie nur möglich. Wochenlang wurde berichtet, daß die Mutter hohes Fieber hatte, und das Kind wurde bei plötzlichen Besuchen von SS-Männern mit Strohsäcken zugedeckt. Entgegen allen Erwartungen entwickelte sich das Kind prächtig.

Eines Nachts, als das Kind schon einen Monat alt war, wachte die Mutter schreiend auf. Elżunia lief zu ihr.

»Ich habe geträumt, daß das Baby gestorben sei ...«, flüsterte sie.

In der Morgenfrühe kam der Befehl, alle Jüdinnen, ohne Rücksicht auf ihren Gesundheitszustand, gesundzuschreiben. Die Mutter mußte informiert werden, aber niemand hatte dazu den Mut. Frau Dr. Fruma, eine sanfte und ruhige Ärztin, besorgte unter größten Schwierigkeiten ein Schlafmittel und injizierte es dem Säugling. Die vor Schmerz dem Wahnsinn verfallene Mutter wurde aus der Revierbaracke geschleift.

Ich begann, mich im Block zu bewegen. Die Bläschen platzten. Ich hatte nicht mehr geglaubt, daß ich jemals das Revier verlassen könnte. Ich konnte mir weder Appelle noch irgendeine Arbeit im Lager mehr vorstellen. Ich hatte mich an das Stöhnen, den Tod, das Organisieren von warmem Wasser gewöhnt. Ich öffnete Päckchen und verschlang deren Inhalt im Rekordtempo. Ich hatte gelernt, stundenlang dazuliegen und an nichts zu denken. Das Wort Freiheit war ein vollkommen irrealer Begriff geworden. Es gab Augenblicke, in denen ich glaubte, mein Leben hätte erst mit dem Durchschreiten des Lagertors begonnen. Manchmal überkam mich während dieser unglückseligen Stunden der Gedanke: Es gibt Menschen, die jetzt am Tisch sitzen und Bridge spielen oder sich darüber unterhalten, daß eine Kaffeetasse vom Service zerbrochen wurde. Es gibt Frauen, die jetzt Ski fahren. Es gibt Menschen, die sich in den Wäldern versteckt halten und bewaffnet sind – und handeln können! Und wir? Wir müssen eine nach der anderen sterben. Das waren schwache Reflexe einer machtlosen Rebellion, denn im allgemeinen waren wir alle von Resignation erfaßt und fristeten kümmerlich unser Dasein, vegetierten dahin.

Aus diesem Stumpfsinn konnten uns nur noch außergewöhnliche Ereignisse herausreißen, zu denen beispielsweise der Besuch eines deutschen Arztes zählte. Dies geschah äußerst selten. Wenn er ankam, so herrschte überall große Lebhaftigkeit. Die Nachricht verbreitete sich wie ein Lauffeuer von den Torwachen über die Blockältesten. Wer hier fremd war, das heißt, wer nicht zur Revierbedienung gehörte und gesund war, versteckte sich und flüchtete so schnell wie möglich ins Lager. Der Arzt wurde von der Chefärztin des Reviers, einem weiblichen Häftling oder von einer deutschen Aufseherin begleitet.

Gewöhnlich ging er langsam und ruhig durch die Baracke. Hager, groß, mit einer Brille. Ein Mensch wie viele andere – dabei verbreitete er soviel Angst! Manchmal blieb er vor einer Koje stehen und stellte eine Frage. Nachdem er das Revier wieder verlassen hatte, fragten wir, was er wissen wollte. Es stellte sich heraus, daß er lediglich darauf bestanden hatte, daß irgendein kleines Stück Papier beseitigt werden sollte – das schien von äußerster Bedeutung zu sein.

Obwohl nichts Besonderes vorgefallen war, unterhielten wir uns noch tagelang über einen derartigen Besuch. Es war ganz einfach: Der Herr über Leben und Tod war hier durchgegangen. Jemand von »denen«, ein Arzt, aber nicht einer, der heilt. Einer, der tötet.

Eines Tages hieß es erneut, daß er kommen würde und schon in der Nähe sei. Wir legten uns alle hin. Man durfte nicht im Revier bleiben, wenn man sich bereits bewegen konnte. Im Lager gab es keine Rekonvaleszenz.

Die Pflegerinnen versteckten die Nachttöpfe und duckten sich zwischen den einzelnen Betten nieder, damit der Durchgang für »ihn« frei stünde. Achtung! Sie traten ein. Nach einer Weile verkündete die Schreiberin, daß alle Kranken das Bett verlassen und nackt am Arzt vorbeimarschieren sollten. Also eine Selektion. Da jede von uns mit Eiterbeulen übersät war, wußten wir sehr wohl, daß dies das Ende bedeutete.

Wir krochen von den Pritschen herunter – voller Angst und mit weit aufgerissenen Augen. Je näher wir dem Arzt rückten, um so mehr gerieten wir außer uns vor Angst. Jede Sekunde erschien uns wie eine Ewigkeit. Die Angst lähmte all unsere Bewegungen und Gedanken. Der Arzt schaute mit gleichgültigem und gelangweiltem Blick auf diese Prozession verfaulender Frauen. Fast alle wurden aufgefordert, in dieselbe Richtung zu gehen. Dort standen wir alle zusammengepfercht.

Es stellte sich heraus, daß dieses Mal lediglich eine Desinfektion vorgenommen werden sollte. In einem der Blocks wurde ein Kessel mit einer desinfizierenden Lösung aufgestellt, in dem alle Krätze-Kranken baden sollten. Zunächst fiel es uns schwer zu glauben, daß es diesmal nicht den Tod bedeuten sollte. Aber es war wirklich so.

Ich stand jetzt immer öfter auf und lernte wieder gehen, ohne mich an den Betten festzuhalten. Ich konnte mich bereits auf die Pritschen der kranken Kameradinnen niedersetzen. Wir unterhielten uns über den Inhalt der Päckchen, die wir erhalten hatten, und über die Briefe von zu Hause. In den Briefen lasen wir zwischen den Zeilen außerordentliche Nachrichten. Wenn jemand aus der »Freiheit« geschrieben hatte: »Ich bin überzeugt davon, daß wir uns in Kürze wiedersehen werden«, so bedeutete das in unserer Sprache, daß es »außerordentliche Nachrichten« waren. Unsere Angehörigen konnten doch nicht offen schreiben, aber das konnte man deutlich aus dem Brief herauslesen. Und dann brüstete sich eine jede über ihren Haarwuchs und über die Anzahl der Läuse, die sie getötet hatte. Oft fragten wir uns: »Was können die denn dort auch tun?«

»Die dort« waren für uns die Menschen jenseits des Drahtverhaus. Wir fürchteten uns vor der Zukunft, vor der Zeit, wenn alles vorüber sein würde. Irgendwann mußten wir ja das Revier verlassen, denn hier zog man sich eine Krankheit nach der anderen zu. Aber andererseits, was erwartete uns, wenn wir ins Lager zurückgeschickt wurden? Erneut Appelle, Feldarbeit, Kälte. Es war Anfang Februar. Mir wurde plötzlich bewußt, daß ich bereits seit drei Monaten krank war. Wir versuchten nachzuzählen, wie viele aus unserer Gruppe gestorben waren, aber wir gaben es bald wieder auf.

Es kam vor, daß wir stundenlang dasaßen, ohne ein einziges Wort zu sprechen. Wir machten Jagd auf Flöhe, stumm, abgestumpft. Und jede versuchte, sich an ihr einstiges Aussehen, ihre einstigen Gedanken, Bewegungen, Handlungen, ihren Lebensstil zu erinnern. Das war aber ungemein schwer. Wir hatten uns selbst verloren und vergessen. Bruchstücke tauchten in der Erinnerung auf, irgendwelche dunklen, irrealen Bilder aus dem früheren Leben ...

Die Ärztin machte uns immer häufiger darauf aufmerksam, daß sie uns nicht länger im Revier behalten konnte und daß sie die Gesunden entlassen müsse. Sie brauchte Platz für Neuerkrankte. Man mußte sich also ans Laufen gewöhnen. Erneut mußte man sich mit dem Gedanken anfreunden, daß eine Veränderung bevorstand. Mir graute es vor jeder Veränderung. Ich hatte mich bereits an mein »mittleres« Revierbett gewöhnt, in dem ich so viele Monate zugebracht hatte, obwohl aus dem »Obergeschoß« Bretter auf meinen Kopf fielen, obwohl es dort immer dunkel war und ich so viel durchmachen mußte.

Dem Bett näherte sich Wanda, eine reizende und unverbesserliche Optimistin, die mit uns im Pawiak gewesen war.

»Klagt nicht, wir kommen bestimmt heraus. Ich habe gehört, daß es diesmal tatsächlich stimmen soll.«

»Ja, ja, in zwei Wochen. Gäbe es doch wenigstens einmal einen anderen Termin ...«

In diesem Moment ging plötzlich das Licht in der Baracke aus, und man hörte einen langanhaltenden, durchdringenden Pfiff.

»Die Sirene, Alarm!«

»Ruhig liegenbleiben, Fliegeralarm«, verkündete die Blockälteste in der Dunkelheit.

Der erste Alarm im Lager klang wie die schönste Musik. Wanda legte sich zu mir. Ich griff nach ihrer Hand.

»Wenigstens eine Bombe, nur eine«, träumte sie.

»Und was hättest du davon? Wir haben sowieso keine Kraft mehr. Wie weit könnten wir entkommen?«

»Es ist vollkommen egal. Hauptsache, es tut sich was. Das Schlimmste ist die Hilflosigkeit und der ewige Tod ringsherum, es scheint, als hätten uns alle vergessen«, antwortete sie.

Mein Herz hämmerte zum Zerspringen, während ich auf eine Bombe, auf irgendein Aufblitzen wartete, das die Düsternis unseres Daseins erhellen würde. Wir warteten auf ein Wunder. Aber nichts ereignete sich. Nach einer Stunde wurde der Alarm wieder aufgehoben. Wanda schlich enttäuscht aus meinem Bett. »Daraus wird nichts. Sie denken so wenig an uns wie an den Schnee vom Vorjahr. Sie müssen nur drübergeflogen sein, das war alles.«

Am nächsten Morgen brachten sie eine Schwerkranke in die Baracke. Ich näherte mich ihr, um zu sehen, um wen es sich handelte. Die Decke war heruntergerutscht, aber die Frau reagierte nicht. Sie war leichenblaß und hatte vorstehende Backenknochen. In diesen sterbenden Augen entdeckte ich etwas mir Bekanntes. Nein, unmöglich! Ich irrte mich gewiß.

»Hanka?« fragte ich und hatte Angst vor der Antwort.

»Ja, Hanka. Du wunderst dich, daß ich mich so verändert habe, nicht wahr? Ich habe Lungenentzündung ... Das ist das Ende, ich weiß es ... Erinnerst du dich noch, wie gerne ich leben wollte?« Und mit schwächer werdender Stimme fügte sie hinzu: »Aber ich habe in meinem Leben nichts erreicht ... und auch Mamas Päckchen haben nichts geholfen.«

»Hanka, du bist noch so jung und hast eine starke Konstitution. Sieh, ich habe das Fleckfieber überstanden. Sieh einmal, ich kann schon laufen ...«

»Auch ich habe das Fleckfieber überstanden und war auch schon wieder auf den Beinen. Den Durchfall habe ich auch gehabt, und gewiß habe ich zu lange gelegen. Das hier aber werde ich nicht überleben. Ich weiß es. Schau mal meine Hände an ...«

Ich schaute sie an. Ihre Hand war schmal, bläulich, die langen Finger lagen leblos auf der Decke, so als ob sie nicht ihr gehören würden. Ich ergriff ihre Hände und begann sie zu reiben. Hanka sagte resigniert: »Das hilft nichts, eine Leiche wirst du dadurch vom Tod nicht erwecken können. Ich bin vollkommen naß und kann mich nicht bewegen. Ich kann mich nicht bewegen, verstehst du? Für mich ist das immer noch unverständlich.« Sie schauderte: »Der Tod hier ist furchtbar, so stinkend, so langsam ... und ich weiß schon, wie sie mich hinter die Baracke in den Schnee hinaustragen werden. Was für Wetter haben wir eigentlich, was für einen Tag ... es ist doch Februar, nicht wahr?«

»Ja, Hanka, es ist Februar.«

»Sie werden mich also zu dieser Jahreszeit in den Morast hinaustragen. Wenn sie das tun, laß bitte nicht zu, daß sie meinen Kopf auf die Steine aufschlagen lassen, das tut auch nach dem Tod weh, ich bitte dich, überwache das.«

»Ja, gut, aber du wirst nicht sterben ... gewiß nicht«, sagte ich und schaute mich nach einer Hilfe um.

In der Baracke war es in diesem Augenblick still geworden. Hanka hob den Kopf, schaute sich mit einem furchtbar traurigen Blick um und fragte laut und eindringlich: »Sag mir, wer wird uns rächen?«

Alle schauten in unsere Richtung. Der Kopf Hankas fiel zurück. Eine Träne rann ihr über die Wange.

Am nächsten Morgen war sie bereits tot. Wir legten sie vorsichtig auf den Ofen. Aus dem Bett krochen Stefa, Marysia, Elsa und Elżunia, die sie während ihrer ganzen Krankheit nicht eine Sekunde allein gelassen hatten. Das waren alle, die aus dem Pawiak übrig geblieben waren!

Wir standen schweigend da. Die jüngste und lebhafteste aus unserer Gruppe war nun von uns gegangen. Wir weinten nicht, wir sagten nichts. Stefa kniete nieder und legte den Kopf auf den Ofen. Sie sah nicht einmal, wie die Leiche hinausgetragen wurde. Ich hingegen folgte ihr vor die Baracke. Draußen heulte der Wind, daß es durch Mark und Bein ging. Er brachte Hankas Haar völlig durcheinander. Das Haar einer Leiche. Es war genauso blond wie damals, als ich sie zum erstenmal im Pawiak sah. Das Haar war inzwischen schon wieder nachgewachsen.

Einige Tage nach Hankas Tod wurde ich aus dem Revier entlassen. Ich stand im Vorraum der Sauna, an demselben Eingang, wo ich zum erstenmal nackt und frierend gestanden hatte, als ich neu dazugekommen war. Wie würde ich die Kälte und die Appelle überstehen? Ich schwankte, zitterte vor Kälte, vor Wut, vor Erbitterung. Es war ja noch Februar. Gleichzeitig kam mir zu Bewußtsein, daß es bald Frühling sein würde. Ich hatte fast den ganzen Winter über gelegen. Ich erhielt Päckchen, der Krieg mußte ja einmal zu Ende gehen. Das Schlimmste hatte ich ja nun schon hinter mir, und wenn es mir gelang, noch eine Zeitlang zu überleben, würde ich vielleicht meine Mutter und meine Angehörigen wiedersehen.

Aber wie konnte ich ohne Zofia leben, ohne all die anderen? Das schien mir beinahe nicht wahr, daß Zofia nicht mehr unter uns weilte. In diesem Augenblick stand sie mir deutlich vor Augen. So wie damals vor der Verhaftung – sie deckte den Tisch, in weißer Schürze, lächelnd. Unterm Tischtuch zog sie eine Untergrundzeitung und zwei falsche Kennkarten hervor, zwinkerte mir zu und sagte schelmisch: »Wir werden den Nazis ein Schnippchen schlagen, nicht wahr, Krysia?«

»Du bist ein echter ›Muselman‹«, hörte ich eine Stimme aus der Sauna sagen. Das war an mich gerichtet. »Na, tritt ruhig ein, du hast doch hier vor der Krankheit gearbeitet.«

»Ist Magda noch da?«

»Ja, die ist da. Diese Bestie hat es nicht getroffen, nur die Anständigen krepieren, so ist das nun einmal.«

Ich betrat die Sauna und betrachtete mein Spiegelbild in der Fensterscheibe. Ich sah aus wie ein Skelett und war mit Geschwüren und Blutgerinnseln übersät. Die Haare waren wieder einige Zentimeter nachgewachsen. Ich betastete meinen Kopf.

»Freu dich nicht, jetzt werden sie dich wieder kahlscheren«, machte sich ein »erfahrener« Häftling über mich lustig.

»Wieder?«

»Nach dem Fleckfieber ... Verstehst du das denn nicht?«

Mir war alles gleichgültig. Wichtig dagegen war es, welchem Lagerabschnitt und welchem Block ich zugeteilt werden würde. Völlig apathisch wartete ich nun und wurde von jedem, der vorbeiging, gerammt. Man war wütend: »›Muselman‹, warum stehst du herum? Zieh ab!«

Es stellte sich heraus, daß ich dem Block zugeteilt worden war, in dem diejenigen schliefen, die unter Dach arbeiteten. Selbstverständlich hatte sich Wala darum gekümmert. Sie erschien, wie immer, im entscheidenden Moment.

»Na, Krysia, Kopf hoch, du hast etwas im Bett gelegen, jetzt werden wir dir eine Arbeit suchen, und du wirst wieder Gedichte schreiben.«

Wir wurden zum Ausgang hinausgestoßen, und in Fünferreihen aufgestellt – die übliche Routine. Von der Küche gegenüber wurden Kessel mit Suppe quer über den Weg geschleppt. Die Kapo schrie eine Frau, die ausgerutscht war, unflätig an.

Direkt neben uns schleppte eine rundliche Bäuerin zusammen mit einigen anderen Frauen einen Kessel. Wir mußten alle mithelfen. Ich glitt aus und schwankte unter dem Gewicht. Die anderen mußten den Kessel abstellen. Die Bäuerin schaute mich an und sagte verächtlich: »Ja, ja, es gibt halt Menschen, die aus Scheiße gemacht sind ...«

Die Kapo schlug gerade auf ein Mädchen ein und zog triumphierend Kartoffeln aus ihrer Häftlingskleidung hervor, die aus der Küche gestohlen worden waren. Gegenüber in der Lagerstraße wurde von grauen, halberfrorenen Gestalten ein Wagen gezogen, und Tante Klara schwang ein Stück Draht ... genauso wie damals, nur, daß es sich jetzt um andere Mädchen und Frauen aus anderen Transporten handelte, die in der Zwischenzeit angekommen waren. Die alten waren gestorben. Es waren keine Holländerinnen mehr, sondern Tschechinnen und Italienerinnen, aber sie sahen genauso wie die Frauen der früheren Transporte aus.

Aus meinem Transport kehrte ich als einzige zurück. Mit wem würde ich heute beim Appell stehen, wie würde die Blockälteste sein ... würde sie schlagen? Ich schaute mich um.

Aus den Schornsteinen der Krematorien schossen blutrote Flammen zum Himmel empor. Immer dasselbe. Auf einem Fahrrad fuhr ein SS-Mann vorüber und gab einer alten Frau einen Fußtritt. Sie schrie schrill auf.

Plötzlich kam die Sonne durch und spiegelte sich im Morast wider. Hinter dem Stacheldrahtbereich, weit entfernt, zeichneten sich die Umrisse schneebedeckter Berge ab.

Die Krematorien

Das Kommando Effektenkammer befaßte sich mit der Abnahme und Aufbewahrung der Habseligkeiten von Personen, die von der Gestapo ins Lager geschickt wurden. Die Politische Abteilung sorgte für genaue Erfassung aller im Lager befindlichen Häftlinge. Für jeden Häftling wurde ein Personalbogen ausgefüllt. In der Effektenkammer wurden die noch übriggebliebenen mitgebrachten eigenen Habseligkeiten sortiert, aufgezeichnet und in einen Sack gegeben, in dem sie für die Lagerzeit verwahrt blieben.

Auf der Kartei wurde später das Schicksal des Häftlings eingetragen. Dieses Schicksal konnte von dreierlei Art sein: Tod, Überstellung oder Entlassung. Den Tod (»v« für verstorben) trug man aufgrund von Listen ein, die alltäglich von den Läuferinnen aus der Revierschreibstube (Büro) gebracht wurden. In diesem Fall wurde die Habe der Verstorbenen zugunsten des Dritten Reiches konfisziert. Nur das Eigentum der Reichsdeutschen wurde der Familie zugesandt.

Die Entlassungen waren dermaßen selten, daß der Buchstabe »e« (entlassen) fast niemals gebraucht wurde. Von all den Tausenden von Frauen, die bisher ins Lager eingeliefert worden waren, konnte man nur einige hundert zählen, die entlassen worden waren. Entlassen wurden nur die Erziehunghäftlinge, die im Prinzip dem Lager nur einen Besuch abstatteten. Sie gelangten hierher aufgrund geringer Überschreitungen oder infolge von Mißverständnissen.

Die Überstellungslisten in ein anderes Lager wurden von der Politischen Abteilung gesandt, und dann verzeichnete man auf der Karteikarte das Datum und ein »ü«. Das persönliche Eigentum wurde mit der Überstellung in das neue Lager übersandt.

Der Häftling konnte somit mit den Buchstaben »ü« oder »v« versehen werden. Gab es keinen Zusatzvermerk, so bedeutete dies, daß er noch am Leben war. Daß er noch irgendwo im Lager draußen litt.

Die Effektenkammer war also ein Büro, in dem diese Zusatzvermerke in die Namenskarteien eingetragen und Buch über die hinterlegten Ausweise, Dokumente und Gegenstände geführt wurde.

Dank Walas Einsatz war ich der Effektenkammer zugeteilt worden. Dies bedeutete zweifellos die höchste Stellung, die man im Lager erreichen konnte. Die Arbeit sollte immerhin den Häftlingen zugute kommen. Außerdem hatte man den Vorteil, daß man sich irgend etwas aus der beschlagnahmten Habe der verstorbenen Häftlinge organisieren konnte. Diese Dinge wurden gegen Kartoffeln oder irgendeine Delikatesse aus den Päckchen – wenn man selber keine erhielt – eingetauscht. Ich bekam ziemlich regelmäßig meine Päckchen, so daß ich in der Lage war, teilweise meinen Bärenhunger zu stillen, unter dem ich nach dem Fleckfieber litt. Das Ohrensausen nahm ab. Ich lernte neue Kameradinnen kennen. Gleich nach dem Appell eilte ich zur Arbeit. Ich brauchte mich weder auf der Wiese herumzutreiben noch langsam im Revier dahinzusiechen. Sogar das Verhalten unseres Chefs war anders; er behandelte uns wie normale Büroangestellte.

Gegen Ende März wurde die Baracke der Effektenkammer auf eine Wiese hinter dem Lagertor verlegt. Ich saß an dem Tisch, auf dem die Namenskartei des gesamten Lagers aufbewahrt wurde. Ohne nachzudenken stempelte ich neben die Namen nach den Totenlisten den Vermerk »verstorben«.

Am Horizont sah man den Rauch der Lokomotiven der Züge, die die Bahnstation Auschwitz passierten. Durch die offenstehenden Fenster der Baracke roch man den nahenden Frühling.

»Was machst du gerade?« fragte Basia. Sie war ein drollig aussehender »Muselman« mit Brille und dick angeschwollenen Beinen.

»Die Totenlisten vom Dezember«, antwortete ich.

»Lauter Bekannte, nicht wahr?«

»Fast mein ganzer Transport.«

»Und du hast überlebt. Das ist seltsam. Und wieder steht der Frühling vor der Tür, so als ob nichts geschehen wäre.«

In diesem Augenblick bemerkte ich die Namen: Drews, Wieslawa; Czerwińska, Zofia; Sikorska, Zofia; Hiszpańska, Natalia. Ich zog die Karte mit den Namen Czerwińska, Zofia heraus, meiner Zofia ... Ich las die Karte einige Male durch. Ich stempelte den Vermerk »verstorben« drauf und fügte hinzu: 20. 12. 1943.

»Was ist los mit dir?« fragte mich Basia. »Was machst du denn plötzlich für ein Gesicht?«

»Nichts, der gesamte Pawiak liegt hier vor mir in diesen Totenlisten.«

»Ich verstehe«, seufzte Basia, »mein ganzer Transport ist auch im Dezember und Januar dahingegangen. Die Gesündesten, die Stärksten. Ich weiß wirklich nicht, wie das geschehen ist, daß ich, die ich nur Haut und Knochen bin, noch lebe.«

Ein Zug pfiff irgendwo in der Ferne und erweckte erneut unsere Sehnsucht nach der Freiheit.

»Wenn wir ihm bloß folgen könnten«, seufzte Basia auf.

Kraczkiewicz, Zofia – verstorben.

Pioterska, Hanka – verstorben.

Skapska, Maria – verstorben.

Ich stempelte weiter und sah sie in Gedanken wie durch einen Schleier hindurch. Ich erinnerte mich an sie, so wie sie waren, als wir das Pawiak-Gefängnis verließen, und nachher auf der Wiese, im Quarantänelager. Halbvergessene Gespräche, Diskussionen, Hoffnungen, Pläne von damals wurden in mir wach. Was war davon geblieben? Totenlisten und Karteikarten.

Nach der Arbeit ging ich, die Abendpause vor der Lagerruhe nutzend, ins Revier. Ich konnte die Kranken nicht vergessen, die um einen Schluck Wasser bettelten. Vor nicht allzu langer Zeit hatte ich dort selber ohne Hilfe gelegen.

Eines Abends ging ich heimlich Wasser holen. Die Kapo, eine Frau mit einem schwarzen Winkel, die Hosen trug, hatte gerade ein Mädchen in den leeren Waschraum gelockt. »Komm her, ich gebe dir heiße Kartoffeln.« Das Mädchen verstand nicht. Jemand bot ihr Kartoffeln an! Eine andere Frau? Was sollte das bedeuten? Sie näherte sich ihr vorsichtig, prüfte ihren Gesichtsausdruck, sah ihren gläsernen Blick, ihre buhlerischen Gesten. Und auf einmal verstand das hungrige Mädchen, worum es ging. Sie sprang zur Seite hinter eine Baracke, die Frau mit dem schwarzen Kittel hinter ihr her ... sie verloren sich im Dunkeln. Ich machte mir diesen günstigen Augenblick zunutze und betrat den leeren Waschraum. Todzia, eine Polin, die mit dem Putzen der Wasserhähne und dem Wischen des Fußbodens beschäftigt war, stellte rasch einen Topf auf den Ofen. Schnell wusch ich mir die Hände. Man mußte jede Möglichkeit nutzen. Nach einer Weile reichte mir Todzia das kochende Wasser und lächelte mich gütig und mitfühlend an: »Das ist für eine Kranke, nicht wahr?«

Ich schlich hinter dem Rücken der Torwache ins Revier hinein. Vor der Baracke lagen zahlreiche Leichen. Etwas bewegte sich zwischen den Drähten. Im ersten Augenblick wollte ich davonlaufen. Mich zog es aber dorthin. Ich trat näher heran. Ein schmächtiges, dreijähriges Kind saß vor der Baracke und lutschte am Daumen einer Leiche. Ich öffnete die Tür, die schwere Luft machte mich benommen. Ich überwand mich und trat ein. In der dämmrigen Stube fand ich die Kameradin, die ich gesucht hatte. Sie war an Tuberkulose erkrankt. Ich wußte, daß sie sterben würde. Ich reichte ihr das Wasser. Mit zitternden Händen hielt sie das Gefäß. Auf dem Nachbarbett entdeckte ich die bereits tote Marysia aus dem Pawiak, Stefa weinte an ihrem Bett. Die ewig rege und lebhafte Frau Dr. Nula lag nun gelähmt im Ärztezimmer. Mit ihren großen, dunklen, traurigen Augen folgte sie den Bewegungen der geschäftigen Krankenschwester. Am meisten litt sie darunter, daß man sie brauchte, daß sie jedoch nicht imstande war zu helfen – sie konnte nicht aufstehen.

Vor der Baracke war ein Lastwagen vorgefahren, beladen mit Leichen. Zwei Männer vom Leichenkommando sprangen aus dem Führerhaus. Sie riefen nach den Krankenschwestern der Baracke, die ihnen helfen sollten. Zwei Mädchen vom Leichenkommando, die Handschuhe trugen, griffen von beiden Seiten eine Leiche und begannen, sie hin und her zu schwingen. Dann warfen sie die Leiche mit einer gekonnten Bewegung auf den Wagen.

Eines der Mädchen lächelte dabei, ein anderes summte etwas.

»Ich kann keine Leiche anfassen«, murmelte die Krankenschwester, »ich habe es versucht, aber sie sind so kalt und schaurig.«

Niemand beachtete sie. Die Männer riefen eine andere Krankenschwester ins Führerhaus hinein. Sie kletterte zu ihnen hinauf. Sie küßten sich. Gleichzeitig schwebte der hin und her bewegte Körper einer Leiche durch die Luft und fiel mit einem dumpfen Schlag auf den Wagen.

Ich verließ fluchtartig das Revier. Kaum war ich im Wohnblock angelangt, wurde das Licht ausgemacht. Gleichzeitig tönten Pfiffe und Rufe: »Lagersperre! Lagersperre! Niemand darf den Block verlassen!«

Wir saßen zusammengekauert in einer Ecke der Baracke und flüsterten im Dunkeln: »Wen werden sie heute mitnehmen?«

Dann schwiegen wir und lauschten auf die unheimliche Stille, ein oder zwei Stunden ... niemand wußte, wieviel Zeit verstrichen war.

Motorengeräusch unterbrach die Stille.

»Das Revier«, sagte jemand im Flüsterton. »Sie fahren zum Revier!«

Die Autos hielten an. Wir versuchten, jeden Laut wahrzunehmen, aber wir konnten nichts hören. Wir fürchteten uns vor dieser Stille und hatten Angst, etwas zu sagen.

Die Autos fuhren wieder an. Die Motorengeräusche wurden lauter. Gleichzeitig war Gesang zu hören: »Allons enfants de la patrie ...«

Was war das? Ich legte mein Ohr an die Wand der Baracke. Niemand rührte sich. Die revolutionäre Melodie, die die Französinnen sangen, die dem Tode entgegenfuhren, drang durch alle Mauern und erfüllte uns mit tödlichem Haß.

Eines Morgens betrat unser Chef, ein großer, hagerer SS-Mann rumänischer Abstammung mit langem Schnurrbart, das Büro und verkündete mit kühler und trockener Stimme: »Morgen gehen wir nach Birkenau.«

Birkenau war der Lagerabschnitt, in dem sich die Krematorien befanden. In Birkenau hatte man zahlreiche Baracken errichtet, um die Habe der Judentransporte darin zu lagern. Unser Chef hatte einige Baracken für unser Kommando belegt. Die Zahl der Transporte stieg immer mehr und unser Gebäude war daher überfüllt.

Anfang April 1944 siedelten wir nach Birkenau über. Alle hatten Angst vor dieser Veränderung. Dort befanden sich die Krematorien. Man würde den Menschen, die dem Tod entgegengingen, in die Augen schauen müssen. Ich versuchte, nicht daran zu denken. Diese Arbeit bedeutete doch das große Los bei einer Lotterie, bei der es nur einem unter tausend beschert war, das Los des Lebens zu ziehen. Ich durfte nicht zögern. Ich hatte doch schon so viele sterben sehen, was konnte es denn noch Schlimmeres geben? Das Wichtigste war, daß ich nicht zur Feldarbeit hinaus mußte. Andere zogen es jedoch vor, zur Feldarbeit zu gehen, aus Angst vor der neuen Erfahrung und aus Angst davor, daß unser Kommando in ein Sonderkommando verwandelt werden könnte, da wir zuviel wissen würden.

Ein Sonderkommando war dem Tod geweiht, weil die dazu gehörenden Häftlinge die einzigen Augenzeugen dessen waren, was in den Krematorien vor sich ging. An ihre Stelle traten dann neue Häftlinge, die ebenfalls wußten, daß ihnen nur eine kurze Lebensspanne beschieden war.

Alle diese Informationen drangen zu uns und riefen Angstgefühle hervor, aber gewöhnlich gelangten wir zu ein und derselben Schlußfolgerung: »So oder so werden wir umgebracht, egal wo man sich befindet – ringsherum ist überall Stacheldraht.« Als ich aber zum erstenmal durch das Tor in Birkenau eintrat, quälte mich Angst vor dem Unbekannten. Ich hatte mir den ganzen Weg über wiederholt: »Jetzt, da ich so vieles durchgestanden habe, lasse ich mich nicht gehen; wenn mich das Fleckfieber nicht bezwungen hat, werde ich doch nicht aufgrund eines Nervenzusammenbruchs umkommen! Und außerdem weiß ich ja schon alles über das Vergasen, ich habe es sogar mit eigenen Augen gesehen. Vielleicht haben sie aufgehört mit dem Vergasen«, machte ich mir Mut.

»Was gehen uns denn eigentlich die Krematorien an?« sagte Basia, so, als ob sie meine Gedanken erraten hätte. »Wir haben unsere Arbeit und verfolgen unser Ziel. Ich bin gerade noch mit dem Leben davongekommen. Ich werde mir das nicht zu Herzen nehmen!«

Sie schritt mit ungelenkem Gang neben mir und zog ihre geschwollenen Beine nach.

Wir nahmen in Birkenau vier Baracken ein. In drei Baracken wurden die Säcke mit den Habseligkeiten der Häftlinge aufbewahrt, in der vierten war unser Büro untergebracht. Von nun an sollten alle Zugänge durch Birkenau geleitet werden, und erst von hier aus, nachdem sie sich entkleidet, in der hiesigen Sauna gebadet und die gestreifte Häftlingskleidung erhalten hatten, wurden sie zur Quarantäne ins Lager geschickt.

Unsere Baracken waren von den Männerbaracken durch ein Gelände, genannt Lagerstraße, abgetrennt. Sie war breit genug, um den Aufmarsch in Achterreihen von den Wohnblocks zum Appellplatz zu ermöglichen, im übrigen sehr dreckig und vernachlässigt.

An der nächsten Kreuzung stand unser Wohnblock. Die restlichen Baracken in dieser Straße gehörten dem sogenannten »Kanada« an. Diesen Namen hatten die Häftlinge – als Symbol eines unvorstellbaren Reichtums – den Baracken verliehen, die mit der Habe der Juden vollgepfropft waren.

Auf der Rückseite unseres Wohnblocks war der Abort untergebracht. Genau gegenüber stand das Krematorium. Nur Stacheldraht trennte uns davon. Hinter diesem Krematorium waren die Schornsteine des nächsten Krematoriums zu sehen. Und wenn man aus der Baracke aus der Seite hinaustrat, wo unser

Büro gelegen war, hatte man das dritte Krematorium deutlich vor Augen. Die Sauna stand linker Hand einsam und verlassen da. Am Horizont hinter der Sauna war das vierte Krematorium zu sehen.

Alle Krematorien sahen gleich aus: einstöckige breite, rote Ziegelsteingebäude mit zwei in die Höhe ragenden Schornsteinen. Alle waren von Stacheldraht umgeben, in den Zweige eingeflochten waren, die die Gebäude tarnen sollten. Von weitem waren nur die Schornsteine zu sehen.

Die Sauna von Birkenau war besonders sorgfältig errichtet worden, ein solides Ziegelsteingebäude. Im Innern gab es die Duschen und Bekleidungskammern, in denen der Zugang seine gestreiften »Klamotten« zugeworfen bekam, sowie die Kammern zur Desinfizierung der Kleidungsstücke. Tag und Nacht heißes fließendes Wasser. In den Kellern waren Öfen installiert.

Und ringsherum nichts als elektrisch geladener Stacheldraht. Das Gelände rund um Birkenau war sehr abwechslungsreich. Der Dorfname stammte von ringsum vereinzelt stehenden Birkenwäldchen. Hinter dem Tor, zu beiden Seiten des zum Krematorium führenden Weges, breiteten sich Kalmus- und Lupinenfelder aus. Zwischen unseren Baracken wuchsen Kartoffeln und Gemüse. Direkt an die Baracken grenzten Wiesen oder Blumenbeete. Das schönste Fleckchen Erde lag in unmittelbarer Nähe des Krematoriums, hinter dem Saunagebäude. Das weiße Häuschen strahlte eine Atmosphäre sorgloser Freude und Zuversicht aus. Wenn die Sonne darauf schien, gewann man den Eindruck, daß das weiße Häuschen eine idyllische, abseits gelegene Villa sei, in der sich nur sanfte Menschen aufhalten konnten, die Ruhe und Erholung suchten. In diesem Häuschen wurden aber Todesurteile gefällt und Exekutionen vorgenommen. Die Häftlinge wurden erschossen, und die Innenwände der Villa waren mit Blut bespritzt. Auf diese Art wurden bis zu hundert Menschen auf einmal beseitigt.

Zugänge

»Kommando Effektenkammer, antreten!«

Wir stellten uns in Fünferreihen auf. Unser Chef hatte sich vor uns aufgestellt. Er erklärte, daß ein Transport aus Majdanek angekommen sei. Etwa tausend Personen. Wir mußten die Zugänge »karteimäßig« aufnehmen, das heißt die Personalien jedes

Ankömmlings in den Personalbogen eintragen. Kleidung würde nicht entgegengenommen werden, da die Häftlinge aus einem anderen Lager kämen, also bereits die Lagerkleidung trügen. Selbstverständlich müßte die Kleidung in der Sauna entlaust werden. Wir würden die ganze Nacht hindurch arbeiten müssen, da wir es bestimmt nicht schaffen würden, alle bis zum Abend zu registrieren. Mit den Männern sei jede Unterhaltung verboten, wenn wir uns nicht daran hielten, würden wir ins Strafkommando versetzt.

Wir gingen zu den »Kanada«-Baracken, wo die Frauen aus dem Transport bereits warteten. Es stellte sich heraus, daß dies ein Evakuierungstransport aus dem Revier Majdanek war. Er bestand nur aus kranken, alten Frauen und mehreren jungen Mädchen, die als Krankenschwestern fungierten.

In der nächsten leeren Baracke stellten wir Tische auf und begannen, die Personalien aufzunehmen. Ich erinnerte mich an meine Ankunft im Lager und an meine ersten Eindrücke. Ich wußte nur zu gut, daß man als Zugang vor allem und vor jedem Angst hat und vollkommen verwirrt und entsetzt ist. Das erste Wort, das man an einen Häftling richtete, war äußerst wichtig. Ich nahm mir also vor, geduldig zu sein, auf alle ihre Fragen zu antworten, sie zu beruhigen und ihnen Mut zuzusprechen. Mein Leben begann, einen Sinn zu haben. Seitdem ich meine neue Funktion erhalten hatte, konnte ich viel Gutes tun.

Die Ankömmlinge betraten bereits die Baracke. Eine ältere, grauhaarige Frau mit sanftem Blick kam auf unseren Tisch zu.

»Name?« fragte ich.

»Majewska, Maria.«

»Alter?«

»Sechsundfünfzig Jahre.«

»Woher?«

»Aus Warschau.«

»Beruf?«

»Lehrerin.«

Ich trug alle Daten in die Kartei ein und dachte gleichzeitig: »Sie wird höchstens einen Monat durchhalten.«

»Warum sind Sie festgenommen worden?« fragte ich nichtamtlich.

»Wegen Untergrundzeitungen.«

»Sind Sie schon lange inhaftiert?«

»Drei Jahre. Zuerst Ravensbrück, dann Majdanek, jetzt Auschwitz. Aber ich bin krank, sicher werde ich hier meine

Wanderung durch die Lager beenden. Dabei möchte ich doch so gerne leben! Aber ich werde nicht mehr lange durchhalten. Unsere Truppen stehen vor Lublin. Der beste Beweis hierfür ist unsere Evakuierung. Mein Sohn wartet. Wissen Sie, weshalb ich ausharre? Nur weil ich gefangen bin und er in Freiheit lebt.«

Ihr Gesicht heiterte sich auf. Eine verborgene Kraft ging von ihr aus.

»Kopf hoch«, sagte ich, »Sie werden gewiß durchhalten! Die nächste bitte!«

Eine gebückte, kleine alte Frau näherte sich, sie blickte sich unruhig nach allen Seiten um.

»Bitte hierher, zu mir, Sie brauchen keine Angst zu haben. Name?«

»Pietraszewska, Józefa.«

»Beruf?«

»Früher Arbeiterin, jetzt kann ich nicht mehr arbeiten, Sie sehen es ja selber.«

»Washalb sind Sie im Lager?«

»Wegen meiner Tochter – einer Kommunistin. Sie haben sie gesucht, aber ich habe sie nicht verraten, und auch hier werde ich nicht sprechen, auch wenn man mich schlägt.«

»Hier werden Sie nicht mehr geschlagen«, versuchte ich sie zu beruhigen.

»Meinen Sie wirklich?« Sie blickte mißtrauisch die danebenstehenden SS-Männer an.

Noch ältere, sehr kranke Frauen, die kaum gehen konnten, traten heran. Meist büßten sie für ihre Söhne, ihre Töchter. Einige waren bei Razzien verhaftet worden, weil sie jemanden versteckt gehalten oder einem Fremden zu essen gegeben hatten, der sich später als gefährlicher Partisan erwiesen hatte. Müde, krank und seelisch gebrochen mußten sie stundenlang stehen und warten, bis die SS-Männer ihnen eine Pritsche in irgendeiner dunklen Baracke anwiesen.

Die Stunden vergingen, und ich bewegte mich nicht von der Stelle. Ich hatte einen trockenen Mund bekommen, es flimmerte mir vor den Augen. Es war nicht abzusehen, wann dieses Vorbeimarschieren elender, zitternder alter Frauen ein Ende nehmen würde.

Am späten Abend hatte ich nur noch wenige Häftlinge zu erfassen. Aber diese konnten sich überhaupt nicht mehr regen. Sie lagen auf Tragbahren auf der Erde in der Nähe der Barakke. Die SS-Männer versetzten ihnen Fußtritte und fluchten, weil sie auch in der Nacht Wache halten mußten.

Mit den Personalkarten in der Hand beugte ich mich über eine Bahre, auf der eine Frau mit weißem Haar lag.

»Name?«

Sie hob den Kopf. Ihre Augen standen voll Tränen.

»Comment?« fragte sie.

»Eine Französin?«

»Oui.«

»Votre nom?«

Ihr Kopf fiel zurück, ihre Augen wurden starr. Die Kranke ergriff meine Hand und legte sie an ihr Herz. »Mein Name? Ich liege ja sowieso schon im Sterben ... Gleich wird es einerlei sein, wer gestorben ist.«

Sie sprach mit stockender, heiserer Stimme. Ich wußte, daß ihre letzte Stunde geschlagen hatte.

»Den Namen brauche ich aber doch«, stotterte ich verlegen, »der Ordnung halber.«

Sie drückte meine Hand immer fester an sich. »Ordnungshalber, sagen Sie ... Ja, für *die* ist Ordnung das Wichtigste, was es gibt.«

Erneut hob sie ihren Kopf. »Du bist meiner Tochter ähnlich, halte meine Hand noch ein wenig«, bat sie, als sie sah, daß ich fortgehen wollte. »Ich werde mir vorstellen, daß sie jetzt bei mir ist.« Sie schloß die Augen. Einen Augenblick lang lag sie still da, neben ihr stöhnten andere Kranke. Meine Kolleginnen versuchten, von den Sterbenden noch die Personalien zu erfahren.

Einer der SS-Männer kam mit einer Peitsche pfeifend in die Baracke. Er stieg über eine Kranke, sprang über die Französin hinweg, blickte sich um und schrie: »Wie lange wird der Dreck noch dauern? Wie lange noch?«

Er hatte die Beine gespreizt und unter ihm lag eine Sterbende. Er stemmte die Arme in die Seiten und schaute sich arrogant um, als ob er sagen wollte: »Ich kann hier mit euch machen, was mir gefällt. Versucht nur, mir gegenüber keine entsprechende Hochachtung zu haben, versucht nur, keine Angst vor mir zu haben, dann werde ich euch was zeigen!«

Es trat eine bedrückende Stille ein. Plötzlich wies die Französin mit ihrer Hand auf den SS-Mann, blickte ihn mit irrem Blick an und schrie mit furchterregender Stimme: »C'est la guerre! Das ist der Krieg ... hier ist die Front ... Gott, was für ein schrecklicher Krieg!«

Der SS-Mann fuhr herum, schlug mit der Peitsche auf das Gesicht der schreienden Frau und war mit einem Sprung aus der Baracke. Aus dem Mund und der Nase der Kranken lief Blut. Sie fiel ohnmächtig auf die Bahre zurück.

Bitterer Haß ergriff mich und schnürte mir die Kehle zu. Im ersten Moment wollte ich hinter ihm herlaufen. Ich raste vor Wut, aber die Kranke hielt meine Hand fest. »Meine Tochter«, flüsterte sie. Ich umarmte die alte Frau und begann zu schluchzen.

»Krysia, beruhige dich, beherrsche dich!« baten meine Kameradinnen.

»Das sind die ersten Zugänge, sie sind doch hierhergekommen, um zu leben, ihnen wird nichts geschehen. So geht das nicht, denk an dich selber, geh mal einen Moment hinaus – der Chef ist nicht da.«

Ich trat vor die Baracke, konnte mich aber nicht beruhigen. Was machte jetzt ihre Tochter? Viele verrückte Gedanken fuhren mir durch den Sinn: Vielleicht war sie gerade auf einem Tanzvergnügen mit irgendeinem Nazi. Vielleicht sogar mit dem Bruder desjenigen, der hier gewesen war. Oder lag sie vielleicht in einem anderen Lager im Sterben?

Vor dem Saunagebäude brannte ein Feuer. Der Feuerschein beleuchtete einige menschliche Gestalten. Ich trat näher heran. Es waren Männer aus Majdanek, ausgemergelt wie Skelette. Vor dem Hintergrund des brennenden Feuers sahen sie furchterregend aus. In die Baracke konnte ich nicht zurückgehen. Immer noch hatte ich das irre Schreien der sterbenden Französin in den Ohren. »Nur jetzt nicht verrückt werden«, sagte ich laut zu mir selbst. »Mir geht es gut, ich habe das Fleckfieber hinter mir, heiße Krystyna Zywulska, meine Nummer ...« wiederholte ich immerfort.

»Komm her, Krysia! Bist du verrückt geworden?« rief Basia.

»Wohin? Wir sind umzingelt, wir sind doch umzingelt«, sagte ich immerzu.

»Womit sind wir umzingelt, was faselst du da?«

»Mit Leichen, Stacheldraht, Krematorien, Feuer, SS-Männern, wir sind umzingelt, wir sind umzingelt!«

»Komm«, rief Basia barsch, »ich wußte nicht, daß du so schwache Nerven hast, das ist erst der Anfang und du drehst schon durch ...«

Mir wurde sofort klar, daß ich mich wie eine Verrückte benahm. »Ich bin doch normal, ich muß mich zusammennehmen,

Basia sieht doch dasselbe, sie fühlt doch genauso wie ich«, dachte ich und folgte Basia.

»Kommando Effektenkammer, antreten!«

Das war die Stimme unserer Kapo. Ende der Arbeit. Wir wurden abgezählt und konnten in die Blocks zurückkehren.

Im Vergleich mit der Quarantäne- und der Revierbaracke war unsere jetzige Baracke luxuriös. Sie hatte drei normale Fenster, denen gegenüber Pritschen in drei Etagen standen. Auf den Betten lagen prall gefüllte Matratzen, jede von uns hatte ein eigenes Bett. Basia und mir war es gelungen, die zwei mittleren Betten direkt gegenüber einem Fenster zu belegen. Über uns schliefen Zosia und Joasia. Beide stammten aus der Umgebung von Lodz. Mit Zosia hatte ich mich sofort anfreunden können. Sie erinnerte mich an meine verstorbene Zofia, und deshalb vielleicht bedeutete sie mir so viel. Ich bekam von ihr ein Nachthemd geschenkt – das erste Nachthemd nach so vielen Monaten! Voller Stolz betrachtete Zosia mich und das Nachthemd.

»Na, bist zu zufrieden?« fragte sie.

»Aber klar... nur womit?«

Sie empörte sich: »Mit dem Hemd selbstverständlich. Womit? So, als hätte sie ihr ganzes Leben im Nachthemd geschlafen ...«

»Aber ich habe tatsächlich mein ganzes Leben im Nachthemd geschlafen.«

»Ach geh«, sie lehnte sich aus dem oberen Bett, »aber das war im anderen Leben, das zählt nicht. Du zählst erst etwas, seitdem sie dich tätowiert haben. Vorher hat es dich überhaupt nicht gegeben, jetzt zählen sie dich täglich ab, damit du ja nicht verlorengehst, endlich bist du ein Mensch geworden ...«

»Birkenau hat Zosias Hirn etwas angeschlagen«, stellte Basia fest und putzte verbissen ihre Brillengläser.

»Wo hast du eigentlich dieses Nachthemd her?« fragte ich sie.

»Ich habe es im ›Kanada‹ organisiert.«

»Ich finde, man sollte keine Hemden von Vergasten tragen.«

»Aha, sieh einmal an!« Zosia fiel fast aus dem Bett. »Alles soll denen anheimfallen? Meinst du, daß das besser ist? Den Toten ist es einerlei, und sie ... wenn du nur wüßtest, wieviel die davon herausschleppen! Die ›Kanada‹-Baracken sind weiterhin vollgestopft, die ganze Zeit über fahren Autos nach Deutschland ab, und wir sollen nackt schlafen? Ich denke nicht daran, so dumm zu sein. Ich habe schon genug gefroren.«

»Zosia hat vollkommen recht«, sagte Joasia von ihrem Oberbett herab. »So und so steht unser Leben jeden Moment auf dem Spiel. Solange wir leben, werden wir in Nachthemden schlafen.«

»Ruhe, Kinder, ihr seid doch gewiß müde nach so vielen Zugängen!«

Das war die Stimme der Blockältesten, die sich da vernehmen ließ. In unserem Block befanden sich etwa dreihundert Frauen (in unserem Zimmer nur sechzig, wir waren von den dreihundert Frauen aus dem »Kanada« durch einen Gang getrennt), die Blockälteste konnte sich also erlauben, uns normal zu behandeln, um so mehr, da sie zur »Intelligenz« zählte. Zu ihren Pflichten gehörte es, uns abzuzählen, der Aufseherin Meldung zu erstatten und die Stubenältesten zu beaufsichtigen, damit sie die Baracke sauberhielten. Außerdem konnte sie gemeinsam mit der Schreiberin in ihrem Zimmerchen sitzen. Mit etwas Phantasie konnten sie sich manchmal ein Zuhause vorgaukeln.

»Wir werden es schon irgendwie schaffen, Krysia«, sagte Basia in bereits schläfrigem Ton. »Denke nicht an die von Majdanek. Schlaf ruhig ein!«

Was geht mich denn das an, daß jetzt irgendeine fremde Französin im Sterben liegt? Was geht mich das an, daß die Männer hungrig vor der Sauna stehen? Wichtig ist nur eins, daß ich ein sauberes Nachthemd habe, daß die Läuse nicht über mich hinwegspazieren, daß die Geschwüre allmählich zurückgehen, daß die Haare nachwachsen, daß wir von den Appellen befreit werden sollen. Welch ein Glücksfall ist dieses Kommando, welch ein Glück, daß ich meinen eigenen Strohsack habe, über zwei Decken verfüge und daß die Blockälteste uns weder anschreit noch schlägt.

Am nächsten Tag stempelte ich erneut und sortierte Personalkarten ein. Es war wunderschönes Wetter. Ich öffnete das Fenster. Aus der Sauna wurde eine Gruppe Menschen herausgeführt. Sie bewegten sich auf mein Fenster zu. An der Spitze marschierte ein dreizehnjähriger Junge, daneben wohl seine Mutter. Ihnen folgten ein älterer, hagerer Mann mit Brille und Bart, eine sehr alte Frau und ein hinkender junger Mann. Alle sahen sehr blaß aus. Der Junge, der ein ungewöhnlich hübsches Gesicht hatte, zog mit der Hand seine Mutter hinter sich her, die nur widerstrebend folgte, als ob sie instinktiv fühlte, daß jeder Schritt sie dem Tod näher brachte. Meine Mithäftlinge standen ebenfalls am Fenster.

»Ins Krematorium!« flüsterte Basia, die hinter mir stand.

»Hast du den Jungen gesehen? Wie schön er ist! Krysia, ist denn das möglich, daß er in wenigen Minuten nicht mehr leben wird? Was hat er ihnen denn getan?«

»Ein Jude!« antwortete ich, so wie es hier üblich war. Dieses eine Wort sollte alles rechtfertigen.

Hinter der Gruppe schritt derselbe SS-Mann, der die Nacht zuvor die Französin geschlagen hatte. Er schlenderte langsam und ließ dabei einige Male die Peitsche in der Luft knallen. Er schien äußerst zufrieden mit sich zu sein. Man sah auf den ersten Blick, daß seine Gedanken privaten Dingen zugewandt waren. Von Zeit zu Zeit schien er sich aber an seine Funktion zu erinnern, dann hob er die Peitsche und trieb an: »Los, weiter, ab!«

Die Gruppe entfernte sich. Ich wollte unbedingt sehen, wie sie im Krematorium verschwanden. Der ältere Herr drehte sich noch einmal in unsere Richtung um. Ich beugte mich aus dem Fenster.

»Krysia!« warnte mich plötzlich jemand.

Ich zog mich zurück und sah unseren Chef. Er schaute mich an und zog seine Augenbrauen hoch: »Ja, was beobachtest du denn? Ist dort etwas Interessantes zu sehen?«

»Nein, ich wollte gerade das Fenster schließen.«

»Wenn ich noch einmal bemerke«, sagte er langsam mit seiner metallenen Stimme zu uns allen, »daß ihr, anstatt zu arbeiten, zum Fenster hinausschaut, werde ich das Kommando auflösen, und die Schuldigen kommen ins Sonderkommando.«

Ich wußte, daß über mein Schicksal erneut entschieden werden würde. Ich hatte riskiert, daß er mich ins Lager, in die verlauste Baracke, zur Feldarbeit, abschob. In diesem Augenblick jedoch brauste alles in mir dermaßen auf, daß ich mir der mir drohenden Gefahr nicht bewußt war.

Der Chef überlegte, warf einen Blick auf die Dinge, die auf dem Tisch lagen, dann machte er auf dem Absatz kehrt und ging langsamen Schrittes hinaus.

Im Büro herrschte plötzlich eine bedrückende Stille. Alle taten so, als seien sie beschäftigt. Jede versuchte, sich selber zu belügen.

»Sie verbrennen schon«, flüsterte Basia, die nicht einmal vortäuschte zu arbeiten, den Kopf in die Hände stützte und durch ihre Brille in die Ferne starrte.

»Ich habe Angst, zum Fenster hinauszuschauen.«

»Man braucht nicht zu schauen, riechst du nicht den Rauch?«

Ich hatte Brandgeruch in der Nase.

»Ich rieche ihn, aber ich kann es nicht glauben, ich kann es immer noch nicht glauben«, schrie ich.

»Du wirst es glauben, wenn sie mit uns dasselbe tun werden. Laß uns rausgehen, dann wirst du es schon sehen.«

Wir traten vor die Baracke. Der Schornstein des ersten Krematoriums war in blutiges Rot getaucht. Flammen und Rußschwaden schossen aus dem Schornstein gen Himmel empor.

»Kannst du es nun glauben?« fragte Basia. »Schau mal, jetzt verbrennt der schöne Junge und der ältere Herr, der einem meiner Professoren ähnlich war. Menschen verbrennen dort!«

Es war Zeit, ans Mittagessen zu denken. Hinten in der Baracke, dort, wo Zosia arbeitete, stand ein Ofen. Kochen war verboten, aber man kochte heimlich. Näherte sich jemand von den Vorgesetzten, gab die als Wache postierte Kameradin ein verabredetes Zeichen. Es war uns bisher immer gelungen, die Töpfe rechtzeitig zu verstecken. Die Baracke war mit Säcken vollgestopft, so daß man alles gut verstecken konnte.

Die Männer von gegenüber, die zur männlichen Effektenkammer gehörten, hatten bereits herausgefunden, daß sich Frauen in der Nähe aufhielten. Es kam vor, daß sich einer von ihnen für einen Augenblick in die Frauenbaracke stahl, uns darüber informierte, woher der letzte Transport stammte, woher der nächste erwartet wurde, wie die letzte Berichterstattung lautete, die sie im Dienstzimmer des Chefs abgelauscht hatten.

Unter dem Vorwand, einen verlorengegangenen Sack ausfindig machen zu wollen, ging ich zu Zosia. Jederzeit mußte man eine Ausrede parat haben, für den Fall, daß man dem Chef oder der Aufseherin begegnete.

Zosia kochte das Mittagessen. Sie hatte das Brot aus einem Päckchen gegen Kartoffeln getauscht und war äußerst stolz darauf, daß sie uns eine Mahlzeit zubereiten konnte.

»Krysia, der Arzt mit der Brille war hier. Er hat nach dir gefragt.«

»Wieso denn nach mir?«

»Er sagte, daß hier bei uns eine sei, die Gedichte schreiben soll, er wolle sie mal lesen.«

Sie schaute mich von der Seite an, um zu sehen, welchen Eindruck diese ungewöhnliche Meldung auf mich machte.

»Verstehst du denn nicht, daß wir bei den Männern bereits Interesse erwecken? Wenn du nur sehen könntest, wie dir die

Haare nachgewachsen sind! Sie sind schon fünf Zentimeter lang.«

Sie beugte sich über mich und maß mit den Fingern die Länge meines Haares nach. Sie war sehr erstaunt darüber, daß ich überhaupt nicht reagiert hatte.

»Und es wird ein warmes Mittagessen geben ... was ist denn, freust du dich nicht? Du müßtest doch glücklich sein!«

»Weißt du, daß nebenan Menschen verbrannt werden? Ich habe sie gesehen, wie sie vorbeimarschiert sind, ich habe den Jungen gesehen, wie er seine Mutter mit der Hand hinter sich herzog«, murmelte ich.

»Ich werde dieses Kartoffelwasser abgießen, ich habe ein Päckchen Sauce, und damit bereite ich eine Suppe zu.«

»Zosia, bist du wahnsinnig geworden, hörst du denn nicht, was ich dir sage?«

Sie rührte etwas im Topf um, stand mit dem Rücken zu mir und drehte sich nicht um. Ich wiederholte meine Frage.

»Ich will nichts davon hören. Gut so, daß es in meiner Barakke keine Fenster gibt. Ich sitze hier und koche, und wenn jemand hereinschaut, tue ich so, als würde ich die Säcke nachprüfen. Ich will nichts davon wissen, was hier vor sich geht, ich will das nicht wissen, verstehst du nun, ich will lebend zurückkehren!« Sie drehte sich mit einem Ruck um und warf den Löffel zu Boden.

»Also gut, Zosia, ich werde dir nichts mehr erzählen, aber man kann dem, was hier vorgeht, nicht entrinnen. Alles hier hat ein und denselben Zweck. Wir können uns abwenden, wir können versuchen zu vergessen, aber das Wissen darum, daß einige Schritte weit von hier Menschen verbrannt werden, tötet alle anderen Eindrücke ab. Das muß als der größte Eindruck zurückbleiben!«

»Aber versteh doch, ich bin mir dessen nicht bewußt. Ich will es auch gar nicht sein. Ich bin normal. Das übersteigt das Bewußtsein eines normalen Menschen. Ein normaler Mensch wird dies niemals glauben können.«

»Und die SS-Männer, die das Krematorium, das Lager bedienen?«

»Die, die sind anormal. Das sind Verbrecher. Degenerierte Sadisten. Die, die sehen nur so aus wie Menschen. Iß jetzt deine Suppe! Ich wünschte, du würdest mit Wacek sprechen, aber ich weiß nicht, wie man das arrangieren kann. Ich sage dir, er ist so mutig, er hat selber die Ambulanz organisiert. Er hat alles selber angeschafft, und er ist immer fröhlich, obwohl er schon drei Jahre hier ist.«

»Ich sehe, du willst mich unbedingt unter die Haube bringen.«

Der Gong verkündete das Ende der Mittagspause. Ich kehrte ins Büro zurück.

Nach der Arbeit gingen wir in die Sauna. Jede von uns hatte ihr eigenes Handtuch und ihr eigenes Stück Seife. Wir standen nackt unter der Dusche und genossen das warme Wasser.

»Das Leben ist schön!« rief Basia begeistert und laut, damit ich sie durch das Rauschen des Wassers hören konnte.

Eine Stunde zuvor war alles noch so furchtbar gewesen, und jetzt waren bereits begeisterte Ausrufe zu hören.

»Wasch mir den Rücken«, bat Basia. »Habe ich noch Spuren von der Krätze und den Geschwüren?«

»Auch die können vielleicht irgendwann wieder verschwinden.«

»Das alles wird zusammen mit uns verschwinden«, kommentierte Tania von der Dusche nebenan. Sie hatte dies mit ihrem singenden russischen Akzent gesagt, überzeugend, so wie immer. Tania hatte erst im Lager die polnische Sprache erlernt.

Plötzlich fühlte ich einen kalten Luftzug von der Tür her. In der Tür stand ein Mann ohne Uniformrock, er trug eine SS-Mütze und sah uns drohend an. Einige von uns begannen zu schreien. Er brach in ein wildes, ungehemmtes Lachen aus, hob den Schlauch vom Boden auf, lief zum Wasserhahn und bespritzte uns mit kaltem Wasser.

Die Schreie wurden immer schriller, wir drückten uns an die Wand, und er rannte mit dem Schlauch hinter uns her und richtete den Wasserstrahl gegen die, die sich am meisten schämten. Wir liefen zum daneben liegenden Saunaraum, wo unsere Sachen lagen und zogen unsere Kleider schnell über. Nach nur zwei Minuten waren wir fertig.

»Na, siehst du, wie schön das Leben ist!« äffte ich Basia nach. Basia lachte mich aus: »Du hast nur eine winzige Kleinigkeit vergessen, und zwar die, daß du dich im Konzentrationslager, im Vernichtungslager befindest. Hast du dies tatsächlich vergessen? Du hast gebadet, also sei glücklich. Vor noch nicht allzu langer Zeit kam uns ein Becher mit Wasser als etwas Unerreichbares vor.«

Am nächsten Tag kontrollierten wir den Inhalt der Säcke der Zugänge. Diese Säcke mußten in der Sauna einer Entlausung unterzogen werden. Sie lagen in der Stube, die an den großen Saunasaal angrenzte. Während ich arbeitete, hörte ich, daß sich jemand in der Halle bewegte. Ich schaute nach und sah Menschengruppen dort hineingehen – Männer, Frauen und Kinder setzten sich müde und zerschlagen auf den Zementboden nieder. Sie unterhielten sich auf italienisch. Ich erblickte ein siebenjähriges Mädchen mit olivfarbenem Teint, riesengroßen dunklen Augen und langem, schwarzgelocktem Haar. Ich konnte meine Augen nicht von ihr wenden. Sie bewegte sich wundervoll harmonisch, schaute sich interessiert im Saal um, und dann band sie ein Springseil los und hüpfte einige Male. Sie sah nicht die niedergeschlagenen und verzweifelt angespannten Gesichter der wartenden Menge, sie kannte nicht die wirkliche Bestimmung des Ortes, an dem sie sich aufhielt. Sie war wohl der Meinung, daß sich dieser Saal ausgezeichnet zum Spielen eigne. Mit dem Vertrauen eines Kindes, für das die Welt ein einziger großer Spielplatz ist, hüpfte sie graziös über die Schnur.

Ein SS-Mann betrat den Saal. Er hatte stark ausgeprägte Backenknochen, winzige Augen, die fast gänzlich hinter den Backenknochen verschwanden, und machte heftige, nervöse Bewegungen. Das alles, mitsamt dem Totenkopf auf der Mütze, jagte einem kalte Schauer über den Rücken. Ein tödliches Schweigen trat ein.

Das Mädchen mit dem Springseil erschauerte, drehte sich um und blickte in die Richtung, in die alle schauten.

»Hustek«, sagte eine männliche Stimme leise.

»Was heißt das?«

»Dieser Teufel in Menschengestalt, der den Saal betreten hat, heißt Hustek – er wird eine Selektion vornehmen.«

Im selben Augenblick wurde mir bewußt, daß neben mir ein Mann stand. Es war Wacek. Man hatte ihn mir einmal gezeigt, und ich hatte mir sofort seine schalkhaften Augen hinter der Brille eingeprägt, Augen, die jetzt vor Haß sprühten.

»Schauen Sie mal auf das kleine Mädchen«, flüsterte ich.

»Das mit dem Springseil?«

»Ja.«

Hustek war wie berauscht von der Gelegenheit, die sich ihm

bot, über menschliches Schicksal, über Leben und Tod zu entscheiden. Er lief wie ein wildes Tier im Saal hin und her, suchte sich verängstigte, schmerzverzerrte Gesichter heraus, packte alte Frauen an den Schultern und stieß sie auf die »Seite des Todes«, wobei er einzelne Befehle hervorstieß: »Hier! Los! Stehen! Geh!«

Dann knöpfte er sich mit einem Mal seinen Uniformrock auf. Diese Tätigkeit hatte ihn stark mitgenommen. Nun sah er sich nach allen Seiten um.

Das Mädchen mit dem Springseil schien der Meinung zu sein, daß es jetzt wieder Zeit sei, weiterzuspielen. Sie schien überhaupt keine Angst zu haben. Vielleicht hatte es in ihrer Umgebung keine schlechten Menschen gegeben. Sie sprang über die Schnur und blickte dabei mit ihren riesengroßen, unschuldigen Augen Hustek an. Dieser wunderte sich einen Augenblick lang und streckte seine Hand aus. Er wies ihr die Richtung an: »Los, schnell!«

Ein Lächeln ging über ihr bleiches Gesichtchen, als sie, ohne auch nur den geringsten Verdacht zu hegen, auf die »Seite des Todes« hinüberhüpfte.

Wacek stand immer noch an meiner Seite. Ich wußte, daß er ebenso wie ich das Grauen dieses Schauspiels erfaßt hatte.

»Sie weiß von nichts«, sagte er. »Sie ist ganz einfach hinübergesprungen.«

Basia, die neben mir die Säcke überprüfte, stieß mich warnend an: »Der Chef, paß auf!«

Wacek verschwand ebenso plötzlich, wie er aufgetaucht war. Ich beugte mich über einen Sack und begann laut die einzelnen Posten nach der Liste zu überprüfen. Alles in mir geriet in Aufruhr.

»Ein Rock, eine Bluse, eine Kittelschürze.«

Es stimmte alles, ich warf mir den Sack über die Schulter und ging hinaus. Sie führten eben die Ausgewählten auf den Hof hinaus. Mit dem Blick suchte ich nach dem Mädchen. Sie knöpfte sich gerade das Mäntelchen zu, so wie man es gewöhnlich tut, wenn man zu einem Spaziergang aufbricht. Dabei sprach sie sehr lebhaft mit einer älteren Frau – wohl ihrer Mutter.

Ich holte sie ein. Ich wollte noch ihren Anblick genießen, ihn ein für allemal in meinem Inneren festhalten. Als sie an mir vorbeiging, zog sie eine Baskenmütze aus der Tasche und setzte sie auf.

Ich unterdrückte einen Schrei. »Wozu braucht sie die Baskenmütze? Gleich wird von ihr nichts mehr übrigbleiben ...«

Meist ältere Frauen mit Kindern marschierten da vorbei, hinter ihnen schritten die Männer. Es war kein großer Transport – nur ungefähr zweihundert Personen. Sie blickten sich unruhig nach allen Seiten um, denn sie fühlten instinktiv, daß etwas Furchtbares, Unfaßbares in der Luft schwebte. Einige von ihnen sahen, daß wir Nummern trugen, und merkten aufgrund dieser Tatsache, daß wir Häftlinge waren. Sie fragten uns bittend, fürchteten aber gleichzeitig die Antwort: »Wohin führt man uns?«

Ein Mann mit dem Gesichtsausdruck eines Intellektuellen zog seinen Hut, als er an mir vorbeiging, und fragte: »Donna – wohin führt man uns?«

Blitzschnell schoß es mir durch den Kopf, daß dies mein Vater sein könnte. Was sollte ich bloß sagen?

»Zur Desinfektion!« antwortete ich, so ruhig wie ich nur konnte und lächelte dabei, um ja keine Zweifel aufkommen zu lassen. Die Gesichter aller Männer hellten sich auf. Einige dankten und atmeten erleichtert auf. Sie dankten mir für einige Minuten der Täuschung.

Der Transport entfernte sich. Den Abschluß bildeten zwei Posten mit Gewehren, die langsam dahinschritten und sich über etwas außerordentlich lustig machten. Es sah aus, als ob sie sich Witze erzählten.

Zosia kam mir entgegengelaufen: »Erinnerst du dich noch an die Läuferin Mala?«

»Ich glaube ja. Das ist doch der Günstling der Aufseherin, der Oberaufseherin.«

»Stell dir mal vor, sie ist geflohen.«

»Wie denn das? Ich verstehe nicht.«

Zosias Wangen glühten, sie erzählte aufgeregt: »Das ist eine ungewöhnliche, romantische Geschichte. Mala ist mit einem Transport aus Belgien hierhergekommen. Sie ist eine polnische Jüdin, kennt viele Sprachen, ist hübsch und klug, so daß sie es verstanden hat, im Verlauf von zwei Jahren das Vertrauen der Vorgesetzten zu gewinnen. Sie hat hier jemanden aus dem Männerlager kennengelernt, und sie haben sich ineinander verliebt.«

»Und er, was ist er denn für einer?«

»Ein Pole aus Warschau. Alle wissen im Lager doch davon. Er hatte auch eine Funktion inne, so daß sie sich ständig trafen.«

»Aber wie konnte ihnen die Flucht gelingen?«

»Er als SS-Mann und sie als Aufseherin verkleidet. Er hatte alle nötigen Passierscheine besorgt, ich glaube aber, daß ihnen jemand dabei behilflich gewesen ist. Auf jeden Fall hat alles geklappt. Hast du denn nicht die Alarmsirenen heulen hören?«

»Nein, ich habe sie nicht gehört, ich war gerade beschäftigt. Ein italienischer Transport ist angekommen.«

»Und warum bist du dort hingegangen?«

»Ich mußte hingehen. Ich habe die Säcke in der Sauna überprüft.«

»Zerbrich dir nicht den Kopf darüber, Krysia. Wir freuen uns, daß es ihr gelungen ist zu fliehen. Du siehst also selber, daß man hier herauskommen kann.«

Von nichts anderem wurde mehr gesprochen als von Malas Flucht. Wir fürchteten, daß man sie fassen würde. Im Lager wurde die Wachsamkeit verschärft. Die Oberaufseherin bekam erneut einen Wutanfall. Sie führte eine Inspektion nach der anderen in den Baracken durch, schlug, fluchte, tauchte überall unbemerkt auf, für nichts und wieder nichts ließ sie die Frauen niederknien.

Und wir freuten uns über den Erfolg der einen, der die Flucht gelungen war. Vor dem Schlafen stellten wir uns vor, wie Mala irgendwo frei herumlief. Eine Mala ohne gestreifte Häftlingskleidung, ohne aufgenähte Nummer. Mala in irgendeiner Stadt, Arm in Arm mit ihrem Liebsten, wie sie den anderen Menschen zulächelten. Kein Stacheldraht mehr weit und breit! Sie waren weg von hier... unglaublich! Damals dachte niemand daran, daß diese Freiheit auch keine Freiheit war, daß sie dort auch Angst vor der Gestapo haben mußten, daß sie gewiß finanzielle Schwierigkeiten hatten und noch vieles andere mehr... Das alles aber war nicht so wichtig – wichtig, am wichtigsten war lediglich die Erfüllung des Traums, den Stacheldrahtbereich hinter sich gelassen zu haben. Dann mußte alles gut werden...

Päckchen trafen ein.

»Krysia, du hast ein Päckchen aus Warschau erhalten!«

Ich lief in das Zimmer, das sich am Ende der Baracke befand. Auch Basia hatte ein Päckchen erhalten. Vor der Aushändigung überprüfte die Aufseherin den Inhalt. Sie schnitt das Brot auf, öffnete die Marmeladenbehälter, untersuchte genau das Papier, um festzustellen, ob etwas darauf geschrieben stand.

Ich packte die sorgfältig in Pergamentpapier eingewickelte Wurst, den Kuchen, das Brot und das Schmalz aus. Marysia blickte traurig durchs Fenster, sie hatte niemanden außerhalb des Stacheldrahts, der sich eine Päckchensendung hätte leisten können. Sie war bereits seit zwei Jahren im Lager und hatte noch kein einziges Lebenszeichen von ihrer Familie erhalten. Mit ihr zusammen waren alle ihre Angehörigen verhaftet worden.

Neben mir machten Basia und Nela ihre Päckchen auf. Nela bekam am häufigsten Päckchen, von ihrem Sohn aus Rabka.

»Krysia, schau mal ...« Basia beugte sich mit einer geheimnistuerischen Miene zu mir hinunter. Ich blickte auf einen kleinen Zettel, den sie mir vorhielt: »Lies...!«

»Meine liebste Tochter, wir beten jeden Tag für Dich. Unser einziger Traum ist, Dich zu sehen. Deine Schwester hat sich verlobt, aber wir werden mit der Hochzeit auf Deine Rückkehr warten. Bleib gesund, mein Liebling. Mama.«

»Wo war die Nachricht versteckt?« fragte ich völlig hingerissen.

»In den Eiern«, antwortete sie, als ob dies das Selbstverständlichste auf der Welt sei, daß Briefe in Eiern geschickt würden.

»Ich beneide dich wirklich, Basia. Würden nur meine Leute auf diese Idee kommen ...«

»Weißt du, man muß einen Brief unter der Hand absenden und ihnen zu verstehen geben, wie sie das machen sollen.«

»Schön und gut, aber wie?«

»Vielleicht werden sie jemanden entlassen. Jemand, der nach Hause geht, wird durch unser Kommando hindurch müssen ... Er muß hierherkommen, seine Habseligkeiten und seine Papiere aus dem Sack erhalten. Diejenige von uns, die diesem Menschen die Kleider aushändigen wird, muß den Brief nach Hause einnähen.«

»Ein schöner Plan, aber sie entlassen ja niemanden.«

»Es kommt aber vor, daß die Erziehungshäftlinge entlassen werden. Man muß mit Ada aus dem Ankleideraum sprechen, damit sie uns Bescheid gibt, wenn sie die Liste der ›Abgänge‹ erhält. Wir werden Briefe nach Hause vorbereiten.«

»Vielleicht werden sie nichts riskieren wollen und die Briefe nicht mitnehmen, und außerdem können sie ja kontrolliert werden.«

»Man kann es ja einmal versuchen. Jeder, der hier gewesen ist, versteht sehr wohl, was eine übersandte Nachricht für uns und unsere Angehörigen bedeutet. Aus den offiziellen Briefen erfahren sie doch nichts von uns.«

Die Sonne schaute zum Fenster herein. Die Schreibmaschinen klapperten. Aus dem Nachbarzimmer des Chefs drangen beschwingte Töne eines Foxtrotts zu uns herüber.

Die Abwesenheit unserer Kapo nützend, schrieb ich ein Gedicht. Hinter dem Tisch, mir gegenüber, saß Irena, die mich für den Fall verdeckte, daß der Chef plötzlich auftauchen würde.

Ich blickte durchs Fenster. Die Sauna und die dort arbeitenden Männer kannte ich schon zur Genüge. Ich konnte bereits die einzelnen SS-Männer voneinander unterscheiden und kannte ihre Namen. Ich wußte, daß derjenige, der die Französin geschlagen hatte, Wagner hieß; er sah am sanftesten aus, war aber der grausamste von ihnen. Der Große, Blasse, mit hellen Haaren und langer Nase hieß Bedarf und hatte den Spitznamen »Pimpelfritze« bekommen. Sein Gesicht drückte ewige Langeweile und Blasiertheit aus. Jetzt hatte er, wohl nur des sadistischen Spaßes wegen, irgendeinen Juden geschnappt, den er mit der Peitsche schlug. Das Stöhnen und die Schmerzensschreie drangen zu uns, obwohl das Radio immer lauter spielte und drei Schreibmaschinen klapperten. Irena konnte es nicht aushalten.

»Ich nehme einen Eimer und hole Wasser, ich werde mal nachsehen, weshalb er ihn schlägt.«

»Laß das«, bat Nela, »du bringst dich nur in Gefahr! Und du«, wandte sie sich an mich, »laß das Schreiben. Wie kannst du nur unter solchen Bedingungen Gedichte schreiben!«

»Wir haben hier doch immer dieselben Bedingungen.«

Bedarf ergriff den Juden beim Rock und hob sein Opfer in die Höhe. Aus Nase und Mund des Juden kam Blut, er hielt sich kaum auf den Beinen. Plötzlich packte er Bedarf an der Hand. Dieser wich zurück und schlug ihm ins Gesicht. Der Jude fiel zu Boden. Bedarf wischte sich voller Ekel die Hand ab.

»Wasser!« brüllte er zur Sauna hinüber.

Irka kam gerade mit einem Eimer Wasser vorbei. Er winkte ihr. Sie stellte den Wassereimer ab, er tauchte die Hände ins Wasser, schüttelte sie und trat den Eimer um, wobei er die ganze Zeit über laut fluchte. Irka kam ganz außer Atem angelaufen.

»Was hat er da gemurmelt, weswegen hat er ihn geschlagen?«

»Er sagte nur ›verfluchter Jude‹, und er hat ihn deshalb geschlagen, weil er ihm bei der Sauna über den Weg lief. Der Jude hatte ihn nicht bemerkt.«

»Schwein!« rief Nela voller Ekel aus.

Ich blickte zum Fenster hinaus, Wacek lief schnellen Schrittes in Richtung Sauna und trug ein Arztköfferchen bei sich. Er schaute sich um, um sich zu vergewissern, daß niemand da sei, und sprang dann zur Tür der Sauna hinein.

»Dieser Wacek hat aber auch eine Beschäftigung gefunden! Immer wenn sie jemanden schlagen, ist er schon in der Nähe und wartet mit dem Verbandszeug, um den Mißhandelten zu pflegen.«

Der Mittagsgong ertönte. Wir liefen in die Baracke zu Zosia, die mit einem dampfenden Topf auf uns wartete.

»Ich hab etwas für dich, rate mal was?«

»Klöße?«

»Nein, etwas anderes ... nichts zum Essen.«

»Einen Brief?«

»Ja, einen Brief – und zwar von einem Mann. Ein Tischler aus dem Männerlager hat ihn gebracht.«

»Ist er in die Baracke gekommen?«

»Ja. Hab bloß keine Angst, die Torwache hat aufgepaßt. Er hat nach deiner Nummer gefragt. Hier, nimm den Brief.«

Sie reichte mir die Botschaft, eine vierfach zusammengefaltete Heftseite, die mit einem Faden zusammengebunden war.

»Wo hat er sie versteckt gehabt?«

»Im Schuh – er sagte, das sei das beste Versteck.«

Ich faltete die Seite auseinander und las: »Krysia, seien Sie mir bitte nicht böse, ich werde Sie wohl mit diesem Brief nicht in Gefahr bringen. Ich habe mich so gefreut, als man mir sagte, daß Sie gesund sind. Vielleicht hat auch mein Arzneimittel geholfen. Ich weiß bereits, daß Sie Päckchen erhalten, aber wenn Sie etwas brauchen, so können Sie mit mir rechnen. Ich werde niemals dieses sonderbare Treffen im Schilf vergessen. Sind Ihre Haare schon etwas nachgewachsen? Bitte, schicken Sie mir eine Antwort über meinen Kameraden. Er wird euch besuchen kommen, da er für einige Wochen lang dort arbeiten wird. Ich beneide ihn darum. Andrzej.«

»Krysia hat eine Liebschaft«, quietschte Basia vor Freude.

»Soll ich denn antworten?«

»Aber selbstverständlich ja!« gaben Basia und Zosia zurück.

»Das ist doch ungeheuer aufregend«, fuhr Basia fort, »die Umgebung ist wie geschaffen für eine Romanze. Und daß du dich dabei in Gefahr begibst, ist doch eine Kleinigkeit – es lohnt sich!«

»Du möchtest auch gern so etwas erleben«, sagte Zosia entrüstet. »Krysia, du mußt uns unbedingt die Briefe vorlesen, wir werden an dieser Liebe Anteil nehmen, da wir keine eigene haben.«

Ich antwortete Andrzej, daß ich gerührt sei und es als angenehm empfände, daß jemand sich um mich sorgt, und gab Zosia den Brief.

»Das alles ist sehr ulkig«, sagte ich, »denn ich weiß von ihm überhaupt nichts.«

»Und was solltest du wissen?« brauste Basia auf. »Du weißt, daß er einige Jahre lang hier einsitzt und daß er eine Menge gelitten hat. Das sollte dir genügen. Morgen schon kann er mit einem Transport abfahren, sie können ihn in den Bunker einsperren. Und du überlegst dir, ob das ›angeht‹, weil du ihn nicht kennst. Vielleicht möchtest du, daß er dir offiziell vorgestellt wird?«

Nela rannte mitten durch die Baracke auf uns zu. »Krysia, Basia, habt ihr den Gongschlag nicht gehört? Die Kapo ist wütend, sie hat gesagt, daß sie euch nicht erlaubt, hier zu essen. Es soll wieder ein Transport eingetroffen sein, nur ist unbekannt, ob die Häftlinge ins Gas gehen oder karteimäßig aufgenommen werden sollen. Jüdinnen aus Majdanek.«

Wir liefen ins Büro zurück und nahmen unsere Plätze ein. Glücklicherweise war die Kapo nicht da. Tania kehrte gerade aus dem Lager zurück, wo sie in der Politischen Abteilung gewesen war, und nun informierte sie uns: »Dreihundert junge und gesunde Mädchen sind aus Majdanek eingetroffen. Sie haben im dortigen ›Kanada‹ gearbeitet. Wala hat gesagt, daß sie Hustek belauscht habe – sie sollen vergast werden.«

»Sind sie direkt ins Krematorium geführt worden?«

»Es hat keine Entscheidung in ihrer Angelegenheit gegeben. Bis jetzt wissen sie noch nicht genau, was sie mit ihnen machen sollen. Diese Mädchen wissen doch alles. Sie haben dort in der Nähe der Krematorien gearbeitet, jetzt können sie eine Revolte anzetteln ... vielleicht haben *die* Angst davor.«

Eine Stunde später verließ ich mit Tania die Baracke, und wir schlichen uns an den Männerbaracken vorbei zu den Baracken »Kanadas«. Auf der Lichtung zwischen den Baracken standen eine Menge Frauen in verschiedenfarbigen Kleidern mit einem roten Kreuz auf dem Rücken. Alle waren gesund und hübsch und hatten langes Haar und einen frischen Teint. Eine schlanke Blondine mit einem auffallend schönen Gesicht und schwarzen tiefliegenden Augen sprach uns an: »Arbeitet ihr hier? In welchem Kommando?«

»Effektenkammer.«

»Ach so, also ihr werdet uns eintragen ... wenn wir ins Lager kommen.«

»Bestimmt kommt ihr ins Lager, wohin denn sonst?«

»Hört mal zu, uns braucht ihr nicht aufzumuntern, wir sind alte Hasen.«

»Worin alte Hasen, was sagst du da?«

»Wir kennen uns in den Krematorien gut aus. Zuviel hat sich vor unseren Augen abgespielt, und deshalb müssen sie uns loswerden. Ich bitte dich«, dabei schaute sie mich an, »sag die Wahrheit, was weißt du über unseren Transport? Es hat keinen Sinn, uns verschonen zu wollen, es ist deine Pflicht, es uns zu sagen. Stell dir mal vor, du wärst an unserer Stelle, würdest du belogen werden wollen? Wir fürchten die Wahrheit nicht, sogar die schlimmste nicht. Also heraus mit der Sprache, ich bitte dich!« Sie faßte mich bei der Hand.

»Ich versichere dir«, versuchte ich sie zu überzeugen, »daß ich nichts weiß. Ich versichere dir, daß bisher noch kein Transport ins Lager gekommen ist, die Sauna durchlaufen hat und nachher vergast worden ist: Sie werden keine Selektion bei euch durchführen, denn ihr seht alle ausgezeichnet aus.«

»Warum also hat man uns hierhergebracht?«

»Das weiß ich nicht, ich glaube, daß sie ganz einfach Majdanek evakuieren.«

»Gestern wurden wir, auf die Nachricht hin, daß sich die Front nähere, zu einem Generalappell zusammengetrommelt. Alle Juden, ohne Ausnahme. Es waren fünfzehntausend Menschen. Alle wurden der Reihe nach von Maschinengewehren niedergemäht. Alle außer uns, dreihundert an der Zahl. Wir haben ihnen beigestanden, wir haben dem Tod unserer Angehörigen, dem Tod all jener beigewohnt, denen es gelungen war, einige Jahre diese Hölle zu überleben. Und dann mußten wir den Leichen die blutverschmierten Kleidungsstücke ausziehen, diese sortieren und sie zusammenbündeln. Deshalb haben sie uns am Leben gelassen. Aber auch nur deshalb. Weshalb sollten sie uns am Leben lassen, da wir dieses Verbrechen mit eigenen Augen gesehen haben? Wenn sie uns zugrunderichten, wird es keinen einzigen Zeugen mehr geben, und das ist ihre Absicht.«

»Ihr seid jung, gesund, wenn sie wollten, hätten sie euch sofort an Ort und Stelle liquidiert. Hier gibt es ebenfalls Zeugen all der Verbrechen, die sie begangen haben, und sie können euch noch brauchen. Wie lange, das weiß selbstverständlich niemand. Wir alle leben ohne eine Zukunft. Aber vorläufig leben wir noch.«

»Ich weiß nicht, warum ich immer noch leben will – nach all dem, was ich gesehen habe! Ich hätte fliehen können«, sagte sie bedächtig und traurig. »Wir wurden in Viehwagen transportiert. Wir alle hatten Gold mit. Wir hatten es von dem dortigen ›Kanada‹ mitgenommen, da wir die Möglichkeit einer Flucht ins Auge gefaßt hatten. Ich flirtete mit dem Posten und verwickelte ihn in ein Gespräch. Derweil sprangen meine Kameradinnen vom Zug. Ich sollte als letzte von unserer Zehnergruppe abspringen. In der Zwischenzeit waren neun abgesprungen. Ich schaffte es nicht. Als ich beschlossen hatte abzuspringen, waren wir bereits in der Nähe des Lagers, und der Posten war aufmerksamer geworden.«

»Und ist den anderen die Flucht gelungen?«

»Das weiß ich nicht. Ich habe einige Schüsse gehört, aber uns war das sowieso einerlei. Wir waren sicher, daß wir dem Tod entgegenfuhren. Versprich mir, daß, sobald du etwas über uns herauskriegst, du mich sofort informierst. Bevor ich sterbe, muß einer von denen ...« Sie ballte ihre Hand zusammen.

»Das verspreche ich dir.«

Wir kehrten zur Baracke zurück. Die Kapo schalt mich, daß ich den ganzen Tag über nicht gearbeitet hätte und meine Nase in alles stecken müßte.

Einige Stunden später gingen die Mädchen aus Majdanek, gebadet und geschoren, ins Lager. Sie waren dem Tode entronnen. Ich atmete erleichtert auf. Tania beugte sich über mich und flüsterte: »Sie werden leben!«

Am nächsten Morgen ging die Läuferin unseres Kommandos ins Lager, um die Listen der Verstorbenen und der eventuell Entlassenen abzuholen. Als sie zurückkehrte, berichtete sie: »Diese Jüdinnen aus Majdanek sind nachts durch den Schornstein gegangen.«

»Unmöglich!« schrie ich sie an. »Du mußt dich getäuscht haben!«

»Ich habe mich nicht getäuscht, leider. In der Nacht sind zwei Lastautos vor ihre Baracken gefahren, und sie wurden verladen. Sie sollen rebelliert haben. Einer der SS-Männer hat mit einem Holzschuh am Kopf etwas abbekommen und läuft heute mit einem verbundenen Auge herum.«

Das Mädchen, mit dem ich am Tag zuvor gesprochen hatte,

war mir noch in lebhafter Erinnerung, und ich erinnerte mich auch an ihre Bitte, sie zu warnen. Ihre Worte klangen mir noch in den Ohren: »Ich hätte fliehen können, habe es aber nicht geschafft.«

Von allen Seiten her hörte man entrüstete Stimmen: »Sie sind sie hinterhältig losgeworden, die Verbrecher, zunächst haben sie sie ins Lager entlassen, damit sie keinen Verdacht schöpften, und dann, in der Nacht ...«

Die Kapo ging zu Bedarf, um eine Unterschrift auf irgendeinem Schreiben einzuholen. Sie fragte mit unschuldiger Miene, was mit den Mädchen aus Majdanek geschehen sei und ob wir sie nicht eintragen müßten.

»Nein, Maria, sie sind vergast worden.«

»Was?« Maria gab ihrer Verwunderung in gelassenem Tonfall Ausdruck, als ob es hierbei um irgendeine Formalität ginge. »Warum denn, sie waren doch so jung.«

»Das schon. Aber sie hatten alle Gold bei sich, sie hatten es geschluckt. Nach dem Vergasen kommt das Gold von selber aus den Leichen heraus. Verstehst du nun, Maria, daß wir das Gold zum Kriegführen brauchen?«

Er antwortete sachlich, kühl und gelassen, als wenn er den Sinn irgendeines amtlichen Schreibens erklären würde. Im selben Tonfall fragte er: »Ist übrigens Post gekommen?« Und Maria zog aus der Mappe die laufende Korrespondenz.

»Lies mal, Maria, ich glaube, du wirst diese Briefe selber beantworten können.«

Die Kapo begann die Briefe der Familienangehörigen der Häftlinge laut vorzulesen. Sie waren alle ähnlich und kamen aus dem Generalgouvernement und aus Deutschland. Aus dem Generalgouvernement baten sie um die hinterlassenen Sachen der Toten, um ihre sterblichen Überreste, und fragten, woran die betreffende Person gestorben sei. In der ersten Zeit wurde die Asche der Verstorbenen aus Auschwitz gegen ein geringes Entgelt den Angehörigen in einer Urne übersandt. Später wurde dies infolge des »Arbeitsanfalls« aufgegeben. Man antwortete nur, daß die betreffende Person an Herzversagen oder an Angina oder auch infolge einer Erkältung gestorben sei. Die Todesursache war abhängig von der Phantasie des Häftlings in der Politischen Abteilung, der die Antworten verfaßte. Einer der Häftlinge erzählte uns einmal, daß er die Briefe im »Zehnersystem« beantworten würde: zehn ließ er an Herzversagen und die nächsten zehn an Lungenentzündung usw. sterben, um sich nicht zu wiederholen.

Maria las jetzt einen Brief vor, der aus Deutschland eingetroffen war. Sein Inhalt lautete folgendermaßen: »An den Lagerführer des Lagers in Auschwitz. Ich wurde davon benachrichtigt, daß meine Tochter Lotte im Lager an Herzversagen gestorben sei. Ich danke, daß die Behörden mich davon in Kenntnis gesetzt haben. Ich bin stolz darauf, daß sie den Tod einer Deutschen auf dem Feld der Ehre erlitten hat. Ich bitte Sie, mir ihre Uhr übersenden zu wollen, da es sich um ein Erbstück und Familienandenken handelt. Ich stehe immer zu Diensten des Lagerführers und des Vaterlandes. Mit deutschem Gruß, Heil Hitler – Franz Schulz.«

Der Chef hörte sich die Passage über den Tod auf dem »Felde der Ehre« mit ernstem Gesichtsausdruck an. Wir zwickten uns unter dem Tisch.

Der andere Brief hatte einen vollkommen anderen Wortlaut: »An den Lagerkommandanten in Auschwitz. Bitte informieren Sie mich genau darüber, wie meine Tochter, Danuta Wiśniewska, gestorben ist, was sie vor dem Tod gesagt hat, wer sich ihrer angenommen hatte. Ich frage deshalb, weil ich weiß, daß meine Tochter ein völlig gesundes, blühendes Mädchen war. Ich frage Sie als Mutter: Was haben Sie mit ihr angestellt? Sie war zwanzig Jahre alt, und ich weiß nur, wäre sie zu Hause geblieben, wäre sie nicht mit zwanzig Jahren gestorben.«

Maria hielt mit dem Lesen inne und schaute fragend zum Chef auf.

»Lies weiter, was diese dumme Mutter da schreibt«, sagte der Chef und zündete sich eine Zigarette an.

»Sie war meine einzige Freude und Stütze meines Alters. Ich wartete darauf, daß sie nach Hause käme. Jetzt gibt es kein Warten mehr für mich, ihr könnt mich also einsperren, aber meine Tochter hatte recht gehabt, als sie gesagt hatte, daß ihr Sadisten seid ...«

»Lies, lies diesen Blödsinn weiter«, sagte der Chef und machte es sich in seinem Sessel bequem.

»... und Verbrecher, wie es sie bisher noch nie in der Weltgeschichte gegeben hat. Seid überzeugt davon, daß es euch der liebe Herrgott heimzahlen wird für meine Tochter.«

»Na, laß das, Maria, genug ... Gib mir den Brief mitsamt dem Umschlag.«

»Er schreibt sich die Adresse auf«, flüsterte Nela. »Diese

Mutter wird dafür büßen müssen ... Übrigens, wie diese Leute da schreiben! Wissen sie denn nicht, was Auschwitz bedeutet?«

Maria las den Brief eines Deutschen aus Berlin vor, der um Übersendung der sterblichen Überreste seiner geliebten Frau bat.

Wir suchten den Namen in der Namenkartei heraus und entdeckten, daß seine Frau eine Jüdin war. Der Chef fluchte seinerseits wieder über diesen deutschen Idioten, der die sterblichen Überreste seiner jüdischen Frau als »geliebt« bezeichnete. Schließlich langweilte ihn diese Korrespondenz, er schloß die Tür hinter sich zu und drehte das Radio auf: »Das Oberkommando der Wehrmacht gibt bekannt ...«

Ich drückte mein Ohr an die Wand. Ziutka hörte zu tippen auf. In der Schreibstube war es jetzt still. Tanja ging auf Zehenspitzen hinaus und gab allen in den restlichen Zimmern ein Zeichen.

»Still, ein Frontbericht.«

»Unsere Truppen haben sich zurückgezogen. Plangemäß haben sie die Stadt verlassen.«

Plötzlich öffnete Janda, die Aufseherin unseres Kommandos, die Tür zum Zimmer des Chefs. Janda war häßlich, aber sie hatte einen klugen und durchdringenden Blick. Sie war jung, und man merkte, daß sie einen starken Charakter hatte. Janda schlug nie. Mit Hilfe verschiedener psychologischer Methoden versuchte sie, die Lagerordnung zu halten. In ihrer Stimme und ihrem Gang war etwas, das ihr Charme verlieh. Wir schämten uns, es zuzugeben, aber wir alle hatten eine Schwäche für Janda. Janda behandelte uns menschlich, niemand konnte das abstreiten. Ich wußte, daß sie ihrer Überzeugung nach Nazi war. Sie vergötterte Hitler und dessen Ideologie. Da ich dies nicht mit ihrem menschlichen Verhalten den Häftlingen gegenüber in Einklang bringen konnte, fragte ich sie einmal, als niemand im Büro zugegen war: »Was denken Sie über die Methoden der Judenausrottung?«

»Ich bin überzeugt davon, daß Hitler davon nichts weiß«, antwortete sie. »Das tun die hier ... Er würde gewiß so etwas nicht zulassen.«

Janda stand jetzt schweigend in der Tür und schaute mich durchdringend an, während sie mit mir redete. »Dich interessiert die Politik, aber vielleicht besinnst du dich, wo du dich befindest?«

»Nicht die Politik interessiert mich, sondern mich interessieren die Kämpfe an der Front. Auf den Briefvordrucken steht doch schwarz auf weiß, daß man Zeitungen erhalten darf.«

»Ich bitte dich, spiel nicht die Dumme! Daß das nicht noch einmal passiert, ich wünsche das nicht, das ist alles! Ich möchte nicht damit drohen, daß du aus dem Kommando ausgestoßen werden kannst, aber ich möchte dich beizeiten gewarnt haben!«

Janda tauchte fast immer überraschend auf: am häufigsten ertappte sie uns dabei, wenn wir in Gespräche vertieft waren, herumschrien oder wenn jemand von uns während der Arbeit etwas kochte. Sie verlor niemals ein Wort darüber, blickte aber lange und bedeutsam die Schuldige an. Ich versuchte, diesen Blicken zu entgehen, aber ich hatte fast immer Pech. Die Mithäftlinge warnten mich: »Paß auf, sie hat dich aufs Korn genommen!«

Da wir die anderen Aufseherinnen kannten, waren wir mit Janda äußerst zufrieden, und wir konnten nie so recht verstehen, wie sie Aufseherin im Konzentrationslager werden konnte. Die Oberaufseherin Drexler und die anderen Hexen konnten ihren sanften Umgang mit den Häftlingen nicht ausstehen. Sie konnten ihr jedoch nichts vorwerfen. Janda war unbestechlich, obwohl die Versuchung für schöne Dinge im »Kanada« riesengroß war. Sie bemühte sich, gerecht zu sein und den Schein der Strenge zu bewahren.

Jedesmal, wenn ich wütend sagte, daß alle Nazis vernichtet werden sollten, wandte irgendeine Kameradin ein: »Und was würdest du mit Janda machen?«

»Ich persönlich nichts«, antwortete ich, »aber sie hat genauso eine Strafe verdient, allein der Tatsache wegen, daß sie sich hier befindet.«

»Und du, Tania?«

Tania entschied nach einigem Überlegen: »Ich würde sie mit demselben Gefühl töten, mit dem ich meine eigene Schwester töten würde, wenn sie ein großes Ideal verraten hätte. Ich würde wissen, daß sie sterben müßte, weil sie schädlich ist, aber gleichzeitig würde sie mir als Schwester leid tun.«

»Aber Tania, sie hat ihrer Überzeugung nach kein Ideal verraten«, warf Ziutka ein, die Stenotypistin, die sehr selten das Wort ergriff, »wenn sie diesen Ort hier verließe, würde sie ihre Ideale verraten – ihrer eigenen Meinung nach.«

Tania hob den Kopf und sagte herausfordernd: »Somit also muß sie dafür sterben, daß sie sich verbrecherischen Idealen verschrieben hat. Sie ist reif genug dazu, um das Gute vom Schlechten unterscheiden zu können.«

»Und du bist sicher, daß du das unterscheiden kannst?« fragte zweifelnd Nela.

»Ja, dessen bin ich sicher. Deshalb sitze ich hier.«

Diskussionen ähnlicher Art zogen sich in der Baracke bis tief in die Nacht hinein. Tania kam dabei so richtig in Fahrt. Und sie war es dann auch meist, die dem Gespräch durch ein stolzes Erheben des Hauptes ein Ende bereitete.

Weißes Pulver

Zosia winkte mir vom Fenster aus zu. Ich lief hinaus. »Krysia, das mußt du sehen! Das ist furchtbar, aber auch das muß man gesehen haben, um immer daran zu denken, um es nicht zu vergessen!«

Zosia betonte ausdrücklich jedes einzelne Wort. Sie zog mich an der Hand. Auf dem Weg standen bereits einige unserer Mädchen. Sie blickten blaß und starr in Richtung des nächststehenden Krematoriums, das sich hinter unserem Wohnblock befand.

Eine Leiter war an das kleine Fenster des Krematoriums angelehnt. Auf der höchsten Sprosse stand ein SS-Mann. Im Licht der letzten Sonnenstrahlen war seine Uniform deutlich zu erkennen. Mit schnellem und gekonntem Griff legte er sich eine Gasmaske über das Gesicht, zog sich Handschuhe über und öffnete das Fensterchen. Er streckte sich, um hineinzuschauen und zog blitzschnell eine Papiertüte aus seiner Tasche. Mit einer Hand hielt er sich am Fensterrahmen fest, senkte den Kopf nach vorne und mit der anderen Hand schüttete er den Inhalt der Tüte hinein – ein weißes Pulver – und schlug das Fensterchen zu. Im selben Augenblick vernahm man ein nahezu unmenschliches Stöhnen, ähnlich dem Heulen einer Sirene. Es währte vielleicht drei Minuten lang und wurde dann immer schwächer. Der SS-Mann sprang von der Leiter und verschwand dann hinter der Mauer.

Im selben Augenblick trat Janda aus dem Gebäude der SS-Mensa heraus und blickte uns beredt schweigend an – wie immer. Für den Bruchteil einer Sekunde kreuzten sich unsere haßerfüllten Blicke mit den ihrigen. Kurz danach saßen wir wieder alle auf unseren Plätzen und versuchten, uns selbst davon zu überzeugen, daß das, was wir gesehen hatten, kein Alptraum war, sondern Wirklichkeit.

Abends im Block erfuhren wir (diese Information stammte von den »Jungs« aus der Sauna), daß es sich um einen Judentransport gehandelt hatte – um Bürger verschiedener Nationen, die auf Befehl aus Berlin ohne Selektion »ins Gas« geschickt worden waren. Erst im Auskleideraum, das heißt im Vorzimmer der Gaskammer, waren sich die Juden ihrer Lage bewußt geworden. Eine der Frauen – man erzählte, daß es eine polnische Jüdin war – hatte Rapportführer Schillinger, der an diesem Tag Dienst hatte, die Pistole entrissen und ihn niedergeschossen. Einen anderen SS-Mann hatte sie verwundet. Bei den Lagerbehörden hatte dieser Zwischenfall große Verwirrung ausgelöst.

Zwei Tage darauf fand die Beerdigung statt. Der Erschossene war eine der schlimmsten Mordbestien im Männerlager gewesen. Er brüstete sich mit der großen Anzahl von Menschen, die er eigenhändig ermordet habe.

Taube lief wütend mit verbundenem Gesicht herum. Auch er hatte etwas bei dem Handgemenge abgekriegt.

Am Sonntag, am Tag der Beerdigung des SS-Rapportführers, warf ich einen Blick in die nächste Baracke. Wacek kam ebenfalls hineingerannt. Ich hatte furchtbare Angst, an diesem Tag waren alle so erregt, daß uns jede Kleinigkeit aufbrachte.

»Wacek, bitte verlassen Sie sofort die Baracke, wie kann man nur so leichtsinnig sein.«

Wacek zog eine Flasche aus seiner Tasche. »Ich bin nicht leichtsinnig, glauben Sie mir das, aber ich muß heute einen Schluck mit Ihnen auf den Tod dieser Schweinehunde, auf solche Beerdigungen wie die heutige nehmen. Fänden sie doch nur jeden Tag statt! Auf Tausende solcher Beerdigungen! Trinken wir darauf, Krysia! An den Galgen mit ihnen!«

Eines Tages, nach der Rückkehr aus dem Lager, sagte die Läuferin fast weinend: »Hör zu, Krysia, es ist etwas Peinliches passiert, etwas sehr Peinliches für dich!«

Ich versuchte zu erraten, worum es sich handelte, aber mir fiel nichts ein. Vielleicht war einer meiner Angehörigen gestorben? Aber niemand sprach hier mit einer solchen Erregung vom Tod. Was konnte denn nur passiert sein? War vielleicht einer der Meinigen verhaftet worden und in Auschwitz angekommen?

»Sag schnell, was ist passiert?«
»Dein Gedicht ist entdeckt worden.«
»Welches? Wie denn?«
»›Ausmarsch‹.«

In diesem, ein halbes Jahr zuvor geschriebenen Gedicht hatte ich meinen verhaltenen Haß zum Ausdruck gebracht. Es lief mir eiskalt über den Rücken bei dem Gedanken, daß dieses Gedicht nun in ihren Händen war.

Der Ausmarsch

Nach Sonnenaufgang steht uns bevor
der Marsch aus Auschwitz durch das Tor.
Die Uniformen, die SS-Leute, einfache Posten, Hundemeute
beobachten schon längst da draußen
wie sich Kommandos formieren nach außen.
Dann kommen wir, durchfroren, matt,
bewacht vom Strom im Stacheldraht.

Die tägliche Farce kann schon beginnen.
Wie schön sich windet der Rauch von Kaminen,
wie phantasievoll sich Wolken gestalten!
Paß auf, die Kapos die Nummern schon halten,
und schon ertönen die Stimmen barsch:
Alle zu fünft und vorwärts! Marsch!
Alte und Junge, hungrig und mager,
Bekannte Trasse aus dem Lager.
Es klopft das Holz von unseren Schuhen,
und wir marschieren in tödlicher Ruhe,
zu hoffnungsloser Arbeit befohlen,
wir Tschechen, Juden, Ungarn und Polen.
Die Erde graben mit bloßen Händen
wir Untermenschen aus allen Ländern ...

Marschiere, los!
Du darfst nicht stehen
weil vorwärts nur
mußt du jetzt gehen.
Und wenn du hinkst,
ändere den Schritt,
paß auf und links
sonst folgt ein Tritt.

Stellst falsch den Fuß,
da hast du Pech.
Denke! Du mußt!
Und sei nicht frech.
Und wieder schon
vergeht ein Tag –
derselbe Fron,
derselbe Schlag.
Und wieder schon
vergeht ein Jahr,
es kann nicht sein,
es ist doch wahr!
Ob Regen, Schnee,
geh, geh und geh!

Ob Sturm und Wind
sei taub und blind,
und geh nach vorn,
erstick' den Zorn.
Wohin du schaust,
ball deine Faust,
mach mit die Qual,
hast keine Wahl.
Und klage nicht.
Marschier im Takt,
die Trommel ruft,
so muß es sein.
Hole tief Luft – Gesicht aus Stein
das Herz aus Stein
so wie die Sphinx.
Links! Links! Links und links!

In Dachau, Auschwitz, Gusen, Mauthausen
gehen alle zur Arbeit nach draußen
So muß man zur Vernichtung wandern,
von einer Misere in die andere,
über die Wiesen und Krematorien.
Das ist doch eure große Viktorie.
Wenn wir im Schlamm, im Dreck so liegen,
das sind doch eure größten Siege,
und euer Traum, der Jahre hält,
Sklaventransporte aus aller Welt.
Gedenkt aber, daß Millionen

nur davon träumen, euch zu entthronen.
Es kommt die Zeit, wo endlich du siegst
Vision der Zukunft ... links und links ...

Es kommt einmal
auch unser Mai,
Ende der Qual,
wir werden frei!
Es kommt die Zeit
des Rachezugs
für unseren Marsch.
Ob dumm, ob klug
werden *wir* brechen
euch das Genick.
Es kommt die Zeit unserer Musik.
Am ersten Mai
singen *wir* dabei
ein wortloses Lied,
und ihr macht mit.
Und ihr macht mit.
Nach unserem Ton
bezahlt ihr schon.
Jeder von euch,
ihr Lumpenpack,
bekommt einen Schlag,
bekommt einen Schlag.
Für unsere Pein,
Rache muß sein,
die Rache bloß
und gnadenlos.
Für unsere Not
kommt nur der Tod,
für eure Schläge,
für den Schmerz
Kugel ins Hirn,
Messer ins Herz.
Es kommt die Zeit
für unser Leid,
für unseren Schreck
krepiert ihr im Dreck.
Für jedes Opfer
im Schornsteinrauch,

jedem von euch
Schuß in den Bauch.
Für alles Foltern, Weinen, Klagen
werden wir euch zusammenschlagen.

Damit die Welt kennt endlich Ruh'
darf von euch bleiben keine Spur.
Erst dann du Freiheitslied erklingst
in unserem Rhythmus, links und links.

Die Läuferin erzählte, daß die Lagerälteste Stenia das Gedicht zufällig bei einer Inspektion gefunden hätte. Die Oberaufseherin schäumte vor Wut. Das Gedicht war übersetzt worden, und man wollte nun die Autorin ausfindig machen.

Ich erinnerte mich daran, daß das Opfer der Inspektion wußte, wer dieses Gedicht geschrieben hatte. Da ich die Verhörmethoden in Auschwitz zur Genüge kannte, wußte ich sofort, daß meine Stunde geschlagen hatte.

Ich wartete auf den Besuch der Gestapo. Meine Kameradinnen waren betroffen. Sie versuchten mich zu trösten, aber ich merkte, daß sie mich bereits als todgeweiht betrachteten. Nela vernichtete alle restlichen Gedichte. Mit seltsam freudiger Erregung beobachtete ich, wie sich die anderen mit ihr stritten. Sie wollten die Gedichte gut aufbewahren, vergraben, um jeden Preis erhalten, denn »das wird das einzige Andenken an Krysia sein«.

Die blonde Edka, eine der jüngsten in unserem Kommando, hatte alle Gedichte auswendig gelernt, die ich geschrieben hatte. Sie hatte sie während der langen Abende im Lager gelernt. Sie erklärte nun den anderen: »Ihr könnt sie vernichten, sie darf nicht in Gefahr kommen, ich werde sie euch alle auswendig vortragen ... wenn etwas passieren sollte«, fügte sie leise hinzu.

Sie trat auf mich zu und betrachtete mich so, als ob sie nun meine Gesichtszüge auswendig lernen wollte. Ich wußte, daß sie mich mochte, aber ich wußte auch, daß sie am meisten um mein »dichterisches Talent« trauerte. Sie hatte immer schon Fragen über Fragen gestellt. »Hast du etwas Neues geschrieben?«

Wala sandte mir einen Kassiber. Die Lage war schlecht. Das Mädchen wurde weiterhin verhört. Sie hatten bereits ein anderes Mädchen aus dem Frauenlager im Zusammenhang mit dem Gedicht verhaftet. Sie hieß Alina Obraczkiewicz und kam aus dem Pawiak. Es hatte keinen Sinn, daß ich mir etwas vormachte. Ich machte mich auf einen Besuch der Gestapo gefaßt.

Ich kehrte zum Wohnblock zurück, überzeugt davon, daß dies mein letzter Abend sein würde. Nach einigen Minuten rief die Blockälteste meinen Namen auf. Ich fühlte mich schwach auf den Beinen, nur mit größter Anstrengung gelang es mir, bis zur Tür zu kommen. Ich schaute mich um, um noch einen letzten Blick auf meine Kameradinnen zu werfen. Ich wußte, daß ich gleich die furchtbaren Gesichter der Gestapo-Männer sehen und die Tortur beginnen würde. Alinka, unsere angenehmste Stubenälteste, trat in diesem Augenblick mit einem riesigen Karton in den Block: »Für dich, Krysia, ein Paket.«

»Hast du mich deswegen aufgerufen?«

»Ja, aber warum bist du so blaß geworden?«

Ich nahm das Paket entgegen und erkannte die Handschrift eines mir sehr lieben Menschen, der jetzt Tausende von Meilen von hier entfernt war. Der Absender: Pudlowski (das heißt »Paketmann«). Ich begann, das Paket zu durchsuchen und fand das Foto meiner Mutter. Ihre sanften Augen blickten mich traurig an, als wollten sie sagen: »Bleib am Leben! Du mußt für mich leben!«

Nela, Basia, Joasia, Edka und andere umringten mich, schauten das Foto meiner Mutter mit Tränen in den Augen an. Etwas in mir zerbrach, ich begann zu schluchzen.

Nela streichelte meinen Kopf. »Du kannst nicht sterben, weil du heute das Foto deiner Mutter erhalten hast. Du weißt ja, daß zu dieser Zeit keine Päckchen im Block ankommen. Das muß ein gutes Zeichen sein. Krysia, du wirst sehen, daß ein Wunder geschehen wird. Niemand wird dich verraten, niemand wird sagen, wer das Gedicht geschrieben hat.«

In dieser Nacht zog ich mich nicht aus. Trotz der tröstenden Worte Nelas und anderer glaubte ich an keine Wunder. Ich konnte meinen Blick nicht von der Tür abwenden. Meine Schläfen hämmerten, ich drückte das Foto meiner Mutter an mich, und wieder tat es mir leid, vom Leben Abschied nehmen zu müssen. Und dabei war ich seit so vielen Monaten davon überzeugt, daß mir nicht viel daran lag, zu leben!

Die Stunden vergingen sehr langsam. Bei dem geringsten Geräusch fuhr ich hoch. Aber es war nur der Wind, der die welken Haselnußsträucher, die zum Tarnen der Krematorien dienten, hin und her bewegte. In Gedanken nahm ich Abschied von all dem, was ich liebgewonnen hatte. Mir wurde die ganze Sinnlosigkeit meiner Existenz bewußt. Ich hatte das Fleckfieber und all die endlosen Appelle überstanden, ich war aus dem Lagerdreck herausgekommen, um jetzt, wo die Freiheit so nahe gerückt war, zu sterben.

Die Nacht verging. Im Block wurde Licht angemacht. Basia stand auf und öffnete das Fenster.

»Na also, sie sind nicht gekommen, sie waren nicht da, nicht wahr?« fragte sie triumphierend.

Ich konnte mir das Lachen nicht verkneifen.

»Doch, sie waren hier, wollten dich aber nicht wecken. Sie haben mich leise mitgenommen und ermordet«, antwortete ich.

Basia begann zu schreien: »Dumme Krysia, dumme Krysia – sie werden nicht kommen, sie kommen nicht, du wirst leben.«

Nach einigen Tagen voller nervöser Spannung schöpfte ich wieder Hoffnung. Endlich traf ein Kassiber von Wala ein: »Auf die Frage, wer das Gedicht geschrieben hätte, antwortete Alinka Obraczkiewicz beharrlich, daß es die 1943 verstorbene Lucja Harewicz gewesen sei. Sie wird ihre Aussage bestimmt nicht widerrufen. Du hast Glück, Krysia. Ich bitte dich, schreibe etwas Schönes. Ich freue mich riesig darüber, daß die Oberaufseherin und die anderen gelesen haben, was wir über sie denken. Beide Mädchen fahren mit dem Straftransport ab. Wer weiß, vielleicht ist das jetzt besser für sie.«

Sonntags arbeiteten wir lediglich bis Mittag, dann gingen wir in den Block zurück und legten uns aufs Bett. Im Lager waren einige Bücher im Umlauf, die wir aus den Sachen der neu angekommenen Häftlinge entwendet hatten: der dritte Band der ›Emanzipierten‹ von Boleslaw Prus, ›Die Geschichte des gelben Schnabelschuhs‹ von Domańska, ›Die Flucht‹ von Aldanow und eine französische Erzählung von Alphonse Daudet. Alle diese Bücher kannten wir auswendig. Wenn Zugänge kamen, schnüffelten wir nach neuen Büchern herum, aber jedesmal stellten wir erstaunt fest, daß die Menschen keine Bücher in die Konzentrationslager mitnahmen. Gelang es uns glücklicherweise, ein Buch zu ergattern, so wurde es entweder laut vorgelesen oder aber einige Seiten wurden herausgerissen und einer Kameradin weitergegeben, die bereits ungeduldig darauf wartete.

Für das Lagerbrot, das uns öfter übrig blieb, kauften wir bei den Jüdinnen aus dem »Kanada« Kleidungsstücke. Sonntags nahmen wir unsere Arbeitsschürzen ab und führten unsere neuesten Modelle vor. Anfangs war ich stur und sagte, ich würde niemals so etwas anziehen. Mit der Zeit stellte ich jedoch fest, daß alle diese kurze Zeit des Zauderns durchmachten, um nachher zu dem Schluß zu gelangen, daß es besser sei, diese Kleidungsstücke zu gebrauchen oder zu vernichten, als sie in die Hände der Nazis gelangen zu lassen.

Die dunkelhaarige Ada hatte eine »Koloraturstimme«. Sie wurde von uns immerfort zum Singen aufgefordert. Und Ada sang immer dieselben Lieder: ›Der Gesang der Lerche‹ und ›Ave Maria‹. Danach parodierte sie die Monologe von Dora Kalinówna. Wir amüsierten uns immer köstlich, wenn sie im Nachthemd, das mit einer Schnur in der Taille zusammengebunden war, die Kleopatra darstellte.

Wir lehnten uns aus unseren Betten und schauten den wenigen Mädchen zu, die noch in der Lage waren zu blödeln. Wir wollten für kurze Zeit vergessen, was sich um uns herum abspielte. Sonst hätte es niemand ausgehalten.

Die Ukrainerinnen (es gab einige von ihnen in unserer Gruppe) summten leise ihre Volkslieder. Tania sang inbrünstig ihre sowjetischen Lieder. Eine französische Jüdin sang auf unseren Wunsch einige Melodien.

»Wie schön könnte es auf Erden sein«, seufzte Basia, »wenn sich die Menschen so wie wir hier vereinigen könnten. Es gibt keine Klassenunterschiede mehr. Ja, ja, Auschwitz eint die Menschen – das ist eine ausgezeichnete Erfindung.«

»Basia, du bist verrückt geworden!«

»Aber es gefällt mir hier ausgezeichnet, und wenn sie eines Tages das Tor aufmachen, so werde ich es mir gut überlegen, ob ich diesen Ort verlassen soll.«

Sie rekelte sich und schnitt dabei Grimassen. Ich hob die Hand, um ihr einen Klaps zu geben, als es in der Baracke plötzlich totenstill wurde. Ich blickte zur Tür. Dort stand die Oberaufseherin.

Ich hätte am liebsten in den Erdboden versinken wollen, aber es gab keinen Ausweg. Ich zog nur die Decke etwas höher, um das Laken zu verdecken, dessen Besitz verboten war. Eine der Kameradinnen rauchte eine Zigarette. Sie versteckte sie, aber der Rauch verriet sie. Die Oberaufseherin schlug sie ins Gesicht und schrieb ihre Nummer auf. Sie würde zurück ins Lager geschickt werden. Sie schritt durch das Zimmer, und ich beneidete die in den oberen »Stockwerken«, die sich vor ihr verstekken konnten. Die Oberaufseherin hob mit einem Stock, den sie lässig in der rechten Hand hielt, eine Decke hoch. Glücklicherweise war in diesem Bett kein Laken, da seine Besitzerin nicht genügend Brot hatte, um sich eines aus dem »Kanada« zu leisten.

»Blockälteste!« rief die Oberaufseherin.

Die Blockälteste stand erschrocken in strammer militärischer Haltung vor ihr.

»Ich sehe, daß es euch hier gutgeht. Als ich hier hereinkam, wurde gelacht und geraucht. Denkt ihr, ihr hättet andere Rechte als das übrige Lager? So, und nun hämmert euch einmal ein, daß, obwohl ihr die ›Damen von der Effektenkammer‹ seid, ihr immer noch unter Befehl steht!«

»Jawohl«, bestätigte unterwürfig die Blockälteste.

»Und du wirst in den Bunker kommen, wenn du solch ein Verhalten zuläßt, verstanden?«

»Jawohl, Frau Oberaufseherin.«

Die Oberaufseherin verließ die Baracke. Das Mädchen, das beim Zigarettenrauchen ertappt worden war, warf sich weinend aufs Bett. Sie wußte, was ihr blühte. Wieder Läuse, Schläge, endlose Appelle, eine harte Pritsche, Kälte.

»Na, da hast du es«, sagte Basia, die sich nun wieder rekelte, »habe ich nicht gesagt, daß es hier ausgezeichnet ist? Es wird niemals langweilig, weil man niemals weiß, was im nächsten Augenblick kommen wird. Wäre ich an diesem Sonntagabend zu Hause, würde gewiß Tante Aniela kommen und wieder davon erzählen, daß Tadzio erneut mit irgendeiner Schauspielerin liiert sei, daß dies entrüstend sei ... Und man müßte im Zimmer sitzen bleiben und zuhören – es würde sich nicht ziemen, den Raum zu verlassen, weil das die einzige Schwester meiner Mutter und die Witwe eines Obersten ist.« Basia gähnte. »Wie langweilig es doch war! Und hier – eine internationale Gesellschaft, unverhoffte Besuche, die neuesten Modelle, unerwartete Aufregungen, viel Edles neben den größten Schweinereien. Hier wird gekämpft, hier lebt man!«

Ich schaute sie entsetzt an. »Aber Basia – hier gibt's nur Tod und Verderben – du redest wirres Zeug!«

»Überleg mal, Krysia: Wärest du sicher, daß du hier herauskommst, würdest du bereuen, daß du das alles gesehen hast? Du hast etwas kennengelernt, was andere Generationen nie gesehen haben, du hast den Abgrund selbst kennengelernt.«

Die Zeit verging. Fieberhaft, schnell, von einem Sonntag zum anderen. Im Lauf der Woche wußte keine von uns, was für einen Tag wir hatten. Das war nicht wichtig. Wenn die Läuferin jedoch um zwölf Uhr abpfiff, bedeutete es, daß es Sonntag war. Das Lager wurde immer voller. Von überall kamen neue Zugänge. Verurteilte wegen verschiedener Verbrechen. Wegen zu lauter Äußerungen über das Regime. Wegen Flugschriften. Wegen Sabotage, wegen Fernbleibens von der Arbeit, wegen eigenmächtiger Urlaubsverlängerung. Von Straßenrazzien. Aus Breslau, Hamburg, Berlin. Polinnen, Russinnen, Italienerinnen, Französinnen. Politische und »Asoziale«. Auch Reichsdeutsche, bestraft für die Hilfe, die sie den Verfolgten erwiesen hatten, für Liebesverhältnisse mit Polen. Auch Mütter, weil sie sich auf Bahngleise warfen, als ihre Söhne an die Front fuhren.

Gebracht wurden blasse, furchtbar abgemagerte Männer – Juden aus Gettos. Ohne Gesicht, ohne Individualität. Ohne Ausdruck und ohne Inhalt. Brennende Augenhöhlen, Haut und Knochen. Bei ihrem Anblick konnte man nur an eins denken: Woher kann man Brot kriegen? Woher kann man soviel Brot für so viele Tage organisieren? Wie kann man sie auffüttern? Man schaute lange und ratlos in ihre Richtung, schließlich mußte man den Blick abwenden und sich etwas Blödes zur Beruhigung einreden.

Aus verschiedenen Bauabschnitten des Lagers kamen Mädchen und erzählten, wie viele Leute starben. Wie sie starben. Wie sie Tag für Tag zur Arbeit im Lagergebiet ausgesucht wurden. Wie sie Tag für Tag im Takt der Trommel durchs Lagertor aufs Feld marschierten. Wie nackte, kranke, halb ohnmächtige, in Decken gehüllte Gestalten Tag für Tag aufs Revier geführt wurden, um dort zu verenden. Wie sich alte und neue weibliche Häftlinge Tag für Tag auf der Lagerstraße um ein bißchen Suppe schlugen, wie sie sich wild auf Fässer mit Kohlrüben stürzten, ohne auf irgend jemanden oder irgend etwas zu achten. Wie jeden Tag ein anderer Block zur Strafe am Tor kniete. Zur Strafe für ein vorschriftswidrig umgebundenes Kopftuch, für das Marschieren ohne Schritt, für nichts – für einen Gesichtsausdruck, oder weil die Oberaufseherin schlecht aufgelegt war oder weil Taube plötzlich so eine Laune hatte. Sie erzählten, wie die einen Frauen vor Hunger und Auszehrung auf dem Revier umkamen, während die anderen – die »wohlhabenden«

Besitzerinnen von Paketen voller Fleisch, Aal, Konserven und Schokolade – neben ihnen oder gar in denselben Betten an Infektionskrankheiten starben. Das kannte ich allzu gut. Ich hörte mit einem Gefühl zu, als ob ich hundert Jahre alt wäre. Apathie, Resignation, Auflehnung, Haß wechselten in mir einander ab, doch schließlich war es die Hilflosigkeit, die immer stärker als alles andere war.

Das erste Frühlingserwachen überzog mit seinem unnennbaren Zauber auch das Lager und machte uns für kurze Zeit die furchtbare Wirklichkeit vergessen. Die Birken trieben die ersten zartgrünen Blätter. Wir blickten aus dem Fenster auf das abseits gelegene weiße Häuschen und mußten daran denken, daß seine Wände innen mit Blut besudelt waren. Wir sahen das Blau des Himmels, das vom Qualm verbrannter menschlicher Knochen getrübt war. Und beim Gedanken an Warschau und die Weichsel krampften sich unsere Herzen in schmerzlicher Sehnsucht zusammen.

In den letzten Monaten waren unsere Haare schneller gewachsen und die Flecken auf dem Körper beinahe verschwunden. Wir badeten oft und nahmen uns frische Wäsche aus dem »Kanada«. Wir waren in einer privilegierten Lage. Von den Tausenden von Frauen im Lager lebten nur sechzig – unser Kommando – unter solchen Bedingungen.

Zosia kam in unser Büro mit sehr geheimnisvoller Miene.

»Ein Brief für dich«, sagte sie, »von Andrzej.«

Ich ging in die Latrine. Das war der einzige Ort, wo man unerlaubte Dinge machen konnte: Zigaretten rauchen, Liebesbriefe lesen, laut sagen, was man von der Lagerleitung hielt. Andrzej schrieb über das, was er durchgemacht hatte, über seine Familie. »Es ist seltsam, ich habe hier viele Kameraden und Freunde, aber ich möchte gerade Dich zur Freundin haben. Offensichtlich habe ich die Freundschaft einer Frau nötig. Ich weiß nicht, ob ihr Frauen das genauso empfindet, für uns aber ist die Sehnsucht nach Liebe das stärkste Gefühl nach dem Hunger. Das ist lächerlich, es gibt ja keine Chance, daß wir uns je treffen, ich glaube nicht, hier herauszukommen. Nach den vielen Jahren habe ich die Hoffnung verloren. Das Bewußtsein, daß man von einer Frau einen Brief bekommt, macht das Leben im Lager leichter. Du hast keine Ahnung, welche Bedeutung Deine paar Zeilen für mich hatten. Ich stellte mir vor, wie Du ausgesehen hast, was Du empfunden hast, als Du mir schriebst. Damals, in jenem Weidengebüsch, sahst Du so reizlos und drollig aus! Du warst ein kahlgeschorener, verlauster Häftling in gestreiftem Kittel, und die Sonne schien so warm wie heute – kannst Du Dich noch daran erinnern? Ich gehe leider nicht mehr an die Sola. Ich sitze in einer großen dunklen Baracke und sehne mich nach der Freiheit. Heute wurde ein Mädchen erwischt, das aus dem Lager geflohen war (eine Läuferin, glaube ich). Es ist zusammen mit meinem Kameraden erwischt worden. Beide sitzen im Bunker. Und ich hatte sie so beneidet!«

War Mala nach so langer Zeit gefaßt worden? Das war wohl unmöglich. Mehrmals las ich diesen Satz. Also alles vergebens – die ausgezeichnet organisierte Flucht und unsere Freude! Es ging ja doch nicht nur um Mala, das war auch unsere Sache. Das bedeutete, daß man von hier aus nicht fliehen kann, daß die Gestapo allmächtig war. Während Mala bei uns schon fast in Vergessenheit geraten war, hatten sie sie gesucht und gefunden. Man war also bis zum Ende in ihrer Macht. Die arme Mala! Kaum hatte sie den Geschmack der Freiheit gekostet, schon saß sie im dunklen Bunker und wurde bestimmt geschlagen.

Die Nachricht, daß die beiden wieder gefangen worden waren, verbreitete sich sofort. Im Lager herrschte Trauerstimmung. Jede von uns empfand es so, als ob man ihr persönlich Unrecht getan hätte.

Viele Tage hindurch brachten uns die »Jungs« auf geheimnisvollen Wegen Berichte aus dem Bunker. Man hätte Mala geschlagen und gefragt, wer ihr geholfen habe. Der Mann, der mit ihr geflohen war, nehme alles auf seine Kappe und behaupte, er habe sie zur Flucht überredet. Mala verweigere jede Antwort. Einmal brachte irgend jemand aus einer »zuverlässigen Quelle« die Nachricht, daß niemand gefaßt worden sei, die Lagerleitung absichtlich das Gerücht in Umlauf gesetzt habe, um eventuelle Fluchtkandidaten abzuschrecken.

Tagelang sprachen wir noch darüber. Ich schrieb Andrzej, er möge sich bemühen, die Wahrheit herauszufinden.

Das Thema »Mala und Bunker« wurde aber von neuen, stärker beeindruckenden Vorkommnissen in den Hintergrund verdrängt.

»Schau mal durchs Fenster«, sagte Nela und griff nach meiner Hand. »Was machen die da?«

Vor der Sauna stand Wagner. Die Männer, die nach dem Abendappell gewöhnlich auseinandergingen, hüpften diesmal im Rhythmus der Peitsche Wagners. Wagner führte sich wie ein Dompteur auf, lief herum, knallte mit der Peitsche, und die

Männer – sowohl junge als auch alte – gingen in die Hocke und hüpften im Takt kurzer Befehle: »Los! Auf! Schnell! Laufen! Los! Auf!«

Wenn jemand beim Turnen nicht im Takt blieb, schlug Wagner ihn ins Gesicht, gab gleichzeitig einen neuen Befehl und lief zu einem anderen. Alle rannten ohne Atempause, denn eben darauf beruhte dieser barbarische Sport. Einige ältere Männer wurden ohnmächtig. Basia, deren Vater im Lager war, schaute haßerfüllt zu. Ich wußte, daß sie sich ihn in einer solchen Situation vorstellte. Die Männer waren völlig erschöpft. Betäubt und abgestumpft gehorchten sie den Befehlen unter Anspannung aller Kräfte.

Ich konnte keine bekannten Gesichter wiedererkennen. Vergeblich versuchte ich, nach Wacek Ausschau zu halten. Alle bewegten sich aber so wild und besessen, daß es für mich unmöglich war festzustellen, ob er sich unter ihnen befand.

Als sie uns für einen Augenblick etwas näherrückten, konnte ich bemerken, daß ihnen der Schweiß von der Stirn triefte und sie nach Atem rangen. Wacek war nicht unter ihnen, er mußte also irgendwo mit dem Verbandsmaterial in der Nähe sein. Ich entdeckte ihn in der Tat hinter einer Baracke mit seinem Ärztekoffer. Ich rannte zu den Männerbaracken hinüber. Wacek erschrak: »Geh weg, es fehlt gerade noch, daß man dich hier erwischt! Das ist Wahnsinn in einem solchen Augenblick! Willst du auch Froschhüpfen machen?«

»Was haben die da getan?«

»Bei einer Durchsuchung hat man bei einem von ihnen einen Kassiber von einer Frau gefunden, und bei einem anderen Schnaps. In der Männerabteilung in Auschwitz ist eine Verschwörung aufgedeckt worden, und vierzig Männer sitzen jetzt im Bunker. Sie sollen alle liquidiert werden. Geh jetzt endlich weg, hier darfst du nicht stehenbleiben. Sie haben doch schon eine von euch ins Lager zurückgeschickt!«

Wacek war aufgeregt. Immer wieder vergewisserte er sich, daß niemand kam. Basia näherte sich mit einem Eimer, um uns zu benachrichtigen, daß der Chef in der Nähe sei. Es gelang mir, noch gerade rechtzeitig wegzurennen. Basia nörgelte an mir herum: »Soeben haben sie einer Jüdin aus dem Kommando den Kopf kahlgeschoren und sie ins Lager zurückgeschickt, weil sie mit einem jungen Mann über den Stacheldraht hinweg gesprochen hatte. Du weißt wohl, was das bedeutet. Hast du denn so viel gelitten, um jetzt wegen so etwas hereinzufallen?

Nie würde ich das dir und mir verzeihen. Ich verbiete dir, Andrzej anzusprechen und ihm Kassiber zu schicken. Genug! Du siehst ja, was passiert.«

Am Sonntag teilte uns die Stubenälteste mit: »In der Nacht haben sie einen Männertransport gebracht – französische Partisanen.«

Wir waren gerade dabei, Briefe nach Hause zu schreiben. Man durfte nur fünfzehn Zeilen schreiben. Immer dasselbe, nur leicht abgeändert. Es kam vor, daß sich eine von der anderen Sätze dieser Art lieh: »Der Frühling erweckt in mir so viele angenehme Erinnerungen, ich glaube fest daran, daß ich im nächsten Frühling mit Euch zusammensein werde.« Oder: »Meistens denke ich an Euch vor dem Einschlafen. Ich habe dann unser Haus vor Augen, und die Sehnsucht wird immer stärker.«

Derartige Äußerungen waren schon revolutionär, und wir überlegten, ob sie bei der Zensur durchkommen würden. Der Rest des Briefes mußte also in der Regel optimistische Informationen enthalten, wie beispielsweise: »Ich fühle mich wohl. Die Päckchen kommen regelmäßig an.« Dann dachte man sich einen wirkungsvollen Schluß aus: »Ich bin sicher, daß mich der liebe Gott nicht verläßt.«

Nichts von dem, was wir auf den vorgedruckten Blättern auf deutsch schrieben, war aufrichtig und wahr. Jeder Brief war den Briefen der Kameradinnen und dem vorherigen Schreiben ähnlich. Es war einfach ein Lebenszeichen.

Irena nahm den Eimer und ging hinaus, um etwas über den neuen Transport zu erfahren. Ein mutiges Mädchen, das Französisch sprach, ging in die Nähe der Männerbaracken, wo die Franzosen untergebracht waren. Sie hatten keine Ahnung, wo sie sich befanden. Zwei Tage lang hatten sie nichts zu essen bekommen. Sie waren todmüde und baten inständig um einen Schluck Wasser. Einer von ihnen geriet in Verzweiflung, als er erfuhr, daß sie in Auschwitz waren.

Wir standen vor dem Block und überlegten, warum alle Leute hierhergebracht wurden. Plötzlich hörten wir einen Schrei und dann einen Schuß. Nach einigen Minuten kam Bedarf – hinter sich her zog er am Bein die Leiche eines Mannes. Der Kopf, voll Blut, prallte gegen die Steine. Es war einer der Partisanen, dem die Nerven versagt hatten. Er war auf die Drähte zugelaufen.

Czesia, die noch kurz davor im Scherzton gesagt hatte: »Wie

schön, daß sie uns Männer gebracht haben!« wurde leichenblaß und fiel ohnmächtig zu Boden. Ich lief, um Wacek herbeizuholen. Die anderen schütteten Wasser in Czesias Gesicht. Als sie die Augen öffnete, flüsterte sie: »Bestimmt lebte er noch, war sein Körper noch warm ...«

Niemand antwortete ihr. Mit ihren großen, blauen Augen schaute uns das siebzehnjährige Mädchen der Reihe nach an, in der Hoffnung, daß wir ihr Trost spendeten. Was hätte man ihr aber sagen können?

»Hast du noch keine Leiche gesehen?« brummte Irka. »Warum bist du plötzlich so weich geworden?«

Czesia runzelte die Stirn und sagte mit unsäglicher Anstrengung, als ob sie einen Alptraum verscheuchen wollte: »Ich kann soviel Blut nicht ausstehen, er war ganz damit besudelt, er erinnerte mich an einen Bekannten draußen. Denk nur, so stirbt ein Partisan! Und dieser Schuft hat ihn hinter sich hergezogen.«

Über diesen Vorfall konnte sie nicht so schnell hinwegkommen. In der Nacht hörte ich, wie sie im Schlaf jammerte.

Als ich morgens in die Schreibstube ging, erblickte ich mehrere Frauen in Häftlingskleidung. Mit ihnen war die Aufseherin Grese, genannt »die schöne Irma« – schlank, mit blondem Haar und schwarzen, kalten Augen. Sie reizte mit der Peitsche einen Polizeihund, der den erschrockenen Häftlingen panische Angst einjagte, was offenbar »die schöne Irma« amüsierte.

Es stellte sich heraus, daß die Aufseherin diese Frauen, die entlassen werden sollten, herbegleitet hatte. Das Spiel mit dem Hund war die letzte »Unterhaltung«.

Absichtlich ging ich dort vorbei, um sie mir anzusehen. Alle trugen schwarze Winkel. Unter ihnen erblickte ich diejenige, die mich einmal geschlagen und mir bei der Arbeit auf dem Feld die Brotration weggenommen hatte. Sie war damals meine Vorarbeiterin gewesen. Ich ging schnell an den »Abgängen« vorbei und stürzte wütend ins Büro.

»Die Schlimmsten, die Grausamsten werden entlassen! Die, die uns geschunden haben! Man läßt sie frei, sie werden sich unter das deutsche Volk mischen und niemand wird sie je finden. Und ich konnte denen nicht einmal zum Abschied die Meinung sagen, ohne bei Grese, die mit ihrem Hund spielt, in Ungnade zu fallen.«

Die »Abgänge«, schon in Zivilkleidung, kamen ins Büro, um sich ihre Dokumente zu holen. Wie komisch sie in ihren Hüten und Schuhen mit hohen Absätzen aussahen! Sie bewegten sich sogar anders.

Basia wandte kein Auge von ihnen. Sie beugte sich über mich und sagte: »Weißt du, sie werden noch dieses Jahr im Meer baden!«

»Bist du verrückt? Ununterbrochen werden Bomben auf die deutsche Küste abgeworfen. Sie werden sich noch nach dem Lager sehnen, ich versichere dir, daß sie gar nicht weg wollen. Hier haben sie Macht gehabt, hier waren sie jemand. Da haben sie nicht einmal daran gedacht, im Meer zu baden!«

Die Umrisse der Berge zeichneten sich hinter dem Stacheldraht deutlicher als gewöhnlich ab. Die »Abgänge« gingen durch das Lagertor. Eine von ihnen drehte sich um und rief in unsere Richtung: »Auf Wiedersehen in der Freiheit!«

Sie bogen hinter dem ersten Krematorium ab und verschwanden. Hinter ihnen ging Grese, und an ihrer Seite sprang der Hund.

In der Nacht weckten uns ratternde Wagen und Schreie. Das war das gut bekannte tragische »letzte Geschrei«.

Ich konnte nicht schlafen, darum trat ich ans Fenster. Dort standen schon Czesia, Zosia und Joasia, alle im Nachthemd. Feuerzungen schossen in die Höhe, wanden und schlängelten sich. Es herrschte unermeßliche Stille. Das drohende Blutrot der Flammen schrie nach Rache. Andrzejs Brief, den ich an diesem Tag erhalten hatte, kam mir wieder in den Sinn. »Stell Dir vor, Krysia«, schrieb Andrzej, »gestern war ich zwei Stunden in der Freiheit. Wir sollten Balken ins Lager holen. Was für ein Gefühl! In diesen zwei Stunden wollte ich mich an der Freiheit sattatmen. Ich hätte nie gedacht, daß Bauernhütten, Brunnen, Kuhställe, Feldwege, Gräben so reizvoll sein könnten! Du wirst mir nicht glauben, aber die Bäume blühen, und junge, gesunde, lächelnde Frauen, die bunte Kopftücher trugen, gingen durchs Feld und winkten uns lange zu. Eine von ihnen sah mich furchtbar traurig an, ich kann diesen Blick nicht vergessen. Ich atmete die frische Morgenluft ein, durchdrungen vom Duft des Frühlings, ich atmete die berauschende Freiheit wie das größte Geschenk ein.

Ach, Krysia, an so einem Tag wie diesem durchs Feld oder durch den schattigen Wald zu laufen! Aber ich mußte wieder hierher zurück. Im Lager gab es einen Appell, und dann – wieder in die Baracke. Und bei Euch, bei Dir – ich weiß – qualmen die Krematorien. Die vierzig Männer, von denen Du sicher gehört hast, sollen heute nacht erschossen werden. Worüber kann man noch schreiben? Leb wohl, Krysia. Das Leben ist schön. Jetzt weiß ich es.«

Es wurden Pakete gebracht. Schon seit drei Wochen hatte ich kein Paket mehr erhalten. Ich war sehr beunruhigt. Diesmal bekam Zosia ein Paket mit Eiern, die fast alle angeknackt waren, aber auch darüber freuten wir uns. Den Mädchen von der Paketpost gaben wir Hemden, die sie aufs Revier schmuggeln sollten. Nela und ich hatten mehrere gesammelt, Wala sollte sie an die Kranken verteilen.

Wir hatten das Paket schon ausgepackt, als der Chef plötzlich gutgelaunt hereinkam. Er stellte fest, daß wir etwas Gutes bekommen hatten, und forderte uns auf, ihn damit zu bewirten.

»Mit Gift!« sagte Irena durch die Zähne.

Als er fort war, bemerkte ich eine heftige Bewegung um das Mädchen von der Paketpost. Sie erzählte mit großer Erregung: »Sie ist völlig verändert, ich habe sie gesehen. Sie hat jetzt schwarzes Haar, offenbar gefärbt, um die Spuren zu verwischen.«

Sie sprach über Mala. Ich trat näher.

»Morgens um neun hat man sie ins Lager, in die Blockführerstube gebracht, mit der Absicht, sie allen zu zeigen, so daß niemand mehr zweifeln könnte, daß sie gefaßt worden war. Sie wollten bis zum Appell warten und sie dann erhängen. Mala aber griff nach einer Rasierklinge und schnitt sich die Pulsadern auf. Ein Blockführer lief auf sie zu und schrie: ›Was machst du, Mala?‹ Statt zu antworten, schlug sie ihn ins Gesicht und fuhr ihn an: ›Hände weg, du Schweinehund!‹ Dann begann eine Oberaufseherin sie auszulachen, weil sie wieder eingefangen worden war. Mala wurde immer schwächer. Das Blut rann aus ihren beiden Handgelenken. Die Oberaufseherin stand neben ihr und weidete sich an ihren Qualen. Plötzlich fand Mala – wer weiß woher – die Kraft: Ihr Gesicht erstrahlte in freudigem Lächeln, und sie rief so laut, daß es auch die Mädchen hören konnten, die vor der Blockführerstube standen: ›Ich weiß, daß ich sterben werde, aber das ist unwichtig! Aber ihr werdet genauso wie ich sterben, eure Stunden sind gezählt! Du stirbst, du eklige Schlange, und es sterben Tausende solcher Schlangen wie du! Nichts mehr wird euch helfen, nichts wird euch retten.‹ Das waren ihre letzten Worte. Die Oberaufseherin bekam einen Wutanfall, die Blockführer waren erschüttert. Man sagt, daß einer von ihnen Tränen in den Augen gehabt haben soll – derjenige, den sie ins Gesicht geschlagen hat. Man sagt, er habe sie sehr gemocht, als sie Läuferin war. Er nahm seine Pistole heraus, gab der Sterbenden den Gnadenschuß und trug ihren Körper aus der Blockführerstube hinaus. Mala wurde auf einen Handwagen gelegt. Aus dem Block wurden einige Frauen – die Läuferinnen und Malas engste Freundinnen – geholt. Aus dem grünen Häuschen, in dem die Blockführerstube untergebracht war, kam die vor Zorn blaß gewordene Oberaufseherin heraus und wies mit der Hand auf das Krematorium hin: ›Bringt diese Sau schnell dorthin!‹ Malas Freundinnen schoben den Wagen durch das ganze Lager. Wir standen an den Fenstern unserer Baracken und nahmen Abschied von ihr.«

Der Transport aus Griechenland

Die Post war gekommen. Für mich gab es wieder keinen Brief. Aufrichtig beneidete ich die Kameradinnen, die keine Angehörigen jenseits des Stacheldrahts hatten. Jedesmal wenn Neuzugänge kamen, befürchtete ich, meine Familienangehörigen darunter zu sehen. In jeder älteren Frau, der ich im Lager begegnete, sah ich meine Mutter. Ich wurde empfindlicher, schweigsamer.

Janda teilte uns mit, daß wir einen Transport aus Breslau erwarteten. Mindestens einmal in der Woche schickte uns Breslau einige Frauen zu. Diesmal waren die Neuangekommenen, vermutlich aus Versehen, ins Lager A geführt worden, wohin auch wir gingen, um sie zu bewachen. Janda und ihr Verehrer, von uns »Brüderlein« genannt, kamen mit. Er war einer der weniger gefährlichen SS-Männner. Die Liebe zu Janda hatte ihn sehr verändert. Janda, die beschlossen hatte, ihn umzuerziehen, bediente sich verschiedener psychologischer Tricks, und »Brüderlein« ließ sich am Gängelband führen. Einmal redete er uns sogar mit »Sie« an, was ein Zeichen seiner inneren Wandlung war.

»Brüderlein« faßte Janda unter. Wir gingen in drei Fünferreihen im Gleichschritt einen Weg ohne Stacheldrähte entlang, der zwei Bauabschnitte des Lagers verband. Wir kamen an der Blockführerstube vorbei. Aus dem grünen Häuschen mit den Fenstern voller blühender Pelargonien trat gerade die verhaßte Aufseherin Hase heraus.

»Die Damen von der Effektenkammer? Wir wollen mal sehen, was ihr da habt.«

Sie betastete jede von uns am ganzen Körper. Der stillen, unscheinbaren Ania zog sie triumphierend aus dem Büstenhalter ein Paar Strümpfe heraus. Sie schlug zu und schrie: »Woher hast du diese Strümpfe, für wen sind sie? Handel treibst du, hast du zuwenig zu fressen, tauschst du sie gegen Kartoffeln aus, was? Du dummes Arschloch!«

Hase schrieb sich die Nummer von Ania auf. Wir gingen ins Lager. Irgend jemand von der Blockführerstube holte uns jedoch ein und ließ uns zurückkehren, um alten Frauen, die in einem Graben vor dem grünen Häuschen saßen, auf einen Wagen zu helfen.

Ich trat an eine der Alten heran, reichte ihr den Arm und half ihr auf den Lastkraftwagen.

»Halt mich vorsichtig, mein Kind, du weißt nicht, wie müde ich bin. Solche Reisen in meinem Alter!«

Auch meine Kameradinnen hoben mit Mühe andere alte Frauen empor und halfen ihnen beim Einsteigen. Der Wagen fuhr los.

»Wohin fahren sie?« fragte Joasia.

Janda schaute sie traurig an und antwortete nicht darauf.

In diesem Augenblick wurde ich mir der grausamen Tatsache bewußt: Ich selbst hatte Menschen auf den Wagen geholfen, der zum Krematorium fuhr. Ich hatte der netten alten Dame geholfen, die ja meine Mutter oder gar meine Großmutter hätte sein können. Ich selbst hatte sie auf diesen Todeswagen geladen.

»Wenn ich es nicht gewesen wäre, hätte es ohnehin ein anderer getan«, dachte ich. »Sie haben es uns ja befohlen, wir haben nicht gewußt, was wir machten.«

»Die SS-Männer bekommen auch Befehle«, antwortete eine andere Stimme in mir, »sie können sich wenigstens damit rechtfertigen, daß sie ihre Feinde liquidieren. Und wir? Ich hätte mich weigern sollen, auch wenn sie mich zu erschießen gedroht hätten. Das ist eine Lüge, daß ich das nicht gewußt habe. Die sagen ja auch, daß sie nichts wissen.«

Dieser Gedanke ließ mich nicht in Ruhe. Andererseits – war das Schicksal dieser alten Frau viel schlimmer als die Qualen im Lager? War es nicht leichter, so zu sterben?

Von der Rampe ertönte deutlich der Pfiff einer Lokomotive. Der Zug mit dem neuen Transport aus Griechenland war angekommen. Janda hatte uns befohlen, in die Zugangsbaracke zu gehen und den Transport zu überwachen.

Die schlanken Griechinnen mit schwarzen Augen und dunklem Teint betrachteten beunruhigt jede neue Person und versuchten, sich durch Gebärden verständlich zu machen. Eine von ihnen, die Deutsch konnte, sprach aufgeregt mit ihren Kameradinnen. Man sah deutlich, daß sie die Frage für riskant hielt, und dennoch fragte sie, indem sie mich mißtrauisch beobachtete: »Wohin sind unsere Eltern mit den Lastkraftwagen gefahren?«

»Wieso mit den Wagen?« wunderte ich mich. »Was ging denn an der Rampe vor?«

»Es waren drei Lastkraftwagen da«, antwortete sie aufgeregt. »Die Deutschen sagten, daß die, die müde seien, fahren könnten. Wir halfen den Älteren auf die Autos, und sie fuhren los ... Wir wurden hierhergebracht. Sag uns, wohin sie gefahren sind, du mußt das doch wissen.«

»Ich glaube, sie sind in eine andere Ortschaft gebracht worden, aber ich weiß es nicht. Ich weiß es wirklich nicht.«

»Wir werden sie also nicht wiedersehen?«

»Ich glaube nicht.«

Die anderen hörten gespannt zu, während die Griechin unser Gespräch übersetzte. Dann brachen sie in Tränen aus.

Die Tür wurde plötzlich aufgerissen, und ein SS-Mann betrat die Baracke. Er sah wie ein jugendlicher Liebhaber aus – groß und schlank, mit glattrasiertem, angenehmen, ungewöhnlich gut geschnittenen Gesicht. Er lächelte sanft und rief: »Ruhe!«

»Wer ist das?« fragte ich leise eine Frau von der Bedienung der Zugangsbaracke.

»Mengele. Kennst du diesen Henker vom ›Kaninchenstall‹ nicht?«

Ich konnte sein Aussehen mit dem, was ich über ihn gehört hatte, überhaupt nicht in Verbindung bringen. So irreführend kann also das Äußere sein! Dieser Mensch schien doch gebildet, kultiviert und rechtschaffen zu sein; sein Gesicht erweckte Vertrauen. Konnte es sich dennoch um den Mann handeln, der jene grausamen Experimente durchführte?

Vor Augen standen mir noch Alma Rose, eines der vielen Opfer seiner Experimente, und viele andere Frauen, denen man Drüsen transplantiert, Rückenmark entfernt, Bakterien injiziert hatte! Ich betrachtete diesen Unmenschen mit dem glattrasierten Gesicht, der in uns allen nur Versuchskaninchen sah, und verfolgte mit den Augen all seine Gesten, um mir ein für allemal einzuprägen, wie ein Mensch, der so aussah, gleichzeitig solch eine Bestie sein konnte!

»Sagen Sie mir bitte«, sagte er höflich, »gibt es unter Ihnen eine Person namens Zenira?«

Keine Antwort.

Eine Griechin mit klassischen Gesichtszügen und einem weißen Turban trat an ihn heran. »Ich spreche Deutsch«, sagte sie mit dem selbstsicheren Auftreten einer ihrer Schönheit sich durchaus bewußten Frau.

Einen Augenblick lang glaubte ich, er würde sich ihr vorstellen und sie würden untergehakt die Baracke verlassen.

»Bitte, hilf mir, Lydia Zenira ausfindig zu machen«, sagte Mengele in freundlichem Ton.

Die Griechin wandte sich an ihre Landsmänninnen und übersetzte die Frage des Arztes.

Was wollte er bloß von dieser Zenira? Bestimmt wollte er sie retten. Ich hatte gehört, daß hin und wieder Leute aus dem Transport herausgeholt wurden. Vielleicht hatte ihn jemand, der mit ihm arbeitete, um diesen Gefallen gebeten. Vielleicht war Mengele gar kein solches Scheusal, wenn ihm so sehr daran lag, diese Frau zu finden!

Aus der Reihe trat eine Frau heraus und teilte mit, daß Lydia Zenira, ihre Freundin, zwar hierhergekommen, doch dann mit dem Lastkraftwagen gefahren sei, weil sie müde war.

»Mit dem Lastkraftwagen?« wiederholte Mengele besorgt.

»Schade!« murmelte er und lief hinaus.

»Was wollte er?« überlegten wir alle.

Wala kam gerade in die Baracke.

»War dieses Ungeheuer, dieser Adonis, hier?« fragte sie.

»Er war da. Was wollte er, Wala?«

»Er führt gerade Untersuchungen an Zwillingen durch. Im heutigen Transport sollte die Zwillingsschwester eines seiner Patienten kommen. Der Transport war angesagt. Jetzt sucht er sie dringend.«

»Er hat sie nicht gefunden, sie ist mit dem Lastkraftwagen weggefahren.«

»Der arme Mengele!« gab Wala ironisch von sich. »Dabei sind Zwillinge so selten! Vielleicht hat er mehr Glück mit den Transporten aus Ungarn. Etwa eine Million ungarische Juden sollen verbrannt werden. Warne deine Kameradinnen, daß von nun an hier die Hölle los sein wird. Wir sind aber schon genug abgestumpft, wir werden auch das Schlimmste ertragen. Eine

Million – wird uns das erschrecken? Es ist so leicht, eine Million zu sagen!«

Wir kehrten nach Birkenau zurück. Ich dachte an die neuen Transporte. »Fliehen!« fuhr mir durch den Kopf. »Aber wie, auf welche Weise? Mala haben sie doch gefaßt!«

Die Männer am Weg klopften immer noch Steine. Wir bogen in den Pfad ein, der zum weißen Häuschen führte. Langsamen, müden Schrittes kehrten wir in die Hölle zurück. Nach dem Bad blieb uns noch eine halbe Stunde, bevor die Tür unserer Baracke geschlossen wurde. Außer dem Hochspannungszaun, mit dem Birkenau umgeben war, gab es noch Stacheldraht – ohne Strom – um die Krematorien herum. Stacheldraht wurde auch zwischen den Wohnbaracken der Frauen und der Männer gezogen, um nächtliche Treffen zu verhindern. Auf Befehl des Chefs wurden unsere Fenster mit Drahtnetz versehen. Eine von uns erlaubte sich, im Spaß zu sagen: »Auch uns werden sie jeden Augenblick mit Draht absichern.«

Ich ging in Richtung auf die »Kanada«-Baracken. Den Eimer hatte ich natürlich dabei. Auf dem »Kanada«-Gelände gab es eine Pumpe. Durch die geöffneten Türen der beleuchteten Baracken konnte man sehen, wie die Frauen die Sachen der vergasten Transporte sortierten und bündelten. »Transport aus Griechenland«, dachte ich. »Was mögen diese Griechinnen mitgebracht haben?« Im selben Augenblick wurde mir bewußt, daß Wala recht hatte. Wir waren schon abgestumpft.

In der ersten Barackenreihe wurden Kleider, Hemden, Pullover und Mäntel aufgeschichtet, in der zweiten dagegen Koffer, Handtaschen und Rucksäcke. Draußen, unter einem Dach, lagen Schuhe, ganze Stapel von Schuhen – Damen- und Kinderschuhe, Schuhe verschiedener Größe, verschiedener Machart, Stiefel, Holzschuhe, Lederschuhe, winzige Schuhe mit Korksohlen, Schuhe aller Art. Noch weiter draußen gab es leere Kinderwagen, unversehrtes und zerbrochenes Geschirr, Bücher in vielen Sprachen. Den ganzen Weg entlang, auf dem die Wagen von den Krematorien fuhren, lagen Fotos, Gebetbücher und Papiergeld umher. Unter dem Futter der Kleider und Mäntel fanden die Frauen des öfteren Golddollars und Brillanten, die sie dann für ein Stück Brot hergaben, glücklich über solch günstigen Umtausch. Die schwerste Anklage erhoben die zerstreut herumliegenden Fotos und die aufgeschlagenen Gebetbücher.

»Ich werde diese Bilder nicht vom Boden aufheben«, sagte ich zu mir selbst. »Wozu soll ich mir Gesichter anschauen, die jetzt gerade verbrennen?« Doch ich war sehr neugierig. Mechanisch bückte ich mich nach diesen Bildern und hob sie auf. Ein lächelndes, fröhliches Kind stand mit einer großen Gießkanne am Blumenbeet. Ein blondes Mädchen schaute hinter einem Fliederbusch hervor. Ein älterer Mann saß am Labortisch. Das Foto eines jungen Mannes mit einer auf deutsch geschriebenen Widmung: »Meiner allerliebsten Sophie – in Erinnerung an die schönen Tage in Saloniki. Sommer 1942.« Eine Frau auf dem Pferd, dann dieselbe Frau mit einer Geige in der Hand; Familienbilder, Aufnahmen im Badeanzug, Aufnahmen von einem Ball, eine Aufnahme mit Tennisschläger und Kinderfotos. So viele verschiedene Kinder.

Ein diensthabender SS-Mann ging mit seiner Taschenlampe vorbei, zertrat die Gebetbücher und die herumliegenden Kleidungsstücke, schaute in die Baracken hinein und beleuchtete die Zwischenräume zwischen den Baracken, um zu prüfen, ob sich vielleicht irgendein Häftling dort versteckt hatte. Er ging zu der Stelle, wo die Schuhe aufgestapelt waren und kehrte um. So langsam wie nur möglich pumpte ich das Wasser in den Eimer. In der Männerbaracke gegenüber flackerte ein Licht. Ringsum glimmte der Hochspannungszaun.

»Krysia!« vernahm ich in der Dunkelheit. Es war Wacek. Ich zögerte einen Augenblick, dann sprang ich in den dunklen Zwischenraum zwischen den Baracken.

»Verzeih mir, daß ich dich in Gefahr bringe, aber ... du verstehst ja selbst.«

»Gewiß, der Mond ...«

»O ja, dazu die vielen Sterne. Und alles ist verboten. Diese Isolation macht einen ganz verrückt. Es wird wieder neue Transporte geben. Wollen die da die ganze Welt verbrennen, Krysia?«

Jemand näherte sich. Wir drückten uns mit ausgebreiteten Armen an die Wand der Baracke. Das Licht der Taschenlampe fiel in unsere Richtung, streifte uns, glitt zur Erde und verschwand.

»Das ist Bedarf, er hat heute Dienst. Du mußt gehen, warte aber ab, bis er sich etwas entfernt hat«, flüsterte Wacek. Wir warteten schweigend.

»Dein Herz hämmert, Krysia.«

»Vor Aufregung.«

»Hör mal, ich muß dich küssen, ich kann es nicht länger aushalten!« sagte er und zog mich an sich.

Einen Augenblick lang hatte ich den Eindruck, daß sich mir alles im Kopf drehte.

»Wessen Eimer ist das?« rief jemand von der Pumpe her.

»Es ist mein Eimer.«

Ich sprang schnell hinüber und griff nach dem Eimer. In der Eile verschüttete ich unterwegs die Hälfte des Wassers.

Hinter mir wurde das Tor geschlossen. Ich hatte es gerade noch geschafft. Sofort kletterte ich aufs Bett. Basia war furchtbar aufgeregt.

»Wo bist du gewesen?« fragte sie.

»Sie hat ein Rendezvous gehabt«, sagte jemand von oben. »Sie hat doch den Eimer mitgenommen.«

»O Gott, man kann keinen Schritt tun, ohne daß es jedermann weiß!«

»Natürlich kann man es nicht«, erwiderte Basia ernst. »Bist du denn erst seit heute hier, daß du es nicht weißt? Erzähl uns lieber, wo du warst.«

»Ich bin von einem Mann geküßt worden.«

Basia sprang auf. »Du spinnst wohl! Wie? Wo?«

»Basia, ist das nicht egal? Nun laß uns schlafen! Morgen kommen bestimmt Transporte aus Ungarn.«

Lange noch lag ich mit offenen Augen. Durch das vergitterte Fenster konnte ich den sternenhellen Himmel sehen. Von den Betten meiner Kameradinnen ertönten gleichmäßiges Schnarchen und tiefe Seufzer der Sehnsucht. Der Schornstein glühte unheilverkündend. Die griechischen Juden wurden zu Ende verbrannt.

Zigeuner

In der Nacht zum 20. Mai weckte uns das so gut bekannte »letzte Geschrei« aus den vorbeifahrenden Lastkraftwagen auf. Wir glaubten, Kinderstimmen zu hören. Oder litten wir bereits unter Halluzinationen?

Am nächsten Morgen erfuhren wir, daß es im »Zigeunerlager« eine Ausmusterung gegeben hatte und einige tausend Menschen nachts ins Gas geschickt worden waren.

»Die fangen schon an, alle zu liquidieren!« sagte Basia. »Können wir sicher sein, daß sie uns in der Nacht nicht holen werden, wenn sie Zigeuner vergasen? Die Zigeuner wurden doch von der Lagerleitung besser behandelt als wir. Zigeunerfamilien wurden nicht getrennt, während uns sogar verboten wurde, mit Männern zu sprechen. Ihnen wurden die Kinder nicht wie den Juden entrissen.«

»Wir werden unserem Schicksal nicht entgehen«, sagte Ania erschrocken.

»Warum gerade wir?« fragte ich, während ich meine Aufregung zu verbergen suchte.

»In erster Linie, weil wir zuviel wissen. Und auch darum, weil Zugänge jetzt nicht mehr ›karteimäßig‹ aufgenommen werden. Alles im Lager wird jetzt aufs Verbrennen umgestellt. Wir haben unsere Rolle ausgespielt.«

»Und mir scheint es, daß es nicht zutrifft, solange es im Lager noch Arierinnen gibt, deren Unterlagen und Habseligkeiten wir aufbewahren und bewachen.«

»Ich fürchte, daß sie bald aufhören werden, sich um die Aufbewahrung persönlicher Gegenstände zu kümmern. Sie können doch jederzeit für den Staat beschlagnahmt werden, zumal die Baracken geleert werden müssen.«

Wir dachten nun nicht mehr an die verstorbenen Zigeuner, sondern an die Gefahr, die uns drohte. In den kleinsten Einzelheiten stellte ich mir den Augenblick vor: Sie würden in der Nacht kommen, um uns zu holen. Sie würden uns befehlen, aus den Betten zu steigen, würden die Maschinengewehre auf uns richten und uns hinausführen. In Nachthemden würden wir auf Lastkraftwagen geladen und bis nahe an das Krematorium herangefahren werden.

»Hör mal, Krysia«, sagte Nela mit geheimnisvoller Miene. »Sollten sie kommen, um uns zu holen, so müssen wir uns irgendwie zur Wehr setzen!«

»Was können wir da machen? Wir müßten schon jetzt etwas unternehmen, bevor es zu spät ist.«

»Wenn wir gleich etwas machen, zum Beispiel den vorbeifahrenden SS-Oberscharführer Moll, der die Krematorien leitet, mit Steinen bewerfen, wird man uns sofort liquidieren, und nachher wird sich vielleicht zeigen, daß sie eigentlich so etwas – wenigstens im gegenwärtigen Zeitpunkt – mit uns gar nicht vorhatten.«

»Eben das ist unser Verhängnis. Bis zum letzten Augenblick hegen alle Menschen Hoffnung. Deshalb sterben sie. Trotz unserer Erfahrung verhalten wir uns genauso. Wir fürchten uns, der Wahrheit ins Auge zu sehen. Man muß schon jetzt etwas unternehmen!«

Ich beschloß auszukundschaften, was die Männer davon hielten. Ich ging vor die Baracke hinaus und bat ziemlich unvorsichtig einen Häftling von der Männerbaracke, Wacek zu mir zu schicken. Wacek kam sofort.

»Was ist passiert?« fragte er, als er merkte, daß ich in höchster Aufregung war.

»Weißt du schon Bescheid über die Zigeuner? Man sagt, daß sie mit uns dasselbe machen werden.«

»Wieso, wer sagt das, was redest du denn für einen Unsinn?«

»Alle sagen das. Meine Kameradinnen. Unsere Kapo ist völlig durcheinander.«

»Die Zigeuner wollten sie schon längst liquidieren. Ein Befehl aus Berlin ist gekommen. Es gibt zu wenig Lebensmittelzuteilungen, um sie zu halten. Der Krieg zieht sich in die Länge. Die Lager werden immer voller. Die Zigeuner werden wie Juden behandelt. Auf uns nehmen sie Rücksicht, da wir angeblich zur selben Rasse gehören. Du weißt doch, daß sie stets mit irgendeiner internationalen Kommission rechnen, und ich versichere dir, daß sie sich an uns nicht heranmachen werden. Es genügt, daß eine von euch laut über ihre Ängste spricht, und ihr alle laßt euch schon anstecken. Ich bitte dich, hör auf, darüber nachzudenken!«

»Vielleicht sollte man etwas organisieren, eine Rebellion, vielleicht zusammen mit euch.«

»Schweig!« sagte Wacek bleich vor Entrüstung. »Wir werden zum richtigen Zeitpunkt rebellieren. Jetzt wäre es Wahnsinn, weil man denjenigen Unglück bringen könnte, die die Chance haben zu überleben. Ihr dürft nichts unternehmen. Vergiß nicht, daß hier das Prinzip der kollektiven Verantwortung gilt. Keine Angst, heute nacht kommen sie nicht.«

»Und wenn sie zu euch kommen?«

»Dann werden wir uns im letzten Augenblick entscheiden. Rebellionen sind spontan. Hier kannst du sowieso nichts organisieren, weil du keine Waffen beschaffen kannst. Geh in dein Büro zurück und beruhige dich. Der Vorgeschmack des Todes begleitet uns ständig, heute ist er für dich, morgen für mich stärker zu spüren.«

Jemand näherte sich. Ich lief davon und kehrte ins Büro zurück, wo ich Waceks Worte wiederholte. Meine Kameradinnen hörten mißtrauisch zu.

Abends gingen wir dann baden. Jede von uns dachte: »Das ist unser letztes Bad.«

Plötzlich schrie Czesia laut auf: »Gas!«

»Gas, Gas!« ertönte es von allen Seiten.

Ein stechender Geruch erfüllte den Raum. Die Angst schnürte mir die Kehle zu, mir wurde übel und schwindlig.

»Gas!« rief auch ich und stürzte wie besessen zum Ausgang.

All das dauerte nur eine Sekunde. Zu unserer Überraschung ging die Tür auf, und wir liefen nackt in den nächsten Saal. Ich erholte mich von dem Schrecken. Neben mir stand Basia, vor Angst und Kälte zitternd. Tränen rannen ihr über die Wangen – Tränen der Erleichterung und der Verblüffung, daß die Tür doch nicht zugeschlossen war. Weinend und lachend zugleich blickten wir uns an.

»Was war das?« fragte Nela. Niemand wußte es.

»Vielleicht war das nur Einbildung. Eine schrie auf, und die anderen erlagen unter dem Eindruck der heutigen angstvollen Vermutungen einer Suggestion.«

Am nächsten Tag erzählte uns jemand von der Sauna-Bedienung, daß man tatsächlich für einen Augenblick einen Lüfter im zweiten Krematorium geöffnet hatte und ein starker Gasgeruch sich kurze Zeit überall verbreitet hatte. In jener Nacht horchten wir selbst auf den leisesten Laut in der Umgebung.

Zwanzigtausend täglich

An der Spitze fuhr eine schwarze Limousine. Von unserem Beobachtungspunkt aus verfolgten wir gespannt das Geschehen. Dann kamen mit Holz beladene Lastwagen. Jetzt wußten wir schon Bescheid. In der Limousine saß der in Birkenau von Mai 1944 an verantwortliche Lagerkommandant, SS-Hauptsturmführer Kramer, derselbe, der uns damals auf dem Rückweg zum Schilfrohrschneiden angesprochen hatte.

Schon seit einigen Tagen war eine gereizte Stimmung zu spüren. Eindeutig stand etwas bevor. Alle SS-Männer waren sehr beschäftigt und hatten es immer eilig. Die Aufgaben wurden sorgfältig verteilt, und das Lager stellte sich völlig aufs Verbrennen um. Neben den Krematorien wurden Gruben ausgehoben, denn die Öfen konnten so viele Leichen nicht fassen. Es lief das unglaubliche Gerücht um, daß man die Menschen bei lebendigem Leibe verbrennen wolle.

Aus Berlin war der Befehl gekommen, daß innerhalb von anderthalb Monaten achthunderttausend ungarische Juden zu verbrennen seien.

Wala und die anderen von der Politischen Abteilung berichteten uns, daß sofort nach dem Erhalten dieses Befehls eine »Teufelsberatung« stattgefunden hatte, an der unter anderem Hustek, Kramer und Moll teilgenommen und einen Plan für die Verbrennung festgelegt hatten. Zwanzigtausend täglich – das würde ein Kinderspiel für sie sein!

»Dort kommen sie!« rief Czesia und lief durch die Schreibstube.

Ich schaute durch das Fenster hinaus. Tatsächlich. An der Rampe ballte sich ein Haufen Menschen. Es war elf Uhr morgens. Das ganze Lager bereitete sich auf die Aufnahme der angekündigten Transporte vor. Ins »Kanada« hatte man noch fünfhundert Jüdinnen aus dem FKL – dem Frauenkonzentrationslager – geschickt. Es würde sehr viel Sachen zu sortieren geben. Das Sonderkommando, das sich aus ausgewählten Häftlingen aus dem Lager und SS-Männern zusammensetzte, wartete auf Wein und Konserven. Das ganze große Reich wartete auf die Beute.

Sie kamen, ohne etwas zu ahnen. An der Weggabelung wurden sie in zwei Gruppen geteilt. Die einen gingen weiter geradeaus – den schönen Steg am Birkenhain entlang – auf das weiße Häuschen zu. Die anderen bogen nach rechts ab und kamen in unsere Richtung. Um zum dritten Krematorium zu gelangen, mußten sie an unserem Block vorbei. Wir konnten genau die Kinder und die Mütter unterscheiden. Frauen mit Kopftüchern, Mänteln, reiche und arme Bäuerinnen aus der ungarischen Provinz, junge und ältere Frauen. Sie umarmten und liebkosten ihre Kinder. Kleinkinder, die diese Reise auf den Armen ihrer Mütter gemacht hatten, ältere Kinder, die sich an den Rockzipfeln ihrer Mütter festhielten, und Jugendliche, die sich mißtrauisch umsahen. Sie gingen langsam vorbei. Sie waren sehr müde, manche waren beunruhigt, aber weit von der richtigen Vermutung entfernt.

Wir taten so, als ob wir arbeiteten. Unsere Kapo hatte uns gewarnt, daß der Chef bestimmt unerwartet hereinkommen würde, um uns zu beobachten. Wir sollten uns so verhalten, als ob wir weder etwas gesehen noch etwas gehört hätten.

Da ich meinen Platz am Fenster hatte, konnte ich alle und

alles sehen. Der lange Zug von Menschen nahm kein Ende. In regelmäßigen Abständen sah man neben der Gruppe einen Posten mit Gewehr. Die Frauen unterhielten sich, manche lächelten sogar. Der erste Teil der Kolonne befand sich bereits im Bereich des Krematoriums. Den Schluß dieser trostlosen Prozession bildeten alte Frauen. Da einige nicht laufen konnten, stützten sie sich auf die Arme der Jüngeren. Immer wieder blieben sie stehen, um Atem zu holen. Die ungeduldig gewordenen Posten, die den Frauenzug abschlossen, trieben sie mit ihren Gewehren weiter. In weitaus größerem Abstand ging als letzte eine etwa achtzigjährige Frau. Mit ausgebreiteten Armen lehnte sie sich mit dem ganzen Körper an die Gewehrkolben in ihrem Rücken. Mit größter Anstrengung zog sie die Füße hinter sich her und blickte gleichzeitig zum Himmel auf, als ob sie fragte: »Mein Gott, wie kannst du das sehen und schweigen?«

Der ungefähr achtzehnjährige Posten schob sie mit dem Gewehr vorwärts, verärgert darüber, daß sie sich so anlehnte. Plötzlich bemerkte er uns am Fenster, sein Gesicht hellte sich auf, er nahm das Gewehr weg. Die alte Frau, ihres Rückhalts beraubt, fiel auf den Rücken. Der Posten kratzte sich am Kopf, so als ob er uns amüsieren wollte, und schnitt Grimassen. Ohne lange zu überlegen, packte er die Alte an der Hand und schleppte sie in Richtung des Krematoriums.

Nach einer kurzen Pause kamen die Männer. Sie schienen stärker beunruhigt zu sein, obwohl man sah, daß auch sie weit davon entfernt waren, die Wahrheit zu ahnen. Offensichtlich hatte keine Selektion stattgefunden. Sowohl junge als auch alte Männer gingen »ins Gas«.

Ungefähr eine Stunde später stieg aus dem vierten Krematorium, das direkt hinter unserem Wohnblock lag, eine Feuersäule empor. Gleichzeitig begann es aus der daneben ausgehobenen Grube zu qualmen. Zunächst war es nur ein dünner, grauer Rauchfaden, dann wurden immer dichtere Rauchwolken sichtbar, die immer höher stiegen, anschwollen und sich ausbreiteten. Der Wind trieb die dunkle, drohende Wolke in unsere Richtung, und der Rauch verdeckte bereits die Sonne. Der Rauch brachte auch den Geruch der verbrannten Körper zu uns. Dieser Geruch erinnerte an den Gestank beim Sengen gerupfter Gänse, er war jedoch intensiver und beißender. Wir saßen schweigend mit geschlossenen Augen in dieser angespannten Atmosphäre.

»Mach das Fenster zu!« unterbrach Nela die Stille. »Dieser Geruch wird uns töten.«

Ich taumelte zum Fenster und schloß es. Einige Minuten lang war es wieder still.

»Mach das Fenster auf!« sagte Tania. »Das ist kaum zu ertragen. Der Rauch dringt sowieso herein. Wir werden ersticken.«

Ich öffnete das Fenster wieder. In diesem Moment zerriß vom weißen Häuschen her ein unmenschlicher, gellender Schrei von Tausenden von Stimmen die Stille. Es dauerte zwei bis drei Minuten.

»Die Welt geht unter«, jammerte Ziutka und fing an zu beten.

»Der Schrei kam aus den Gräben«, erklärte Irena. »Diese Menschen werden bei lebendigem Leibe verbrannt, deshalb schreien sie so laut.«

Da das Krematorium IV zu dem Zeitpunkt keine Verbrennungsöfen hatte, war eine riesige Grube ausgehoben worden, die mit glühenden Holzscheiten gefüllt war. Die Opfer mußten sich an den Rand der Grube stellen und wurden von der SS erschossen. Die manchmal noch lebenden Körper fielen in die Glut und verbrannten.

Die Schreie verklangen. Die Tür des Dienstzimmers ging auf. Verstört wandten wir unsere Blicke dahin. Janda durchbohrte uns mit einem ernsten, durchdringenden Blick, so als ob sie sagen würde: »Ich weiß, was ihr empfindet, aber das war ein Befehl, und ihr sollt schweigen.«

Es folgten Tage und Monate tödlichen Grauens. Die ungarischen Transporte gingen ohne Selektion »ins Gas«.

Später begann man, an der Rampe Selektionen durchzuführen. Nachdem sie geschoren und entlaust worden waren, wurden junge Frauen in das nunmehr leere Zigeunerlager geführt, wo fünfhundert Menschen in einer Baracke zusammengepfercht wurden. Ältere Leute und Kinder wurden Tag und Nacht in die Krematorien getrieben. Jeden Tag kamen zwölf bis dreizehn lange Güterzüge an der Rampe an. Während der Selektion an der Rampe wurden alle Pakete und Koffer neben den Waggons aufgetürmt. Große Lastwagen fuhren die Kleidung der Vergasten aus allen Krematorien ins »Kanada«. Dort arbeiteten etwa tausend Mädchen Tag und Nacht.

Den ganzen Weg entlang von Birkenau zum Frauenkonzentrationslager lag in Klaftern gesetztes Holz. Wollten sie ganz Europa verbrennen?

Auf der Straße vor dem »Kanada« herrschte geschäftiges Treiben. Immer wieder fuhren vollbeladene Wagen vor die Baracken. Die Frauen, die im »Kanada« arbeiteten, sortierten und bündelten fieberhaft die noch warmen Kleider unter der Aufsicht der Vorarbeiterin und den Pfiffen der überall anwesenden und prügelnden »Kanada«-Kapo. Die sortierten Sachen wurden auf Lastwagen geladen und in die Baracken gebracht.

Die Frauen vom »Kanada« arbeiteten die ganze Nacht durch, im Licht eines riesigen Scheinwerfers und im roten Schein flammender Schornsteine, begleitet vom Geratter der vorfahrenden Wagen, von den Schreien der Fahrer, der Vorarbeiterinnen, der SS-Posten. Ununterbrochen ertönten die Pfiffe der Züge, die neue Opfer brachten.

Allmählich begannen wieder Pakete einzutreffen. Offenbar hatte es infolge des verstärkten Bahnverkehrs eine Stauung bei der Post gegeben. Allerdings konnte man damals auf Pakete durchaus verzichten. Speck lag buchstäblich auf der Straße. Und alles andere auch. Es genügte, im richtigen Augenblick, wenn sich der diensthabende SS-Mann entfernt hatte, mit einem Koffer ins »Kanada«, in die Baracke 13, genannt »Freßbaracke«, zu laufen, um ihn mit Hilfe der dort arbeitenden Juden mit Fett, Zucker, Graupen, Nudeln und verschiedenen Gewürzen vollzupacken. Schwieriger war es mit Konserven. Da mußte man schon jemanden näher kennen. Konserven wurden von den »Jungs« aufgetrieben, die sie ihren Auserkorenen schenkten.

Hungrig waren wir damals nicht, aber niemand dachte ans Essen. Die Verpflegungssätze hatten sich im Lager übrigens nicht geändert: immer dieselben Rationen Brot, Margarine und Kohlrüben.

Wir konnten nichts ins Lager schmuggeln, weil die Kontrollen verschärft worden waren und wir keinen Vorwand hatten, um dorthin zu gehen. Gewöhnliche Zugänge kamen sehr selten. Wir überlegten, wohin jetzt die arischen Transporte aus dem Pawiak, aus dem Montelupi-Gefängnis in Krakau oder dem Brygidki-Gefängnis in Lwów gebracht wurden.

Eines Tages wurden wir zu Zugängen herbeigerufen. Offensichtlich waren sie aus Versehen hierhergeschickt worden. Vermutlich hatte man irgendein Gefängnis nicht benachrichtigt, daß man keine Transporte mehr nach Auschwitz schicken solle.

Trotz der strengen Lagersperre wurde uns befohlen, uns ins

Lager zu begeben, den Weg der Todeszüge entlang. Als wir durch das Tor gingen, hielt gerade ein Zug an der Rampe. Geführt vom Chef, der an seinem Schnurrbart zupfte, marschierten wir im Gleichschritt in Fünferreihen und zertraten die Gegenstände, die die Häftlinge entweder verloren oder weggeworfen hatten – Reisetaschen, Mäntel, Hüte, Taschentücher, Gebetbücher, Geldscheine, Fotos, Handschuhe, Ausweise, Zeitungen.

Die Holzstapel, die die ganze Straße säumten, kündigten weitere Transporte an. Längs der Gleise arbeitete das Räumungskommando. Die Männer vom Evakuierungskommando mit aufgenähten Kreuzen auf dem Rücken nahmen aus den Viehwaggons die zurückgelassenen Sachen heraus und warfen Koffer, Pakete, Bündel und leere Kinderwagen hinunter.

Als wir am weißen Häuschen vorbeigingen, fand an der Rampe eine Selektion statt. Die Uniformen von Höß und anderen SS-Männern hoben sich von der zusammengepferchten, schweigenden Menschenmasse ab. Alle SS-Männer trugen weiße Handschuhe. Höß zeigte mit seinem Stock die Richtung. Die Juden begannen, sich in zwei Gruppen zu teilen. Manchmal konnte man eine verzweifelte Handbewegung beobachten, wenn eine Mutter von ihrer Tochter getrennt wurde. Ein Zug von älteren Menschen und Kindern marschierte in unsere Richtung los. Plötzlich bemerkte ich in den Straßengräben Posten mit Maschinengewehren. Wir betraten das leere, gleichsam ausgestorbene Lager. Die einzigen Gestalten, die sich dort bewegten, waren die Torwächter mit Kübeln und die Leute vom Stubendienst mit Suppenkesseln. Ab und zu huschte eine Lagerkapo mit der Peitsche vorbei, machte eine Blockführerin oder eine Aufseherin, von einem Hund begleitet, ihre Runde. Das Lager war jetzt unwichtig. Sich selbst überlassen, verweste es im Gestank der Kübel und fauliger Kohlrüben. Völlig abgestumpfte verlauste »Muselmaninnen« saßen auf den Pritschen in der schwülen Atmosphäre der Hoffnungslosigkeit. Hin und wieder schreckte eine Frau bei einem Geräusch auf, erhob das abgemagerte Gesicht und blickte mit trüben, unruhigen Augen umher.

Wenn jemand von der Effektenkammer auftauchte, erregte es immer großes Aufsehen. Es war allgemein bekannt, daß wir in der Nähe ein Radio und mehr Bewegungsfreiheit hatten.

»Stimmt es, daß sie schon nahe sind? Stimmt es, daß ein Trupp in der Umgebung ist? Stimmt es, daß die Männer organisiert sind, daß sie etwas vorbereiten?«

»Natürlich stimmt das«, antworteten wir ohne Zögern. »Das dauert wirklich nicht mehr lange. Und die Männer sind auf alles vorbereitet. Jeden Augenblick kann etwas geschehen. Noch etwas Geduld.«

Auf dem Rückweg am Krematorium II vorbei hörte ich wieder »das letzte Geschrei«. Wieder mit dem Chef, wieder im Gleichschritt, in Fünferreihen, blaß, mit zusammengepreßten Lippen marschierten wir den »Todesweg« entlang. Am Weg standen die an der Rampe ausgemusterten Menschen. Im Birkenwald vor dem Krematorium warteten nichtsahnende Männer, bis sie an der Reihe waren. Sie aßen hartgekochte Eier und Brötchen. Sie wußten nicht, daß das ihre letzte Mahlzeit war. Die Eierschalen erinnerten an einen fröhlichen Ausflug ins Grüne. Mit Mühe hielt ich mich zurück, um nicht zu rufen: »Wie könnt ihr ruhig essen, bald werdet ihr in furchtbaren Qualen sterben, hört ihr die Schreie nicht, seht ihr das Feuer nicht, spürt ihr nicht den Gestank aus den Krematorien?« Sie aber sahen nur den Wald, die Sonne und den wolkenlosen Himmel.

Die Posten in den Gräben zogen ihre Maschinengewehre hervor. Die Männer im Wald zitterten vor Schreck. Sie suchten nach einer Erklärung, die es nicht gab. Ein Mann ließ sich auf die Knie nieder und lehnte den Kopf an einen Baumstamm. Er betete.

Neben der Sägemühle bogen wir nach rechts zu unserem Tor ab. Der Transport von der Rampe ging geradeaus bis zum weißen Häuschen. Ein kleines Mädchen beugte sich, um eine Blume zu pflücken. Unser Chef ereiferte sich darüber. Wie konnte sie bloß Blumen vernichten und das Gras zertreten, wenn es daneben einen Weg gab! Ein kultivierter Deutscher konnte diesen Anblick nicht ertragen! Er sprang auf das Kind zu, das höchstens vier Jahre alt war, und versetzte ihm einen starken Fußtritt. Die Kleine fiel hin, dann setzte sie sich bestürzt ins Gras. Sie weinte nicht. Sie hielt fest den von der Blüte abgetrennten Stiel. Mit vor Verwunderung weit geöffneten Augen sah sie verständnislos den SS-Mann an. Die Mutter hob das Kind vom Boden, nahm es auf den Arm und ging weiter. Das Mädchen drehte sich unablässig um und wandte kein Auge von unserem Chef.

»Mit seinem Blick hat dieses Kind ganz Deutschland verurteilt«, sagte voller Haß Tania, die neben mir ging.

Der Sommer war zu schön und zu heiß. Abends setzten wir uns auf die Bank vor der Baracke und beobachteten den lebhaften Betrieb auf einer Straße vor dem »Kanada«. Uns gegenüber saßen Männer auf der Schwelle und spielten auf verschiedenen Instrumenten. Dieses Orchester war von dem Hauptscharführer zusammengestellt worden.

Vor das »Kanada« fuhren immer wieder Wagen vor. Durch die Straßen liefen Mädchen mit den roten Kopftüchern, die die Nachtschicht hatten. Es gingen SS-Männer vorbei, die wir vom Sehen und vom Hörensagen schon gut kannten: der »Blinde«, ein SS-Mann mit einem Glasauge, bekannt dafür, daß er Juden schlug und mißhandelte; der hinkende Wensch, ein verbissener, hundertprozentiger Hitlerfaschist, der sich zu seinem Unglück in eine Jüdin verliebte und zum Gegenstand des Spottes wurde; der elegante »Slowake«, der bis um ein Uhr mittags schlief und sich hier enorm langweilte; »Wiener Schnitzel«, ein dummer Wiener, der alle Mädchen belästigte, wenn ihn der Hauptscharführer nicht sah; ferner Bedarf, »Pimpelfritze« und Wagner, der gerade an die Front abkommandiert worden war (darum spielten die Männer heute so heiter). Auch der Hauptscharführer, der Chef von »Kanada«, ging vorbei. Neben ihm lief die Kapo vom »Kanada«, die slowakische Jüdin Mancy. Sie waren in eine freundschaftliche Unterhaltung vertieft.

Ständig kamen neue Ladungen. Flammensäulen schlugen gen Himmel, und die Häftlinge spielten den vorbeigehenden SS-Männern zum Vergnügen verschiedene Melodien aus der Vergangenheit vor. »Komm zurück«, sang »Wiener Schnitzel«, »ich warte auf dich ...« Und das Orchester spielte weiter.

»Lagerruhe!« Das Tor wurde geschlossen. Einige Mädchen vom »Kanada«, die in der Tagesschicht arbeiteten, zeigten uns die erbeuteten Schätze, die sie heute mit viel Mühe in unsere Baracke geschmuggelt hatten. Manche verkauften ihre Beute für einen Apfel oder ein Stück Kuchen, denn Brot gab es zu dieser Zeit genug. Andere brachten uns Geschenke mit. Anschließend folgte eine Modenschau. Die ungarischen Jüdinnen hatten schöne Unterwäsche gebracht. Jede von uns hatte ein seidenes knöchellanges Nachthemd. Nun wusch ich meine Unterwäsche nicht mehr aus. Hemden, die ich ein- oder zweimal angehabt hatte, warf ich weg oder schmuggelte sie aufs Revier. Nach der obligatorischen Modenschau ging das Licht aus.

Etwa um elf Uhr kam Natascha, eine Russin von ungewöhnlicher Schönheit, von der SS-Küche zurück. Sie kochte für die Herrscher von Birkenau. Doch sie ließ nicht zu, daß sie sie belästigten. Oft scherzten die SS-Männer: »Na, Natascha, wo sind denn die Deinen, die sollten schon längst hier sein. Was sagst du dazu, du kleine Bolschewistin?«

»Die Suppe ist heute ausgezeichnet«, antwortete Natascha ironisch.

Sie waren verärgert, weil sie wußten, daß sie sie haßte und daß sie stolz auf ihr mächtiges Vaterland und auf ihre Landsleute war, von denen sie, die Herrscher der Welt, an allen Fronten geschlagen wurden. Natascha brauchte weder um Moskau noch um den Sieg der Sowjetunion zu bangen, während die, die sie zwickten und verhöhnten, um das Schicksal des Dritten Reiches doch sehr bangten.

Als Natascha hereinkam, wurde ich wach.

»Was haben sie gesagt?« fragte ich neugierig.

Natascha begann zu lachen. Ihre schwarzen Augen funkelten im Dunkeln, und ihr blondes Haar glitzerte im Mondschein.

»Lach nicht, sondern sag, was du gehört hast.«

»Ich kann mich kaum noch halten! Diese Dummköpfe haben sich besoffen wie noch nie. Stell dir vor, sie haben schon unter sich die Rollen verteilt, was sie werden, wenn unsere Armee kommt. Sie haben sich im Suff verplappert. Sie haben gesagt, daß Bedarf bestimmt Kammerdiener sein wird, da er gut Schuhe putzen kann, und unser Chef ... oh, ich kann nicht mehr!« – Natascha kicherte unaufhörlich – »Sie haben gesagt, daß unser Alter bei der ersten Selektion ausgemustert wird, da er so mager ist. Dann haben sie wie üblich Fensterscheiben zerschlagen. Der ›Blinde‹ hat eine Flasche gegen die Lampe geschleudert und Wagner getroffen, der eine Beule bekommen hat. Sie haben sich heute von ihm verabschiedet, da er an die Front fährt. Er spuckt deswegen Gift und Galle. Er hat zu mir gesagt: ›Natascha, ich werde die Deinen schlagen!‹ Darauf habe ich geantwortet: ›Wohl bekomm's!‹ und bin davongelaufen.«

»Natascha, du bringst dich in Gefahr. Sie verstehen doch keinen Spaß. Und wie ist das Fest ausgegangen?«

»Sie haben den Bolek von der Effektenkammer mit dem Akkordeon geholt und ihn spielen lassen. Er spielt immer noch, und sie schlagen immer wieder was entzwei. Es gibt schon keinen einzigen ganzen Teller, morgen muß ich ins ›Kanada‹ laufen, um neue zu organisieren. Jede Nacht dasselbe.«

In der Abendstille hörte man von der SS-Küche her das Akkordeon spielen und Teller in Scherben gehen.

Die Mädchen von der Tagesschicht traten zu fünft zum Morgenappell an. Die Blockführerin und eine Schreiberin zählten die Reihen ab. Hinter dem Stacheldraht ging die Sonne auf. Wir gingen durch das Tor hinaus, dann an der Wohnbaracke vom »Kanada« vorbei, und bogen nach links zum Büro ab. Vor uns auf dem Weg zum weißen Häuschen gingen bereits Transporte »ins Gas«. Eine lange, endlose Reihe. Frauen und Kinder pflückten Blumen.

Aus Auschwitz-Stadt kam ein Postwagen an. Ein junger Mann in Häftlingskleidung sprang aus dem Wagen. Aus der Fahrerkabine stieg ein SS-Mann, der ins Zimmer des Chefs ging.

»Kommando Effektenkammer?« fragte der Häftling laut und fügte leise hinzu: »Rufen Sie bitte Krystyna Zywulska. Ich habe einen Brief für sie und muß sie unbedingt sehen, aber schnell, gleich fahren wir weg.«

»Ich bin Krystyna.«

»Sie?« Er war erstaunt. »Ich habe mir Sie irgendwie anders vorgestellt, ich weiß nicht warum. Was soll ich Andrzej ausrichten?«

»Sagen Sie ihm, daß ich gesund bin und keine Krätze mehr habe und daß ich nicht daran glaube, ihn je wiedersehen zu können. Wo arbeiten Sie?«

»Bei der Paketpost. Sehen Sie sich diesen Wagen an. Zum Vergasen von Menschen. Man hat Angst einzusteigen. Jetzt benutzen wir ihn für die Zustellung von Paketen. Es ist ein gewöhnlicher, geschlossener Kasten mit einem winzigen Lüfter oben. Unter dem Kasten gibt es irgendwelche Apparate und gebogene Rohre.«

Dann gab er mir den Kassiber von Andrzej. Darin stand: »Meine arme Krysia, ich weiß, was bei euch vorgeht. Der Leichengestank dringt auch zu uns herüber. Laß aber den Mut nicht sinken. An der Front ist es sehr gut. Die Offensive im Osten ist in vollem Gang. Ich habe lange nicht geschrieben, da es keine Gelegenheit gab. Ich habe meinen Kameraden gebeten, er möge Dich genau ansehen. Schicke mir bitte eines Deiner Gedichte. Wir haben nichts zu lesen. Schreibe mir. Abends ist alles kaum zu ertragen. Glaube mir, manchmal ist es so schwer, so viele Gedanken fahren mir durch den Kopf. Soviel Energie steckt in uns, und wir wissen nichts mit ihr anzufangen. Schreibe mir, denn das sind die einzigen heiteren Augenblicke, wenn ich diese unscheinbaren Zettel auseinanderfalte. Lächerlich bin ich, das stimmt, ich kenne Dich ja gar nicht. Aber bitte, reiß mich nicht aus meinen Illusionen. Laß mich glauben, daß Du so bist wie in meiner Vorstellung.«

»Da kommt das Sonderkommando ...«

An diesem Tag gab es weniger »Todeszüge«. Offenbar eine kleine Pause. Den ganzen Tag lang liefen die Männer vom Sonderkommando hin und her und trugen Holz zusammen. Unrasiert, mit Staub und Ruß bedeckt, unruhig umherblickend. Sie gingen mit gesenktem Kopf wie unter einer drückenden Last. Sie schleppten große Haselnußzweige und fegten mit dem Laub den Weg.

Wegen einer Stockung hielten sie vor unseren Fenstern an. Wir waren inzwischen davon überzeugt, daß die Männer vom Sonderkommando Ungeheuer waren, denn sonst hätten sie nicht diese Arbeit verrichten können. Ich sah sie verächtlich an, vor allem den einen von ihnen, der einen besonders intelligenten Eindruck machte. Ich konnte nicht begreifen, daß er imstande war, menschliche Leichen zu verbrennen. Dieser Mann richtete sich auf, schaute mich herausfordernd an und fragte: »Warum siehst du mich so an, was gefällt dir an mir nicht, mein Bart oder meine Frisur?«

»Dein Tun«, antwortete ich giftig.

Er kam näher und fing an zu erklären. Er sprach so aufgeregt, als ob jedes Wort über sein Leben entscheiden könnte. Ich war erschrocken über diese Reaktion auf einen einzigen Blick.

»Denkst du viellleicht, daß ich mich zu dieser Arbeit gedrängt habe? Weißt du nicht, daß *sie* uns die Befehle erteilen? Und obwohl wir so furchtbar hungrig sind, versuchen wir, uns während dieser entsetzlichen Appelle zu verstecken. Mich aber haben sie aufgegabelt, und was sollte ich da machen? Natürlich hätte ich in die Drähte laufen können, denn das kann man immer. Aber ich möchte leben. Und wenn das Wunder geschieht, auf das wir alle warten? Vielleicht werden wir heute oder morgen befreit. Dann werde ich mich rächen, dann werde ich der Welt berichten, was hier – dort drinnen – vorgegangen ist.«

Er blickte sich um, vergewisserte sich, daß niemand lauschte und fuhr verbittert fort: »Denn was die Arbeit selbst betrifft, kann man sich daran gewöhnen, wenn man nicht gleich am ersten Tag wahnsinnig wird. Denkst du vielleicht, daß diejenigen, die in

Munitionsfabriken beschäftigt sind, eine edlere Arbeit verrichten? Oder die hier, im ›Kanada‹, die all die Sachen für *sie* sortieren und versenden? Wir alle arbeiten auf Befehl, und wir alle arbeiten für *sie*. Unsere Arbeit ist bloß unangenehmer. Nicht um des Lebens willen möchte ich leben, sondern um mich zu rächen. Sie haben meine ganze Familie ins Gas geschickt.«

»Warum lehnst du dich nicht auf?« fragte ich. »Warum widersetzt du dich ihnen nicht?«

»Und du, warum lehnst du dich nicht auf? Nur deswegen, weil du jetzt zu denjenigen gehörst, die im Büro sitzen? Ihr seid insgesamt sechzig. Und die Tausende, die im Lager verwesen, warum lehnen die sich nicht auf? Du weißt wohl, daß selbst für den leisesten Widerstand sofort alle mit Maschinengewehren erschossen werden! Und wenn ihr euch gegen *sie* verschwört, würde sich immer ein Schuft finden, der euch für ein Stück Brot, aus Eifer oder was weiß ich warum, anzeigt. An Spitzeln fehlt es nirgends, sonst würdest du überhaupt nicht hier sein. Und hast du eine Ahnung, wie viele bisher rebelliert haben und dorthin gegangen sind?«

Er zeigte mit dem Finger nach oben. »Du glaubst, daß im Sonderkommando lauter grausame Leute sind. Ich versichere dir, daß diese Leute wie alle anderen sind – bloß viel unglücklicher.«

Er griff nach seinem Zweig und folgte der Männerkolonne, ohne zurückzublicken. Das Sonderkommando verschwand mit den Zweigen im Bereich des Krematoriums IV.

»Idioten, die Nazis!« stieß Nela zwischen zusammengebissenen Zähnen hervor. »Sie benutzen Äste zur Tarnung und wollen noch den Anschein wahren, als ob jemand im Lager noch Zweifel daran hätte, was sich dort abspielt.«

Die Tür zum Büro öffnete sich und die Schreiberin Danusia platzte herein.

»Hört zu, ist der Chef nicht da? Ich konnte nicht bis zum Abend warten, ich bin gekommen, um euch die neue Verordnung mitzuteilen.«

Ihr Gesicht nahm einen offiziellen Ausdruck an: »Das wird euch sicherlich bekümmern«, sagte sie mit feierlicher Miene, »aber nach Lwów, Wilna, Białystok, Briest und deren Umgebung darf man keine Briefe mehr schreiben.«

Die Nachricht war tatsächlich begeisternd. Wir ließen Danusia hochleben.

Ich beschloß, um jeden Preis die Wehrmachtnachrichten zu

hören. Es war etwa drei Uhr nachmittags. Durch den Türspalt schaute ich ins Zimmer des Chefs. Das Dienstzimmer war leer. Auch Janda war nicht da. Basia und Nela wurden als Wachen postiert, um uns über die Ankunft des Feindes rechtzeitig zu informieren. Irena hielt Wache an der anderen Tür der Baracke. Die Kapo war glücklicherweise nicht im Büro. Ich schaltete das Radio ein. Mein Herz hämmerte – beschwingte Melodien, Tiroler Lieder, und plötzlich: »Hier spricht Moskau. Die letzten Meldungen ... Unsere Armee hat die Deutschen zurückgeschlagen. Lwów, die Hauptstadt der westlichen Ukraine ist befreit.«

»Der Chef kommt! Paß auf!«

Ich stellte das Radio ab. Kaum hatte ich mich an meinen Tisch gesetzt, da knarrte die Eingangstür.

Ich lief in Zosias Baracke. Ich wollte diese Nachricht allen mitteilen. Wacek kam auch in die Baracke. Ich erzählte ihm, was ich gerade aus Moskau gehört hatte. Er bestätigte die Information. Die Männer hatten es auch gehört. An diesem Tag war uns ein großes Glück beschieden.

In unserem Wohnblock ging der Handel weiter, die neuesten Modelle wurden vorgeführt, und das Abendessen wurde ausgeteilt. Es herrschte immer ein solches Durcheinander, wenn wir von der Arbeit zurückkehrten. Die leere Baracke, die tagsüber von zwei wichtigtuenden Stubenältesten saubergemacht wurde, füllte sich mit den Stimmen von Neuzugängen. Französische, ungarische, slowakische und polnische Jüdinnen kamen mit ihren Gütern an. Sie konnten ja nicht ewig auf die lodernden Schornsteine starren, sie mußten auch essen und über etwas sprechen, um ihren Schmerz zu betäuben. Französische Jüdinnen sangen leise einen Boulevardschlager. Das Lied zerriß die Stille und erinnerte an das freie, lustige Paris. Eine ungarische Jüdin lag in der dunkelsten Ecke ihrer Pritsche und schmiegte ihr Gesicht an ein zerknittertes Foto, das sie zufällig beim Auspacken der Koffer des heutigen Transports gefunden hatte. Es war das Foto ihrer Mutter. Sie küßte es unentwegt und schluchzte. Dabei sah sie niemanden um sich herum. Sie streichelte das Bild und flüsterte leise vor sich hin – ihre Mutter wurde gerade im Krematorium nebenan verbrannt.

Sabinka, eine polnische Jüdin, zeigte Irena einen meergrünen Pulli aus Angorawolle. Sie zog den Pullover über das Nachthemd. Sabinka war begeistert.

»Was willst du dafür?« fragte Irena.

Sabinka war sichtlich verlegen: »Du kannst mir etwas aus deinem Paket geben. Du weißt ja, daß wir keine Pakete bekommen. Ein Paket von zu Hause – das muß eine besondere Freude sein. Keine von uns hat mehr ein Zuhause.«

»Abgemacht, du wirst etwas davon bekommen.«

Obwohl es warm war, beschloß Irena, im Angorapulli zu schlafen. Sie streckte sich behaglich aus und schloß die Augen, um sich gegen die Wirklichkeit abzuschirmen.

Sabinka ging nicht weg. Der Pulli war ja nur ein Vorwand. Sie wollte mit uns über Warschau sprechen und vor dem Gejammer der ungarischen Jüdinnen und dem Schwatzen der Französinnen fliehen. Sie wollte jemanden sagen hören, wie man mit der Linie 9 durch die Jerozolimskie fuhr. Sie wollte hören, daß sie noch hoffen konnte, dorthin zurückzukehren. Ratlos schaute sie Irena an und fragte: »Gibt's denn keine Nachrichten?«

»Doch. Lwów ist befreit worden. Sie rücken vor.«

»Wirklich? Irena, sag mir ehrlich, glaubst du, daß die uns vergasen werden, bevor . . . Sag, was meinst du?«

»Wir haben alle die gleichen Chancen«, antwortete Irena fest überzeugt. »Ich bin sicher, daß sie es nicht mehr schaffen werden, sie werden Hals über Kopf fliehen.«

»Diesen Augenblick möchte ich erleben!« seufzte Sabinka.

»Zugänge, Zugänge!« Aus dem Zimmer der Reichsdeutschen stürzte unsere Kapo, die schon halb ausgezogen war, in unseren Teil des Blocks. »Schnell zehn zu den Zugängen.«

»Wo sind sie denn?«

»Im Zigeunerlager. Zieht euch an.«

Eine Minute später waren wir zum Ausmarsch bereit. Es hatte schon lange keine gewöhnlichen Zugänge mehr gegeben. Und dazu am Abend. Maria teilte uns unterwegs mit, daß wir sie sofort aufnehmen mußten, da sie nicht in der Sauna bleiben durften, weil für ungarische Jüdinnen Platz gemacht werden mußte.

In der Nähe der Bürobaracke schloß sich uns der Chef an. Die Nacht war sehr dunkel. Das Zigeunerlager lag in derselben Richtung wie das Frauenkonzentrationslager. Man ging also den »Todesweg« entlang.

In dieser Nacht wurde der Höhepunkt der Verbrennungseffektivität erreicht. Alle Schornsteine spieen wie Vulkane Feuer in den schwarzen Himmel. Aus den Gräben stieg Rauch auf. Funken sprühten, Ruß schwärzte unsere Gesichter. Hinter den getarnten Drähten des Krematoriums II zeichneten sich im Feuerschein die Schatten der Männer vom Sonderkommando ab, merkwürdige Gestalten mit Heugabeln in den Händen. Sie schichteten die Leichen um und begossen sie mit einer speziellen Flüssigkeit, damit sie besser verbrannten. Ein ranziger Geruch verbrannten Fleisches drang zu uns herüber. Die vorbeisausenden Lastwagen ließen eine Leichengestankfahne hinter sich. Vom weißen Häuschen her drangen Schmerzensschreie herüber. Die Rufe, das aufblitzende Scheinwerferlicht und die auflodernden Flammen vereinigten sich zu einer schrecklichen, unheimlichen Klage.

Meine Schläfen hämmerten. Ich hatte den Eindruck, daß sich die Erde jeden Augenblick auftun und uns verschlingen würde.

»Paß auf, eine Leiche!« rief Basia und ergriff meine Hand.

Wir sprangen über etwas Großes, Schwarzes. Ich drehte mich um und sah eine aufgequollene, zum Teil verbrannte Frauenleiche. Sie mußte von einem vorbeifahrenden Wagen heruntergefallen sein. Ein wenig weiter lag eine abgetrennte Hand.

Die Wagen stellten den einzelnen Krematorien je nach Bedarf Leichen zu. Das Krematorium IV war offenbar überfüllt, während vom Krematorium III die Meldung kam, daß sie dort bald keine Leichen mehr haben würden.

Basia schaute mich wie von Wahnsinn befallen an.

»Krysia, ich habe Angst, verrückt zu werden. Mir dreht sich alles im Kopf.«

»Nimm dich zusammen. Es dauert nicht mehr lange, komm, du wirst das vergessen!« antwortete ich.

An der Rampe kam ein weiterer Zug mit einer neuen Ladung an. Hunderte von Hunden bellten die Ankömmlinge an.

Wir gingen durch das Tor des Zigeunerlagers. Plötzlich erschallte eine laute Stimme von oben. Jemand rief auf polnisch: »Leute! Hört zu! Ihr geht in den Tod, sie werden euch umbringen!«

Wir blieben bestürzt stehen. Ich schaute nach oben. In diesem Augenblick fielen Schüsse ganz in unserer Nähe. Wir warfen uns auf die Erde.

Ich begriff, wer da geschrien hatte. Es war ein Posten. Er hatte die Nerven verloren. Viele Nächte hindurch hatte er da allein gestanden und alles von seinem »Schwalbennest« aus beobachtet, umgeben von Rauch und grausigen Szenen, die er nicht fassen konnte. Dieses Schauspiel des Todes hatte ihn erschüttert, aus der Bahn geworfen. Deswegen hatte er gerufen.

Nachdem wir die Neuangekommenen in die Liste eingetragen hatten, kehrten wir benommen auf demselben Weg nach Birkenau zurück. In der Baracke der SS-Männer brannte Licht. Begleitet von Akkordeontönen zerschlugen betrunkene SS-Männer die Teller. »Wiener Schnitzel« machte das Fenster auf und sagte mit heiserer Stimme: »Eine schöne Nacht haben wir heute, nicht wahr?«

Der Alptraum hörte nicht auf. Der teuflische Plan wurde ausgeführt. Er mußte ausgeführt werden, denn die Rote Armee drang nach Ungarn vor. Alle sollten verbrannt werden, und der Transport aus Budapest war ja noch nicht vollzählig.

An einem Tag rollten dreizehn Züge an die Rampe heran. Nach der Selektion gingen zwanzigtausend in die Gaskammern. Ganze Tage hindurch sah man Todeskolonnen vorbeigehen. Zuerst kam gewöhnlich Kramer in seiner Limousine, dann der Rotkreuzwagen mit Gasbüchsen, das Sonderkommando mit Holz, und schließlich kamen sie – die Opfer. Sie gingen zur eigenen Beerdigung.

In einem gewissen Abstand folgten ihnen die Glücklichen, die »fürs Leben« ausgewählt wurden. Alles ging blitzschnell vor sich, wie in einer großen modernen Fabrik. Alte Leute und Kinder verschwanden in den Krematorien, von wo bis zum Rand beladene Wagen ununterbrochen zum »Kanada« fuhren. Die Frauen – elegant, sonnengebräunt, reizvoll, mit gepflegten Frisuren – gingen in die Sauna hinein. Als sie sie wieder verließen, waren sie kahlgeschoren, barfuß und trugen bunte, unförmige Kleider mit einem Kreuz auf dem Rücken. Die Kleider, die man ihnen abgenommen hatte, wurden auf Wagen verladen, die die Männer von der Saunabedienung zum »Kanada« zogen. Dort wurden sie ausgeladen, sortiert, gebündelt und gestapelt. Und wenn die Baracken voll waren, fuhren leere Wagen vor und transportierten die zahllosen Schätze in das »unbesiegbare« Dritte Reich.

Das war ein phantastisch organisierter Raub all dessen, was noch irgendwie nützlich sein konnte, um die gewaltige Kriegsmaschine zu speisen. Geraubt wurden Gold, Schmuck, Kleider, Schuhe, Pelze, Koffer, Zähne, Haare. Diejenigen, die sie am Leben gelassen hatten, wurden zu unbezahlter Arbeit in Munitionsfabriken, zum Räumen von Trümmern, zum Bau von Straßen und Eisenbahnlinien eingesetzt. Einmal am Tag bekamen sie etwas zu essen, und das nur deshalb, damit sie nicht verreckten und weiterarbeiten konnten.

Noch mehrmals hatte ich Gelegenheit, mit Männern vom Sonderkommando zu sprechen. Sie berichteten ausführlich, was »dort drinnen« geschah. Wie sich nach der Vergasung der Friseur ans Werk machte und die Haare abschnitt. Wie ein Mann vom Sonderkommando (der Zahnarzt) allen in den Mund schaute und die Goldzähne herausriß. Aus dem Haar wurden angeblich Schiffstaue, aus den menschlichen Körpern wurde Seife hergestellt. Nichts durfte ungenutzt bleiben.

Völlig unerwartet für uns alle kamen die Abgänge, die Entlassenen, in die Bekleidungskammer. Natürlich wieder nur »schwarze Winkel«. Sie standen im Korridor und wollten ihrem Glück nicht trauen.

Meine Aufmerksamkeit wurde von einer Frau von einnehmendem Äußeren gefesselt. Auf dem schwarzen Winkel stand der Buchstabe »E« (Erziehungshäftling) – eine Polin. Es gelang mir, sie allein zu sprechen, und ich fragte sie, ob sie einen Brief mit Informationen über die Situation im Lager und mit Gedichten mitnehmen würde. Ich warnte sie, daß ihr im Fall einer Durchsuchung der Tod drohen würde.

»Ich nehme den Brief mit!« sagte sie entschlossen. »Ich bin in der Untergrundbewegung und betrachte das als Befehl.«

»Warum werden Sie dann entlassen?«

Sie lächelte listig und antwortete: »Nicht deswegen bin ich hier. Ich bin beim Schmuggel ertappt worden. Ich weiß, was mir jetzt droht, irgend jemand muß den Brief aber mitnehmen. Ich weiß, wie selten jemand von hier herauskommt, dem man vertrauen kann.«

Ich drückte ihr die Hand. Meine Familie sollte mir drei hartgekochte Eier schicken, wenn sie die Sendung bekommen hatte – das verabredete Zeichen. Der Brief würde in ein Strumpfband eingenäht werden, und sie sollte ihn möglichst bald und nur persönlich abliefern. Zu jenem Zeitpunkt schien es mir äußerst wichtig, eine Botschaft zu senden. Ich war sicher, daß niemand mehr aus dem Lager herauskommen würde. In fieberhafter Eile fertigte ich auf langen dünnen Papierstreifen Notizen an – Angaben über die Zahl der Vergasten, über die Konstruktion von Krematorien. Die kleine Ada nähte den Brief in das Band ein. Als ich abends an der Männerbaracke vorbeiging, vernahm ich gedämpfte Musik und die Stimme einer Frau unter denen der

Männer. Ich blieb stehen und schaute durch einen Spalt zwischen den Brettern. Wurm, der Chef der männlichen Effektenkammer, ein glattrasierter SS-Mann, der früher Platzanweiser in einem Wiener Kino gewesen war, betrachtete etwas mit Wohlgefallen und klopfte mit dem Fuß im Takt der Musik. Lautlos ging ich zu einem anderen Spalt, um mir einen besseren Einblick zu verschaffen. Das erste, was ich sah, war der Fuß einer Frau in einem roten Schnürstiefel, dann wurde die ganze Tänzerin sichtbar. Sie war höchstens siebzehn Jahre alt. Schlank, hübsch gebaut, dunkelhaarig, mit niedlichem Gesicht. Sie hatte eine hauchdünne Bluse und einen kurzen, weiten, mit Pelz besetzten Rock an, wie ihn Eiskunstläuferinnen trugen. Sie tanzte mit ungewöhnlichem Charme.

Hinten im Zimmer stand Rolf, ein reichsdeutscher Häftling, der verständnisvoll Wurm anlächelte. Ich schaute durch den nächsten Spalt. Am Tisch saßen Herbert, ein Häftling aus Italien, und der SS-Mann Bedarf. Sie unterhielten sich. Ein trauriger, magerer ungarischer Jude spielte auf dem Akkordeon. Die Tänzerin wirbelte über den Boden, stemmte eine Hand in die Hüfte, hob die andere empor und schnalzte mit den Fingern, den Klang der Kastagnetten nachahmend.

Ein Unterhaltungsprogramm hinter den Kulissen zusammen mit ausgewählten Häftlingen. Vereint hatte sie die zauberhafte Anziehungskraft des Goldes. Diese Häftlinge organisierten Gold in stillschweigendem Einverständnis mit den SS-Männern, die dafür Tänzerinnen aus den jüdischen Baracken und strengste Diskretion verlangten. Rolf war jüdischer Herkunft. Sie alle wußten das. Hier aber trug er das reichsdeutsche Abzeichen, so war er gedeckt.

Herbert hatte acht Jahre in verschiedenen Gefängnissen und Lagern eingesessen. Er wußte, was sie brauchten und wie man sich bei ihnen beliebt machen konnte. Der Tod lauerte stets in der Nähe. Wenn es also möglich war, irgendwo in einem stillen Winkel der Baracke diesen verfluchten Krieg in Alkohol zu ertränken ... warum denn nicht! Und wenn es einmal gelingen sollte herauszukommen, würde man mit Gold alles kaufen können. Dann würde man ruhig leben und ein anständiger Mensch sein können.

Eine blonde Locke fiel ins blasierte Gesicht Bedarfs, der mit trübem, trunkenem Blick die Bewegungen der Tänzerin verfolgte und die Lippen spitzte. Unter dem Eindruck dieser Szene schrieb ich ein Gedicht:

Tanz, Mädchen ...

Tanz, tanz schnell, Mädchen,
trotz deiner Qual.
Versuch zu lächeln,
du hast keine Wahl.

In guter Laune
sind sie heute,
die Übermenschen,
die SS-Leute.

Obwohl der Schmerz
durchbohrt dein Herz,
obwohl du weißt,
daß ihretwegen
Tausende sterben,
kannst nichts tun dagegen ...

Hör zu der Geige,
du sollst nur zeigen
dein Temperement.
Obwohl so nahe
in diesem Moment
gehen zugrunde
Bruder und Schwester,
bellen die Hunde,
spielt das Orchester.
Obwohl du bist
erfaßt von Grauen,
tanz weiter, Mädchen,
die Herren schauen.

Tanz, tanz schnell, Mädchen,
du darfst nicht weinen.
Tanz einen Walzer.
Jetzt bist du keine
fremde Rasse
für diese wilde
Totenkopfmasse
und keine Jüdin.
Ein Wunder, schau!
Du bist für sie
nur noch die Frau.

Tanz, tanz schnell, Mädchen,
mit netter Miene
im Foxtrottrhythmus
wie eine Maschine.

Tanz, tanz schnell, Mädchen.
Du trägst nicht die Schuld.
Tanz einen Tango
mit Würde, Geduld.
Spiel gut deine Rolle,
spiel ohne Allüren,
die Herren wollen
sich amüsieren.

Tanz, tanz schnell, Mädchen!
Der Tanz heißt Rumba.
Tanz, deine Mutter
ist nicht mehr in Ungarn.
Tanz wie besessen, tanz wie verrückt,
die Übermenschen sind ganz entzückt.

Tanz, tanz schnell, Mädchen
den Tschardaschtanz
mit Schwung, mit Sprung, mit Eleganz.
Tanz leicht und locker, nicht angespannt.
Tanz! Deine Mutter wird jetzt verbrannt.
Tanz schnell, beim Tanzen
vergiß die Hölle.
Die Mutter lebt nicht,
die Zeit läuft schneller.

Tanz, Mädchen ...

Beim Weggehen stieß ich auf ein Pärchen. Das war Jurek, ein polnischer Häftling aus Warschau, der hier die Funktion eines Feuerwehrmannes ausübte, mit der dunkelhaarigen, französischen Jüdin Ellen. Alle wußten über ihre Liebe, die leidenschaftlichen Briefe und das Schmusen hinter den Baracken Bescheid.

Um diese Zeit war die Atmosphäre überall mit Erotik geladen. Gerade deswegen, weil es verboten war, gerade deswegen, weil überall der allmächtige Tod herrschte. Allem zum Trotz, der Vernunft zum Trotz, ohne Überlegung, ohne Vorbedacht umarmten sich die Leute und verbanden sich für einen kurzen

Augenblick, um sich am Leben zu berauschen, um sich zu vergnügen, solange es noch möglich war, solange sie noch am Leben waren. Denn in einer Minute hätte es schon zu spät sein können, weil nicht allzu weit entfernt die anderen entweder schon verwesten oder verbrannt wurden.

»Komm heute zu mir, hab keine Angst«, hörte man in allen Sprachen in der Abendstille flüstern. Sie verabredeten sich überall, hinter den Baracken, zwischen den Regalen, hinter den Aktenstößen. Es gab kurze, bedeutungslose Liaisons, und es gab echte, innige, zärtliche Gefühle, die von der stets lauernden Gefahr geradezu genährt wurden. Sie entsprangen dem Bedürfnis, sich um jemanden zu kümmern, von jemandem behütet zu werden, den starken Arm eines Mannes zu fühlen und diese paar Worte zu hören: »Hab keine Angst, Liebes, alles wird gut werden, komm.«

Ich lief zwischen den herumstehenden Paaren, um den Taschenlampen der diensthabenden SS-Männer zu entwischen, durch die geschäftige, beleuchtete Lagerstraße vom »Kanada« an den mit Kleidern vollgestopften Baracken vorbei zu unserem Block. Aufgeregt erstattete ich Basia, die bereits am Einschlafen war, Bericht.

»Ich hab's gerade noch geschafft, sie wollten eben das Tor schließen. Du solltest sehen, was dort los ist! Wir dürfen nicht mit den Männern sprechen, aber dort ...«

»Nur sprechen darf man nicht. Von etwas anderem war nicht die Rede«, erläuterte Basia kichernd, »es geht auch ohne zu sprechen.«

Sie fahren Holz, immer wieder Holz

Piri, eine junge ungarische Jüdin vom »Kanada«, sah eines Tages ihre Mutter »ins Gas« gehen. Sie rechnete ja damit jeden Tag, denn sie selbst war aus einem anderen Städtchen hierhergebracht worden. Jedesmal, wenn ein neuer Transport kam, lief sie auf die Lagerstraße. Ein paarmal war sie von der Kapo Mancy geohrfeigt worden, weil sie sich während der Arbeit aus den Baracken entfernt hatte. Einmal stieß sie sogar auf den Hauptscharführer, der sie sofort zurückschickte. Nachher dachte sie, daß gerade in jenem Transport, den sie nicht gesehen hatte, ihre Mutter sei. Sie hatte Nachtschicht. Tagsüber schlief sie aber auch nicht. Alle wunderten sich: »Wann schläft Piri eigentlich?«

An jenem Tag erhob sie sich von ihrer muffigen Pritsche und ging vor die Baracke, um ihre Schüssel zu spülen, und plötzlich lief sie mit dem Schrei: »Mutti, Mutti!« auf ihre Mutter zu. Ein Mädchen konnte sie noch zurückhalten: »Piri, beruhige dich, bitte lieber den Hauptscharführer, deine Mutter da herauszuholen! Wenn du dorthin läufst, wirst du mit ihr zusammen hingehen, komm zurück!«

Piri schlug um sich und wandte kein Auge von ihrer Mutter, die nur noch ein paar Schritte vom Eingang zum Krematorium entfernt war. Offensichtlich hatte sie jedoch gehört, was das Mädchen ihr zugerufen hatte, denn sie fragte verwirrt:

»Hauptscharführer! Wo? Was sagst du? Wo ist er? Schnell, ich muß ihn schnell sehen.«

Um Piri hatten sich einige ihrer Freundinnen geschart. Sie stoben auseinander, um den Hauptscharführer zu suchen. Alle wußten, was das bedeutete. Ihre Mutter war schon dort drinnen. Sie liefen von einer Baracke zur anderen.

»Wo ist der Hauptscharführer? Man muß die Mutter von Piri retten. Habt ihr den Hauptscharführer gesehen?«

»Erst vor einer Weile ging er hier mit Mancy vorbei.«

Tatsächlich – er kehrte gerade von einer Inspektion der Baracke 13 zurück. Er lächelte still vor sich hin und schwang die Peitsche. Die Arbeit ging gut voran. Vielleicht würde man ihn zum Kommandanten des ganzen Lagers befördern.

Piri lief wie besessen auf ihn zu, sie erklärte ihm etwas auf ungarisch, gestikulierte. Der Hauptscharführer verstand kein Wort. Eine von Piris Freundinnen trat an ihn heran und sagte auf deutsch: »Ihre Mutter hat ...«

Mehr brauchte sie nicht zu sagen. Er verstand.

»Ich kann da nichts machen! Ich habe dort nichts zu sagen, ich bin mit der Führung vom ›Kanada‹ beauftragt, nicht von der Gaskammer.«

Der Weg war wieder frei. Piri schaute hilflos in jene Richtung. Sie ließ die Arme sinken, senkte den Kopf und kehrte zu ihrer Pritsche zurück. Stundenlang saß sie regungslos da und schwieg. Sie reagierte auch nicht auf die Worte der Freundinnen. Plötzlich stand sie auf, richtete ihren Blick auf das Krematorium, in dem ihre Mutter verschwunden war. Der Schornstein qualmte. Piri hob die Arme empor und fiel mit einem Schrei zu Boden.

Seitdem kam sie häufig auf »unsere Seite« der Baracken. Unter den abgegebenen Sachen suchte sie verschiedene Fotos ihrer

Mutter heraus. Sie zeigte uns allerlei Bilder und erzählte zu jedem von ihnen etwas, ungarische und deutsche Worte vermischend. Sie blickte traurig aus ihren schwarzen Augen. Anfangs hörten wir ihr zu und trösteten sie, aber bald beachteten wir sie nicht mehr. Sie weigerte sich zu essen, wurde schweigsam und immer verschlossener. Ihr Blick glich dem eines geprügelten Hundes. Sie wurde melancholisch. Wir gewöhnten uns an den Anblick der unglücklichen Piri und nahmen nicht einmal den Augenblick wahr, als sie unter dem Einfluß einer Erinnerung plötzlich Tschardasch zu tanzen begann. Dabei lächelte sie merkwürdig.

»Wie gut, daß sie restlos verrückt geworden ist«, sagte eine von uns. »Jetzt geht es ihr endlich gut.« In der Tat, Piri ging es schon gut. Sie begann gierig zu essen und ließ uns mit ihren besessenen Tänzen nicht in Ruhe. Das nette, feinfühlige Mädchen hatte sich in eine rasende Wahnsinnige verwandelt.

Piri tanzte gerade einen ihrer verrückten Tänze, als plötzlich eine ungarische Jüdin hereinkam, die Ärztin von Beruf war, und uns sagte, daß sie in Auschwitz-Stadt verhört worden sei. Vormittags hatte man sie aus der Baracke herausgerufen und ihre Nummer geprüft. Dann hatte man sie mitgenommen. Sie dachte, sie ginge in den Tod, sie begriff jedoch nicht, welchen Umständen sie die Ehre zuschreiben sollte, daß sie allein ging. Sie wurde in ein Zimmer geleitet, wo man ihr eine Reihe merkwürdiger Fragen stellte. Ein elegant angezogener SS-Mann bat sie, Platz zu nehmen, redete sie mit »Sie« an und fragte, ob sie eine gute Reise gehabt habe. Sie sah ihn bestürzt an und dachte, daß dieser Zirkus gleich zu Ende gehen und man anfangen würde, sie zu schlagen. Sie erklärten ihr aber höflich, daß es darum ginge, gewisse Details festzustellen, und baten sie, ihnen Informationen zu erteilen. Ob sie geschlagen worden sei? Ob sie hungrig sei? Ob sie etwas zu beanstanden habe? Sie schwieg, niedergeschlagen. Sie ließen sie irgendein Papier unterschreiben, die Lagernummer, die Ortschaft, aus der sie stammte, und ihre genaue Adresse angeben. Dann bedankten sie sich und brachten sie wieder zurück.

»Sie verschaffen sich ein Alibi«, sagte Ada scharfsichtig.

»Aber wozu, für wen, nach all dem, was sie hier gemacht haben?«

»Ach, wer kennt sich schon in ihren Niederträchtigkeiten aus! Sie bereiten sich darauf vor, nach dem Krieg Dokumente vorzulegen, daß sie keine Menschen vergast haben.«

Wir gaben uns an diesem Abend verschiedenen Spekulationen hin, die uns um den Schlaf brachten. Würden sie wirklich im Fall einer Niederlage den Mut haben zu leugnen? Würden sie es schaffen, die Spuren zu verwischen? Aber wie? Auch wenn sie uns alle hier beseitigen würden, dachte ich, so gibt es immer noch die Frau, die meine Briefe mitgenommen hat. Sie ist schon frei. Zuversichtlich schlief ich ein.

Plötzlich fiel ein harter Gegenstand durch das Drahtfenster unseres Blocks. Erschrocken fuhren wir in unseren Betten auf. Nela kletterte von der dritten »Etage« hinunter und bückte sich nach dem Gegenstand. Angespannt schauten wir zu.

»Ein Spielzeug«, rief sie und zeigte uns einen großen Bären.

Gerade in diesem Moment hörten wir das Jodeln einer Männerstimme hinter dem Fenster:

»›Wiener Schnitzel‹! Ja, das ist er!«

»Was für ein Dummkopf!« sagte Nela wütend. »Uns um diese Zeit zu wecken. Hat sich vollgesoffen und weiß nicht, wohin er soll.«

»Wiener Schnitzel« und ein weiterer SS-Mann traten ans Fenster.

»Na, Mädels ... Schlaft ihr? Schlafen könnt ihr nach dem Tod. Man soll sich freuen, solange man lebt, nicht wahr?«

»Wir wollen schlafen, gehen Sie bitte weg«, antwortete Nela mutig mit ihrem komischen deutschen Akzent.

Wenn der Hauptscharführer oder irgend jemand von der Lagerleitung von dieser Ausschreitung erfuhr, konnte der Schuldige seinen »Lohn« dafür bekommen und gleich an die Front versetzt werden, und Nela wußte das.

»Ach, ihr dummen Mädels«, redete »Wiener Schnitzel« unverzagt weiter. »Ihr seid so dumm wie euer Chef.«

Wir waren sprachlos. War er denn wirklich so besoffen, daß er sich erlaubte, in Anwesenheit von Häftlingen so über einen SS-Mann zu reden?

»Wie euer Chef, der von der Liebe nichts versteht, denn wie könnte er etwas davon verstehen?« Darauf folgte eine ganze Reihe unflätiger Vergleiche.

Der andere SS-Mann begann zu kichern. Einige Frauen auch. Dieser ordinäre Monolog des betrunkenen SS-Mannes vor dem vergitterten Fenster war immerhin etwas Ungewöhnliches.

»Ihr seid doch Arierinnen«, fuhr »Wiener Schnitzel« pathetisch fort. »In uns fließt dasselbe Blut, das Blut edler Menschen, die zu lieben verstehen. Wer sollte mich schon daran hindern, euch ein bißchen zu lieben? Ihr seid anders als diese verfluchten Jüdinnen drüben.«

»Schmeiß ihm den Schuh an den Kopf«, flüsterte Basia.

Noch lange setzte er diesen Monolog fort und rief verschiedene Mädchen beim Namen auf. Schließlich stieg Nela von der Pritsche hinunter und schloß das Fenster. Das ärgerte ihn sehr. Wir hörten ihn seine Pistole ziehen. Erschrocken krochen wir unter die Decken und warteten auf den Schuß. Und er schoß, doch glücklicherweise in die Luft. Sein Kamerad, offenbar ein wenig nüchterner, zog ihn vom Fenster weg.

»Ich kann überhaupt nicht schlafen«, jammerte Czesia. Wir gingen in die Latrine, die sich hinter der Baracke in der Nähe des Krematoriums befand.

Die schwüle Julinacht entfaltete ihre Reize trotz der stinkenden Latrine und der beiden qualmenden Schornsteine. Die schlanke Czesia stand vor der Latrine in einem hellblauen Nachthemd, das sie von einer verbrannten Ungarin »geerbt« hatte. Mit tänzerischen Schritten näherte sie sich den mit Ästen umflochtenen Stacheldrähten, die das Krematorium umgaben. Von einer überwältigenden Sehnsucht getrieben, begannen wir einen Walzer zu summen. Czesia verbeugte sich nach allen Seiten und kündigte an: »Und nun sehen Sie einen zeitgenössischen Tanz. Den Tanz der Erlösung. Den Tanz des verreckenden Häftlings. Dieser Tanz heißt: ›Unter flammenden Schornsteinen‹.«

Sie fing an, sich wie eine Besessene im Kreis zu drehen. Ihre Gebärden waren flehentlich und drohend, heftig und zärtlich, sanft und rachedurstig zugleich. Sie drückten ungestillte Sehnsucht, Auflehnung, Verzweiflung, Hoffnung, Hilflosigkeit und Todesangst aus. Schließlich, während sie sich immer noch schwindelerregend schnell drehte, krümmte sie sich und brach in Tränen aus.

»Nie mehr werde ich tanzen können! Selbst wenn ich mit dem Leben davonkomme, werde ich beim Tanzen immer die Todesklagen der Ermordeten hören. Immer und überall, selbst im wunderschönsten aller Gärten, werde ich Leichengestank riechen.«

Die Tage vergingen. Tage voller Glut, Rauch, Hitze, Tage der ewigen Anspannung, des stetigen Wartens. Tage, die schwarz vom Rauch, und Nächte, die rot vom Feuer waren. Ab und zu ein Funken Hoffnung, kurze Augenblicke der Rührung, irgendein Paket, ein Brief von zu Hause, ein Lächeln, ein ermunterndes

Wort. Natascha, die in der SS-Küche arbeitete, wußte zu berichten: »Sie wissen, daß sie verloren haben, aber sie reden von irgendeiner neuen Waffe, die sie im letzten Augenblick retten soll.« Sie erzählte, daß ein SS-Mann sich in eine Jüdin vom »Kanada« verliebt hatte. Er kam dorthin, um sie zu sehen und um ihr zu erklären, er sei nicht schuldig. Ein anderer SS-Mann hatte in derselben Baracke einer Französin Fußtritte versetzt. Eine von uns hatte eine Schüssel Gänseschmalz bekommen. In der Baracke 8 hatte eine Frau unter dem Futter eines Mantels einen Brillanten von ungeheurem Wert gefunden und wollte ihn gegen einen Apfel eintauschen, denn ihre Schwester war krank und konnte nur Obst essen.

Mittlerweile wurde die Norm weiterhin erfüllt. Zwanzigtausend pro Tag. Moll telephonierte andauernd, raste mehrmals täglich mit seinem Motorrad hin und her und verteilte den »Rohstoff«. Wagen mit verkohlten Leichen fuhren vorbei. Vor den Krematorien standen Menschen Schlange. Im Lauf der Zeit wurden bei der Vergasung zahlreiche Verbesserungen vorgenommen. Früher hatten sich die Leute im Auskleideraum, der an die Duschräume (die Gaskammern) angrenzte, ausziehen müssen. Tausende von Schuhen wurden in der Eile durcheinander auf die Wagen geworfen, so daß es anschließend sehr schwer war, die einzelnen Paare wieder zusammenzusuchen. Später ließ man die Leute ihre Schuhe mit einer Schnur zusammenbinden, »damit sie euch in der Garderobe nicht verlorengehen«, wie man ihnen sagte. Mancher machte vor der Tür der Gaskammer kehrt und bat, eine andere Nummer bekommen zu dürfen, da er die erste im Gedränge verloren hätte. Erst nachdem das Gas eingelassen wurde, begriffen sie, was ihnen bevorstand. Vergeblich versuchten sie, sich zum Ausgang zu stürzen. Wer von den Gashähnen weiter entfernt stand, quälte sich viel länger. Es dauerte gewöhnlich fünf bis acht Minuten, bis man erstickte. Die verkrampften, aneinandergeklammerten Leichen, die aus den Gaskammern hinausgetragen wurden, zeugten von unbeschreiblichen Qualen.

Es gab aber auch Lagerinsassen, die etwas davon ahnten und sich vor dem Betreten der Gaskammer wehrten. Es genügte, daß irgend jemand plötzlich aufschrie, und ein panischer Schrecken ergriff alle. In solchen Fällen wurden eigens dressierte Hunde losgelassen. Die Hunde bissen zu, riefen wilde Angst hervor und trieben die sich ballende Menschenmasse in die Gaskammer hinein.

Eines Tages, nachdem die Gaskammer geöffnet worden war, vernahmen die Männer vom Sonderkommando das leise Weinen eines noch lebenden Kindes. Auch wenn sie an grauenhafte Szenen gewohnt waren, erstarrten sie vor Entsetzen. Es stellte sich heraus, daß das Kind nur deswegen überleben konnte, weil es während des Vergasens ununterbrochen Milch aus der Brust der Mutter gesogen hatte, so daß das Gas keinen Zugang zu seinen Lungen erhalten konnte. Moll, der gerade Dienst hatte, wurde herbeigerufen. Wütend warf er das lebende Kind in den brennenden Ofen.

Einmal kam eine ältere Jüdin mit einem Transport aus Ungarn. Ihr Sohn gehörte zum Sonderkommando. Vor dem Eingang zum Krematorium erblickte die Mutter ihren Sohn, der Holzscheite schichtete. Beglückt lief sie auf ihn zu. Der Sohn, der schon seit langem unter den Vergasten seine Mutter suchte, erstarrte vor Grauen. Die Mutter fragte, was mit ihnen geschehen sollte. Er antwortete, daß sich die Häftlinge hier erholen würden.

»Woher kommt aber dieser seltsame Geruch?«

»Von den verbrannten Lumpen.«

»Und was werden wir hier machen?«

»Duschen.«

Der Sohn reichte seiner Mutter Handtuch und Seife und ging mit ihr hinein. Er folgte ihr in den Rachen des Todes.

Es gab Tausende solcher makabren Fälle, tragischen Begegnungen, grauenvollen Szenen. Jeden Tag erfuhren wir ähnliches – von einem Augenzeugen, aus einem geschmuggelten Kassiber oder aus einem abgelauschten Gespräch. Nichts mehr konnte uns wundern oder entsetzen. Alles war möglich – bloß die Freiheit nicht. Mit jedem Tag schien sie ferner. Die guten Nachrichten über die Front konnten uns nicht für längere Zeit optimistisch stimmen. Unser einziger Gedanke war: Aus der Hölle kommt man nicht heraus.

Den dreihundert Männern vom Sonderkommando hatte man mitgeteilt, daß sie abtransportiert werden sollten. Es bedeutete also das Ende. Sie hatten ja jeden Augenblick damit gerechnet. Voller Angst hatten sie immer darauf gewartet. Sie würden sich aber nicht kleinkriegen lassen, o nein! Sie würden sich im nächsten Lager oder noch hier, an der Rampe, auflehnen. Sie hatten sich abgesprochen. Ins Lager hatten sie Kassiber geschickt mit der Mitteilung, daß sie heute nacht wegfahren würden, aber nicht vorhatten, sich verbrennen oder umbringen zu lassen. Wir sollten auf jeden Fall vorbereitet sein. Die Nachricht wurde von Baracke zu Baracke weitergeleitet. Man hatte dem Sonderkommando befohlen, nach Auschwitz in die Bekleidungskammer zu gehen, um dort die Kleidung zu wechseln. Singend gingen sie mit erhobenem Kopf an unseren Fenstern vorbei. Die Unsicherheit, das Warten waren zu Ende. Sie wußten, daß sie sterben mußten, aber sie waren vorher noch zu einer Tat bereit ... Scherzend kamen sie nach Auschwitz und betraten die Baracke, aus der sie sich die Wäsche holen sollten. Die Tür fiel zu. In die Baracke, die wie viele andere Baracken gebaut war, wurde Gas eingelassen. Diesmal war sogar das erfahrene Sonderkommando überlistet worden.

Vorsichtig machte ich das Paket auf. Jedes Stück Papier hielt ich gegen das Licht. In einem war ein Ei. Ich konnte nicht begreifen, wie es möglich war, daß es nicht angeknackt war. Stolz zeigte ich es Basia: »Siehst du, wie meine Leute einzupacken verstehen!«

Basia schaute sich das Ei an, sprang auf, küßte mich und flüsterte: »Ein hartgekochtes Ei! Such weiter, hast du das Zeichen vergessen?«

Ich fand noch zwei hartgekochte Eier. Der Brief war also angekommen. Sie hatten den Brief bekommen, sie wußten also Bescheid.

»Krysia, verstehst du, was das bedeutet?« sagte Basia beglückt. »Auch wenn wir alle umkommen sollten, wird die Welt erfahren, was mit uns geschehen ist!«

Ich erfuhr, daß ein Tischlerkommando in Birkenau arbeitete. Also Männer aus Auschwitz. Ich schrieb Andrzej, daß es seit vielen Monaten der erste Tag sei, an dem ich Hoffnung schöpfte, weil diejenigen, die draußen waren, wußten, was hier geschah. Ich hatte den Eindruck, daß der Mensch, dem ich schrieb, ein Gebilde meiner Phantasie war. Tania betrat die Schreibstube und blinzelte mir zu. Ich ging hinaus.

»Wer ist da?« fragte ich im Vorbeigehen.

»Ein fremder Mann, er wartet hinter der dritten Baracke, geh dorthin, aber paß auf, heute laufen sie herum wie wildgewordene Hunde.«

Hinter der Baracke stand Andrzej. Er begann, Erklärungen abzugeben, als er meine Verwunderung sah.

»Siehst du, es ist schon ein Jahr vergangen seit diesem Treffen im Weidengebüsch, ich mußte dich ja sehen. Ich bin als Tischler hierhergekommen. Das war sehr riskant, da man mich im Lager kennt. Aber ich muß dir etwas Wichtiges sagen, denn vielleicht werde ich keine Gelegenheit mehr dazu haben. Ich ...«

Er hielt inne. Auf einmal begriff ich, was er vorhatte. Er wollte fliehen. Er brauchte mir nichts mehr zu erläutern.

»Ist das aber sicher?« fragte ich dummerweise.

»Ich weiß nicht. Aber ich halte es hier nicht mehr aus. So viele Jahre! Mir scheint, daß es hier genauso unsicher ist. Jetzt bietet sich mir eine besondere Gelegenheit. Ich werde es versuchen. Wenn es gelingt, werde ich mich bemühen, deine Angehörigen zu erreichen, wenn nicht ...«

»Und wenn nicht?«

»Dann räche mich, vielleicht gelingt dir das.«

»Kannst du mich mitnehmen? Ich bin bereit; ich kann mir ein Zivilkleid beschaffen, ich habe schon langes Haar ...«

»Du darfst leider nicht mit. Ich gehe mit einem Freund. Noch heute. Leb wohl, Krysia! Auf Wiedersehen im freien Polen ... oder nie.«

Er schaute sich vorsichtig um, lächelte und lief auf das Lagertor zu. Er schloß sich dem Tischlerkommando an, das ins Männerlager zurückkehrte. Hinter dem Tor wandte er sich nochmals um. Ich blieb vor der Baracke stehen, bis die Männer verschwunden waren.

Nach dem Abendappell heulte die Sirene. Gedehnt, lange, beunruhigend. Ich faßte Basia bei der Hand. Sie sah mich erstaunt an und sagte: »Warum nimmst du dir heute die Sirene so zu Herzen? Es ist doch gut, daß sie fliehen!«

Am nächsten Morgen kamen die Tischler wieder. Mit stärkerer Eskorte. Trotzdem gelang es einem von ihnen, in meine Baracke einen Zettel zu schmuggeln: »Mein Freund Andrzej wurde bei der letzten Postenkette erwischt. Sagt Krysia Bescheid. Seinem Kameraden gelang es, durchzukommen. Weiteres Schicksal unbekannt. Andrzej hat fünf Kugeln abgekriegt. Seine Leiche wird heute verbrannt.«

Von der Rampe ertönten die Signale der Züge. Ich zerriß den Zettel und ging langsam in die Baracke zurück. Nie würden wir uns also im freien Polen treffen. Andrzej kam ums Leben, einen Schritt vor der Freiheit, die er sich während der vier Jahre erträumt hatte.

Seit mehreren Tagen hatte es keinen Transport mehr aus Ungarn gegeben.

Vor einer Baracke spielten einige Zigeunerkinder. Sie balgten sich mit dem jüngsten, stießen ihn in eine Pfütze, riefen – die SS-Männer nachahmend – »los, ab« und machten strenge Mienen. Das Opfer versuchte, seinen Verfolgern zu entkommen, schlug mit Händen und Füßen um sich und schrie aus Leibeskräften.

Wir registrierten die Zugänge im Zigeunerlager – eine einsame Gruppe deutscher Zigeuner.

Ich ging auf den kleinen Zigeuner zu und fragte: »Was macht ihr?«

»Wir spielen.«

»Was spielt ihr denn?«

»Wir verbrennen Juden.«

Ich traute den eigenen Ohren nicht. Entsetzt trat ich zurück. Am 1. August 1944, in jener Nacht, die ich nie vergessen werde, wurden alle Zigeuner aus der Woiwodschaft Białystok und aus Deutschland vergast und anschließend verbrannt, darunter die Zigeunerkinder, die Judenverbrennen gespielt hatten, und die schlanken, schwarzäugigen Zigeunerinnen.

Da die Zigeuner registriert waren und Lagernummern hatten, ordnete die Politische Abteilung an, ihren Tod unter dem Datum 1. August aufzuschreiben. Dieser Beweis idiotischer Pedanterie rief allgemein Abscheu und Empörung hervor. Wer in aller Welt würde es glauben, daß fünftausend Zigeuner an ein und demselben Abend eines natürlichen Todes gestorben waren? Aber Ordnung war ein heiliges Wort.

Da das Ganze jedoch zu eindeutig erschien, dachte man sich ein zusätzliches »Alibi« aus, das noch schamloser war. Es wurden nach zufälligen Lagernummern zwanzig Ärzte (Polen und Juden) ausgesucht, die zu jener Zeit im Zigeunerlager arbeiteten, und für schuldig an der Verbreitung einer geheimnisvollen Seuche unter den Zigeunern erklärt. Diese Seuche sollte den Symptomen nach an die Pest erinnern. Wir hatten tatsächlich von einigen Fällen dieser seltsamen Krankheit gehört. Die Ärzte, denen die Verantwortung für die Verbreitung jener Epidemie zugeschoben wurde, die auf andere Teile des Lagers übergreifen könnte, wurden zu Schwerarbeit verurteilt und sofort abtransportiert.

Dann trat wieder eine Pause ein. Von überall kam die Nachricht, daß die Rote Armee nach Warschau vordrang und Ungarn besetzte. Letzteres wurde durch die Tatsache bestätigt, daß keine Transporte mehr aus Ungarn kamen. Wir begannen, etwas Hoffnung zu schöpfen. Nach mehreren Regentagen, die den Leichengestank gemildert hatten, kam die Hitze. Der Traum von Freiheit, reißenden Strömen und sanften Berghängen lebte wieder auf. Die mehrtägige Ruhe, der erfrischende Regen und die guten Nachrichten ließen uns an ein baldiges Ende des Krieges und des Vergasens glauben.

Wir dachten, daß sie die Vernichtung abbrechen müßten, weil sie niemanden mehr zu verbrennen hätten.

Halbnackte, zerlumpte Ungarinnen wurden zur Trümmerräumung abtransportiert. Sie kamen nach Birkenau zur letzten Entlausung in die Sauna und bettelten um Kleider, mit denen sie sich bedecken könnten. Vom übrigen Lager isoliert, konnten sie nichts »organisieren«, sie liefen in Lumpen herum, manche waren sogar buchstäblich nackt. Sie schauten uns verwirrt an, einige beschämt, mit Tränen in den Augen, andere neidisch. Sie kratzten sich an den kahlgeschorenen Köpfen.

In der Augusthitze hörten wir plötzlich das Gepolter der mit Holz beladenen Lastwagen, und hinter den Wagen sahen wir die Männer vom Sonderkommando, die Holz trugen. Wir gingen in das Frauenlager. Auf beiden Seiten der Straße war Holz gestapelt. »Das ist schon für uns«, dachten wir. Meine Zunge wurde trocken, meine Schläfen hämmerten, die Beine wurden lahm. Der wohlbekannte Vorgeschmack des Todes tauchte wieder auf. Man hörte auf zu denken, zu sprechen. Man kannte nur noch zwei Begriffe: Holz und Tod ...

Die polnische Jüdin Maryla kam in den Wohnblock und las in der quälenden Stille ein schönes Gedicht des Dichters Wygodzki vor, das vom Männerrevier über den Stacheldraht herübergeworfen worden war.

»Sie fahren Holz, immer wieder Holz«, las Maryla und bestärkte mit diesen Versen unsere Vorahnung, unsere Angst.

»Hör auf mit dem Lesen!« rief Czesia nervös. »Ich sehe doch selbst, daß sie Holz fahren. Ein verrückter Dichter. Ich möchte wissen, ob er auch in der Gaskammer Gedichte schreiben würde!«

»Aber Czesia!« versuchte ich sie zu besänftigen.

»O ja, das weiß ich, dir gefällt das. Ich will das aber nicht hören, ich will leben. Wenn ich wieder frei bin, werde ich Gedichte lesen. Hier will ich weder das Akkordeon von Bolek noch den sentimentalen Tango unter den Schornsteinen noch Gedichte über Holz hören, mit dem Menschen verbrannt werden!«

Trotzdem schrieb ich damals folgende Verse:

Birkenau

Das Radio spielt ganz leise
im SS-Zimmer im Lager,
Worte der Hoffnung erklingen
in einem neuen Schlager.

»Es geht alles vorüber,
es geht alles vorbei,
nach jedem Dezember
folgt wieder ein Mai.«

Hören Sie zu, Fräulein,
versuchen Sie, mich zu verstehen,
unendlich weit die Zeit ist,
daß eine Frau kam mir näher.

Schenken Sie mir ein Lächeln,
hier scheint doch auch die Sonne.
Wir sind jung, und das Leben
hat erst für uns begonnen.

Musik hört man von weitem,
es ist Frühling und Mai.
Bitte bleiben Sie stehen,
es geht alles vorbei.

Glauben Sie mir, mein Herr,
ich empfinde das gleiche ...
Aber vor der Baracke da ...
Nichts! Dort liegt eine Leiche ...

Lieber Herr, ich verstehe,
aber der Zug daneben ...
Ach, nichts, es sind einfach
Skelette, die noch leben.

Lieber Herr, ich bedaure ...
Nein, es sind keine Tränen,
aber dort ... diese Flamme,
die Menschen, die dort verbrennen ...

Daß ich jung bin, das weiß ich,
und deswegen gerade
ist das alles unfaßbar
und so schade ... so schade ...

Unsere elende Jugend
zwischen den Drähten und Gittern,
ach, ich weine nicht ... wirklich.
Glauben Sie mir ... bitte ...

Und der Walzer läuft weiter.
Es ist Frühling, es ist Mai.
Jemand singt bezaubernd,
es geht alles vorbei ...

Warschau an der Rampe

Jeden Morgen standen wir voller Spannung und Erwartung auf. Wir hörten auf, an das Baden in der See und an die Spaziergänge in den Bergen zu denken, und gaben uns keinen Träumereien mehr hin. Wacek schickte mir einen Kassiber auf einem kleinen Papierstreifen: »Krysia! In Warschau brach am 1. August ein Aufstand aus. Im Westen dringen die Alliierten ins Innere Deutschlands vor. Die Rote Armee besetzt Ungarn. Mein Liebchen, was willst du noch mehr?«

Im selben Moment stürzte Basia leichenblaß herein und rief: »Warschau an der Rampe!«

Was hatte das zu bedeuten? Wir wollten es nicht glauben. Warschau? Wer? Die Aufständischen? Zivilbevölkerung? In einem Konzentrationslager? Warum? Wir hatten uns schon längst an den Gedanken gewöhnt, daß wir Verbrecherinnen waren. Man hatte uns aus irgendwelchen Gründen hierhergeschickt, wenigstens als Verdächtige ... Aber Zivilbevölkerung würden sie wohl nicht hierherschicken. Das konnte nicht wahr sein. Das waren bestimmt wieder Ungarn.

Basia, deren Mutter und Schwester in Warschau wohnten, und andere Warschauerinnen liefen unruhig hin und her, schauten auf die Lagerstraße hinaus und versuchten, etwas zu erfahren. Ich brüllte Basia an, daß sie dumme, nicht bestätigte Nachrichten wiederhole. In Warschau wurde gekämpft. Gerade hatte Wacek mir darüber geschrieben. Wir hatten uns noch nicht an die Tatsache gewöhnen können, daß es einen Aufstand gab, und die Warschauer sollten schon hier sein?

»Da kommen sie!« sagte Nela mit Nachdruck.

Wir liefen vor die Baracke hinaus. Leute vom Transport kamen auf uns zu. Wir strengten die Augen an, um besser zu sehen, und warteten. Die ersten Frauen mit Bündeln auf dem Rücken waren schon da. Es war ein Transport aus Warschau! Wir wußten es, ohne Fragen gestellt zu haben. Mit erschrockenem Blick fragten sie: »Wo sind wir, was für ein Ort ist das?«

»Auschwitz.«

»Jesus Maria!« rief eine der vorbeigehenden Frauen, schlug die Hände zusammen und fing an zu weinen. »Sie haben mich hierher gebracht, wo mein Jasio gestorben ist!«

»Auschwitz, stimmt das?« fragten andere voller Zweifel.

»Aus welchem Stadtteil seid ihr?« fragten wir.

»Narutowiczplatz, Grójeckastraße.«

»Und der Aufstand?«

Sie antworteten mit einer resignierten Geste. Eine Frau trat vor und sagte: »Wißt ihr denn nicht, daß es kein Warschau mehr gibt?«

»Kein Warschau mehr?«

Was sagte denn diese Frau? 1939 hatte man dasselbe gesagt, und was hatte sich dann herausgestellt? Aber alle anderen wiederholten dasselbe und – wie verabredet – mit denselben Worten: »Es gibt kein Warschau mehr. Ein Trümmerhaufen ist übriggeblieben, nichts weiter!«

Jetzt kamen ältere Männer vorbei. Ich suchte meinen Vater unter ihnen. In letzter Zeit war er in Warschau gewesen. Wenn er hier sein sollte, müßte ich sofort ins »Kanada« laufen und ein Halstuch für ihn holen. Ich wußte, daß es albern war, aber immer wieder mußte ich an dieses Halstuch denken. »Jetzt ist es August«, dachte ich, »er würde doch hier keinen Monat lang aushalten. Was soll dieses Halstuch, was würde es ihm nützen?« Irgend jemand erinnerte mich an meinen Vater, jedoch als ich näherkam, stellte ich fest, daß er es zum Glück nicht war. Aber das war nur der erste Transport aus Warschau!

»Wird man uns verbrennen?« fragte mich ein Herr höflich.

Offenbar hatte er eine ganze Menge über Auschwitz gehört.

»Ach was!« erwiderten wir entrüstet. »Nur Juden werden verbrannt. Ihr könnt ganz ruhig sein.«

Mit diesem Transport waren viertausend Menschen gekommen, darunter tausendfünfhundert Frauen. Man hatte sie in die leeren »Kanada«-Baracken getrieben. Sie blickten mißtrauisch jeden fremden Menschen an, der in die Baracke kam.

Wir stellten in der Sauna Tische auf und begannen, Warschau »aufzunehmen«.

Erschöpft, benommen und verbittert gaben uns die Frauen ihre Personalien an. Die Schlange war endlos lang. Es wurde Abend, Nacht. Wir bekamen einen trockenen Mund, das ständige Wiederholen derselben Fragen und das Hören derselben Klagen bereiteten uns Kopfschmerzen: »Was für ein Unglück hat uns getroffen, wofür müssen wir so leiden, was können wir dafür?«

»Nichts könnt ihr dafür«, versuchte ich manchen zu erklären. »Ihr seid Polinnen, und das genügt, dafür müßt ihr leiden.«

Den vielen Seufzern und Klagen lauschte ich das Echo des Aufstandes ab: Am 1. August um fünf Uhr nachmittags heulten Sirenen auf. Niemand ahnte es. »Wissen Sie, was ein Panzerschreck ist? Sie können das nicht wissen. Mein Sohn wurde gerade von einem Panzerschreck getroffen. Ich hatte ihm gesagt: ›Geh in den Keller.‹ Darauf hatte er geantwortet: ›Mutter, wenn es mich erwischen soll, so kann ich nirgends entwischen.‹ Mein Mann wurde auch getötet. Nur meine Tochter ist übriggeblieben. Sie ist Meldegängerin. Und ich war in Okecie. Man konnte nicht durch. Schließlich sind sie gekommen, haben uns durch die ausgestorbene Stadt geführt. Die Häuser brannten, überall Leichen ... Ach, was könnt ihr schon wissen?«

»Wir wissen, was Leichen sind. Die Nächste bitte. Ihr Name?«

»Vielleicht wissen Sie«, fragte ich, »Narbuttstraße 52, dort wohnte ...«

»Ich weiß, das ganze Haus liegt in Trümmern.«

»Und Filtrowastraße 68? Dort wohnt Frau Wojciechowska im zweiten Stock.«

»Warum fragen Sie immer wieder, verstehen Sie denn nicht, daß es kein Warschau mehr gibt?«

»Nein, das verstehe ich nicht.«

»Und die Lesznostraße?« fragte Basia die Frau.

»Die ganze Lesznostraße steht in Flammen.«

»Laß uns keine Fragen mehr stellen«, sagte ich zu Basia. »Laß dich in keine Gespräche ein, bilde dir ein, es sei ein Transport aus Italien. Man kann das nicht mitanhören, was die da erzählen.«

»Schnell, die Nächste! Bitte, antworten Sie schnell, wir werden schneller fertig, und ihr könnt in die Baracken gehen. Name?«

»Ich habe Zeit, ich hab's nicht eilig«, antwortete eine dicke Frau und zuckte die Achseln.

»Was ist das für ein Ton? Ich bin ja auch ein Häftling wie Sie!«

»Ja, du bist ein Häftling, ich aber nicht«, sagte sie herausfordernd. »Wir werden entlassen, weil wir unschuldig sind, und ihr seid schuldig. Ich werde entlassen, weil mein Bruder Reichsdeutscher ist.«

»Wenn Ihr Bruder Reichsdeutscher ist, ändert das natürlich alles, Sie hätten es sofort sagen sollen.«

Die Frau lächelte zufrieden.

»Mein Verlobter ist auch Reichsdeutscher, in der Armee.«

»Gut«, antwortete ich betont höflich, »dann zieh dich aus, und das sofort. Alles ab. Verstehst du kein Polnisch? Oder ist es dir lieber, das auf deutsch zu hören?«

Die Frau begann herumzuschreien, suchte mit den Augen irgend jemanden, bei dem sie sich beschweren könnte. Ich stand feierlich auf, biß die Zähne zusammen und sagte:

»Im Namen des deutschen Volkes befehle ich dir, dich sofort auszuziehen!« Die Frau verstummte.

»Wo kommen solche Leute her?« wunderte sich Basia.

Nela erklärte uns, daß viele Leute von diesem Transport die weiße Fahne hinausgehängt und sich ergeben hätten. Sie zeigte uns eine deutsche Flugschrift: »Ultimatum an die Bevölkerung der Stadt Warschau! Die Bevölkerung wird aufgerufen, Warschau in Richtung Westen zu verlassen, mit weißen Tüchern in der Hand.«

Eine Frau sah uns die Bekanntmachung lesen und erklärte: »Ich habe die Fahne nicht hinausgehängt, mich haben sie mit Gewalt mitgenommen, aus dem Haus geschleppt ...«

Einige weinten, andere schimpften. Man wußte nicht, auf wen, ob auf die Aufständischen oder auf die Deutschen. Sie waren völlig durcheinander und wußten nicht mehr, was Heldentum und was Feigheit ist. Und außerdem waren sie müde und resigniert.

Eine alte Frau weinte, weil sie in dem Durcheinander zusammen mit ihren Kleidern auch ihr Gebiß abgegeben hatte. Wie würde sie jetzt essen. Wir sahen unzählige Säcke durch, auf einem fanden wir ihren Namen und drinnen ihr Gebiß. Ich gab es der alten Frau zurück, die gerührt war. Ich redete mir ein, daß ich etwas Nützliches getan und jemandem eine Gefälligkeit erwiesen hatte.

Es gab kein Warschau mehr, keine Familien mehr. Alle waren hinter diesem Stacheldraht. Alle waren eingesperrt, und wir hier schrieben dazu noch alles auf. Wozu? Für wen? Für wen soviel Holz? Was würden sie nun mit so vielen Menschen machen? Alles wurde immer komplizierter. Wie in einem Kaleidoskop bewegten sich die vertriebenen Warschauer vor unseren Augen. Draußen dämmerte es bereits. Der Morgen kündigte sich an. Nur noch einige abgemagerte Gestalten standen an der Mauer, nur noch einige Male mußten wir wiederholen: »Name, Vorname, ziehen Sie sich bitte aus.«

Der Transport aus Warschau brachte Bücher mit. Die Warschauer hatten alles mitgenommen, was ihnen teuer war, also auch Bücher, denn sie ahnten nicht, daß sie in ein KZ fuhren. Bei all dem Chaos, trotz der Müdigkeit, im Lärm Hunderter von Stimmen zogen wir aus all den rührenden Kleinigkeiten, die für die Papiersäcke bestimmt waren, Bücher heraus, die für uns unschätzbaren Wert hatten. Sie waren zwar persönliches Eigentum eines Zugangs, genauso wie ein Pullover oder ein Mantel, wir vertraten aber den Standpunkt, daß sie Allgemeingut waren. Nach den vielen Monaten der ewigen Angst brauchten wir unbedingt etwas geistige Nahrung.

»Ich habe ein Exemplar der ›Jugendträume‹«, flüsterte mir Ziutka zu, eines der nettesten Mädchen in unserem Kommando. »Wir werden es abends lesen!«

Außer den Büchern hatte Warschau auch Geld gebracht. Am nächsten Tag schoben wir in allen Zimmern der Baracke die Tische zur Seite, setzten uns auf den Fußboden und sortierten und zählten schon seit langem nicht gesehene polnische Zloty. Verbittert und erschöpft wegen der Berichte über Warschau, warf Basia mit Galgenhumor die Papierscheine in die Luft.

»Mist!« sagte sie verächtlich. »Alles Mist und nicht mehr. Und früher... Mein Gott! Wieviel man früher für so einen Schein kaufen konnte!«

Plötzlich stand sie auf und zertrampelte einen Stapel geordneter Geldscheine. Ich schaute sie erschrocken an.

»Ich zähle das nicht, die sollen es selber zählen!«

Taumelnd ging sie über die herumliegenden Scheine, machte die Tür auf und rang nach Luft. Ich eilte zu ihr, Basia fiel ohnmächtig in meine Arme.

»Ich kann nicht mehr. Warschau gibt's nicht mehr, ich kann nicht mehr, Krysia, hilf mir!«

Wir trugen sie in den Block. Wieder drängten sich mir die Worte des Ultimatums auf: »Die polnische Bevölkerung weiß, daß die deutsche Armee nur gegen den Bolschewismus kämpft.«

Basia schluchzte. Wir konnten nur einzelne Worte verstehen: »Das ist das Ende der Welt, es wird nichts bleiben, Warschau ... Trümmer ... Mama ... Ende ... Ende ...«

Es waren anderthalb Millionen Zloty. Wir brauchten mehrere Tage, um sie zu zählen. Unser Chef war äußerst zufrieden. Nun war Schmuck an der Reihe. Wanda schrieb in einem dicken Effektenbuch die von den Warschauerinnen abgegebenen Kostbarkeiten auf. Broschen, Ringe, Anhänger, Halsketten wurden auf die Tische ausgeschüttet. Wanda hatte keine Zeit, um sie sich anzusehen, nur wenn sie etwas Außergewöhnliches sah, rief sie begeistert aus: »Was für ein schöner Stein, welcher Glanz, welche Farbe! Wozu schreibe ich das alles auf, die werden es doch nie mehr sehen!«

Die schweren Kisten mit Schmuck trugen wir in ein anderes Zimmer. Wanda klagte darüber, daß sie bereits nachts im Schlaf aufzählte: eine Halskette, eine Armbanduhr – gelb, ein Ring – weiß.

Zur Zeit des Warschauer Transports verwandelte sich unser Kommando in ein Museum. Ich ging in die Personalabteilung, in der ganze Stapel von Fotos, Alben, Tagebüchern und Briefen aufgestapelt waren. Ich nahm das erstbeste Foto in die Hand: Andrzejewska – sechzig Jahre alt. Auf einem Foto, das ihren Papieren beilag, ein junger Mann mit Brille, unterschrieben: Jerzy Andrzejewski. Ich erinnerte mich dunkel. Könnte es der Autor der ›Ordnung des Herzens‹ sein, eines Buches, das mir so gefallen hatte? Das war also seine Mutter. Ich ging zu Nela und zeigte ihr das Bild. Nela verstand sofort.

»Man muß helfen«, erriet sie meine Gedanken. »Die Mutter eines Schriftstellers.« Wir brachten ihr einen Pullover und Strümpfe.

»Ich selbst bringe es hinüber«, bot Nela freiwillig an.

Ich öffnete ein Tagebuch, dessen Blätter mit fein gestochener Schrift beschrieben waren. Mühevoll entzifferte ich die verblaßten, mit Bleistift geschriebenen Aufzeichnungen: »20. August 1916. Wir fahren an die Front. Ich habe heute wieder ein paar Läuse gefunden. Es ist nicht das Donnern der Kanonen, das mir auf die Nerven geht, es sind diese Läuse. Und wenn ich nur denke, daß Antoś mit seinem Regiment in der Nähe sein kann ... Ich glaube, daß meine letzte Stunde geschlagen hat. Unser Zug wird beschossen. Mutter, sei tapfer, sag Antoś, wenn er zurückkommt ...«

An dieser Stelle brach das Tagebuch ab. Nach einigen leeren Seiten stand in derselben Handschrift: »Ich schreibe wieder nach so vielen Jahren. Es ist das Jahr 1944. Ich pflege Verwundete in Mokotów. Alle Häuser rundherum stehen in Flammen, bald werden wir fliehen müssen.« Und weiter: »Sie haben uns aus den Häusern geschleppt, wir fahren in eine unbekannte Richtung.«

Ich schaute mir die Aufnahmen der Tagebuchschreiberin an. Ein altes abgegriffenes Foto einer Amazone zu Pferd, eine junge Krankenschwester mit einer Gruppe von Soldaten, ein Kind, das Foto eines gutaussehenden Mannes mit der Widmung: »Meiner Liebsten für immer – Antoś.«

»Wo habe ich vor kurzem dasselbe gesehen?« überlegte ich. »Ach so, in der Lagerstraße habe ich vom Boden das Foto eines ungarischen Juden aufgehoben, mit ähnlicher Widmung, bloß auf deutsch.«

Der Krieg tobte, und ich betrachtete mit Rührung Fotos hier in Auschwitz. Wie grotesk, gerade hier Erinnerungsstücken nachzuhängen!

Für den Transport aus Warschau sammelten wir Brot, weil die Zugänge ihre Nahrungsration noch nicht erhalten hatten. Wir gaben unser Abendessen her, behandelten sie wie unsere Gäste und berieten immer wieder, wie man ihnen helfen könnte, um ihnen die ersten Tage zu erleichtern. Wir setzten unser Leben aufs Spiel, wenn wir uns abends mit Krügen voll Malzkaffee zu den Männern hinüberwagten.

Die Warschauer Männer hatten in dieser Umgebung viel von ihrem berühmten Mut verloren. Ratlos schauten sie auf den Stacheldraht.

»Man kann nicht abhauen, unmöglich, Hochspannung, verdammt!« stellte ein cleverer kleiner Junge fest.

»Entschuldigen Sie«, sprach er mich an, »stimmt das, daß man über diese Drähte nicht hinüber kann?«

»Versuch's ja nicht. Auch wenn du es schaffen würdest, das Lager zieht sich noch weit hin, sie würden dich erwischen. Von hier kann man nicht fliehen.«

Der Junge wischte sich heimlich eine Träne ab und sagte zu

seiner Mutter, die daneben stand: »Mach dir keine Sorgen, Mutter, auch hier leben Leute.« Er versuchte zu lächeln: »Es wird noch alles gut werden, du wirst sehen, wir werden *die* irgendwann mit Draht einzäunen.«

Nach der Desinfektion ging der Warschauer Transport in die Baracken. Kaum hatten wir das Geld durchgezählt und das Ausmaß der Tragödie erfaßt, als der nächste Transport schon da war. Und wieder fingen wir an, nach Verwandten und Bekannten Ausschau zu halten, zwischen den in den Baracken nebeneinander liegenden Menschen umherzuirren. Der zweite Transport brachte mehr illegale Blätter mit. Wir kannten uns immer besser aus. Wir spürten immer stärker die Tragik und die Sinnlosigkeit des Aufstands. Die Leute von diesem Transport waren verbissener, manche freuten sich sogar, hierhergekommen zu sein. Sie konnten sich etwas von der Schießerei erholen.

Und wieder trugen wir sie nachts in die Lagerkartei ein, tagsüber zählten wir Geld, ganze Haufen Geld. Es kamen die Eltern einer unserer Kameradinnen. Wieder begannen wir, in der Personalabteilung herumzustöbern. Ich fand den Brief eines Vaters, der darum bat, man möge ihm sein Kind zurückgeben. Ich fand auch verschiedene Tagebücher. Diese persönlichen Tragödien schienen unwichtig zu sein, sie gingen im Todeslager einfach unter.

Der Wiener Transport

Wir kehrten zum »normalen Leben« zurück. Eines Tages kamen Zugänge aus Italien. Zunächst waren sie noch trunken von der italienischen Luft und dem italienischen Wein. Sie kicherten beim Ausziehen und hatten nicht die leiseste Ahnung, wo sie waren. Sie leisteten Widerstand, rebellierten, glaubten, daß sie etwas zu bestimmen hatten, etwas verlangen durften. Niemand reagierte darauf.

Dann kamen einige Frauen von der jugoslawischen Partisanenbewegung. Sie waren wie Männer gekleidet, stolz, würdevoll, mutig, ihre Haltung imponierte allen. Sie wußten genau, was Auschwitz war und weshalb sie hierhergebracht worden waren. Sie waren glücklich, nicht zum Tode verurteilt worden zu sein. Im Vergleich zu den sonnengebräunten Italienerinnen sahen sie blaß und mager aus und blickten ungläubig umher:

»Ist es möglich, daß wir noch leben? Daß wir noch leben werden?«

Eine siebzigjährige Jüdin, die mit dem Wiener Transport angekommen war, wurde im letzten Augenblick von unserem Chef aus der Reihe der »Ausgemusterten« herausgeholt. Zu jener Zeit war Wurm unser Chef, früher war er Chef der männlichen Effektenkammer gewesen.

»Ich kenne Sie«, erklärte er. »Sie sind Sozialdemokratin.«

»Stimmt, seit vierzig Jahren bin ich in der Partei. Woher kennen Sie mich aber?«

»Von Ihren Vorträgen.«

»Ach so, Sie sind also ... Aber was machen Sie denn hier in dieser Uniform?«

Wurm lächelte verlegen und sagte in einem rechtfertigenden Ton: »Als Wienerin wissen Sie doch, daß es in jeder österreichischen Familie so viele Parteien gab wie Familienmitglieder. Einer meiner Brüder war Sozialdemokrat, der andere Kommunist, und mich sprach am stärksten der Nationalsozialismus an.«

Die anderen waren schon längst ins Krematorium gegangen, und im Büro fand eine höfliche Unterhaltung zwischen einem SS-Mann und einer Jüdin statt.

»Gegenwärtig gibt es nur noch wenige Familien, in denen man überzeugte Nationalsozialisten findet. Ich bemitleide Sie, daß Sie einer derart beschränkten Ideologie huldigen. Wenn aber dieses System Ihren Widerwillen nicht erregt hat, wenn Sie sogar aktiv daran teilnehmen, werden vielleicht die Ereignisse des Krieges und sein Ausgang – und der wird gerecht sein – Sie überzeugen können. Dann werden Sie es vielleicht begreifen.« Die siebzigjährige Frau sagte das sanft, mit einem gütigen Lächeln.

»Trotz Ihres Alters sind Sie immer noch eine Kämpferin«, lächelte Wurm zurück. »Ist Wien stark zerstört? Schon lange habe ich keinen Urlaub gemacht.«

Die Alte erzählte interessant und lebhaft über die Bombardierung, über das Leben in Wien. Sie sprachen von gemeinsamen Bekannten. Es stellte sich sogar heraus, daß sie lange in demselben Stadtteil von Wien gewohnt hatten.

Plötzlich ging Wurm hinaus – ohne ein Wort zu sagen. Man befahl uns, der Jüdin die Kleidung zurückzugeben. Am Mantel, in dem sie zurück nach Wien fahren sollte, fehlte ein Knopf. Sie bestand darauf, daß er angenäht werden sollte, »denn das sieht unordentlich aus«. Ich lachte hysterisch, Basia auch. Die alte Dame begriff nicht, warum wir lachten. War es denn so komisch, daß sie ordentlich aussehen wollte? Tania wandte sich verärgert an die alte Dame: »Wissen Sie, was für ein Schicksal Sie erwartet hätte, wenn es dieses zufällige Treffen mit unserem Chef nicht gegeben hätte? Wissen Sie, wo Ihre Reisegefährtinnen sind?«

»Das weiß ich nicht, ich glaube, sie sind baden gegangen.«

Tania redete leise weiter: »Und haben Sie gehört, daß es Krematorien gibt, daß Menschen vergast werden?«

»Ich habe davon gehört, aber das ist wohl nicht möglich.«

»Dann ist es wichtig, daß Sie als verdienstvolle Vertreterin der sozialdemokratischen Bewegung zur Kenntnis nehmen, daß so etwas doch möglich ist«, sagte Tania voller Zorn.

»Warum lacht ihr also?«

»Weil Sie in vollem Ernst sich wegen eines abgerissenen Knopfes aufregen. Sie sollten schnell davonlaufen, ohne hinter sich zu schauen.«

Wir beobachteten, welchen Eindruck die Worte von Tania bei ihr hervorriefen. Die alte Frau hatte sich sehr in der Gewalt. Sie überlegte einen Augenblick, dann sagte sie herausfordernd:

»Vielleicht ist es so, wie ihr behauptet, da ich aber lebe, will ich den Knopf haben, und nichts ist dabei zu lachen.«

Mit einer überschwenglich feierlichen Geste überreichte Tania ihr einen riesigen Knopf und sagte: »Für die österreichische Sozialdemokratie von einer russischen Kommunistin.«

Zu unserem Erstaunen ging die alte Frau zum Lagertor hinaus, begleitet von einem Posten. Wurm reichte ihr die Hand und wünschte ihr »Alles Gute!« Basia stieß mich leise an und meinte:

»Verstehst du, was hier vorgeht? Ich nicht. Wohin geht sie und warum? Sie ist Jüdin. Aber das scheint in diesem Fall keine Rolle zu spielen – vielleicht weil er sie wiedererkannt hat.«

Dann kamen verschiedene kleine Transporte – Erziehungshäftlinge aus Deutschland, französische Partisanen, kleine ausgehungerte Jungen aus Dachau, von denen niemand wußte, warum sie hierhergebracht wurden.

Eine geheimnisvolle Gruppe höherer sowjetischer Offiziere traf ein. Insbesondere einer von ihnen zog unsere Aufmerksamkeit auf sich. Sie gingen an unseren Fenstern vorbei – ohne Abzeichen, ohne Gürtel, doch stolz wie bei einer Truppenschau. Sie – Kriegsgefangene – waren dem Völkerrecht zuwider in ein Konzentrationslager gebracht worden.

Die beunruhigten Russinnen schauten zu, wohin der Transport geführt wurde. Was würde man mit ihnen machen? Sie ins Gas schicken? Oder erschießen?

Natascha und Tania folgten ihnen in einem entsprechenden Abstand. Vor der Sauna gab es den Moment der höchsten Spannung: Wenn sie nicht abbiegen, sondern geradeaus gehen würden, würde das bedeuten, daß sie in den Tod gingen. Im letzten Augenblick bogen sie jedoch ab und betraten die Sauna. Wir atmeten erleichtert auf.

In der Sauna spielte sich eine in der Geschichte des Lagers noch nicht dagewesene Szene ab. Einer der Offiziere ließ sich den Bart nicht wegrasieren. Ein herbeigerufener SS-Mann befahl, sofort die verbindliche Verordnung auszuführen. Wie gewöhnlich benahm er sich dabei herausfordernd und beleidigend.

»Nur über meine Leiche«, erklärte der Russe. »Außerdem, wie können Sie sich erdreisten, mich mit ›du‹ anzureden! Stillgestanden, Sie dummes Hitlerluder, vor einem sowjetischen General!«

Der SS-Mann salutierte wie hypnotisiert und floh aus der Sauna. Niemand traute sich einzugreifen. Der General und alle anderen behielten sowohl ihren Bart als auch ihre Haare.

Das Getto von Lodz

Eines Tages erhielt ich in einem Paket einen Kassiber von meiner Schwester, die sich zusammen mit meiner Mutter in Wien aufhielt. Der Kassiber war in der Schachtelkante versteckt. Meine Schwester schrieb von der Offensive im Westen, von der herannahenden Befreiung: »Halt noch ein bißchen aus.«

Ich lernte den Kassiber auswendig und lief in Zosias Baracke, um Wacek zu sprechen. Jetzt lachten wir über das aufgestapelte Holz. Diesmal würde nichts daraus werden, sie würden es einfach nicht mehr schaffen, es war zu spät.

Wacek rieb sich die Hände, da es ihm gelungen war, die letzten Nachrichten im Radio zu hören.

»Ich sage dir, wir werden dieses Holz noch für ihre Leichen brauchen!«

Zosia, die an der Tür aufpaßte, rief uns zu: »Ein Haufen Leute kommt von der Rampe!«

Unsere Stimmung schlug um. War das nun wieder ein Transport aus Warschau? Es war das Getto von Lodz. Der Alptraum begann von neuem. Lebendige Skelette kamen an. Nachdem sie fünf Jahre hinter Mauern verbracht hatten, wo sie hungern und schwer arbeiten mußten, sahen sie nun wieder einen Birkenhain und wußten nicht, daß das ihre letzte Reise war.

In den von Haselnußzweigen aufgewirbelten Staubwolken ging wieder das Sonderkommando – unrasiert, mit zu Boden gesenktem Blick. Hinter ihnen wurde Holz gefahren und getragen – eine ungeheure Menge Holz. Vor ihnen fuhr der Rotkreuzwagen. Eine Stunde später stiegen die ersten Flammen aus dem Schornstein des Krematoriums. Nach zwei Stunden wallte dichter, beißender Rauch über den Gruben und Gräben. Und dann der überwältigende Gestank von Leichen und verbranntem Fleisch. Nicht einmal für einen Augenblick konnte man ihm entfliehen.

Ich versenkte mich in die Lektüre des Tagebuchs einer jungen Jüdin aus dem Getto von Lodz. Das Tagebuch war frisch, »noch warm«, wie Maria sagte, die es gefunden hatte. Die letzten Sätze waren einige Stunden zuvor im Zug geschrieben worden, der nach Auschwitz fuhr. Während ich nun das Tagebuch las, verbrannte die Schreiberin im Krematorium nebenan. Die letzten Worte lauteten: »Und jetzt fahren wir in ein unbekanntes Land. Wie wird es sein? Was auch geschehen mag, überall ist es besser als dort, hinter den Mauern. Fluch auf jede Erinnerung an diese Hölle. Verflucht seien alle, die den Verbrechern halfen. Verflucht sei mein ewig dunkles, kaltes und kahles Zimmer in der Brzezinskastraße und diese unheimliche Mauer, die uns von der Welt abtrennte. Verflucht seien unser unbeschreibliches Elend, das rhythmische Geklapper der Holzschuhe am Morgen, die Tuberkulose und die grausame Kriminalpolizei! Verflucht sei dieser Ort ohne ein bißchen Grün, wo ich meine schönsten Jahre verloren habe, wo meine Nächsten starben, wo ich alle meine Kräfte dem Todfeind hergegeben habe – für eine Essensmarke. Ich schreibe in einem engen Winkel, im Lichtstreifen, der durch einen Spalt in den Waggon fällt. Zwei Tage lang habe ich nichts gegessen und nichts getrunken. Neben mir liegen schon einige Tote. Doch das ist unwichtig. Wichtig ist nur, daß wir fahren. Nach so vielen Jahren fahren wir wieder mit dem Zug, und durch einen Spalt kann man die Getreidegarben sehen.«

Eine Limousine hielt vor der Sauna. Der stattliche Dr. Mengele und Kramer stiegen aus. Basia und Nela bildeten den Spähtrupp. Was sollte dieser ungewöhnliche Besuch?

Ich las aber weiter im Tagebuch und schaute in ein anderes Heft, das demselben Mädchen gehörte. Dort fand ich Gedichte, die traurigsten Gedichte aus dem Leben der Aussätzigen – Gedichte über Hunger, Verfolgung, Triumph, Verbrechen und Hochmut, rachedurstige Gedichte, Gedichte über die Könige von Geld und Waffenfabriken, über die Götter des Gettos.

Ich stieß auf ein herrliches Fragment, das das gelbe Licht einer hinter der Mauer stehenden Laterne rühmte. Das Licht dieser Laterne, einer Laterne aus der anderen Welt, drang in die dunkle Ecke, in der die Dichterin im Getto saß, und ermöglichte ihr das Schreiben.

Schließlich las ich das letzte Gedicht, geschrieben unter dem Eindruck der Bekanntmachungen über die Reise ins Unbekannte. Das war das einzige freudige, hoffnungsvolle Gedicht. Das sich ständig wiederholende Motiv beeindruckte mich tief und hatte in diesem Augenblick einen höhnischen und unheimlichen Beigeschmack:

Hoppe, hoppe, Reiter,
nun fahren wir weiter.

Basia, die von einem Erkundungsgang zurückkehrte, teilte mir mit: »Schon wieder eine Selektion!«

Ich ging hinaus. Hinter der Sauna zogen sich gerade die Frauen aus dem Getto aus. Dr. Mengele führte in Begleitung von Kramer und Hauptscharführer Hahn die Selektion durch. Eine sehr kleine Gruppe von etwas molligeren Frauen stand auf der »Seite des Lebens«. Der große Rest – einige Hundert abgemagerte Frauen – waren zum Tod verurteilt, da sie dem Großdeutschen Reich bestimmt nichts nützen würden. Beschämt, kraftlos gingen sie hintereinander auf das Krematorium zu. Eine extrem dünne junge Frau blickte wie ein gehetztes Tier umher, nahm aber niemanden wahr und rief: »Leute! Wo sind die Leute?«

Niemand antwortete ihr. Das Mädchen rief weiter: »Die ganze Welt ist verrückt geworden! Die ganze Welt ist verrückt geworden!«

Sie blieb stehen und horchte. Wir zogen uns hinter die Baracke zurück. Plötzlich lief sie los, sie lief schnell, immer schneller. Ich sah, wie sie sich durch die Gruppe nackter Frauen durchdrängte und sich den Weg in die Gaskammer bahnte.

Hoppe, hoppe, Reiter,
nun fahren wir weiter.

Bombenangriff

Alle Anzeichen deuteten darauf hin, daß das Dritte Reich zusammenstürzte, daß es barst und unter den Füßen der siegreichen Alliierten zermalmt werden würde.

Und wenn auch die Schatten ehemaliger Gettoinsassen von Lodz immer noch »ins Gas« gingen und wenn auch jeden Tag mit Leichen überladene Lastwagen vorbeirasten, hofften wir dennoch, daß jeder Wagen der letzte sein würde. Sie hatten es eilig, aber sie würden es nicht mehr schaffen, alle zu verbrennen. Sie waren eingekreist. Das war kein Gerücht mehr, nicht das erste oder das zweite Kriegsjahr, sondern das letzte. Diejenigen, die soeben angekommen waren und jetzt dort hineingingen, würden es nicht mehr erleben. Auch wir würden wahrscheinlich eine Stunde vor der Befreiung sterben – na und? Der Gedanke, daß die Stunde der Vergeltung naherückte, daß *die* untergehen würden, erfüllte uns mit einem unaussprechlichen Glück, einer unsäglichen Freude, die sogar unsere persönlichen Ängste aufwog.

Sie hatten keine neue Waffe. Das war eine Lüge, das war nur Propaganda. Nur eins stimmte, und zwar, daß die Alliierten im Westen und sowjetische Truppen im Osten bis zur Weichsel vorgedrungen waren.

Wir wußten darüber Bescheid aus den heimlich abgelauschten Nachrichten und aus den Zeitungen, die wir aus den Zimmern unseres Chefs entwendeten. Wir zogen Schlüsse aus dem veränderten Verhalten der Vertreter des Herrenvolkes, aus ihren unsicheren Mienen und dem Wechsel vom wildesten Sadismus zur größten Milde. Ungeachtet des Prügelns und der »Turnübungen«, verhielten sich die verachteten Häftlinge kalt und feindselig; wir zwinkerten uns verständnisvoll zu und sagten: »Sie verlieren die Nerven. Wie dem auch sei, halten wir auch das noch durch.«

In den ersten Septembertagen gab es keinen einzigen Transport mehr zum Vergasen. Das schien uns recht bedenklich. Wir warteten einige Tage ab. Ruhe. An der Rampe keine Züge. Nur ein einziges Krematorium war noch in Betrieb. Das Radio schwieg wie verhext.

Pakete kamen jetzt nicht mehr an. Nur die überfüllten »Kanada«-Wagen fuhren in beträchtlich kürzeren Zeitabständen als gewöhnlich ab.

»Man müßte feste Schuhe organisieren«, meinte Nela. »Ich gehe ins ›Kanada‹, ordentliches Schuhwerk ist wichtig. Vielleicht werden wir lange marschieren müssen!«

Eines Tages um zwölf ertönte plötzlich nach langer Zeit wieder das Summen von Flugzeugen, und zugleich heulte die Lagersirene auf.

Es herrschte große Begeisterung.

Wir sahen uns den Himmel an wie die wunderbarste Erscheinung, hörten die Motoren summen, und es kam uns vor wie die schönste Melodie.

»Wenn sie doch bombardieren würden!« sagte Basia träumerisch und blickte zum Himmel hinauf. Irena beobachtete die Flugzeuge: »Wenn ein paar Bomben auf die Drähte fallen, sie durchschneiden und einen Durchgang schaffen würden, wenn dann eine Stunde lang Durcheinander herrschen würde und Partisanen in der Nähe wären!«

Plötzlich – was war das? Schüsse ... Wir liefen in die Baracke zurück. Aus der SS-Küche schossen die SS-Männer, die Herrscher von Birkenau, und liefen auf das Tor zu, neben dem, wie sich später herausstellte, ein Luftschutzbunker gebaut worden war. Bedarf, das Ungeheuer, lief als erster, eine fahle Blässe überzog sein Gesicht. Ihm folgten andere. Nur Janda stand ruhig vor der Baracke, mit den Händen in der Tasche. Die Bomben fielen in der unmittelbaren Umgebung. Unsere Baracke zitterte und bebte. Schweigend flehten wir Gott an, daß es möglichst lange dauern möge. Czesia brach das Schweigen mit einer kindlichen Feststellung: »Und ich habe einst solche Angst vor Bomben gehabt ...«

Der Bombenangriff dauerte eine halbe Stunde. Im Lager C war deutlich Feuer zu sehen.

»Die Baracken brennen«, bemerkte eine. »Vielleicht dreht sich der Wind in unsere Richtung!«

»Was wird dir das nützen, du dummes Ding?« erklärte eine Vernünftigere. »Dann ist kein Platz zum Schlafen da. Wir werden unter freiem Himmel schlafen müssen, sie werden die Hunde loslassen, und du wirst still dasitzen.«

Bedarf und die anderen SS-Männer kamen aus dem Bunker heraus und setzten wieder Herrschermienen auf. Sie versuchten zu scherzen und das Ganze zu bagatellisieren.

Am Nachmittag, offensichtlich zur Feier des Tages, da sie der Gefahr entronnen waren, veranstalteten sie ein kleines Fest. Sie soffen sich fast zu Tode, wie Leute auf einem sinkenden Schiff. Sie zerschlugen wieder alles mögliche, sie sangen und brüllten. Wir schlossen die Tür und machten uns auf einen peinlichen Besuch gefaßt. Tatsächlich. »Wiener Schnitzel« und der »Blinde« torkelten herein. Wir wußten nicht, wie wir uns verhalten sollten. Wir täuschten Arbeit vor. Der »Blinde« starrte uns mit dem einen Auge an und schrie: »Na was, dumme Schweine, lustig, nicht wahr?«

Niemand gab einen Laut von sich. Der »Blinde« zog seine Pistole und zielte auf die gegenübersitzende Irena. In diesem Augenblick ging die Tür auf: Auf einem Kinderwagen rollte, von Hahn selbst geschoben, unser glattrasierter Wurm herein – er war sternhagelvoll und kreischte schrill.

Gleichzeitig öffnete sich die Tür vom Dienstzimmer. Janda erfaßte sofort die Situation. Der »Blinde« versteckte seine Pistole, Wurm hörte auf zu brüllen, Hahn ließ den Wagen stehen, näherte sich Janda, schnalzte widerlich mit der Zunge und verschlang sie mit den Blicken. Janda schloß ihm die Tür vor der Nase. Wütend drang er vom Korridor her in das Dienstzimmer. Man hörte einen Schrei, dann das Klirren von zerbrochenem Glas und Gezeter.

Wir saßen wie angewurzelt da, in der Hoffnung, daß sie uns nicht bemerkten und nicht mit uns »spielen« wollten. Mir tat Janda leid. Schließlich ging das Saufgelage ohne schlimmere Folgen für uns zu Ende.

Wurm schlief im Kinderwagen ein. »Wiener Schnitzel« begann zu jodeln.

Eine Stunde später machte die leichenblasse Janda die Tür des Dienstzimmers auf und ließ uns die Scherben von einer zerbrochenen Lampe und Fensterscheiben aufheben.

Eines Tages erschien in Birkenau Wala, die wir schon lange nicht mehr gesehen hatten, und teilte uns vertraulich mit, daß man von nun an keine Menschen mehr vergasen würde. Ein diesbezüglicher Befehl sei aus Berlin eingetroffen. Maßgebliche Quellen, das heißt »die Jungs«, vermuteten, daß das mit der Einnahme deutscher Gebiete in Zusammenhang stand. Die Alliierten sollten den Hitlerfaschisten gedroht haben, daß sie mit ihnen dasselbe machen würden. Obwohl wir wußten, daß Wala zu amtlichen Nachrichten Zugang hatte, wollten wir ihr nicht glauben. Wie oft hatten wir schon geglaubt, es wäre zu Ende, und dann waren wieder Transporte gekommen! Ich fragte Wala nach den Kameradinnen aus meinem Transport. Wala wußte, wer gestorben war, wer auf dem Feld arbeitete, wer eine Arbeit unter Dach hatte, wer im Revier lag. Ich stellte fest, daß nur sehr wenige von meinem Transport noch lebten.

Wala hatte die Liste der Häftlinge gebracht, die aus Auschwitz ins Lager Ravensbrück abtransportiert werden sollten; sie behauptete steif und fest, daß es sich wirklich um einen Evakuierungstransport handelte. Dem sollten noch andere solche Transporte folgen.

In die Karteikarten trugen wir bei den Namen der Überstellten den Buchstaben »ü« ein. Auf der Liste der Abgänge standen viele meiner Kameradinnen. Ich stieß auf Stefas Namen, die zusammen mit mir aus dem Pawiak-Gefängnis hierhergekommen war. Es kamen weitere Evakuierungslisten, und es gab merkwürdigerweise keine Transporte mehr an der Rampe.

Vom Fenster aus sahen wir draußen Männer – französische Partisanen –, die dabei waren, den Todesweg auszubessern. Der kühle Septemberregen sickerte durch ihre dünne Baumwollkleidung. Ihr Blick war leer und apathisch. Nur schwer konnte man sich vorstellen, daß diese Leute noch vor kurzem gekämpft hatten und bewaffnet waren.

Nela wollte unbedingt einem jungen Franzosen Socken schenken. Aber wie? Als sich der Posten für einen Augenblick umdrehte, gab Nela einem von ihnen ein Zeichen, machte das Fenster auf und warf Brot und Socken hinaus. Der Posten drehte sich plötzlich wieder um. Wir sahen, daß er es bemerkt hatte. Nela rettete die Situation, indem sie entwaffnend lächelte und dem jungen Posten zurief: »Laß gut sein, ich habe nichts Böses getan.«

Es funktionierte. Der Posten tat so, als hätte er nichts bemerkt. Der Franzose verschlang das Brot, seine Kameraden beneideten ihn und schauten uns in stummer Erwartung an. Wir hatten aber kein Brot mehr, außerdem fürchteten wir uns vor dem Posten. Wir arbeiteten weiter. Was konnten wir tun? Tausende hungriger Häftlinge arbeiteten jetzt im Regen auf dem Feld. Es gab tausende Menschen aus Warschau, aus dem Getto von Lodz, aus Ungarn. Es war unmöglich, ihnen allen zu helfen.

Drei schwangere Frauen wurden von der Rampe geführt. Ich nahm den Eimer – das war unser üblicher Vorwand –, lief in die Sauna, um Wasser zu holen und näherte mich den Frauen. Es waren ungarische Jüdinnen, die schon einmal hier gewesen waren. Damals waren sie bei der Selektion durchgekommen, da ihre Schwangerschaft noch nicht sichtbar war. Sie ahnten, warum man sie hierhergebracht hatte. Eine von ihnen, die einen ausgeglichenen Gesichtsausdruck hatte, wies auf das Krematorium hin und sagte: »Ich weiß, was das ist. Dort ist meine Mutter gestorben, und auch ich werde dorthin gehen. So wird es am besten sein.« Und sie lächelte bitter.

Ich versuchte gar nicht zu leugnen oder sie zu trösten. Sie wußten zu gut Bescheid. Aber ich konnte nicht weg, ich spürte, daß ich etwas sagen sollte. Irgendwie fühlte ich mich tief beschämt, weil ich weiterleben würde, während sie ...

»Und ich habe mir so sehr ein Kind gewünscht«, sagte wehmütig eine der Frauen und sah sich ungeduldig um: »Wann werden sie uns endlich holen?«

»Dauert es lange?« fragte die jüngste Frau.

»Sehr kurz«, antwortete ich hastig und lief davon.

Wieder im Büro angekommen, bemerkte ich einen Posten, der eine ältere Frau führte.

Die Gesichtszüge der Frau kamen uns bekannt vor, ich erkannte sie. Es war die alte Sozialdemokratin aus Wien.

»Sind Sie wieder hier?« fragten wir erstaunt. »Wo sind Sie denn die ganze Zeit gewesen?«

»In Auschwitz. Beim Verhör im Bunker. Sie haben mich verhört und geschlagen. Sie wollten wissen, wer von unserer Partei gegen Hitler ist. Nichts habe ich gesagt. Niemanden habe ich verraten.«

Ada half der alten Dame aus dem Mantel – mit dem denkwürdigen Knopf. Sie tat uns leid.

Einige Minuten später stand sie da mit kahlgeschorenem Kopf, in einem kurzen, engen Kleid mit einem roten Kreuz auf dem Rücken. Im Regen zitterte sie vor Kälte. Wurm ging gerade an ihr vorbei, eingehüllt in seinen Regenmantel. Die Frau zögerte eine Weile, dann trat sie an ihn heran und reichte ihm die Hand.

Aber Wurm war heute anders gelaunt, und die alte Jüdin interessierte ihn nicht mehr. Einen Augenblick lang blieb er stehen, dann ging er gleichgültig weiter. Ihre Hand fiel schlaff herab.

»Sie haben beide im selben Stadtteil gewohnt«, sagte Tanja verächtlich, »und der hat sich so häßlich benommen ... nicht wahr, meine arme alte Dame? Er ist ein Wiener, du bist eine

Wienerin. Wie traurig ist das. Du hast gedacht, daß er dich nach Hause zurückschicken würde, und er hat dich in den Bunker geschickt. Du hättest nicht auf sein glattes Gesicht blicken sollen, sondern auf seinen Totenkopf. Das ist sein wahres Gesicht.«

Ein Hauch Freiheit

An einem denkwürdigen Tag wies Janda Nela, Ada und mich an, Krüge zu beschaffen. Ich lief ins »Kanada«, um sie zu organisieren, ohne zu wissen, was sie damit vorhatte.

»Wir gehen spazieren«, sagte sie lächelnd, »Pilze sammeln.«

Wir schrien vor Freude und trauten unserem Glück nicht. Janda setzte ihre Feldmütze auf und nahm einen Hund an die Leine; wir nahmen die Krüge und marschierten los.

Die Erde war feucht und der Himmel hellblau. Ein Hauch frischer, klarer Luft berührte uns. Der widerliche, eklige Leichengestank blieb zurück, die Schreie im »Kanada« verhallten.

Beschwingten Fußes eilten wir dahin und genossen es, dieses freie Stückchen Land unter den Füßen zu spüren. Wir liefen in den Birkenwald. Kein Laut unterbrach die Stille. Janda machte uns ein Zeichen, daß wir uns hinsetzen durften. Ich setzte mich auf einen Baumstumpf, Nela lehnte sich mit dem Rücken gegen einen Baum. Tränen rannen ihr über die Wangen. Ich wünschte, daß dieser Augenblick ewig dauern würde. Ich nahm eine Handvoll Erde, die nicht mit Menschenblut getränkt war, und ließ sie durch meine Finger gleiten.

Janda beobachtete mich. »Das ist mein Feind«, dachte ich plötzlich. »Ein einziger gekonnter Handgriff würde reichen, um ihr die Pistole wegzunehmen und anschließend sie und den Hund zu erschießen. Und dann könnte man davonlaufen – den Waldpfad entlang, quer durch das Feld, die Freiheit einatmen – und dann? Das würde keine Rolle spielen. Für diesen einen Augenblick würde es sich lohnen.«

Offenbar mußte mich mein Blick verraten haben, denn Janda trat an mich heran und legte mir die Hand auf die Schulter. Ein Schauder überlief mich bei dieser Berührung.

»Krysia, nun gehen wir weiter, ja?«

Ich war schrecklich niedergedrückt. Ich wußte, daß ich ihr nichts antun und daß ich dorthin zurückkehren würde. Und plötzlich bedauerte ich, daß ich mitgegangen war. Jetzt würde es noch schrecklicher sein. Und schon morgen könnten sie uns in Fünferreihen ins Krematorium führen. Der Zauber der Freiheit zerbrach. Ich hatte Angst, mich umzusehen, und wünschte, sofort wieder ins Lager zurückzukehren. Ich wollte alles vergessen.

»Wir müssen krank sein«, sagte ich laut.

Nela schaute mich erstaunt an und fragte: »Was?«

»Wir sind krank.« Nela überlegte eine Weile, dann begriff sie, was ich meinte.

Die Sonne schien auf den Hain. Wir fingen an, Pilze zu suchen, fanden aber nur wenige. Nela wandte sich schüchtern an Janda: »Es gibt wenig Pilze, Frau Aufseherin. Vielleicht sollten wir noch einmal kommen.«

Janda blickte schweigend auf die Uhr, schließlich sagte sie, jedes einzelne Wort betonend: »Sicher werdet ihr noch oft Pilze sammeln.«

»Und Sie?«

»Ich auch ...«, antwortete sie mit leiser Stimme. »Jetzt aber gehen wir zurück.«

Die Sonne stieg immer höher. Ich erinnerte mich an meinen ersten »Ausflug« vor einem Jahr. Alles war jetzt anders! Ich war nicht mehr hungrig, mein Haar war nachgewachsen, ich hatte einen Kittel und Strümpfe an. Ich sah wieder wie ein Mensch aus. Wie wenig hatte ich damals gewußt! Damals lebte Zofia noch. Damals hatte ich Andrzej getroffen.

Nur die Sonne schien wie damals. Genauso schwer fiel uns die Rückkehr. Drohend tauchte in der Ferne der Stacheldraht auf. »Umkehren und laufen« – dieser Gedanke schoß mir durch den Kopf. Der Hund sprang an meine Seite, meine Füße gingen mechanisch durch das Tor. Von der Sauna her hörten wir einen Mann schreien. Basia lief auf mich zu und sagte ganz aufgeregt: »Ein Jude bekommt gerade fünfundzwanzig Schläge. Na, wie war's? Ich beneide euch so sehr! Habt ihr viele Pilze gefunden?«

Ich schüttelte den Kopf und fragte: »Sind neue Transportlisten gekommen?«

Ich konnte das Ende dieses Tages kaum erwarten. Immer wieder schaute ich auf die über dem Tisch hängende Wanduhr. Ich wollte möglichst schnell ins Bett gehen, um von diesem Spaziergang in der Freiheit zu träumen. Um vier Uhr begann ich, meinen Tisch aufzuräumen. Ziutka, die pausenlos auf der Maschine schrieb, blickte auf die Uhr und blinzelte mir zufrieden zu.

Plötzlich stürzte Zosia ins Büro: »Das Krematorium III brennt!«

Im selben Moment hörten wir Schüsse. Wir liefen vor die Baracke. Das Krematorium stand in Flammen.

Aus dem »Kanada«, aus der SS-Küche, aus den Männerbaracken, von überallher liefen SS-Männer mit schußbereiten Maschinengewehren in Richtung des Krematoriums. Der Angriff begann. Das Krematorium wurde beschossen. Das Feuer breitete sich rasch aus. Die Männer von der Effektenkammer stürzten herbei. Wacek erkärte uns die Situation. Er sprach sehr schnell: »Das Sonderkommando rebelliert. Man hat es reduziert, weil keine Transporte mehr eintreffen. Heute sollten sie wegfahren. Sie wollten nicht umkommen wie die anderen früher. Vielleicht wird das ein Zeichen zum Aufstand im ganzen Lager sein.«

Das Feuer griff auf das Dach über und stieg schon aus dem Lüfter der Gaskammer empor. Wie hypnotisiert schaute ich auf die Schornsteine. Die symbolische Bedeutung dieses Ereignisses war so groß, daß sie alles andere überschattete. Es war unwichtig, daß andere Krematorien noch unversehrt waren. Wichtig war jetzt der Kampf selbst.

»Alle Juden zum Zählappell!« schrie wutschäumend Hauptscharführer Hahn. »Alle verfluchten Juden, Zählappell!«

Alle Juden, die in der Sauna und im »Kanada« arbeiteten, liefen blaß und erschrocken zum Appellplatz vor der Sauna und stellten sich in Fünferreihen auf. Hahn stand in der Mitte und schwenkte seine Peitsche.

Man mußte auf die verfluchten Juden aufpassen, sonst könnten sie sich noch etwas ausdenken und Ärger bereiten. Hier fühlte sich Hahn jedenfalls sicherer als in Schußnähe.

Von der Rampe kam Verstärkung: SS-Männer mit Motorrädern und Fahrrädern. Sobald sie abgestiegen waren, hörte man Schüsse vom Krematorium II. Alle wandten sich um. Die SS-Männer fuhren wieder in die entgegengesetzte Richtung zurück. In diesem Moment stürzte ein Schornstein des brennenden Krematoriums zusammen.

»Es wird heiß hier«, flüsterte Basia.

Wacek tauchte wieder auf. »Es wird immer besser. Haltet euch bereit, vielleicht werden wir fliehen.«

Aus Auschwitz, aus dem Männerlager, kam die Häftlingsfeuerwehr. Rauch wälzte sich in dichten Schwaden heran. Das widerwärtige Gebäude fiel wie ein Kartenhaus zusammen. Der zweite Schornstein begann zu schwanken und krachte zusammen. Vom Krematorium III her hörte man einzelne Schüsse.

Das Feuer schwelte noch. Dann ging es langsam aus. Die SS-Männer begannen vom »Schlachtfeld« zurückzukehren.

November. Mit dem Nieselregen kam auch die Resignation. Wo war die Blitzoffensive? Ein weiteres Jahr ging zu Ende und außer den Evakuierungstransporten gab es nichts Neues. Es gab auch keine einzelnen Zugänge mehr. Auf Befehl des Kommandanten mußten die Männer vor dem Verlassen des Lagers durch die leere Sauna gehen. Die ausgewählten Männer waren unglaublich ausgezehrt. Wenn die Suppe verteilt wurde, stürzten sie sich darauf. In ihrer Übereilung schütteten sie manchmal etwas von den erfrorenen Kohlrüben mit Graupen auf den Boden. Dann leckten einige Männer diese Überreste gierig auf.

Basia stellte traurig fest: »Ich hätte das nie geglaubt, wenn ich es nicht mit eigenen Augen gesehen hätte. Ich kann mir nicht vorstellen, daß ich so tief sinken würde.«

Wir sammelten fleißig Brot. Man konnte es nicht durch das Fenster reichen, weil sich sofort eine große Menge mit ausgestreckten Händen einfinden würde, die die Aufmerksamkeit des Chefs geweckt hätte. Wir mußten geschickt zu Werke gehen, damit es die anderen nicht merkten. Doch unser Beitrag war nur ein Tropfen auf einen heißen Stein. Die zusammengekrümmten, ausgehungerten, frierenden »Muselmanen« schlurrten mit den Füßen in den riesigen Holzschuhen.

Als die Brotvorräte erschöpft waren, begannen wir, Halstücher, Handschuhe und Socken auszuteilen. Aus einer »Kanada«-Baracke entwendete Irena kühn ein ganzes Bündel von Halstüchern und kam glücklicherweise unbemerkt durch. Unsere Stenotypistin nützte jede Pause bei der Arbeit, um Handschuhe und Ohrenschützer zu stricken. Die beißende Kälte machte allen zu schaffen. Die ganze Welt war verregnet und finster. Der Anblick der sich hungrig dahinschleppenden Häftlinge deprimierte uns restlos. Nur die Umrisse der Berge schienen deutlicher, näher zu sein.

In stillschweigendem Einverständnis mit den SS-Männern und der Kapo wurde das Arbeitstempo im »Kanada« verlangsamt. Die SS-Männer taten das in ihrem eigenen Interesse, denn alle »Kanada«-Baracken konnten jetzt an einem Tag geleert werden. Sie würden dann ausgespielt haben, und man würde sie an die Front schicken.

Eines Tages begann man, das Krematorium IV abzureißen. Wir konnten unseren Augen nicht trauen. Die Frauen, die beim Abbau des Krematoriums beschäftigt waren, berichteten uns ausführlich über die Konstruktion der Öfen und der Gaskammern.

»Sie verwischen die Spuren ihrer Verbrechen, also werden sie auch uns – die Zeugen – vernichten! Die Welt wird es nie erfahren. Und wenn jemand doch herauskommt – niemand wird ihm glauben, niemand wird es hören wollen«, dachten wir.

Nach einer »Familienberatung« in der Baracke von Zosia beschlossen wir, ungeachtet aller Umstände so lange wie möglich hierzubleiben. Wir wußten, wie es hier war. Wenn uns etwas Schlimmes zustoßen sollte, so würde es uns überall erwischen. Wenn wir aber gerettet werden sollten, so würden wir hier gerettet werden. Die Stimmung schlug übrigens jede Stunde um.

Schließlich faßte ich den Beschluß, nicht mehr an das Ende zu denken. »Was sein muß, muß sein, es möge bloß schnell kommen«, wie einst die ungarischen Jüdinnen vor ihrem Tod gesagt hatten. Wir hatten doch so viele Jahre auf diesen Augenblick gewartet. Wozu sollten wir uns jetzt quälen? Wir hatten doch so oft wiederholt, daß wir nur ihre Niederlage erleben wollten, das war alles; warum sollten wir jetzt undankbar sein? Warum wollten wir unbedingt leben?

Wir verfielen in äußerste Melancholie. Wir hatten nur noch ein Gesprächsthema: »Was werden sie mit uns machen? Wie werden sie uns loswerden? Wissen sie das schon, oder warten sie auf einen Befehl aus Berlin? Gas werden sie wohl nicht verwenden, denn die Krematorien werden abgebaut. Sie können uns nur erschießen.«

Am wahrscheinlichsten schien uns, daß sie im letzten Augenblick eine Bombe auf das Lager abwerfen und dann der Welt erklären würden, daß es ein Bombenangriff der Alliierten war. Niemand würde sich darum kümmern, solche unbedeutenden Details zu überprüfen.

Wir überlegten, ob wir uns vielleicht doch um die Überstellung in ein anderes Lager bemühen sollten. Es könnte sein, daß es uns viel schlimmer gehen würde, aber vielleicht war das die einzige Möglichkeit, mit dem Leben davonzukommen. Andererseits würden wir in einem anderen Lager vermutlich sterben, und niemand würde erfahren, was wir hier gesehen hatten.

Viele Pakete, die man den Familien »im Reich« mit den Habseligkeiten der Verstorbenen zugeschickt hatte, kamen zurück.

Nicht einmal in Anwesenheit unseres Chefs und der SS-Männer von der Eskorte konnten wir unsere Freude verbergen. Die Mädchen liefen auf den Wagen zu, um die Adressen zu verifizieren und somit die Namen der Ortschaften kennenzulernen, die von den Alliierten bereits eingenommen worden waren.

Czesia fragte mit unschuldiger Miene den Chef: »Warum sind sie denn zurückgekommen?«

»Es muß einen Engpaß, eine Stauung bei der Eisenbahn geben«, lautete die vorprogrammierte Antwort.

Czesia wandte sich zu uns um, lächelte schelmisch und blinzelte uns zu.

An diesem Nachmittag teilte uns die Kapo mit, daß wir unmittelbar nach Feierabend vor dem Chef antreten sollten. Wir stellten uns im Korridor auf und erwarteten das Schlimmste – Auflösung des Kommandos, Transport, Vergasen. Selbst die Kapo hatte keine Ahnung, was das zu bedeuten hatte. Der Chef kam herein. Basia zitterte. Ich wußte, daß uns diesmal nichts retten würde. Das war das Ende.

Der Chef fing feierlich an zu sprechen: »Wir müssen zugeben, daß ihr gut gearbeitet habt. Ich bin mit euch zufrieden und deswegen ...«

Basia ballte die Hände zur Faust. Die Kapo hörte kreidebleich zu. Der Chef wandte sich nun an sie mit den Worten: »Na, Maria, wähle aus der Reihe fünf brave Mädels.«

»Die werden als erste liquidiert«, dachte ich voller Entsetzen.

Die verwirrte Maria rief fünf Namen auf. Die Mädchen traten vor.

Nun geschah etwas, woran wir nicht im entferntesten gedacht hätten. Der Chef nahm Zettel aus der Tasche heraus und fing an, sie zu verteilen. »Das Großdeutsche Reich hat beschlossen, euch für eure Arbeit zu belohnen ...«

Die Spannung war vorbei. Ich hatte das Bedürfnis zu lachen. Wir hatten also wieder unser Leben gewonnen. Für diese zwei Mark konnten wir sogar in der Kantine Senf kaufen, denn etwas anderes hatten sie nicht. Dieser plötzliche Wechsel in der Behandlung der zuvor verachteten Häftlinge amüsierte uns. Prämien für gute Arbeit ... Was bezweckten sie damit? Vielleicht nahmen sie an, daß wir für diese zwei Mark vergessen würden? Wenn ihnen aber daran gelegen war, daß wir vergaßen, bedeutete das, daß sie uns nicht liquidieren würden.

Ziutka nahm ihre Prämie entgegen und murmelte: »Zu spät, mein Lieber, das wird euch jetzt auch nicht mehr helfen.«

Nach dieser Zeremonie befahl uns der Chef, binnen zwei Tagen aus der allgemeinen Kartei alle Karten der Verstorbenen und Überstellten zu holen und daraus maschinegeschriebene Listen anzufertigen. Diese Karten sowie die Zugangslisten und die Totenlisten sollten nach Buchenwald geschickt werden. Sie waren also wirklich dabei zu kapitulieren! Die Stenotypistinnen mußten die ganze Nacht arbeiten, um diese Anordnung auszuführen.

Angefangen vom ersten Transport mußten alle Nummern, Namen und die kleinen Buchstaben »v« (verstorben) getippt werden. Vor mir lag eine beredte, fürchterliche Statistik. Fast bei jeder Nummer ein »v«. Von der Nummer 5000 bis 80 000 gab es lauter »v«. Ich sah mir eine Seite nach der anderen an – nur äußerst selten begegnete mir ein »ü« für überstellt.

In der nächsten Nacht schrieb ich die Liste meines Transports. Nr. 55 907 – verstorben, 55 909 – verstorben. Alle vor mir und nach mir – verstorben. Ich selber konnte es nicht begreifen, daß ich meine Nummer – 55 908 – auf der Liste weglassen mußte. Wie war das möglich, daß ich noch lebte?

Ich legte eine Pause ein. Revier, Fleckfieber, Geschwüre, Leichenhaufen vor den Baracken – all das stand wieder vor meinen Augen. Das war vor einem Jahr. Damals waren Zofia und viele andere gestorben. Damals schien es mir unmöglich, den nächsten Tag durchzustehen.

Durch die geöffnete Tür des Büros unseres Chefs ertönte Musik:

> Es geht alles vorüber,
> es geht alles vorbei,
> nach jedem Dezember
> kommt wieder ein Mai.

Ich ging hinaus. Es schneite. Dichte Schneeflocken fielen auf die Baracken, verdeckten die Fundamente der Krematorien, blieben am Stacheldraht haften, schmolzen auf meiner Stirn.

Ein Posten hielt in seinem »Schwalbennest« Wache. Erstaunt über den Anblick einer nachts einsam herumwandelnden Gestalt rief er: »Was machst du hier?«

»Ich warte«, antwortete ich.

»Worauf?« fragte der Posten.

»Auf die Freiheit, verstehst du?«

Beim Stacheldraht brach jemand in Lachen aus. Ich kehrte in

die Baracke zurück. Der Chef wünschte mich zu sprechen. Haßerfüllt ging ich hinein.

»Na, wird's bald?« fragte er und schrieb an einem Brief weiter.

Ich schaute ihm über die Schulter: »Meine allerliebste Eva ...«

Das Radio brachte Zigeunerromanzen ... Mein Chef schrieb also Liebesbriefe, während wir Totenlisten schrieben, er konnte also auch lieben, er sehnte sich nach irgendeiner Eva. Sie liebte ihn sicher auch. Er sah so menschlich aus, war sogar sympathisch ... Mich aber widerte er plötzlich an. Auf dem Schreibtisch lag ein Briefbeschwerer. Mit Mühe hielt ich mich zurück, um nicht danach zu greifen.

»Na, was?« fragte er, indem er den Kopf hob.

Ich schrak zusammen.

»Es gibt nicht mehr viel abzuschreiben, Herr Chef!«

Er zündete sich eine Zigarette an und schaute aus dem Fenster: »Oh, es schneit.«

»Jawohl, es schneit.«

Ich beobachtete ihn weiter. Genauso wie wir hatte er auf den Schnee reagiert. Genauso wie wir stand er auf und ging vor die Baracke hinaus. Er stellte sich neben Basia. Beide ließen den Zauber des Winters auf sich wirken. Der SS-Mann sagte: »Wie schön, wie still.«

Basia schwieg. Ich wußte, woran sie jetzt dachte. War es auch damals schön und still, als er noch der Chef des Krematoriums war?

»Es sieht gar nicht nach einem Lager aus«, fuhr der SS-Mann fort, gleichsam zu sich selbst sprechend. »Alle Spuren sind verwischt.«

Ich zog mich von der Tür zurück und setzte mich wieder an die Schreibmaschine. Er hatte recht. Alle Spuren waren verwischt. Auch ich machte jetzt nichts anderes, als Spuren zu verwischen. Alle Beweise des Verbrechens würden nach Buchenwald fahren. Die Befreiungsarmee würde nur Schnee vorfinden.

Am 4. Dezember beglückwünschten wir Basia zu ihrem Namenstag. Wir beschlossen, an diesem Tag nicht zu arbeiten. Ich überredete unsere Kapo, daß man dies irgendwie feiern sollte, wir hatten ja hier so wenig heitere Augenblicke. Das Gespräch zeugte von der aufgelockerten Atmosphäre, die eine Folge des veränderten Verhaltens der Leitung uns gegenüber war. Die Kapo schaute uns erstaunt an. Ihr Blick verurteilte uns: »Ihr führt euch auf wie in einer Pension, ihr vergeßt, wo ihr seid.«

Plötzlich stürzte Irena herein und teilte uns mit: »Die Jungs fahren heute weg. Alle.«

»Die ›Unseren‹ auch?«

»Alle Polen. Die Lagerleitung hat Angst vor einem Aufruhr im Lager. Sie fürchten, die Männer seien organisiert.« Offenbar hatte uns das Bewußtsein, Männer in der Nähe zu haben, Mut gemacht. Das Bewußtsein der stillschweigenden Obhut und der Hilfestellung »im Falle, daß ...«

»Wir bleiben allein«, sagte Irena weinerlich.

Ich machte mich auf, um Wacek zu suchen. Die Männer in Birkenau liefen aufgeregt hin und her. Es herrschte das »Transport«-Fieber. »Heute fahren wir« – das war schrecklich. Cyprian, einer unserer Freunde von der männlichen Effektenkammer, reichte mir in der Lagerstraße die Hand, ohne auf die vorbeigehenden SS-Männer zu achten.

»Leb wohl, Krysia.«

In der Baracke verabschiedete sich Wacek von Zosia. Ich blieb in der Tür stehen. Er kam zu mir. Wir schwiegen beide lange Zeit. Keiner von uns wußte, wovon er jetzt reden sollte. Schließlich lächelte Wacek beklommen und sagte: »In wichtigen Augenblicken schweigt man, nicht wahr? Ich glaube fest daran, daß dies nicht unser letztes Treffen ist. Wir haben hier eine denkwürdige Zeit verlebt. Das verbindet uns für immer.«

»Ja.«

»Wir allein werden in der Lage sein, am stärksten und am tiefsten das Glück eines Heims, die Stille und das Ticken einer Uhr zu schätzen.«

»Ja.«

»Ich werde versuchen durchzuhalten. Ich weiß, daß du es nicht vergessen wirst.«

»Ja.«

»Du wiederholst nur ›ja‹. Sag mir etwas zum Abschied.«

»Leb wohl, Wacek! Alles, was du hier gesagt und getan hast – war schön.«

Auf dem Appellplatz traten die Männer aus allen Bauabschnitten des Lagers an. Fröstelnde Häftlinge mit fahlen Gesichtern. Sie stampften mit ihren erfrorenen Füßen. Ein Mann brach plötzlich zusammen. Aus seinem Mund lief Blut und hinterließ eine Spur auf dem schimmernden Schnee. Er wischte sich den Mund mit dem Ärmel ab. Lucyna machte schnell das Fenster auf und warf ein sauberes Taschentuch hinaus. Ein anderer Mann las es auf. Lucyna gab verzweifelt Zeichen, daß dieses Taschentuch für denjenigen bestimmt war, der blutete.

Die Häftlinge stellten sich in Fünferreihen auf. Niemand hatte diesen Befehl erteilt. Im Lager durfte man sowieso nicht lange »lose« stehen, man wußte, daß man sich früher oder später in Fünferreihen aufstellen mußte. Unter den Häftlingen gab es solche, die sich bereits an ihre Pritsche und ihre Baracke gewöhnt hatten, solche, die Freunde in der Essenskolonne hatten und gelernt hatten, wie man eine zusätzliche Ration Suppe kriegt, und solche, die das Glück gehabt hatten, unter Dach zu arbeiten. Nun fuhren alle wieder an einen fremden Ort, in andere überfüllte Konzentrationslager. Hier wußten sie bereits, wer prügelte, wen man meiden mußte. Und dort? Bevor sie sich auskennen würden, konnten sie leicht ums Leben kommen. Das einzige, woran sie Halt fanden, war der Gedanke an die näherrückende Front.

Unsere »Jungs« gingen an uns vorbei. Sie trugen Zivilanzüge und sahen wie gewöhnliche Menschen aus. Sie lächelten und winkten uns mit der Hand. Genia weinte. Ihr Bolek mit seinem Akkordeon fuhr weg. »Knöpf den Mantel zu!« rief sie ihm nach. Ich sah Wacek in seinem dunkelblauen Mantel und mit zusammengekniffenen Lippen im Nebel stehen. Ich warf ihm Ohrenschützer zu.

»Zieh das an, sonst wirst du frieren«, sagte ich, Heiterkeit vortäuschend. Wacek fing die Ohrenschützer auf, nahm die Mütze ab und verbeugte sich.

»Sollte ich nicht zurückkommen, versuch bitte, meine Mutter ausfindig zu machen. Sag ihr, daß es mir hier gut ging.«

Die Fünferreihen setzten sich in Bewegung – diesmal endgültig. Nela brach in Tränen aus.

»Fang du nicht auch noch an«, bat sie mich. »Ich muß daran denken, daß mein Sohn hier hätte sein können.«

Genia lief vor die Baracke hinaus und rief Bolek nach: »Vergiß nicht meine Adresse – Bydgoszcz!«

Ich rief Wacek zu: »Erinnere dich an Lodz.«

Wacek lächelte und nickte.

»Mach's gut!« sagte er noch.

Plötzlich vernahmen wir ein hämisches Lachen. Es war der Hauptscharführer, wie immer völlig besoffen.

Die »Jungs« verschwanden in der Ferne. Die Häftlingskolonnen zogen sich noch weit hin. Ein furchtbar abgemagerter Junge, der in der letzten Kolonne marschierte, drehte sich um und schrie: »Auf Wiedersehen in der Freiheit!«

Im Lager wurde es immer leerer und stiller. Mit dem Eintragen der Namen der Frauen von der letzten Transportliste waren wir fast fertig. Jetzt gab es insgesamt zehntausend Frauen in allen Bauabschnitten des Lagers. Die anderen waren in verschiedene Richtungen abtransportiert worden: Flossenbürg, Bergen-Belsen, Ravensbrück, Buchenwald. Es stiegen uns jetzt erneut Zweifel auf. Wieder lief das Gerücht um: »Sie planen, alle zu liquidieren, die übriggeblieben sind.«

Die Krematorien wurden weiterhin abgebaut. Eines Tages kamen Zugänge aus Tschenstochau. Sie berichteten, daß man das Gefängnis eiligst evakuiert habe. Dann begannen Zugänge aus allen Gefängnissen der Umgebung einzutreffen – Menschen, deren Prozesse schon abgeschlossen waren, solche, gegen die noch verhandelt wurde, Menschen, die bei Straßenrazzien verhaftet und solche, die zufällig für eine Nacht eingesperrt worden waren. Es sah so aus, als ob man allen Gefängnissen angeordnet habe, sofort alle Insassen zu evakuieren.

Dann kamen Jüdinnen aus den Waffenwerken von Pionki und Plaszow an; sie sahen gut aus und trugen warme Kleidung. Sie marschierten direkt ins Lager. Alle waren übrigens jung und gesund. Das Lager wurde wieder voll. Die Pakete mit Lebensmitteln trafen immer seltener ein. Aus den Krematorien wurde nichts geliefert. Die Essensrationen blieben unverändert. Die Zeit des furchtbaren Hungers begann wieder. Wir verschlangen das Lagerbrot mit Margarine – aber es gab immer zu wenig davon. Irgend jemand erlaubte sich einen makabren Scherz und sagte zu einer Jüdin vom »Kanada«: »Ein Transport ins Gas würde guttun, was?« Das Mädchen wandte das Gesicht ab und biß sich auf die Lippen.

Das letzte Weihnachten

Weihnachten stand vor der Tür. Das letzte Weihnachten in Auschwitz. Wir hatten Äpfel und Bonbons aus den Paketen eigens für diesen Tag zurückgelegt. Aus der Küche bekamen wir Weißkohl und Kartoffeln. Wir zogen die für diesen feierlichen Anlaß vorbereiteten Kleider an und stellten die Tische hufeisenförmig auf. Unser Chef hatte uns erlaubt, die ganze Nacht zu feiern. Jetzt erlaubten sie uns alles, worum wir baten. Man brachte einen Tannenbaum. Bedarf, der plötzlich angefangen hatte, sich mit uns zu unterhalten, und der einmal sogar beim Lächeln ertappt worden war, befahl einem vorbeigehenden Juden, den Tannenbaum in unsere Baracke zu bringen. Der Jude antwortete etwas und ging weg.

Ein paar Minuten später hörten wir Schreie und Schläge. Durch einen Spalt spähte ich ins Zimmer des Chefs. Bedarf schlug mit den Fäusten auf den Juden ein und schimpfte in einem fort: »Verfluchter Jude, verfluchter Jude!«

Der Jude lag auf den Knien. Aus seiner Nase und seinen Ohren lief Blut. Der geschundene Mann versuchte, etwas zu sagen. Vergebens. Bedarf trat ihn immer wütender mit den Füßen. Wurm und der »Blinde« standen wenige Schritte davon entfernt. Wurm, etwas blasser als gewöhnlich, wohnte dieser Szene bei und schien das Verhalten Bedarfs zu bejahen. Schließlich ließ sich Bedarf müde auf einen Stuhl nieder. Der Jude richtete sich mit Mühe auf und taumelte hinaus. Der »Blinde« lief ihm nach und versetzte ihm lachend noch einen Fußtritt.

Eines der Mädchen erklärte uns, daß sich der Jude im ersten Moment geweigert hatte, den Tannenbaum hineinzutragen, weil er vom Hauptscharführer gerufen worden war und sich sofort melden sollte. Bedarf befahl ihm, zum Hauptscharführer zu gehen und anschließend zurückzukommen. Der Jude kam zurück.

Zosia hatte einen Brief von zu Hause erhalten mit dem Foto ihrer Schwester, die sie drei Jahre lang nicht gesehen hatte. Wir legten das Bild auf den Weihnachtstisch. Wir alle legten ein Foto unserer Angehörigen auf unseren Platz. Feierlich machte ich Basia mit meiner Mutter bekannt – natürlich mit ihrem Foto. Von dem Augenblick an wurde alles unwirklich. Wir beschlossen vorzutäuschen, an diesem Abend zu Hause zu sein.

Ich beobachtete meine Freundinnen. Alle waren sehr hübsch an diesem Abend. Ihre Augen glänzten, sie sprachen und benahmen sich wie zivilisierte Menschen. Der Tannenbaum war herrlich.

»Krysia, lies etwas vor«, bat jemand.

Ich begann das Gedicht vorzulesen, das ich an diesem Morgen geschrieben hatte. Es war ein trauriges Gedicht. Ich sprach darin von der Zukunft, die uns so unwirklich erschien. Basia seufzte tief auf. Zosia schaute sie an und meinte: »Ich wußte doch, daß sie weinen würde.«

Wir machten das Licht aus. Irena stellte sich vor dem Tannenbaum auf und trug ein Gedicht vor.

Nach dem Abendessen sangen wir Weihnachtslieder. Die Nacht brach an. Hinter dem Fenster konnten wir den Schatten eines Postens erkennen, der auf und ab ging. Nela stand auf, füllte eine Schüssel mit dem dampfenden Kohl und Kartoffeln und brachte sie dem Posten. Wir sahen, wie er die Schüssel entgegennahm und »Danke schön« sagte.

Als Nela zurückkehrte, hörten wir auf zu singen. Unser Schweigen machte sie verlegen. Darum fühlte sie sich aufgefordert, uns eine Erklärung abzugeben: »Er ist ein armer frierender Mensch. Was kann er dafür, daß er Deutscher ist. Heute haben wir ja Weihnachtsabend.«

Die Kapo begann dann zu sprechen. Janda hatte sie gebeten, uns Glückwünsche zu übermitteln. Das Fest ging langsam zu Ende. Wir durften noch etwas singen. Ziutka fing an, und wir stimmten sofort ein: »Steh auf, Polen, ab die Ketten!«

In der Tür erschien freundlich lächelnd unser Chef, der leicht angetrunken war. Wir hielten uns bei der Hand und sangen weiter: »Kein Deutscher wird uns ins Gesicht spucken.«

Er runzelte die Stirn, nach einer Weile entspannte sich aber sein Gesicht – er verstand kein Wort Polnisch. Und wenn er den Inhalt erraten hatte, zog er es vor, es nicht zu zeigen.

Vor der Sauna hielt ein Wagen an, aus dem zwei SS-Männer stiegen. Sie nahmen ein kompliziertes Gerät und einen riesigen Kasten heraus. Ich strengte die Augen an, konnte aber nicht erkennen, worum es sich handelte. Wir waren beunruhigt. Was hatten sie jetzt vor?

Völlig außer Atem kam Irena angerannt und teilte uns mit: »Sie haben einen Film gebracht!«

»Für wen denn?«

»Für uns.«

In der Sauna führte man uns einen Film über die hinterlistigen Methoden der Agenten der Sowjetunion vor, die die Deutschen dazu verleiteten, zum Nachteil des eigenen Landes zu arbeiten. Die armen, edlen Deutschen wehrten sich im Film vor den »Fangarmen« finsterer bolschewistischer Agenten. Und die armen SS-Männer hier in der Sauna, wo sie persönlich so viele Selektionen durchgeführt hatten, begriffen in jenem Augenblick, wie zwecklos und paradox es war, uns diesen Film zu zeigen, da wir darauf warteten, daß uns die Rote Armee von den armen, unschuldigen Deutschen befreite.

Gegen Ende des Films begannen wir laut zu lachen. Wir beschlossen, den Film als Komödie zu betrachten. Wenn ein Schauspieler umfiel, krümmten wir uns vor Lachen. Das Licht wurde angemacht. Der neue Lagerkommandant Klausen richtete seinen kalten, stechenden Blick auf uns. Das Lachen verstummte. Wir verließen das »Kino« in glänzender Laune.

In den ersten Januartagen begann die Sonne etwas mehr zu wärmen, und die Berge hoben sich deutlich vom hellen Himmel ab. Alle Krematorien von Birkenau waren verschwunden. Nur in Auschwitz war eins übriggeblieben. Die Deutschen konnten ja jederzeit erklären, daß dieses Krematorium dazu diente, um die Leichen derjenigen zu verbrennen, die eines natürlichen Todes gestorben waren.

Es lief sich merkwürdig auf der glatten, schneebedeckten Erde. Die Temperaturen waren sehr niedrig, und der Schnee knirschte unter unseren Füßen. Wir konnten nicht vergessen, daß wir auf die Asche von Millionen Verbrannter traten. Wir liefen in der Sonne über ihre Asche, über die verwischten Spuren des schrecklichsten Verbrechens. Wir liefen, als ob hier nichts geschehen wäre. Ich selbst fing allmählich an zu bezweifeln, daß sich all das tatsächlich ereignet hatte.

Am 5. Januar gelang es uns, deutsche Frontnachrichten zu hören: Das Oberkommando der Wehrmacht teilte mit, daß »die seit langem erwartete Offensive der sowjetischen Truppen entlang der gesamten Frontlänge begonnen hatte«.

Endlich rückten sie wieder vor, das bedeutete, daß sie also in ein paar Tagen Auschwitz erreichen würden. Wir versuchten auszurechnen, wieviel Zeit sie brauchten, um zu uns zu gelangen – höchstens eine Woche. In einer Woche würde sich unser Schicksal entscheiden. Sie würden jetzt wohl nirgends auf Widerstand stoßen.

Der Chef schickte einige Frauen nach Auschwitz ins Männerlager. Ich war auch dabei; von der Politischen Abteilung sollten wir neue Transportlisten erhalten.

»Ich habe das Gefühl«, vertraute sich mir Ziutka an, »daß diejenigen, denen es gelungen ist, bis heute durchzuhalten, gerettet werden.«

Dann geriet sie ins Stocken und versank in Gedanken. Sie

versuchte, sich an die Zeit der Freiheit zurückzuerinnern. Fünf Jahre war sie von einem Gefängnis zum anderen und von Konzentrationslager zu Konzentrationslager geirrt. Hier war ihre Mutter gestorben. Je größer die Hoffnung auf die baldige Befreiung war, desto mehr fürchtete sie sich vor dem unbekannten Leben draußen.

»Ich habe Angst, daß ich gerade jetzt den Mut nicht aufbringen werde«, fügte Ziutka hinzu. »Ich fühle mich schrecklich einsam.«

Wir betraten das Männerlager, mußten jedoch warten, da es die Zeit des Abendappells war. Wir spürten, daß das kein gewöhnlicher Appell war. Die Häftlinge standen angespannt in Fünferreihen. Die haßerfüllte Menschenmenge verharrte in dumpfem Schweigen. Da erblickten wir plötzlich auf dem leeren Platz einen Galgen und vier erhängte Frauen.

Vier polnische Jüdinnen, die in der im Lagerinteressengebiet befindlichen Munitionsfabrik arbeiteten, hatten gestanden, daß sie dem revoltierenden Sonderkommando das Schießpulver zur Sprengung des Krematoriums geliefert hatten. Sie waren während des Appells erhängt worden, damit es alle sehen und sich an diesen Akt der Gerechtigkeit erinnern konnten. Bevor sie starben, sollen sie gerufen haben: »Es lebe das freie Polen! Tod den Henkern!«

»Tod den Henkern!« sagte Ziutka und schüttelte den Kopf. »Die werden es nicht mehr erleben, obwohl die Freiheit in einer Stunde kommen kann.«

In bedrückter Stimmung kehrten wir nach Birkenau zurück. Basia lief uns aufgeregt entgegen. »Wißt ihr, was die wieder ausgebrütet haben?« fragte sie. »Sie werden uns ins Theater führen!«

»Was sagst du?« fragte Ziutka, die – noch unter dem Eindruck der Hinrichtung – Basias Begeisterung nicht sofort begreifen konnte.

»Ich spreche über das Theater, in das wir gleich gehen. Die Aufführung findet in der Sauna statt. Es treten Frauen und Männer vom ›Kanada‹ auf.«

»Ich gehe nicht mit«, sagte Ziutka und schaute mich an.

»Ich auch nicht«, wiederholte ich. »Man kann nicht nach dem Galgen ein Theaterstück sehen.«

Es war mir jedoch durchaus bewußt, daß wir beide mitgehen würden. Es wäre sinnlos gewesen, in der leeren Baracke zu bleiben und über den Tod jener vier zu grübeln. Als man hier

Tausende von Menschen verbrannt hatte, waren wir imstande gewesen zu lachen.

In der Sauna waren Bänke und ein aus Brettern zusammengezimmertes Podium aufgestellt. Wir setzten uns, das Licht ging aus, der Vorhang öffnete sich. Die Vorstellung begann. Auf der Bühne stand ein Mann in schwarzem Anzug mit einem Trauerflor. Leicht taumelnd, teilte er seine Eindrücke von einer Beerdigung mit, von der er gerade zurückkam. Sein Monolog begann mit den Worten: »Sie haben einen Menschen beerdigt.« In dem überfüllten Saal ertönte schallendes Gelächter. Trauer um einen einzigen Toten ... Begräbnis, schwarzer Anzug, Leichenwagen, Kränze, Sarg, Grabrede, Nachruf – aber das war nicht alles. Er würde noch ein Denkmal bekommen ... Auf dem Höhepunkt der Erzählung konnte sich der Schauspieler auf der Bühne des Lachens nicht erwehren.

Die ganze Familie des Autors dieses Monologs war verbrannt worden. Ihn – einen jüdischen Häftling – konnten sie jeden Augenblick verbrennen oder erhängen. Die Asche der Verbrannten war in alle Winde zerstreut worden, und er erinnerte sich plötzlich an das Begräbnis eines einzelnen Menschen. Wie sollte man hier nicht lachen? Auch die SS-Männer lachten. Die gesamte Zuhörerschaft lachte hysterisch.

Als nächster Punkt stand der fernöstliche sogenannte Tabu-Tanz der schönen griechischen Tänzerin Olga auf dem Programm. Wie verzaubert folgten wir den rhythmischen Bewegungen ihrer Hüften, die in einen grünen Tüllrock gehüllt waren. Olga war wirklich tabu. Unzugänglich, unerreichbar, stolz und entrückt durch den Zauber ihres Tanzes erhob sie sich über jegliche Gemeinheit und jegliches Verbrechen. Ich vergaß völlig, wo ich mich befand.

Plötzlich wandte ich mich um und schaute den Hauptscharführer an. Er war von ihrer Darbietung entzückt.

Gerührt verließen wir das Theater. Olga kehrte mit uns in den Block zurück und weinte laut.

»Olga, was ist mit dir los?« fragte ich.

»Meine einzige Freundin ist heute mit dem Transport gefahren«, erzählte sie schluchzend. »Ich habe niemanden auf der Welt, und jetzt haben sie uns getrennt ... Dann ließen sie mich tanzen ... Wie habe ich heute bloß tanzen können?«

»Weine nicht, Olga. Du hast schön getanzt. Mach dir keine Vorwürfe, vielleicht werden wir alle bald frei sein. Ich habe heute gesehen, wie vier Jüdinnen erhängt wurden. Du lebst aber, das ist das einzig Wichtige. Weine nicht. Du wirst leben und deine Freundin wiedersehen.«

Ich sprach ganz verwirrt. Der Wunsch nach Freiheit überwältigte mich mit einer mir bisher unbekannten Kraft. In jenem Augenblick glaubte ich fest an die Erfüllung dieses Wunsches, und mein Glaube übertrug sich auf Olga. Sie umarmte mich und flüsterte leidenschaftlich: »Leben! Mein Gott! Leben!«

Die Hölle geht zu Ende

Am Tag nach der Aufführung entnahmen die Deutschen den Jüdinnen vom »Kanada« Blut für Transfusionen. Sie waren sehr höflich. Ludka, eine sehr energische polnische Jüdin, weigerte sich, Blut zu spenden.

»Warum sollte ich denn? Wenn Sie wollen, können Sie mich doch gleich erschießen. Sie können dann soviel Blut entnehmen, wie sie wollen.«

Der deutsche Arzt wunderte sich über ihre Haltung. »Wieso willst du kein Blut fürs Vaterland geben?« fragte er.

»Keiner kennt die Grenzen ihres Sadismus«, erklärte mir Ludka später. »Ich, eine verachtete, mit Füßen getretene Jüdin, die ich für sie weniger wert bin als der letzte Dreck, ich von der unreinen Rasse, soll einem verwundeten Soldaten des Herrenvolkes mein Blut schenken. Und er ist erstaunt darüber, daß ich mich geweigert habe.«

Jeden Tag wurden in den Kommuniqués die Namen der neu eingenommenen Städte bekanntgegeben. Jeden Tag kamen neue Befehle. Der Lagerkommandant hielt eine Rede, in der er betonte, daß Deutschland blute, die Lage augenblicklich kritisch, die neue Waffe aber fast fertig sei und das Deutsche Reich noch mächtiger und noch herrlicher auferstehen werde. Er wandte sich an die Juden und teilte ihnen mit, er sei mit ihrer Arbeit zufrieden. Sie würden Prämien erhalten, und ihre Davidsterne sollten demnächst in Winkel geändert werden – Winkel in Form roter aufgenähter Dreiecke mit einem kleinen, fast unsichtbaren weißen Streifen oben mit der Nummer. Diese ungewöhnliche Verordnung, die alle Rassenunterschiede verwischen sollte, war eine große Sensation.

In Birkenau achtete man nicht mehr auf strengste Disziplin. Die SS-Männer beachteten die Paare nicht, die abends vor der Sauna untergehakt spazierengingen. Die Paketpost kam nur selten. Schließlich wurde uns mitgeteilt, daß das Postamt Auschwitz keine Pakete mehr annehme.

Am 17. Januar erfuhren wir, daß Krakau eingenommen worden sei. Wir waren überzeugt, daß es sich nicht um ein Gerücht handelte. Übrigens konnten wir aus der Ferne das Echo der Explosionen hören – Laute, auf die wir lange sehnsüchtig gewartet hatten.

Nela erklärte: »Es kommt, wie es kommen muß, was für ein Glück aber, daß endlich etwas passiert! Heute nacht ziehe ich mich nicht aus.«

Basia erwiderte mit ungetrübter Heiterkeit: »Wenn du unbedingt angezogen sterben willst ... von mir aus, das ist deine Sache. Ich ziehe mich aus, mir ist es egal, was ich trage, wenn ich sterbe.«

»Hört auf mit diesen blöden Scherzen«, regte sich irgend jemand auf. »Die Lage ist wirklich ernst!«

Bis Mitternacht diskutierten wir im Wohnblock, ob wir uns ausziehen sollten oder nicht. Ich beschloß, mich auszuziehen und legte meine Kleidung so zusammen, daß ich sie im Dunkeln schnell wiederfinden konnte, wenn irgend etwas passieren sollte.

Irena hatte ausgekundschaftet, daß Auschwitz den Befehl zur Evakuierung zu Fuß erhalten hatte. Wir wollten ihr das nicht glauben. »Blödsinn – sie werden doch nicht sechzigtausend Leute zu Fuß an die Frontlinie treiben. Sie werden uns entweder liquidieren oder hier zurücklassen und selbst fliehen.« Mit jeder Minute schienen uns diese beiden Möglichkeiten immer wahrscheinlicher. Schließlich schlief ich ein.

Plötzlich klopfte jemand ans Fenster. Ich fuhr auf – schweißgebadet, mit pochendem Herzen. Alle saßen aufrecht im Bett und lauschten.

»Maria?«

Wir erkannten Wurm an der Stimme. Maria lief im Nachthemd ans Fenster. Wir spitzten die Ohren, um uns nichts entgehen zu lassen. Wurm sprach langsam und nachdrücklich: »Maria, nimm zehn Mädchen mit und komm ins Büro. Wir müssen uns langsam vorbereiten.«

Das Wort »langsam« betonte er, damit wir begriffen, daß es keinen Grund zur Panik gab. Wir ließen es uns nicht zweimal sagen. Kaum hatte er den Satz zu Ende gesprochen, da waren wir schon bereit. Es stellte sich heraus, daß wir mehr als zehn waren. Wanda und ich begannen, die Habseligkeiten der Häftlinge in Koffer zu packen.

»Dieses ganze Vermögen wird sowieso verlorengehen«, stellte Wanda fest. »Niemand von ihnen wird diese Sachen je zurückbekommen. Wir sollen sie ins Lager Groß-Rosen schicken, sicher werden wir auch dorthin gehen.«

Dann befahl man uns, ins »Kanada« zu gehen und leere Koffer zu holen. Wir liefen zu dritt in Begleitung eines Slowaken zu den verschlossenen Baracken. Er klimperte mit den Schlüsseln in der Hand. Sein Gesicht war vor Angst verzerrt. Er drehte sich immer wieder um. Über seine Unruhe freuten wir uns riesig. Das »Kanada« arbeitete nicht mehr nachts. Die Nachtschicht war jetzt überflüssig geworden. Wir gingen schweigend zwischen den Baracken und hinterließen frische Spuren im Schnee.

Der Slowake machte die »Kanada«-Baracke Nr. 7 auf. Diese Baracke war mit Pelzmänteln vollgestopft.

»Wir sollen Koffer holen«, teilte ich ihm mit.

»Nehmt euch Pelze«, sagte er. »Was geht mich das jetzt an? Die haben mich gründlich hereingelegt!«

Ich schaute auf seine SS-Uniform und fragte: »Wer sind *die?*«

»Die Deutschen. Was habe ich mit denen zu tun? Mit Gewalt haben sie mich hierhergebracht, und jetzt denken sie, ich lasse mich abschlachten. Ich bin nicht so dumm, ich fahre mit dem Goldtransport, mit dem ihr auch weggeschickt werdet. Ich werde als Eskorte mitfahren. Lebendig werden die mich nicht kriegen. Möge Wurm hier bis zum Schluß sitzen und all das überwachen – oder der Hauptscharführer. Der ist klug. Alles hat er für die eigene Flucht vorbereitet, und mich will er hier sitzenlassen. Die verdammten Bolschewiken und diese verrückte Offensive! Wer hätte vermutet, daß das so schnell geht?«

»So nahe sind sie wohl noch nicht«, versuchte Ziutka ihn auszuhorchen.

»Nicht so nahe?« rief er verärgert aus. »Sie sind vor unserer Nase! Und die« – er zeigte auf Hahns Zimmer – »lassen mich hier sitzen!«

»Pelze brauchen wir nicht«, sagte ich. »Wenn es geht, nehmen wir Rucksäcke. Wissen Sie, was sie mit uns vorhaben?«

»Sie wissen das selber nicht. Auf jeden Fall beneide ich euch!«

Ich hätte vor Freude laut aufschreien können. Dieser faschistische Knirps beneidete mich. Auch jetzt könnte er mich mit einer einzigen Handbewegung liquidieren, aber er tat es nicht, weil er selbst in Gefahr war. Eine mehr oder eine weniger bedeutete doch nichts für ihn! Aber er hatte das Bedürfnis, irgend jemandem sein Herz auszuschütten, weil *sie* ihm gegenüber ungerecht waren, da »jeder von ihnen« nur an sich selbst dachte. Plötzlich hatte er sich in diesen letzten Stunden daran erinnert, daß er aus der Slowakei stammte. Es wurde ihm bewußt, daß er sich dumm und lächerlich verhielt, aber er sprach mit uns darüber, weil er wußte, daß wir nicht wagen würden, ihm zu widersprechen.

Ich konnte meine Schadenfreude nicht unterdrücken. Ich mußte ihm eins auswischen und sagte durchaus ernst: »Was droht Ihnen schon, wenn Sie hierbleiben? Niemand würde Ihnen ja etwas antun. Wofür?«

Ziutka bedeutete mir mit einem Blick, ich solle nichts aufs Spiel setzen. Doch sie selbst fügte hinzu: »Natürlich, wofür?«

Einen Augenblick lang war der Slowake verunsichert, doch dann blickte der SS-Mann uns freundlich an und sagte: »Ja, es ist wahr. Wofür eigentlich?«

Die ganze Nacht über packten wir die Personalkarten der Häftlinge, die Listen mit den Namen der Lebenden und die Fotos in die Koffer – alles sorgfältig nach Nummern geordnet.

Am nächsten Morgen um zehn Uhr fuhr eine Gruppe von Mädchen an die Rampe, um die Koffer auf die Waggons zu laden. Nach einer halben Stunde kamen sie zurück. Ein Mädchen rief vom Wagen aus: »Die ersten Häftlingstransporte marschieren aus dem Lager hinaus. Wir haben es mit eigenen Augen gesehen.«

Es war also soweit. Zum letzten Mal aßen wir in der Baracke von Zosia zu Mittag. Die Baracke war zum Teil mit Säcken vollgestopft. Einige Säcke waren bereits auf die Züge verladen worden. Wir wußten, daß nichts mehr an den Bestimmungsort gelangen würde. Jede halbe Stunde hörten wir Nachrichten: »Sie verlassen das Lager B; der Bauabschnitt C wird evakuiert; sie verlassen Rajsko.«

Jeden Augenblick erwarteten wir den Befehl zum Abmarsch. Zosia hatte alle unsere Vorräte gekocht. Mit Appetit aßen wir die Nudeln. Dann begannen wir, fieberhaft alles Notwendige in die Rucksäcke zu packen. Wir nahmen nicht an, daß man uns in ein anderes Konzentrationslager schicken würde. Der schöne sonnige Tag und der Anblick der traurigen Gesichter der SS-Männer trugen dazu bei, unsere Stimmung zu heben.

»Wenn sie uns nicht befreien, haue ich ab«, erklärte ich entschlossen. »Den Rucksack nehme ich mit, falls wir doch befreit werden sollten.«

Die Mädchen stimmten mir zu. Plötzlich hörten wir eine Explosion in der Nähe. Wir rannten aus der Baracke.

»Sie sind schon da!« dachte ich voller Freude.

Ein Jude von der Saunabedienung erklärte uns: »Leider gibt es keinen Grund zur Freude, es werden nur die Fundamente des Krematoriums gesprengt.«

Unter dumpfen Detonationen packten wir Brot in unsere Rucksäcke. Es wurde mir bewußt, wie günstig auch diesmal unsere Lage im Vergleich zu der anderer Frauen aus dem Lager war. Wir hatten Schuhe und warme Kleidung. Tausende von Menschen würden barfuß in gestreifter Häftlingskleidung marschieren müssen.

Der Heuhaufen

Um halb drei gingen wir aus dem Lager. Mit einem seltsamen Gefühl verließ ich Birkenau. Unter der Last des schweren Rucksacks gebeugt, blickte Irena mit glühenden Wangen auf das leere Feld zurück, auf dem einst ein Krematorium gestanden hatte.

»Es wird die Zeit kommen, da hier Gras wächst«, sagte sie nachdenklich.

In feierlicher Stimmung, von der Bedeutung des Augenblicks ergriffen, schritten wir durch das Lagertor. Die Last der Rucksäcke spürten wir nicht, und keine von uns machte sich Gedanken, wohin dieser Weg führte. Wir marschierten mit leichten, gleichmäßigen Schritten. Wir beachteten die Posten nicht und sangen ein Lagerlied über die Freiheit.

Als ich mich umdrehte, um einen letzten Blick auf Auschwitz zu werfen, sah ich Wurm, der zwischen den Baracken umherstreifte.

Die Sauna, der Appellplatz, unsere Baracken, die Männerbaracken, der Pfad zu den Krematorien III und IV, der Wald, hinten Birkenau und rundherum die Drähte. Über den Drähten die leeren »Schwalbennester«. Eskortiert von Posten mit Hunden sangen wir beim Verlassen des Lagers ein Abschiedslied über Auschwitz, wo nach unserem Weggehen in den leeren Baracken nur noch der Wind traurig wehen würde.

In allen Bauabschnitten des Lagers brannten Berge von Papier. Vor der Blockführerstube zertraten SS-Männer die brennenden Haufen mit den Füßen, warfen immer neue Dokumente hinein, vernichteten alle Spuren des Beweismaterials. Sie durchsuchten uns jetzt nicht. Je mehr wir mitnahmen, desto besser war es. Wir würden alles in ein anderes Lager tragen. Dort würde man uns entlausen und uns alles wegnehmen. Aber diesmal würde ich mich nicht wieder gefangennehmen lassen. Ich würde weder in ein anderes Gefängnis noch in ein anderes KZ gehen. Entweder würden sie mich töten oder ich würde fliehen.

Bei jedem Bauabschnitt schlossen sich uns neue Evakuierungsgruppen an. Die Fünferreihen nahmen kein Ende. Wir gingen am Frauenkonzentrationslager vorbei. Am Tor stand Hustek. Als wir ihn erblickten, ballten wir die Hände zur Faust.

Dann gingen wir durch Auschwitz-Stadt. An der Biegung nach der Brücke drehte ich mich um und beobachtete die lange, sich windende Häftlingskolonne. Die Züge pfiffen auf dem Bahnhof. Wir gingen wie im Traum. Der Rucksack wurde immer schwerer. In Auschwitz sahen wir, daß die Familien der SS-Männer eiligst evakuiert wurden. Kinder, Koffer, Federbetten wurden auf Wagen verladen. Sie auch! – Ich war hocherfreut. Es war leichter weiterzugehen. Nach dem fünften Kilometer warf ich den Rucksack weg. Basia lachte mir ins Gesicht. »Schon müde?«

»Lieber jetzt als beim zwanzigsten Kilometer. Übrigens haue ich ab.«

An beiden Seiten jeder dritten Fünferreihe liefen Posten mit Hunden. Die dressierten Hunde schnaubten und zerstörten jede Hoffnung auf Flucht. Sechzigtausend Menschen hatten das Lager verlassen, darunter fünfunddreißigtausend Männer von der Munitionsfabrik. Hinter jeder viertausendköpfigen Gruppe fuhr ein mit Hunden bespannter Schlitten, der mit Maschinengewehren gefüllt war. Daneben das Vernichtungskommando. Und überall um uns herum Hunde.

Ich wandte mich an den Posten neben mir und fragte ihn, ob er nicht wisse, wie lang unsere Route sei. Er antwortete: dreihundert Kilometer. Dann fragte ich, wann wir zum erstenmal Station machen würden.

»Das weiß ich nicht, wahrscheinlich spät in der Nacht.«

»Und wenn jemand davonlaufen würde?« fragte ich weiter.

»Dann wird er eins mit dem Kolben übergezogen kriegen.«

»Mit dem Kolben?«

»Warum sollten wir Kugeln verschwenden?«

Die freudige Stimmung, in der wir das Lager verlassen hatten, war spurlos verschwunden. Verzweiflung überkam uns. Die Füße wurden immer schwerer. Dreihundert Kilometer. Ich war erst sieben Kilometer gelaufen. Zu beiden Seiten des Weges erstreckten sich weiße, schneebedeckte Felder. Keine Spur eines menschlichen Wesens. Basia, Zosia und ich hielten einander krampfhaft fest. Die Fünferreihen hatten sich schon längst aufgelöst. Wir gingen ohne jegliche Ordnung vorwärts – eine wogende Menschenmenge, die von den eskortierenden Posten angetrieben wurde: »Los! Aufstehen! Schneller... schneller, Schweine!«

Immer öfter waren Seufzer zu hören. Immer wieder blieb jemand zurück und vermischte sich mit einer anderen Gruppe. Die ersten Schüsse fielen. Die Glocken der Schlitten des Vernichtungskommandos spielten die Melodie des uns stets begleitenden Todes.

Es wurde dunkel. Dunkelheit brach auch in unsere Herzen ein. Alles wurde wahnsinnig anstrengend. Mühevoll zogen wir unsere Füße hinter uns her – dreihundert Kilometer. Wir hatten erst neun Kilometer zurückgelegt, und ich fühlte mich so, als wäre ich schon ein ganzes Jahr gelaufen. Dreihundert Kilometer... erst in der Nacht der erste Halt... Auch wenn ich es durchhalten werde... Appelle... Hunger... Läuse...

Nein! Ich wußte, daß ich es nie schaffen würde...

Wir gingen an einem unbekannten Dorf vorbei. Ein Paar überquerte die Straße. Beide waren Zivilisten. Sie gingen untergefaßt. Sie trug einen Pelzmantel und lächelte ihm zu. Ich wünschte mir, hinter ihnen gehen zu können.

Was für ein Unsinn! Mit dem Kreuz auf dem Rücken, ohne Papiere.

Es war schon völlig dunkel jetzt. Wir stießen auf die ersten Leichen. Das Laufen fiel immer schwerer.

»Hör mal«, sagte Nela. »Wenn ich sterben sollte, such meinen Sohn und sag ihm...«

»Ich weiß, was ich ihm sagen soll.«

»Du weißt auch, was du meiner Mutter, meiner Schwester und Bolek sagen sollst. Erinnerst du dich noch an die Adresse?« Nela wiederholte die Adresse und fügte hinzu: »Ich fürchte, daß keine von uns diesen Marsch überleben wird.«

Darauf gab ich keine Antwort. Ich war zu schwach, um zu sprechen. Meine Arme waren schwer wie Blei. Meine Kehle war ausgetrocknet. Ich atmete mit größter Mühe. Das Herz hämmerte unregelmäßig. Ich verstand schon nicht mehr, was die anderen sagten. Ich vernahm die Stimme Basias: »Krysia, ich kann nicht mehr laufen ... ich kann nicht mehr.«

»Los! Weitergehen!« brüllte mir ein Posten ins Ohr.

Die Frau, die neben mir ging, bekam einen Schlag mit dem Kolben und fiel in den Schnee. Ich schleppte mich weiter. Ringsum nur kahle Felder. Basia warf alles aus ihrem Rucksack weg. Der ganze Weg war mit Schuhen, Pullis, Decken, Mänteln besät. Wir traten darauf in stumpfer Resignation. Nichts mehr war wichtig. Wir strengten uns nur an, um noch einen Schritt, noch ein paar Schritte machen zu können. Vielleicht um noch einen Kilometer zurückzulegen. Für dich, Mutter, weil du so gelitten hast und immer noch wartest. Jetzt umfallen ... das durfte man nicht. Noch einen Schritt ... noch einen Kilometer.

Plötzlich entdeckte ich auf dem Weg vor mir einen Heuhaufen. Ich entschied mich blitzschnell. Der Posten war gerade vorbeigegangen, der nächste lief zehn Schritte zurück.

»Jetzt!« ich packte Basia bei der Hand. »Jetzt ... du auch«, fügte ich in energischem Ton hinzu.

Ich fiel ins Heu. Basia reagierte sofort. Mit dem Fuß schob sie etwas Heu auf mich.

Oh, welche Seligkeit! Ich lag still. Ich mußte nicht mehr laufen. Ich wünschte jetzt zu sterben. Ich wußte, daß ich gleich einen Schlag auf den Kopf bekommen würde. Das war mir egal. Ich brauchte nicht mehr zu laufen. Dann versuchte ich, meine verworrenen Gedanken zu sammeln. Der nächste Posten war vorbeigegangen. Das bedeutete, daß er also nichts bemerkt hatte. Auch der Hund hatte mich nicht aufgespürt. Aber es gab noch so viele Hunde! Mein Herz schlug jetzt sehr schnell, immer schneller! Meine Muskeln entspannten sich. Ich ruhte mich aus, bloß das Herz schlug immer schneller. Ich versank in eine Art Halbschlaf, als ich Basias Stimme hörte: »Krysia, ich gehe weiter.«

Ich flüsterte: »Leb wohl, Basia.«

Pausenlos marschierten sie vorbei. Frauenstimmen, Schreie der Posten. Ein Schlitten fuhr dicht an mir vorbei. Ich atmete für eine Weile auf. Nun näherten sich die Männer. Ich hörte, daß jemand auf polnisch sagte: »Hier ... hier verstecken wir uns.«

Mir wurde schwarz vor den Augen. Ich wußte, daß ich mich nicht darum kümmern sollte, weil ich sowieso gleich sterben würde. Auch wenn mich kein Hund aufspürte: Würde sich hier noch jemand verstecken wollen, sie würden das merken und uns beide erschießen.

Es versteckte sich niemand. Ein anderer Schlitten kam vorbei. Geklingel. Wieder Frauenstimmen ... »Je suis malade ... Ich kann nicht weiter.« Das Echo des Leidens in allen Sprachen ... Und dann immer wieder diese eine Sprache: »Los! Weiter!« Es war sehr nahe, fast über meinem Kopf. Nase und Augen hatte ich voller Heu. Ich lag auf dem Rücken. Mehrmals wurde ich ohnmächtig. Irgend jemand setzte sich auf das Heu direkt auf mich. Es war eine Frau. Ich vernahm einen Seufzer.

»Geh weg von hier«, stöhnte ich.

Die Frau erschrak und stand sofort auf.

»Setz dich nicht dorthin, da hat jemand hingeschissen«, warnte sie eine andere Person.

Trotz meiner Angst lächelte ich in Gedanken der Frau zu, die mich gerettet hatte.

»Los, weiter, du wolltest dich hier verstecken!« ertönte es neben mir in der verhaßten Sprache.

Jetzt würde es bestimmt so weit sein! Ich bereitete mich vor. Ein Stoß, ein Ringen, ein Schrei. O Gott!

Sie gingen weiter. Auch diesmal hatten sie mich nicht entdeckt. Ein Schauder überfiel mich plötzlich, ich stellte fest, daß ich sehr unbequem lag. Ich hätte gern gewußt, wie lange ich schon so lag. Fünf Minuten, eine Stunde, vielleicht die ganze Nacht?

Ein Posten setzte sich direkt auf meinen Kopf. Ich hörte den Hund im Heu schnüffeln und spürte seinen Atem dicht an meinem Gesicht. Nun wußte ich, daß mich nichts retten konnte. Der Posten, der auf meinem Kopf saß, begann zu fluchen: »Verfluchte Schweine, verfluchter Weg.«

Offenbar war jemand bei ihm. Sie unterhielten sich eine Weile. Wiederum verlor ich das Bewußtsein. Der Posten erhob sich und ging weiter. Ich wußte, wie ich umkommen würde: Sie würden mich mit dem Bajonett aufspießen. Aber noch lebte ich. Wie war das möglich? Mein Körper war schon völlig starr geworden. Ich spürte die Beine nicht. Ich versuchte, mich zu bewegen. Mein Herz schlug gleichmäßig. Wenn ich bloß meine Hände hätte darauf drücken können, damit man das Pochen nicht so laut hörte! Aber meine Arme waren ausgebreitet. Ich konnte sie nicht bewegen.

Jemand fiel neben mir hin und begann, sich ins Heu einzugraben. Ein Schuß wurde abgefeuert. Die Frau, die sich hier wahrscheinlich verstecken wollte, stieß den letzten Seufzer aus.

Ich überlegte, wodurch die Kugel gegangen sein konnte. Vielleicht durch mich, aber ich spürte nichts. So lange schon lag ich da, und sie hatten mich noch nicht aufgespürt.

Eine Weile war es still. Ich mußte aus meinem Versteck herausschauen. Ich streckte die Finger aus und bewegte einen Arm. Plötzlich vernahm ich das Gepolter von Rädern.

Ein Wagen hielt an. Ich hörte deutsch sprechen, dann das Klirren der Eimer ... Jemand hob etwas Heu auf. »Jetzt werden sie mich finden, aber das sind wahrscheinlich Soldaten der Wehrmacht. Vielleicht werden sie nicht schießen ... Sie sind dafür nicht verantwortlich«, überlegte ich. Ich legte mir im Geist diesen einzigen Satz auf deutsch zurecht und wiederholte ihn immer wieder: »Laßt mich, ihr seid dafür nicht verantwortlich, ich bitte euch, laßt mich!«

Das Klirren der Eimer verstummte. Der Wagen fuhr weg. Ich beschloß aufzustehen. Man hörte keinen Laut. Möglicherweise stand ein Soldat einen Schritt weiter.

Ich streckte den Kopf heraus. Der Weg war ganz weiß. Ich sprang schnell hinunter und bemerkte auf der Straße zwei Zivilisten.

»Polen?« fragte ich.

Der eine schlug ein Kreuz, als er das Gespenst sah, das plötzlich aus dem Heu stieg.

»J ... ja«, stotterte er.

»Ist hier in der Nähe ein polnisches Dorf?« fragte ich gehetzt.

Erschrocken zeigte er mir die Richtung. »Dort. Drei Kilometer von der Straße entfernt.«

Ich lief querfeldein, versank im tiefen Schnee, mit großer Mühe hob ich die Füße hoch. Gleichzeitig hörte ich wieder den Transport und lief wie besessen immer weiter vom Weg weg, begleitet von dem Lärm der herannahenden Menschenmasse, den Schüssen und dem Gebimmel der Schlitten. Ich hielt einen Augenblick an, riß die Nummer vom Mantel ab und drehte mich um. Nun hatte ich die Straße weit hinter mir gelassen, und sie konnten mich nicht mehr sehen.

Ich lief noch ein paar Schritte weiter. Vor mir lag ein verträumtes Dorf. Keine Drähte mehr um mich herum. Ein Bauernhaus mit Lattenzaun und Glockenläuten in der Ferne. Ein kleiner Hund hüpfte herum und begann zu bellen, als er mich sah. Ich war außer mir vor Freude, im Taumel der Begeisterung wollte ich tanzen und schreien: »Ich bin frei! Ich bin frei! Ich werde leben!«

An einem hoffnungslos grauen Wintertag gelang es einer gesunden Kollegin, sich zum Krankenblock durchzustehlen. Eine ungewöhnliche Freude. Ihr Besuch war eine Sensation. Sie war leicht gebräunt von der winterlichen Sonne, hatte lustige, glänzende Augen, und den Kranken schien es, daß sie einen Hauch Freiheit mit sich trug. Es sah so aus, als käme sie aus einer anderen Welt. Immer wieder hob eine Kranke den Kopf und fragte fieberhaft erregt: »Was hört man? Was gibt es für Nachrichten?«

Sie schaute sich um, um sich zu vergewissern, daß weder die Blockälteste noch eine andere Aufsichtsperson des Lagers mithörte, und antwortete schnell, daß es gute Nachrichten gäbe, Deutschland bombardiert würde, die Rote Armee immer weiter vorrücke und es durchaus möglich sei, daß alle in Kürze nach Hause gehen könnten. Dann näherte sie sich den Etagenbetten, in denen ihre Gruppe lag und sagte geheimnisvoll: »Ich bringe euch ein Geschenk, ein Gedicht, das im Lager entstanden ist. Gedichtet hat es eine Gefangene, eine Kameradin.« Sie stellte sich auf die Zehenspitzen, damit auch die, die in den oberen Betten lagen, sie hören konnten und begann mit einer tiefen, angenehmen Stimme das Gedicht ›Der Ausmarsch‹ vorzutragen. Und plötzlich erhellte sich der graue Wintertag, so als ob die Sonne durch die kleinen Dachfenster schiene.

Wir waren alle sehr gerührt. Eine von uns weinte, eine andere ballte leidenschaftlich die Faust, alle baten einstimmig um den Text. Wir wollten das Gedicht auswendig lernen.

»Gib uns den Text! Diktiere!«

»Ich habe Angst, daß ihr mit eurem Leben bezahlen müßt, wenn sie das Gedicht finden. Dafür – sofort an die Wand, und vielleicht nicht nur eine ...«

»Ja, ja. Das wissen wir, aber wir werden gut aufpassen und es niemandem geben. Wir werden es auch niemandem weitersagen, auf den wir uns nicht verlassen können.« Eine hatte ein Stück sauberes Papier, eine andere hatte einen Bleistift, und in ein paar Minuten wurde das Gedicht aufgeschrieben. Die leeren Stunden des hoffnungslosen Liegens sollten bald mit einer für Auschwitz ungewöhnlichen Beschäftigung ausgefüllt werden:

das Gedicht auswendig zu lernen. An diesem für mich denkwürdigen Tag habe ich zum erstenmal die Gedichte von Krystyna kennengelernt. Von da an bekamen wir öfters Gedichte, sie wurden sehr populär. Man rezitierte sie überall, in jeder freien Minute. Auf der Toilette, beim Ausheben von Gräben, beim Rückmarsch vom Feld (selbstverständlich, wenn die Funktionäre nicht in der Nähe waren) und in der Koje abends, wenn wir so schrecklich müde waren, daß wir uns nur noch aufs Bett werfen und wie ein Stein einschlafen konnten. Wenn jedoch ein neues Gedicht kam, hoben wir den Kopf, die Müdigkeit verflog, wir hörten zu oder schrieben die Verse auf.

Je höher die Flammenzungen aus den Kaminen der Krematorien emporstiegen, je mehr der dichte Rauch den Himmel bedeckte, desto öfter kamen die Gedichte. Und wir warteten auf diese Gedichte und betrachteten sie als unseren Besitz. Wer nicht geschlagen worden ist, nicht »eine Nummer« war, wer nicht zwölf Stunden am Tag gehört hat, daß er eine »Polensau« und ein »Haufen Scheiße« sei, wird es vielleicht nicht ganz verstehen, was für uns damals die Gedichte bedeuteten und warum wir sie so liebten.

Außerdem ... Krystynas Gedichte wurden in Birkenau geschrieben, ungefähr zehn Meter vom Krematorium entfernt. Während sie dort in der Effektenkammer den ganzen Tag arbeitete, hatte Krystyna ununterbrochen Hunderttausende von Menschen vor Augen, die in den Tod gingen. Sie hörte das Jammern aus der Gaskammer, und der Rauch der verbrannten Opfer biß in ihren Augen. Ihre Gedichte waren der einzige Ausdruck der Auflehnung, den sich ihre Seele in einer solchen Situation leisten konnte. Wir verstanden es und fühlten genauso wie sie. Indem wir die Gedichte vortrugen und schmuggelten, war es so, als ob wir an dieser Auflehnung teilnahmen. Für uns war es nicht wichtig, daß das Gedicht, von Mund zu Mund weitergegeben oder in Eile aufgeschrieben, orthographisch nicht einwandfrei, in leicht veränderter Form in unsere Hände kam. Wir machten uns damals keine Gedanken darüber, ob der Reim künstlerisch vollkommen oder die Assonanz interessant war. Wir haben die Gedichte einfach geliebt und waren stolz auf sie.

Deshalb fühle ich mich heute glücklich, daß ich darüber schreiben kann, daß ich Krystyna in meinem und im Namen aller Lagergenossinnen, die Auschwitz überlebt haben, danken kann für die Augenblicke der Rührung, die wir dank ihrer Gedichte erlebten.

Maria Zarembińska*, politische Gefangene Nr. 44739
Lodz, November 1945.

* Maria Zarembińska, eine polnische Schauspielerin, wurde wegen dieser Gedichte ins Strafkommando versetzt. Sie überlebte Auschwitz, starb aber an den Folgen der erlittenen Folter 1951 in der Schweiz. Der abgedruckte Text ist das Vorwort zu einer polnischen Ausgabe der in diesem Buch abgedruckten Gedichte. Die Gedichte erschienen 1951 in Warschau als Kampfdokument unter dem Titel ›Auschwitz‹.

Taschenbücher zum Dritten Reich

Jean Améry:
Jenseits von Schuld und Sühne
Bewältigungsversuche eines Überwältigten
dtv/Klett-Cotta 10923

Anatomie des SS-Staates
Band I
Hans Bucheim:
Die SS – das Herrschaftsinstrument
Befehl und Gehorsam
Band II
Martin Broszat:
Konzentrationslager
Hans-Adolf Jacobsen:
Kommissarbefehl
Helmut Krausnick:
Judenverfolgung
dtv 2915, 2916

Der Aufstieg der NSDAP in Augenzeugenberichten
Hrsg. von Ernst Deuerlein
dtv 2701

Martin Broszat:
Nach Hitler
Der schwierige Umgang mit unserer Geschichte
dtv 4474

Martin Broszat:
Die Machtergreifung
Der Aufstieg der NSDAP und die Zerstörung der Weimarer Republik
dtv 4516

Martin Broszat:
Der Staat Hitlers
dtv 4009

Inge Deutschkron:
Ich trug den gelben Stern
dtv 10402

Das Dritte Reich
Dokumente zur Innen- und Außenpolitik
Hrsg. von W. Michalka
Band 1:
»Volksgemeinschaft« und Revisionspolitik
1933–1938 · dtv 2925
Band 2:
Weltmachtsanspruch und nationaler Zusammenbruch
dtv 2926

Norbert Frei:
Der Führerstaat
Nationalsozialistische Herrschaft 1933 bis 1945
dtv 4517

Hermann Graml:
Reichskristallnacht
Antisemitismus und Judenverfolgung im Dritten Reich
dtv 4519

Ingeborg Hecht:
Als unsichtbare Mauern wuchsen
Eine deutsche Familie unter den Nürnberger Rassengesetzen
dtv 10699

Joe J. Heydecker:
Das Warschauer Getto
Fotodokumente eines deutschen Soldaten aus dem Jahr 1945
dtv 10247

Claude Lanzmann:
Shoah
Vorwort von Simone de Beauvoir
dtv 10924

Stefan Lorant:
Ich war Hitlers Gefangener
Ein Tagebuch 1933
dtv 10807

Romedio Galeazzo Graf von Thun-Hohenstein:
Der Verschwörer
General Oster und die Militäropposition
dtv 10291

Marion York von Wartenburg:
Die Stärke der Stille
Erzählung eines Lebens aus dem deutschen Widerstand
dtv 10772

Krystyna Zywulska:
Tanz, Mädchen ...
Vom Warschauer Getto nach Auschwitz
Ein Überlebensbericht
dtv 10983